福建省高原学科专项资金资助

Green Development and
Innovation of the Legal System of
Environment and Natural Resources

绿色发展与环境资源法律制度创新

施志源 著

法律出版社
LAW PRESS·CHINA

序　　言

党的十八大以来,以习近平同志为核心的党中央开启了美丽中国建设的新征程,大力推进生态文明建设,提出了绿色发展的理念,并明确了绿色发展的实现路径,为健全中国的环境资源法律制度指明了方向。习近平总书记指出,建设绿色家园是人类的共同梦想,坚持绿色发展是发展观的一场深刻革命。在这场从思想、理念到行动的深刻变革之中,每一个公民既是参与者,也是受益者。促进绿色发展,要求每一个公民都应当积极投身生态文明建设,践行简约适度、绿色低碳的生活方式,为实现人类社会的永续发展贡献力量、奉献智慧。

贯彻绿色发展的理念,既要通过提升人们的思想觉悟,将与绿色发展相适应的生产生活方式转化为自觉的行动,也需要用法律制度来规范和约束人们的行为,将开发利用环境资源的行为装进制度的笼子里。自 1979 年《环境保护法(试行)》颁布以来,中国的环境法治已经走过了近 40 年的历程。40 年间,中国环境资源方面的立法力度在不断加大,对保护环境资源起到了不可忽视的作用。但客观而言,目前的环境资源法律制度与促进绿色发展的要求还存在不小的差距。不断完善环境资源法律制度,已经成为新时代促进绿色发展的内在要求。这既需要立法机关的不懈努力,也需要学术界的艰辛探索。

近年来,施志源博士专注于环境资源法律制度的研究,发表了一系列研究成果。《绿色发展与环境资源法律制度创新》一书的出版，是其对近年来研究成果的总结、凝练和提升。本专著主要有五个方面的特点。一是注重挖掘理论宝藏，研究具有一定的理论深度。书中论证了绿色发展与生态文明建设的内在统一性，指出应当用绿色发展理念指引新时代的生态文明制度建设；对自然资源国家所有权的一系列理论争论进行了回应，明晰了自然资源国家所有权的权利属性与民法进路；对环境标准的法律属性与制度构成进行了全面的剖析，提出了环境标准制度构成的二元结构理论。二是关注中国环境立法的进程，提出的立法对策具有可行性。对新《环境保护法》的亮点和不足进行了客观的评析，对新《环境保护法》下的公众参与制度、按日计罚制度等进行了较为深入的探讨；对新《环境保护法》实施之后的央地环境保护立法提出了中肯的建议，指出在中央立法层面，应当加快统一环境法典的立法进程，在地方立法层面，既要注重体现地方特色，也应当注重不同区域制度的系统性与协调性。三是突出问题意识，研究具有较强的现实针对性。专著聚焦环境资源保护领域的热点问题展开有针对性的研究。比如，对突发环境事件网络信息公开不及时、不全面、不到位的问题，提出应当修改现行法中突发环境事件信息发布单一主体的规定，赋予环保NGO参与突发环境事件信息公开的主体资格；对水生态治理中的困境，福建省开展万里安全生态水系建设的实践探索，提出了加强安全生态水系建设制度保障的相关建议。四是注重考察国外法律制度，研究具有全球视野。在自然资源管理制度创新中，提出要借鉴美国自然资源用途管制的有益经验；在环境管理制度创新中，介绍了英国、德国，以及我国台湾地区等境外环保大部制改革的经验。五是注重研究新问题，研究具有一定的前沿性。著作专章论述了新型自然资源的法律属性与权利归属，对气候资源、乌木、林业碳汇资源、狗头金、旅游吸引物等新兴自然资源的相关法律问题展开探讨，并提出了新型自然资源权利归属的解决方案。简言之,本专著兼具理论性和实践性,提出了诸多有益的见解,值得肯定。

学无止境,理论研究也没有终点。学术上永远是山外有山,人外有人。环境资源法律制度创新本身就是一个宏大的命题,还有许多领域的课题值得深入研究和探讨。本专著提出的许多问题也还有提升和进步的空间,值得在理论上继续深挖,或者需要通过实践进一步加以检验、总结和提炼。读书至要在明理,体悟三道须有方。希望施志源博士能以这本专著的出版作为一个新起点,披荆斩棘,在绿色发展法律制度的研究上不断取得新的成绩。

是为序。

黄锡生

重庆大学法学院院长,教授,博士生导师

2018 年 3 月于重庆大学法学楼

目 录

第一章 绿色发展与生态文明制度建设

党的十八届五中全会把“绿色发展”作为五大发展理念之一写入了《中共中央关于制定国民经济和社会发展第十三个五年规划的建议》，充分表明了建设生态文明在中国特色社会主义事业总体布局中的极端重要性。建设生态文明，是人类文明进程的历史必然。生态文明建设最重要的是要处理好人与自然的关系，人类既要有效地利用自然资源，又要很好地保护自然资源，这就需要树立正确的发展理念。党的十八届五中全会关于绿色发展的一系列阐述，不仅明确提出了绿色发展的理念，而且明确了绿色发展的实现路径，并为健全生态文明法律制度指明了方向，对新时期生态文明建设起到了统一思想、明确目标、引领行动的作用。

第一节 绿色发展与生态文明的辩证统一

一、绿色发展与生态文明的概念

(一)什么是绿色发展？

关于绿色发展的概念界定，是学界近年来关注的热点问题之一。绿色发展的关键词是“绿色”和“发展”，将这两个词汇联系在一起，其本质是要强调发展的路径选择。在一个国家选择一个什么样的发展道路这个根本问题上,有两种基本路径:一是只重视经济总量的增长,为了发展可以不受节制地开发利用自然资源;二是强调发展应当是与环境资源相协调的发展,是建立在不破坏生态平衡和生态安全这一基础之上的发展,其强调开发利用自然资源应当受到必要的限制。这第二种发展路径的核心要义便是"绿色发展"。由此可见,绿色发展,是建立在高度关注人与自然和谐的基础之上做出的慎重选择。绿色发展是绿色和发展的内在融合,是以人为本的合目的性和以生态为本的合规律性的统一。① 绿色发展是人与自然日趋和谐、绿色资产不断增殖、人的绿色福利不断提升的过程。② 绿色发展是资源节约型、环境友好型的发展方式。③

界定绿色发展的概念,还应当明晰"绿色发展"与"绿色经济""循环发展""低碳发展"等概念的异同。"绿色发展"与"绿色经济"既有区别又有联系。二者的联系在于,发展绿色经济是促进绿色发展的内在要求,实现绿色发展是倡导绿色经济的根本目标。二者的区别在于,绿色发展强调的是发展道路和发展模式的选择,绿色经济强调的是经济发展的方式。"绿色经济"主要针对绿色产业和绿色消费,"绿色发展"则包括绿色理念、绿色产业、绿色消费、绿色环境、绿色资源、绿色科技、绿色制度等的变化。④ 由此可见,"绿色发展"不局限于"绿色经济"的范畴。"绿色发展"也不完全等同于"循环发展"或者"低碳发展"。循

① 参见邹巅、廖小平:《绿色发展概念认知的再认知——兼谈习近平的绿色发展思想》,载《湖南社会科学》2017 年第 2 期。

② 参见黄志斌等:《绿色发展理论基本概念及其相互关系辨析》,载《自然辩证法研究》2015 年第 8 期。

③ 参见吕薇等:《绿色发展:体制机制与政策》,中国发展出版社 2015 年版,第 2 页。

④ 参见沈满洪:《"绿色发展"及相关概念辨析》,载《文汇报》2017 年 6 月 9 日,第 15 版。

环经济有三个基本原则:减量化、再利用、资源化。① 因此,“循环发展”主要是促进“减量化、再利用、资源化”的发展,其尤其强调“变废为宝”。“低碳发展”则是在能源与气候、经济问题受到越来越高关注度的时代背景下提出的发展方式,其核心要义是主张通过节能减排的方式减少经济社会活动中的碳排放。低碳发展是实现生态文明建设的核心内容和重要特征,而低碳发展模式也将成为一个国家核心竞争力的重要体现。② 由此可见,“绿色发展”“循环发展”“低碳发展”虽然都强调了“节约资源、保护环境”的发展秩序,但各有侧重:“绿色发展”针对生态危机和环境危机,旨在建设环境友好型社会;“循环发展”针对资源危机,旨在建设资源节约型社会;“低碳发展”针对气候危机和能源危机,旨在建设气候舒适型社会。③

保护好环境资源,是促进绿色发展的基础性工作。绿色发展的核心是要把节约自然资源和保护生态环境放在首位,以促进可持续增长和增进民生福祉为目标,防止产业发展带来的环境恶化、生态风险增大的问题。④ 对于如何实现绿色发展,则允许各地结合地方的实际情况,走具有地方特色的发展之路。有的学者建议绿色发展应当牢牢守住发展和生态两条底线,走生态宜居、绿色发展之路,使绿色成为各项事业发展的底色;⑤另有学者建议,要通过加快主体功能区建设推进绿色发展,通过构建科学合理的生产空间、生活空间、生态空间,协调环境保护

① 参见马强:《依托资源循环特征　推进循环经济内涵式发展》,载《宏观经济管理》2006年第6期。

② 参见谢方:《将低碳发展纳入地方顶层设计》,载《中国社会科学报》2013年1月11日。

③ 参见沈满洪:《“绿色发展”及相关概念辨析》,载《文汇报》2017年6月9日,第15版。

④ 参见雷德雨:《走人与自然共生共荣的包容性绿色发展道路》,载《贵州日报》2018年2月13日,第10版。

⑤ 参见黄俊明、王雨:《守住底线　走生态宜居绿色发展之路》,载《贵州日报》2018年2月10日,第8版。

与经济发展之间的矛盾;[①]有的学者认为,促进绿色发展应当要有国际视野,树立国际化的绿色发展理念,胸怀国际化的绿色发展战略,参照执行国际化绿色产业发展标准;[②]有的学者则提出,绿色发展的关键是要以系统化的方式推进产业化、价值链、创新链的绿化,以制度化的方式推进生态文明建设的空间、产业、区域三个联动,以市场化的方式推动污染联防联治和地区、群体之间的生态补偿。[③] 绿色发展的提出,从某种程度上体现了生态文明建设理论的不断成熟。尽管学界关于绿色发展的实现路径还在不断探索之中,但关注绿色发展的实现路径,往往避不开"生态文明建设"这个关键词。可见,要厘清"绿色发展"的含义,应当对生态文明的内涵和外延有一个清晰的把握。

(二)什么是生态文明?

生活在工业文明中的人们面临着环境污染日益严重、自然资源紧缺日益加剧等一系列难题,已经清楚地意识到:工业文明在带来经济飞速发展的同时,也给生态环境带来了严重的破坏,使人类的可持续发展之路布满荆棘。人们开始思考:人类究竟需要什么样的文明形态?"生态文明"的提出,就是建立在这一追问之上的。学术界对生态文明的概念界定见仁见智。有学者认为,生态文明,或称绿色文明、环境文明,是依赖人类自身智力和信息资源,在生态自然平衡基础上,经济社会和生态环境全球化协调发展的文明。[④] 有学者认为,生态文明是一种追求人

---

① 参见黄朝晓、叶芸:《加快主体功能区建设　推进广西北部湾经济区绿色发展》,载《经济研究参考》2017年第59期。

② 参见张志会:《以国际视野聚焦绿色发展　打造区域生态文明城市名片》,载《领导科学论坛》2017年第23期。

③ 参见吕薇:《绿色发展的关键》,载《海南人大》2017年第11期。

④ 参见李良美:《生态文明的科学内涵及其理论意义》,载《毛泽东邓小平理论研究》2005年第2期。

与自然和谐共生、循环互动、共同繁荣发展的文明新境界,它主张人类的发展必须兼顾其他物种的生产与发展,承认它们的权利和利益,树立顺应、尊重、保护自然的生态观念,实现可持续发展。[①] 有的学者则认为,各个学科从自身的研究视角出发,可以对生态文明作出各自的界定。在经济学视角下,体现生态文明核心价值的经济伦理最根本的内容就是人与自然关系的协调,其实现程度取决于包括"代内公平"与"代际公平"在内的人与人之间关系的和谐程度。[②]

党的十八大报告对建设生态文明的背景、理念、路径和目标等都有清晰的阐述,[③]从中可以看出,"资源约束趋紧、环境污染严重、生态系统退化"是我国生态文明建设必须直面的客观现实,"尊重自然、顺应自然、保护自然"是建设生态文明过程中应当一以贯之的重要理念,"把生态文明建设融入经济建设、政治建设、文化建设、社会建设各方面和全过程"是建设生态文明的基本路径,"建设美丽中国,实现中华民族永续发展"则是建设生态文明的根本目标。

综上所述,生态文明是指为了更好地保护资源、环境和生态系统,在经济建设、政治建设、文化建设、社会建设等各方面始终树立保护自然资源、维护生态安全的理念,从而实现人与自然和谐相处、人类社会永续发展的文明形态。生态文明在本质上是要建立人与自然的和谐关系,实现人类社会的永续发展。

第一,生态文明要求保护好"自然"。人类要以正确的态度来对待

---

① 参见张天文、王晓云:《论生态文明的科学内涵及其推进对策》,载《山西农业大学学报》(社会科学版)2014 年第 10 期。

② 参见杨文进:《生态文明的经济学内涵》,载《学习与探索》2017 年第 3 期。

③ 党的十八大报告指出:"面对资源约束趋紧、环境污染严重、生态系统退化的严峻形势,必须树立尊重自然、顺应自然、保护自然的生态文明理念,把生态文明建设放在突出地位,融入经济建设、政治建设、文化建设、社会建设各方面和全过程,努力建设美丽中国,实现中华民族永续发展。"

自然,扬弃“人定胜天”的传统思维,不以“征服自然、统治自然、奴役自然”作为人类发展的价值取向,不滥用自然资源,不破坏生态环境。不能把人视为自然界的主宰者,而应坚持人是自然界的重要组成部分,或者说人与自然在复杂的生态系统中是平等的。平等性是生态文明的重要特征,①人类文明的发展建立在人与自然平等的基础上。

第二,生态文明要求保护好“人”。生态文明建设归根结底是为了人类的利益,建设生态文明必须始终坚持以人为本的发展理念。以人为本的发展理念,与极端的人类中心主义的主张有着本质区别。极端的人类中心主义是在把人与自然主客二分的基础上,把个人的利益作为价值原点和道德评价的依据,强调只有人类才是价值判断的主体。而以人为本是科学发展观的核心,强调了要注重人的全面发展,而不能片面追求物质上的满足;强调发展应当是为了大多数人的利益,而不是为了少数人的利益。② 当然,生态文明也不是简单地否定西方的人类中心主义价值观,而是一种扬弃和超越,是一个以人为本与生态原则的全面统一的社会形态。③

第三,生态文明的最终目标是实现“人”与“自然”的良性互动、和谐发展。人类在向大自然索取的同时,要保护好自然界,积极主动回报大自然。在渔猎文明时代,由于人类自身开发利用自然资源的能力有限,自然界的自我修复和再循环能力超过了人类的开发利用速度,自然界对人类而言犹如一个取之不尽、用之不竭的资源宝藏,人类对自然界的索取不会破坏生态平衡,也威胁不到生态安全。这种平衡在农业文明

---

① 参见张敏:《论生态文明及其当代价值》,中国致公出版社 2011 年版,第 1 页。

② 党的十七大报告指出:“必须坚持以人为本……要始终把实现好、维护好、发展好最广泛人民的根本利益作为党和国家一切工作的出发点和落脚点。”这一要求在本质上就是要实现大多数人的利益。

③ 参见高德明:《生态文明与可持续发展》,中国致公出版社 2011 年版,第 77 页。

时代还是处于一种良性循环的状态。然而,当人类进入工业文明时代,科学技术的迅猛发展大大提升了人类开发利用自然资源的能力,开发利用自然资源的速度和程度远远超越了自然界的自我恢复能力,越来越多的不可再生资源濒临资源枯竭的危险境地。一味地、无节制地索取,加上开发利用过程中的空气污染与环境破坏,人与自然的矛盾也日益尖锐化。生态文明的提出,其根本目标是要改善人与自然的关系,这就要求开发利用自然资源要与保护自然资源有机联系起来,要建立必要的约束机制,开发利用与保护要同步进行,开发利用自然资源要以保护好自然资源和不破坏生态平衡与安全为前提和基础。当然,人与自然和谐相处的最高境界是实现人类发展与保护好自然资源的双赢。[①]这就需要人类不断提高科学技术水平,提高资源循环利用的能力,提升自然资源的利用效率,做到自然资源的节约利用、集约利用与循环利用。

二、“天人合一”:绿色发展与生态文明的内在统一

中国是四大文明古国之一,有着悠久的历史文化积淀。在五千多年的历史长河中,虽然历经朝代更迭,中华民族始终不忘继承和发扬优秀的传统文化。中国古人的言行充满生态智慧,中国古代人民讲究节制人欲,充实生活于精神饱满、和谐完美。[②] 中国传统的天人合一论是中国文化的深层结构,包括宇宙论、价值论、认识论等多方面的内涵,核心是人与自然的相通、相似,和谐共生。[③] 了解“天人合一”思想的内涵

① 党的十九大报告指出:“人与自然是生命共同体,人类必须尊重自然、顺应自然、保护自然。”

② 参见沈守愚、孙佑海:《生态法学与生态德学》,中国林业出版社 2010 年版,第 291 页。

③ 参见赵载光:《天人合一的文化智慧》,文化艺术出版社 2006 年版,第 18 页。

及其发展演变,对于实现人与自然和谐相处是有意义的。[①]

“天人合一”的思想萌芽于西周的天命论,天命论体现了人类最早的环境观,认为自然变化、社会运行和人的命运被某种超自然的力量所主宰,人必须而且只能屈服和顺从它。这是一种带有宗教色彩的唯心主义思想。天命论的提出主要是由于当时的人们认识水平极其有限,无法科学地解释自然运动规律及其作用,惧怕自然的威力,强调对自然环境的绝对服从。春秋末年,孔子创立了儒家学派,中国传统文化进入了诸子“百家争鸣”的繁荣景象,“天人合一”的思想也得到了充分阐释。从孔孟开始,儒学就确立了以“仁”为核心的价值体系。孔子提出“仁者爱人”的观点,主张爱是仁的真义。孟子进一步提出“亲亲而仁民,仁民而爱物”,把爱从爱人类扩展到爱自然万物。[②] 孟子主张“天人相通”,希望通过“强恕”“求仁”达到“天人合一”,把道德修养与“知天”“事天”联系在一起。[③] 这种天道与人道的关系,代表着孟子以及中国哲学特有的一种“天人合一”的运思方式。[④] 孟子的以道德原则为本根的“天人合一”说,至宋明道学(包括“程朱理学”和“陆王心学”)而发展到高峰。[⑤] 老子作为道家的创始人,从与儒家完全不同的视角来说明人与自然在价值上的统一性,一是认为“天”既无意志也无仁义,[⑥]是“自然而然”的;[⑦]二是认为人类和自然界二者都很伟大,[⑧]是相互不可替代

---

① 参见张世英:《中国古代的“天人合一”思想》,载《求是》2007 年第 7 期。

② 参见赵载光:《天人合一的文化智慧》,文化艺术出版社 2006 年版,第 11 页。

③ 《孟子·尽心上》:“尽其心者,知其性也;知其性,则知天矣。存其心,养其性,所以事天也。”

④ 参见林可济:《“天人合一”与“主客二分”:中西哲学比较的重要视角》,社会科学文献出版社 2010 年版,第 58 页。

⑤ 参见林可济:《“天人合一”与“主客二分”:中西哲学比较的重要视角》,社会科学文献出版社 2010 年版,第 9 页。

⑥ 《老子》第五章:“天地不仁,以万物为刍狗。”

⑦ 《老子》第四十八章:“无为而无不为”,才是真正的“自然而然”。

⑧ 《老子》第二十五章:“道大,天大、地大,人亦大。”

的;三是强调要尊重自然规律,①顺自然而为则昌。庄子也主张“天人合一”,庄子所追求的最高人生境界是超越主客对立、实现心灵自由的“逍遥”之境。② 庄子更注重自我的价值与自然的统一,③追求人的精神自由。他认为人情之真源于自然之真,④自然之真也就是人性之真。⑤

“天人合一”是中国古人追求人与自然和谐的最高境界。中国古代的“天人合一”包含着“天人一致”和“天人相应”这两层意思。⑥ “天人合一”包括了以诸子百家为代表的中国传统文化中蕴含的“天人合一”的价值观,始终强调自然界的“真、善、美”,强调人与自然的相互融合与有机统一。无论是道家的节制与无为,还是儒家的积极进取和无失其时,对中国传统社会的天人关系和生态保护都起到了积极而深远的作用。⑦ 这些深邃的思想,为我们正确处理人与自然的关系提供了重要的价值导向,是我们在新时期建设生态文明的重要思想财富!正如学者指出的那样,中国传统“天人合一”思想是我国社会主义生态文明的重要理论来源;⑧生态文明实践理念的形成,既是对中国哲学“天人合一”思想这一理性认识的创造性转化,也是中国共产党人运用这一思想取得生态保护实践经验的总结,更是将“天人合一”思想运用到新时代“美

---

① 《老子》第二十五章:“人法地,地法天,天法道,道法自然。”

② 参见林可济:《“天人合一”与“主客二分”:中西哲学比较的重要视角》,社会科学文献出版社 2010 年版,第 60 页。

③ 《庄子·达生》:“形全精复,与天为一。”

④ 《庄子·渔父》:“真者,所以受于天也,自然不可易也,故圣人法天贵真,不拘于俗。”

⑤ 参见赵载光:《天人合一的文化智慧》,文化艺术出版社 2006 年版,第 12 页。

⑥ 参见傅治平:《第四文明——天人合一的时代交响》,红旗出版社 2007 年版,第 49 页。

⑦ 参见程伟礼、马庆等:《中国一号问题:当代中国生态文明问题研究》,学林出版社 2012 年版,第 67 ~ 68 页。

⑧ 参见邓明波、徐佩瑛:《论生态文明的伦理内涵体系与科学发展观》,载《重庆社会主义学院学报》2013 年第 1 期。

丽中国”建设的必要中介。[①] 中国传统生态文化思想的变迁,为我们实现经济社会的可持续发展提供了重要的历史借鉴。

三、人与自然和谐相处:绿色发展与生态文明的共同价值取向

19 世纪中叶,由于人类科学技术的发展水平有限,工业文明对自然环境的破坏并没有像今天这么明显和突出,人类也还没有面临严重的环境污染或生态危机,因此,马克思、恩格斯并没有系统地研究生态文明,也没有撰写关于生态文明方面的专著。列宁主要是从苏联的生产与建设出发,对自然生产力与劳动的关系以及自然生产力的作用等相关问题展开论述。但我们不能因此而否定马克思、恩格斯、列宁等经典作家的生态文明思想及其当代价值。总的来看,马克思主义经典作家的生态文明思想是建立在关于人与自然关系的考察和认识的基础之上的。如何认识人、自然以及人与自然地关系,实现“人类同自然的和解以及人类本身的和解”,是马克思主义生态文明思想的核心内容。[②]

(一)关于人与自然的辩证关系

合理利用自然资源,促进人与自然的和谐相处,是马克思主义生态文明思想的基本观点。马克思主义经典作家关于人与自然的辩证关系有着一系列精辟的阐述。在马克思看来,人与自然界是不可分离的。马克思在《1844 年经济学哲学手稿》一文中指出:“自然界,就它自身不是人的身体而言,是人的无机的身体。人靠自然生活。这就是说,自然界是人为了不致死亡而必须与之处于持续不断的交互作用过程的、人

① 参见范光民:《生态文明与“天人合一”》,载《中共珠海市委党校珠海市行政学院学报》2018 年第 1 期。

② 参见高德明:《生态文明与可持续发展》,中国致公出版社 2011 年版,第 5 页。

的身体。所谓人的肉体生活和精神生活同自然界相联系,不外是说自然界同自身相联系,因为人是自然界的一部分。"①马克思认为,人与自然在本质上是统一的。马克思指出:"社会是人同自然界的完成了的本质的统一,是自然界的真正复活,是人的实现了的自然主义和自然界的实现了的人道主义。"②在马克思看来,人必须依靠自然界才能生存下来,而且人本身是自然界的有机组成部分,而非高高在上的主宰者,或者外来的征服者。马克思关于人与自然是本质统一的理论,彰显着人与自然和谐的可能性,对我们当前建设社会主义生态文明有着重要启发。恩格斯则强调了人与自然界的相互作用。恩格斯指出:"我们连同我们的肉、血、头脑都是属于自然界和存在于自然界之中的。"③恩格斯在《自然辩证法》一文中指出:"我们不要过分陶醉于我们对自然界的胜利。对于每一次这样的胜利,自然界都报复了我们。"④马克思、恩格斯的这些论述告诉我们,人是自然界的重要组成部分,人在改造自然的同时应注重保护自然界,这也是保护人类自身的需要。

(二)劳动是人类开发利用自然资源的主要方式和基本手段

实践的观点,是辩证唯物主义认识论首要和基本的观点。"通过实践创造对象世界,即改造无机界,证明了人是有意识的类存在物。"⑤可

① [德]马克思、恩格斯:《马克思恩格斯全集》(第42卷),中共中央马克思恩格斯列宁斯大林著作编译局编译,人民出版社1979年版,第95页。

② [德]马克思、恩格斯:《马克思恩格斯全集》(第42卷),中共中央马克思恩格斯列宁斯大林著作编译局编译,人民出版社1979年版,第122页。

③ [德]马克思、恩格斯:《马克思恩格斯选集》(第4卷),中共中央马克思恩格斯列宁斯大林著作编译局编译,人民出版社1995年版,第383~384页。

④ [德]马克思、恩格斯:《马克思恩格斯全集》(第20卷),中共中央马克思恩格斯列宁斯大林著作编译局编译,人民出版社1971年版,第519页。

⑤ [德]马克思、恩格斯:《马克思恩格斯全集》(第42卷),中共中央马克思恩格斯列宁斯大林著作编译局编译,人民出版社1979年版,第96页。

见,实践是人的存在方式,是成为有意识的人的必不可少的方式和手段。“如果没有人类实践,也就没有人类本身,更没有作为人的对象的自然界。”①劳动则是人类实践的主要方式,②在强调人类实践重要性的同时,马克思对劳动的对象化进行了阐述,把生产劳动理解为改造外部自然界的对象性活动,“劳动的产品是固定在某个对象中的、物化为对象的劳动,这就是劳动的对象化。劳动的现实化就是劳动的对象化”。③马克思进一步指出了自然的先在性:“没有自然界,没有感性的外部世界,工人什么也不能创造。”④列宁也强调了自然力非劳动可替代,他指出:“一般来说,人的劳动是无法代替自然力的,就像善特不能代替俄尺。无论是在工业或者农业中,人只能在认识到自然力的作用以后利用这种作用。”⑤自然界的存在是人类劳动成为可能的物质前提。“劳动首先是人和自然之间的过程,是人以自身的活动来中介、调整和控制人和自然之间的物质变换的过程。”⑥人类劳动与动物活动的本质区别在于是否在利用自然界的过程中带有自己的目的性,即劳动是人类有意识的活动。从而明确了劳动是实践的基本内容,也明确了劳动就是人类改造自然界的主要方式和基本手段。有意识的生命活动把人同动物

---

① 侯廷智、郇丽华主编:《马克思主义法学思想理论及其现实意义》,首都经济贸易大学出版社2011年版,第399页。

② 《中国大百科全书·哲学卷》对劳动的定义是:人类特有的基本社会实践活动,也是人通过有目的的活动改造自然对象并在这一活动中改造人自身的过程。可见,劳动本身就是基本的社会实践活动。国内对马克思主义实践范畴的理解多数停留在劳动范畴模式上。参见刘家亮:《马克思主义实践与劳动范畴关系辨析》,载《烟台大学学报》(哲学社会科学版)2002年第3期。

③ [德]马克思、恩格斯:《马克思恩格斯全集》(第42卷),中共中央马克思恩格斯列宁斯大林著作编译局编译,人民出版社1979年版,第91页。

④ [德]马克思、恩格斯:《马克思恩格斯全集》(第42卷),中共中央马克思恩格斯列宁斯大林著作编译局编译,人民出版社1979年版,第92页。

⑤ [俄]列宁:《列宁全集》(第5卷),中共中央马克思恩格斯列宁斯大林著作编译局编译,人民出版社1986年版,第90页。

⑥ [德]马克思、恩格斯:《马克思恩格斯选集》(第2卷),中共中央马克思恩格斯列宁斯大林著作编译局编译,人民出版社1995年版,第177页。

的生命活动直接区别开来。① 劳动的主要形式就是对自然界的利用，通过人类有意识的劳动（利用自然界的行为）可以创造出大量的社会财富，而不再是对自然物质的简单利用，这也反映了人类劳动与动物本能活动的根本不同。马克思同时强调了劳动与自然界的有机结合将会创造出人类所需要的财富。马克思指出："劳动是一切财富的源泉。其实，劳动和自然界在一起它才是一切财富的源泉，自然界为劳动提供材料，劳动把材料变为财富。"②马克思生态文明思想的深刻性就在于，人化的自然是人类劳动的结果，也是人类实践活动的结果。

（三）实现人与自然的真正和解，要求有计划地开发利用自然资源

人与自然的关系有一个演变和发展的过程，起初人服从于自然，然后是人不断征服自然，而最高境界应该是人与自然的真正和解，而达成这种和解的关键就是人类要节制开发利用自然资源的行为。在原始文明时期，人类只能服从于自然，相对于自然界的无限威力，人对自然界的作用几乎与其他动物没有本质区别。马克思指出："自然界起初是作为一种完全异己的、有无限威力的和不可支付的力量与人们对立的，人们同它的关系完全像动物同它的关系一样，人们就像牲畜一样服从它的权力。"③在马克思看来，在最初的社会形态里，人对自然的影响无论是深度还是广度都是极其有限的，而到了工业社会，这种状况则发生了根本性的改变，人类开发利用自然资源的能力随着科技的进步逐步提升，过快的开发速度、过大的开发规模逐步超过自然界的承载能力，一

① 参见［德］马克思、恩格斯：《马克思恩格斯全集》（第42卷），中共中央马克思恩格斯列宁斯大林著作编译局编译，人民出版社1979年版，第96页。

② ［德］马克思、恩格斯：《马克思恩格斯选集》（第4卷），中共中央马克思恩格斯列宁斯大林著作编译局编译，人民出版社1995年版，第373页。

③ ［德］马克思、恩格斯：《马克思恩格斯全集》（第3卷），中共中央马克思恩格斯列宁斯大林著作编译局编译，人民出版社1960年版，第35页。

方面彰显了人类征服自然的能力和野心,另一方面也在不断重复着失去生态平衡的自然界对人类的一次次报复。这就是说,要妥善解决人与自然的矛盾,必须适当限制人类的行为,必须有效地控制自然资源开发利用的总量。列宁在肯定人类利用科学技术的必要性的同时,强调要充分利用好原始自然资源,以减少人造资源带来的不必要的污染。列宁指出:"人造肥料代替天然肥料的可能性以及这种代替(部分地)的事实,丝毫也推翻不了下列事实:把天然肥料白白抛掉,同时又污染市郊和工厂区的河流和空气,这是很不合理的。"[①]

(四)只有充分尊重自然客观规律,才能实现人与自然的真正和解

马克思主义经典作家的生态文明思想给我们一个重要的启示就是:保护自然资源,最重要的是要控制开发自然资源的总量,而控制人类开发自然资源的总量,最重要的就是要充分尊重、遵行自然界的客观规律,以不破坏自然界的生态平衡为限。"自然规律是根本不能取消的。在不同的历史条件下能够发生变化的,只是这些规律借以实现的形式。"[②]人类只有充分认识自然规律,然后认真遵循自然规律来开发利用自然资源,才有可能实现人与自然的真正和解。马克思曾援引比·特雷莫《人类和其他生物的起源和变异》一书的观点,[③]提醒我们必须尊重并按照自然界的客观规律计划行事。恩格斯也提醒我们要能够认识并运用自然规律:"我们对自然界的全部统治力量,就在于我们能够认

---

① [俄]列宁:《列宁全集》(第5卷),中共中央马克思恩格斯列宁斯大林著作编译局编译,人民出版社1986年版,第134页。

② [德]马克思、恩格斯:《马克思恩格斯全集》(第32卷),中共中央马克思恩格斯列宁斯大林著作编译局编译,人民出版社1974年版,第541页。

③ 比·特雷莫在书中指出:"不以伟大的自然规律为依据的人类计划,只会带来灾难。"参见[德]马克思、恩格斯:《马克思恩格斯全集》(第31卷),中共中央马克思恩格斯列宁斯大林著作编译局编译,人民出版社1972年版,第251页。

识和正确运用自然规律。”①因此，建设社会主义生态文明，首先要充分认识、充分尊重、正确运用自然规律，只有这样，才能做到合理地开发和利用自然资源，有效避免自然界的报复，从而实现人与自然的真正和解。

绿色发展新理念是对马克思主义生态文明思想的丰富发展，体现了核心是以人民为中心发展，精髓是唯物辩证法，根本方法是统筹协调可持续发展的基本特征。② 在实现新时代中国特色社会主义生态文明建设过程中，要推进绿色发展、着力解决突出环境问题，坚持人与自然和谐共生。③

第二节 社会主义生态文明制度建设

无论是马克思主义经典作家的生态文明思想，还是中国共产党人关于生态文明的理论认识与实践探索，都充分表明了建设生态文明与促进绿色发展的重要性，都强调了人在开发利用自然资源的同时，应当要保护好自然界的山水林田湖。党的十八大以来，我国把建设社会主义生态文明作为社会主义文明的重要组成部分，并对生态文明建设和生态文明体制机制改革进行了全面的部署，走出了一条具有中国特色的生态文明建设之路。

---

① ［德］马克思、恩格斯：《马克思恩格斯选集》（第 4 卷），中共中央马克思恩格斯列宁斯大林著作编译局编译，人民出版社 1995 年版，第 383 ~ 384 页。

② 参见黄少琴、孙鹏：《习近平绿色发展新理念研究》，载《改革与战略》2017 年第 12 期。

③ 参见周宏春：《迈向生态文明新时代》，载《中国经济报告》2018 年第 2 期。

一、新时代的生态文明建设布局

2012 年 11 月 8 日，中共中央总书记胡锦涛代表十七届中央委员会向中共第十八次代表大会作了题为《坚定不移沿着中国特色社会主义道路前进为全面建成小康社会而奋斗》的报告。党的十八大报告强调，要把生态文明建设放在突出地位，融入经济建设、政治建设、文化建设、社会建设各方面和全过程，并围绕“优化国土空间开发格局”“全面促进资源节约”“加大自然生态系统和环境保护力度”“加强生态文明制度建设”四个方面的内容进行了具体部署，这也是我国下阶段建设生态文明的主要内容和紧迫任务。建设生态文明必须统筹规划，扎实推进。优化国土空间开发格局，最根本的就是要珍惜每一寸国土，利用好每一寸国土，正如党的十八大报告指出：“国土是生态文明建设的空间载体，必须珍惜每一寸国土。”全面促进资源节约，应当大力发展循环经济。“循环”一词 5 次出现在党的十八大报告中。第三部分“全面建成小康社会和全面社会改革开放的目标”指出“主体功能区布局基本形成，资源循环利用体系初步建立”，第四部分“加快转变经济发展方式”指出“更多依靠节约资源和循环经济推动”，第八部分“大力推进生态文明建设”提出“着力推进绿色发展、循环发展、低碳发展”“推进水循环使用”和“发展循环经济，促进生产、流通、消费过程的减量化、再利用、资源化”。可见，资源的循环利用、发展循环经济的意义之重大。以资源保护和资源集约利用为重点，加快清洁能源与可再生能源的开发利用，促进资源的循环利用；同时，加大自然生态系统和环境保护力度，着眼于建设良好的生态环境，大力实施生态修复工程，加强防灾减灾体系建设，加强污染防治，主动参与并积极应对气候变化，确保生态的平衡与安全。①

2015 年 4 月 25 日，《关于加快推进生态文明建设的意见》全面体现了中共中央、国务院关于生态文明建设的顶层设计。《关于加快推进生态文明建设的意见》首先充分肯定了生态文明建设在中国特色社会主义事业中的地位。《关于加快推进生态文明建设的意见》强调指出："生态文明建设是中国特色社会主义事业的重要内容，关系人民福祉，关乎民族未来，事关'两个一百年'奋斗目标和中华民族伟大复兴中国梦的实现。"《关于加快推进生态文明建设的意见》提出了生态文明建设的五大基本原则，具体包括：坚持把节约优先、保护优先、自然恢复为主作为基本方针；坚持把绿色发展、循环发展、低碳发展作为基本途径；坚持把深化改革和创新驱动作为基本动力；坚持把培育生态文化作为重要支撑；坚持把重点突破和整体推进作为工作方式。《关于加快推进生态文明建设的意见》还明确了到 2020 年中国生态文明建设应当实现的根本目标，即生态文明建设水平要与全面建成小康社会目标相适应。《关于加快推进生态文明建设的意见》将生态文明建设的目标分为四个方面：一是要使国土空间开发格局进一步优化，城乡结构和空间布局明显优化；二是资源利用更加高效，能源消耗强度持续下降，资源产出率大幅提高；三是生态环境质量总体改善，全国生态系统稳定性明显增强；四是生态文明重大制度基本确立，基本形成源头预防、过程控制、损害赔偿、责任追究的生态文明制度体系，自然资源资产产权和用途管制、生态保护红线、生态保护补偿、生态环境保护管理体制等关键制度建设取得决定性成果。②

① 参见胡锦涛：《坚定不移沿着中国特色社会主义道路前进　为全面建成小康社会而奋斗——在中国共产党第十八次全国代表大会上的报告》，载人民网—中国共产党新闻网：http://cpc.people.com.cn/18/n/2012/1109/c350821-19529916.html，最后访问日期：2017 年 6 月 25 日。

② 《中共中央　国务院关于加快推进生态文明建设的意见》（2015 年 4 月 25 日），载新华网：http://www.xinhuanet.com/politics/2015-05/05/c_1115187518.htm，最后访问日期：2017 年 4 月 25 日。

为加快建立系统完整的生态文明制度体系，加快推进生态文明建设，增强生态文明体制改革的系统性、整体性、协同性，2015 年 9 月 21 日，中共中央、国务院印发了《生态文明体制改革总体方案》。《生态文明体制改革总体方案》首先明确了生态文明体制改革的指导思想："全面贯彻党的十八大和十八届二中、三中、四中全会精神，以邓小平理论、'三个代表'重要思想、科学发展观为指导，深入贯彻落实习近平总书记系列重要讲话精神，按照党中央、国务院决策部署，坚持节约资源和保护环境基本国策，坚持节约优先、保护优先、自然恢复为主方针，立足我国社会主义初级阶段的基本国情和新的阶段性特征，以建设美丽中国为目标，以正确处理人与自然关系为核心，以解决生态环境领域突出问题为导向，保障国家生态安全，改善环境质量，提高资源利用效率，推动形成人与自然和谐发展的现代化建设新格局。"《生态文明体制改革总体方案》还明确了生态文明体制改革的理念，具体包括：树立尊重自然、顺应自然、保护自然的理念，树立发展和保护相统一的理念，树立绿水青山就是金山银山的理念，树立自然价值和自然资本的理念，树立空间均衡的理念，树立山水林田湖是一个生命共同体的理念。除此之外，《生态文明体制改革总体方案》还明确了生态文明体制改革的原则、生态文明体制改革的目标，并就健全自然资源资产产权制度、建立国土空间开发保护制度、建立空间规划体系、完善资源总量管理和全面节约制度、健全资源有偿使用和生态补偿制度、建立健全环境治理体系、健全环境治理和生态保护市场体系、完善生态文明绩效评价考核和责任追究制度和生态文明体制改革的实施保障等方面的内容进行了详尽的部署。① 可以说，

① 中共中央、国务院《生态文明体制改革总体方案》(2015 年 9 月)，载中国政府网：http://www.gov.cn/guowuyuan/2015-09/21/content_2936327.htm，最后访问日期：2017 年 4 月 25 日。

《生态文明体制改革总体方案》的出台，是新时期生态文明建设与体制机制改革的任务书。

党的十八届五中全会审议通过的《中共中央关于制定国民经济和社会发展第十三个五年规划的建议》明确提出了绿色发展的理念。《中共中央关于制定国民经济和社会发展第十三个五年规划的建议》明确指出："绿色是永续发展的必要条件和人民对美好生活追求的重要体现。必须坚持节约资源和保护环境的基本国策，坚持可持续发展，坚定走生产发展、生活富裕、生态良好的文明发展道路，加快建设资源节约型、环境友好型社会，形成人与自然和谐发展现代化建设新格局，推进美丽中国建设，为全球生态安全作出新贡献。"①这是以党的文件的形式第一次对绿色发展的理念进行了阐述，将绿色发展理念与"节约资源""保护环境"的基本国策有机地衔接起来，并将"生产、生活、生态"的和谐统一作为文明发展道路的基本要素，这一论述极大地丰富了生态文明建设的基本理论，也辩证地说明了绿色发展与生态文明之间的高度统一性。

2017 年 10 月 18 日，习近平总书记代表第十八届中央委员会于在中国共产党第十九次全国代表大会上向大会作了题为《决胜全面建成小康社会　夺取新时代中国特色社会主义伟大胜利》的报告。报告第九节以"加快生态文明体制改革，建设美丽中国"为题，全面论述了新时代生态文明建设思想。习近平总书记在报告中指出："人与自然是生命共同体，人类必须尊重自然、顺应自然、保护自然。人类只有遵循自然规律才能有效防止在开发利用自然上走弯路，人类对大自然的伤害最

① 《中共中央关于制定国民经济和社会发展第十三个五年规划的建议》(2015 年 10 月 29 日中国共产党第十八届中央委员会第五次全体会议通过)，载央广网：http://news.cnr.cn/native/gd/20151103/t20151103_520379989.shtml，最后访问日期：2017 年 2 月 25 日。

终会伤及人类自身,这是无法抗拒的规律。”[①]十九大报告还从推进绿色发展、着力解决突出环境问题、加大生态系统保护力度、改革生态环境监管体制等四个方面对如何实现人与自然和谐共生进行了阐述,体现了新时代党中央推进绿色发展的决心和意志。十九大报告首次提出建设“富强民主文明和谐美丽”的社会主义现代化强国的目标,这意味着,生态文明建设已经上升为新时代中国特色社会主义的重要组成部分。[②]党的十九大修改了党章,将“实行最严格的生态环境保护制度”“增强绿水青山就是金山银山的意识”“建设富强民主文明和谐美丽的社会主义现代化强国”等内容写进党章。2018 年 3 月 11 日,十三届全国人大一次会议第三次全体会议表决通过了《中华人民共和国宪法修正案》,“推动物质文明、政治文明和精神文明协调发展,把我国建设成为富强、民主、文明的社会主义国家”修改为“推动物质文明、政治文明、精神文明、社会文明、生态文明协调发展,把我国建设成为富强民主文明和谐美丽的社会主义现代化强国,实现中华民族伟大复兴”。[③] 自此,“生态文明”历史性地写入了根本大法,开启了生态文明法治的新篇章。

二、新常态下的生态文明制度建设

新常态下,风险、挑战与机遇并存,新常态下的经济发展,增长速度已经不再是核心问题,关键是要体质增效。[④] 党的十八届三中全会把生

① 习近平:《决胜全面建成小康社会 夺取新时代中国特色社会主义伟大胜利——在中国共产党第十九次全国代表大会上的报告》,载新华网:http://www.xinhuanet.com/politics/2017-10/27/c_1121867529.htm,最后访问日期:2018 年 2 月 20 日。

② 参见赵建军、杨永浦:《新时代我国生态文明建设的内涵解析》,载《环境保护》2017 年第 22 期。

③ 《中华人民共和国宪法修正案》(2018 年 3 月 11 日第十三届全国人民代表大会第一次会议通过)。

④ 参见吕薇等:《绿色发展:体制机制与政策》,中国发展出版社 2015 年版,第 2 页。

态文明制度建设作为全面深化改革的重点内容之一进行了系统部署，强调“建设生态文明，必须建立系统完整的生态文明制度体系，用制度保护生态环境”。这一战略部署，充分体现了党中央在自然资源开发利用和环境保护领域全面深化改革的决心。习近平同志关于“新常态”的论述，再次向全世界表明了中国摆脱“旧常态”、在新的历史起点上全面推进深化改革的决心和意志。当前，加强生态文明制度建设，应当立足于我国所处的战略机遇期，主动适应经济新常态，顺应人民群众对良好生态环境的期待，使生态文明制度建设与推动形成绿色低碳循环发展新方式相契合。

新常态下加强生态文明制度建设，要明确生态文明法律制度建设的着力点。第一，建立健全有效约束自然资源开发行为的生态文明法律制度。传统的不可持续的自然资源粗放式开发模式，导致资源利用率低、产能过剩的现象普遍存在，与新常态提出的目标要求格格不入。加强生态文明制度建设，首先就要用制度有效约束自然资源的开发行为，及时制裁不合法的自然资源开发行为。这就需要健全资源开发利用的技术标准和行业准入制度，及时淘汰高污染、低产能、高能耗的落后企业；同时，还要建立健全自然资源用途管制制度、生态区域功能规划制度、环境影响评价制度，以及开发利用自然资源的法律责任制度。第二，建立健全促进绿色发展、循环发展、低碳发展的生态文明法律制度。要始终坚持走资源可持续开发利用战略，要树立节约资源的指导思想，从制度上杜绝随意浪费资源；要把握开发利用的度，从制度上节制开发和利用自然资源的行为，不因自然资源的开发利用而造成资源枯竭。要鼓励加强自然资源自身更新能力方面的研究，从制度上鼓励科技创新，促进自然资源的循环利用，建立自然资源循环使用的有效机制；要把维护生态平衡和生态安全作为底线要求，健全开发利用清洁能源的制度保障。要从制度上杜绝以破坏人类生存环境为代价的开发利用行为,杜绝二次污染,实现自然资源的可持续利用。

新常态下加强生态文明制度建设应找准关键点。党的十八届三中全会《中共中央关于全面深化改革若干重大问题的决定》(以下简称十八届三中全会《决定》)强调了市场要在资源配置中起决定性作用,自然资源是人类生产生活不可或缺的重要资源,市场在自然资源配置中也应起到决定性作用。适应新常态,要求从过去主要依赖于数量扩张和价格竞争转向质量型、差异化为主的竞争,要求不断提高资源的配置效率。就新常态下的生态文明制度建设而言,关键是要不断完善市场配置自然资源权利的相关制度。第一,要完善关于自然资源权利公示制度。自然资源的开发利用权利要能在民事主体之间有效流转起来,完善的自然资源登记制度是关键。要通过完善自然资源登记制度,保障自然资源开发利用权利的公平、公开,确保自然资源统一确权登记符合生态文明体制改革方向。[①] 完善的登记制度以科学的登记内容为标志,同时应赋予登记以推定效力、公信力,并明确登记的程序规范。行政许可与权属登记应当有一个合理的分工,行政许可负责开发利用某一自然资源主体资质的认定,而自然资源权利登记则负责自然资源开发利用权利的市场流转。第二,要完善自然资源权利市场交易监管措施的完善。任何主体开发利用自然资源,必须兼顾自然资源的经济效益、社会效益和生态效益。这就需要有一个健全的自然资源权利交易的监管制度,对受让人开发利用自然资源过程中的不当行为予以及时的制止,在必要的时候,依法收回其开发利用自然资源的权利。比如,自然资源权利交易的主体资格制度,自然资源权利交易的诚信登记制度,自然资源权利交易的环境影响评价制度等。第三,要完善自然资源的权利救

---

① 参见李倩:《确保自然资源统一确权登记符合生态文明体制改革方向》,载《中国国土资源报》2017年11月28日,第1版。

济制度。立法者要完善侵害自然资源权利的民事法律责任制度、行政法律责任制度和刑事法律责任制度,明确侵犯自然资源权益的行为所应当承担的法律后果,有效制止侵害自然资源权益或妨碍自然资源权益交易的行为。通过完善自然资源权利救济制度,既要有效规范开发利用自然资源的行为,又要兼顾自然资源开发利用的经济效益、社会效益与生态效益,在法律责任的承担方式上,既要明确侵犯自然资源的经济责任,又要明确侵犯自然资源的社会责任与生态责任。

新常态下加强生态文明制度建设应坚持科学立法。改革开放之后相当长的一段时期内,我国制定的法律深受计划经济体制的影响,环境与自然资源法律法规也不例外。这些带有计划经济痕迹的法律明显滞后于新常态的发展要求,必须及时地加以修订、废除或者重新制定。第一,要全面梳理我国现有的立法现状,分析我国生态文明法律制度中存在的主要问题,查摆制度实践中存在的现实困境,在此基础上进一步理顺制度完善的立法指导与整体思路,使新出台的法律法规尽可能全面反映生态文明的客观规律。第二,要规范立法程序,尤其是要完善专家立法的工作机制和公众参与环境与自然资源立法工作的相关机制,拓宽公民有序参与立法的途径,使出台的生态文明制度尽可能符合人民改善生活环境的美好愿望。第三,要注重做好法律法规和规章的清理工作,及时清理有违公平正义或者与上位法相抵触的法律法规条款,维护法律的统一性。新《环境保护法》正式颁布实施之后,在环境标准制度、环境违法处罚制度等方面均有较大的修改,加强相关法规规章的清理工作显得尤为迫切和重要。第四,要有全球视野,注重吸取其他国家或地区在生态文明制度建设中的研究成果、立法技术和实践经验。要认真研究国际条约和协定中关于自然资源开发利用和环境保护的规定,主动学习其他国家或者地区在生态保护方面的先进立法经验,并结合我国的实际情况,不断完善我国的生态文明法律制度。

三、生态文明制度建设的路线图

建设生态文明,必须建立系统完整的生态文明制度体系,实行最严格的源头保护制度、损害赔偿制度、责任追究制度,完善环境治理和生态修复制度,用制度保护生态环境。当前,要紧紧围绕建设美丽中国深化生态文明体制改革,加快建立生态文明制度,健全国土空间开发、资源节约利用、生态环境保护的体制机制,推动形成人与自然和谐发展现代化建设新格局。

要健全自然资源资产产权制度和用途管制制度。我国生态环境保护中存在的一些突出问题,一定程度上与体制不健全有关,原因之一是全民所有自然资源资产的所有权人不到位,所有权人权益不落实。因此,必须对水流、森林、山岭、草原、荒地、滩涂等自然生态空间进行统一确权登记,形成归属清晰、权责明确、监管有效的自然资源资产产权制度,并健全国家自然资源资产管理体制,统一行使全民所有自然资源资产所有者职责。由于我国自然资源产权模糊,国家所有权主体虚置,从而导致生态资源环境破坏和代际分配不公平等问题。① 要建立空间规划体系,划定生产、生活、生态空间开发管制界限,落实用途管制。山水林田湖是一个生命共同体,由一个部门负责领土范围内所有国土空间用途管制职责,对山水林田湖进行统一保护、统一修复是十分必要的。"山水林田湖是一个生命共同体"理念提出了两个指导思想——系统观和生命观,②是对土地综合体及其土地利用形成的景观综合体更具体的

---

① 参见汤吉军、张壮:《交易成本视角下自然资源国家所有权的行使分析》,载《经济体制改革》2016 年第 1 期。

② 参见刘威尔、宇振荣:《山水林田湖生命共同体生态保护和修复》,载《国土资源情报》2016 年第 10 期。

诠释。[①] 国家对全民所有自然资源资产行使所有权并进行管理和国家对国土范围内自然资源行使监管权是不同的，前者是所有权人意义上的权利，后者是管理者意义上的权力。因此，国有自然资源资产所有权人和国家自然资源管理者是相互独立、相互配合、相互监督的关系。生态文明体制改革必将提速，当务之急是推进生态环境监管体制改革，部门职能及相互关系有待深入研究。[②]

要划定生态保护红线。2017 年 1 月，中共中央办公厅、国务院办公厅联合印发实施《关于划定并严守生态保护红线的若干意见》，2018 年年底，全国 31 个省市将全部完成生态保护红线的划定工作，最终形成生态保护红线全国“一张图”。[③] 与此同时，要坚定不移实施主体功能区制度，建立国土空间开发保护制度，严格按照主体功能区定位推动发展，建立国家公园体制。2017 年 9 月，中共中央办公厅、国务院办公厅印发了《建立国家公园体制总体方案》，当前，要按照方案的部署要求，从体系性、超前性、渐进性、本土性、协调性、针对性六个维度开展我国国家公园的立法工作。[④] 建立资源环境承载能力监测预警机制，对水土资源、环境容量和海洋资源超载区域实行限制性措施。2017 年 9 月，中共中央办公厅、国务院办公厅印发了《关于建立资源环境承载能力监测预警长效机制的若干意见》，明确提出要推动实现资源环境承载能力监测预警规范化、常态化、制度化，引导和约束各地严格按照资源环境承

---

① 参见宇振荣、郧文聚：《“山水林田湖”共治共管“三位一体”同护同建》，载《中国土地》2017 年第 7 期。

② 参见董祚继：《统筹自然资源资产管理和自然生态监管体制改革》，载《中国土地》2017 年第 12 期。

③ 参见郄建荣：《年底前 31 省份全部划定生态保护红线》，载《法制日报》2018 年 2 月 13 日，第 6 版。

④ 参见秦天宝：《论我国国家公园立法的几个维度》，载《环境保护》2018 年第 1 期。

载能力谋划经济社会发展。[①] 对限制开发区域和生态脆弱的国家扶贫开发工作重点县取消地区生产总值考核。探索编制自然资源资产负债表,对领导干部实行自然资源资产离任审计。建立生态环境损害责任终身追究制。

要实行资源有偿使用制度和生态补偿制度。具体是指,加快自然资源及其产品价格改革,全面反映市场供求、资源稀缺程度、生态环境损害成本和修复效益。自然资源的价格取决于生产费用和效用,由内在价值和外部性成本构成,其中内在价值又分为天然价值和人工价值,外部性成本又分为生态补偿成本、环境补偿成本和代际补偿成本。[②] 坚持使用资源付费和谁污染环境、谁破坏生态谁付费原则,逐步将资源税扩展到占用各种自然生态空间。通过建立排污权交易市场、开展主要污染物排污权有偿使用,既能体现谁污染谁付费、污染者付全费的理念,实现生态环境产权权益。[③] 稳定和扩大退耕还林、退牧还草范围,调整严重污染和地下水严重超采区耕地用途,有序实现耕地、河湖休养生息。建立有效调节工业用地和居住用地合理比价机制,提高工业用地价格。要坚持谁受益、谁补偿原则,完善对重点生态功能区的生态补偿机制,推动地区间建立横向生态补偿制度。长期以来,生态环境问题之所以难以解决,在很大程度上是因为受益者、保护者、破坏者、受损者之间的经济、生态利益未能实现公平分配。[④] 可见,健全生态补偿制度显得尤为重要,其中,生态补偿的立法工作应当及时跟进。我国目前规定

---

① 参见刘坤:《国家发改委:推动资源环境承载能力监测预警规范化常态化制度化》,载《光明日报》2017 年 9 月 23 日。

② 参见高兴佑:《可持续发展视域下自然资源的价格构成》,载《重庆三峡学院学报》2016 年第 2 期。

③ 参见景普秋:《资源使用付费与生态环境成本内生化》,载《科技创新与生产力》2013 年第 2 期。

④ 参见吴平:《完善生态补偿制度　实现绿色发展》,载《中国财政》2017 年第 12 期。

生态补偿的法律、法规虽然很多,但这些法律文件只是零星地涉及生态补偿,不太规范和系统且过于原则,不具有可操作性。① 要发展环保市场,推行节能量、碳排放权、排污权、水权交易制度,建立吸引社会资本投入生态环境保护的市场化机制,推行环境污染第三方治理。环保产业的内生发展机制和市场化制度建设有待优化,完善环保市场激励约束机制可以通过改革创新政府服务管理模式、构建企业违法排污的强约束机制、建立激励企业自主治污的制度环境、积极引导社会资本进入环保领域等。②

要改革生态环境保护管理体制。建立和完善严格监管所有污染物排放的环境保护管理制度,独立进行环境监管和行政执法。强制性执法与非强制性执法要有机结合起来。由于强制性环境行政执法的局限性及排污权交易制度的内在要求,非强制性环境行政执法在排污权交易的监管中具有广泛的运用空间。③ 要把公众参与、专家论证、风险评估、合法性审查、集体讨论决定确定为环境保护行政决策的法定程序,确保决策制度科学、程序正当、过程公开、责任明确。推进资源环境、农林水利、海洋渔业等领域的综合执法,建立陆海统筹的生态系统保护修复和污染防治区域联动机制。健全国有林区经营管理体制,完善集体林权制度改革。及时公布环境信息,健全举报制度,加强社会监督。完善污染物排放许可制,健全环境标准制度,实行企事业单位污染物排放总量控制制度。当前,要落实好《控制污染物排放许可制实施方案》(国办发〔2016〕81 号),实现排污许可全覆盖,尤其要注重建立健全企事业

---

① 参见臧成:《我国生态补偿立法的困境及其对策》,载《山西省政法管理干部学院学报》2015 年第 3 期。

② 参见储成君等:《环保产业的市场环境变化与制度建设思考》,载《环境保护》2017 年第 9 期。

③ 参见魏静:《排污权交易监管的非强制性环境行政执法研究》,载《浙江理工大学学报》2014 年第 2 期。

单位污染物排放总量控制制度,有机衔接环境影响评价制度,统筹其他各项制度的实施,企业取得排污许可证绝不意味着可以任意排污。① 对造成生态环境损害的责任者严格实行赔偿制度,依法追究环境污染者的行政责任与刑事责任。生态环境损害赔偿制度是生态文明制度体系的重要组成部分,2017 年 12 月,中共中央办公厅、国务院办公厅印发了《生态环境损害赔偿制度改革方案》,提出从 2018 年 1 月 1 日起,在全国试行生态环境损害赔偿制度。在落实方案的过程中,还需要进一步完善生态环境损害的调查、修复监督管理、赔偿磋商管理、赔偿资金管理等具体的实施细则。②

总之,要用严格的法律制度保护生态环境,加快建立有效约束开发行为和促进绿色发展、循环发展、低碳发展的生态文明法律制度。2015 年 1 月 1 日起正式施行的新《环境保护法》强化了生产者环境保护的法律责任,大幅度提高违法成本。当前,要不断完善生态补偿和土壤、水、大气污染防治及海洋生态环境保护等法律法规,健全生态文明制度体系,促进社会主义生态文明建设。

第三节　绿色发展指引下的生态文明制度建设

绿色发展理念的提出具有重要的现实意义。当前,我国经济发展已经步入新常态,新常态要求我们要采取有效的措施有效应对资源约束日益趋紧、生态保护形势日益严峻的局面。十八届五中全会提出要

① 参见孙佑海:《实现排污许可全覆盖:〈控制污染物排放许可制实施方案〉的思考》,载《环境保护》2016 年第 23 期。

② 参见曹娴:《生态环境损害,如何定、怎么赔?》,载《湖南日报》2018 年 1 月 19 日,第 8 版。

推动建立绿色低碳循环发展产业体系，是对这些现实问题的积极回应。绿色发展要求我们要始终树立尊重自然、顺应自然、保护自然的理念。全会提出，绿色发展要树立节约集约循环利用的资源观，这就要求我们在发展经济的同时顺应人民群众对良好生态环境的期待，使生态文明建设与推动形成绿色低碳循环发展新方式相契合。

十八届五中全会强调的绿色发展，不仅仅是在宣示一种发展理念，更为重要的是提出了一个如何实现绿色发展的行动纲领。全会对“绿色发展”的一系列阐述，勾画出了建设“美丽中国”的基本路径。第一，绿色发展要求建设好“两型”社会。全会强调，要加快建设资源节约型、环境友好型社会。建设“两型”社会的根本目标就在于解决资源的有限性与人类资源需求的不断提升的矛盾，使人们既能充分感受到利用资源的幸福感，又能自觉践行环境保护的义务。第二，绿色发展要处理好生产、生活、生态三者之间的关系。全会强调，加快建设主体功能区，走生产发展、生活富裕、生态良好的文明发展道路。实现这一目标，关键在于加强自然资源用途管制，并合理划分生活空间、生产空间与生态空间。自然生态空间是人类赖以生存和发展的物质基础和空间载体，需要加以严格保护和管控。[①] 第三，绿色发展要着力构建“四种格局”。全会提出要构建科学合理的城市化格局、农业发展格局、生态安全格局、自然岸线格局，这就把绿色发展的理念落实到具体的生产建设和社会发展之中，从而明确了绿色发展的载体。当前，应当把这一部署尽快转化为具体的行动，尽快形成有利于绿色发展的生态安全格局。生态安全格局是我国国土空间开发战略格局的重要组成部分，不仅有利于生态系统结构与功能的完整、生物多样性的保护和生态系统服务的维持，

① 参见祁帆等：《自然生态空间用途管制制度研究》，载《中国土地》2016 年第 12 期。

还将提升人类福祉,实现可持续发展,最终保障区域生态安全。[①]

全会关于绿色发展的一系列阐述,为健全生态文明法律制度指明了方向。新《环境保护法》明确规定"保护环境是国家的基本国策",并强调要"使经济社会发展与环境保护相协调"。全会提出的绿色发展理念,是对新《环境保护法》相关规定的贯彻与落实。当前,要在有效落实新《环境保护法》的基础上,扎实推进生态文明制度建设。在完善环境保护制度的过程中,要牢牢抓住提高环境质量这一核心,认真总结《大气污染防治法》的有益立法经验,建立健全水、土壤污染防治法律制度。环境质量目标主义主张把环境质量目标确定为法律的直接规制目标,并根据环境质量目标的要求构建环境法。[②] 要坚持保护优先、自然恢复为主的基本原则,根据环境保护的现实需要,不断完善环境影响评价制度、生态责任保险制度、环境信息公开制度,并加快生态修复制度、天然林保护制度等制度建设。

实现绿色发展,保护好环境是根本。长期以来,我国的环境保护工作注重强调地方政府责任,却往往忽视了地方政府之间的协作机制。这种"自扫门前雪"的传统模式引发了环境保护的一系列现实困境:跨区域资源利用效率低、区域邻界地带的环境污染"三不管"、跨省流域的环境治理效果差……出现这些问题,有地方保护主义作祟的因素,更为深层的原因则在于环境保护区域协作机制的不完善。

环境本身是一个开放的区域,环境要素的跨区域流动也是自然界的客观规律,缺乏区域协作机制的环境保护效果必然堪忧。我国在推进绿色发展的进程中,也充分意识到了这一点。中共中央、国务院《生

---

① 参见叶鑫等:《生态安全格局研究的主要内容与进展》,载《生态学报》2018 年第 10 期。

② 参见徐祥民:《环境质量目标主义:关于环境法直接规制目标的思考》,载《中国法学》2015 年第 6 期。

态文明体制改革总体方案》强调:“完善京津冀、长三角、珠三角等重点区域大气污染防治联防联控协作机制,其他地方要结合地理特征、污染程度、城市空间分布以及污染物输送规律,建立区域协作机制。”这充分说明,环境保护区域协作已经成为我国生态文明建设顶层设计的重要组成部分。因此,在环境污染治理过程中,应当充分认识环境保护各个地区“各自为政”的弊端与危害,进一步理顺环境保护区域协作的体制性障碍,建立健全环境保护区域协作机制,并加快相关的法律制度建设步伐,使环境保护区域协作机制成为助推绿色发展的一把利器。

健全环境保护区域协作机制,要落实好“十三五”规划纲要关于促进绿色发展的一系列战略部署。2016 年 3 月,《中华人民共和国国民经济和社会发展第十三个五年规划纲要》(以下简称《“十三五”规划纲要》)正式发布,这是我国未来 5 年国民经济和社会发展的顶层设计,体现了国家的战略意图和全体人民的共同愿景。《“十三五”规划纲要》把“绿色发展”作为五大发展理念之一确定下来,并为实现绿色发展指明了方向、明确了要求、规划了路径。在《“十三五”规划纲要》提出的促进绿色发展的一系列举措中,在国土空间开发上加强环境保护的区域协作机制是其中的一大亮点。《“十三五”规划纲要》为完善环境保护区域协作机制指明了方向。第一,要在加强主体功能区建设的进程中,推进环境保护的区域协作。不同的区域空间,其主体功能不同,所采取的自然资源开发利用策略也就不同。正如习近平总书记在青海省生态环境监测中心考察时指出的那样,禁止开发不是妨碍发展而是有利于发展。促进绿色发展,要求实现“有度有序利用自然,调整优化空间结构”“加大禁止开发区域保护力度”等目标,这都需要在做好自然生态空间规划的前提下开展自然资源开发利用与环境保护的区域协作。第二,要在推进区域协调发展的进程中,完善生态环境保护的区域协作机制。《“十三五”规划纲要》提出:“推动长江上中下游协同发展、东中西部互动合作,建设成为我国生态文明建设的先行示范带、创新驱动带、协调发展带。”只有实现区域的协调发展,环境保护的区域协作机制才能得以顺利施行。第三,要在推进陆海统筹的进程中,健全沿海地区之间的生态环境保护协作机制。《“十三五”规划纲要》提出:“推进海洋主体功能区建设,优化近岸海域空间布局,科学控制开发强度。”加强海洋资源环境保护,要求以陆海统筹的海洋主体功能区建设为统领,建立健全区域联动的海洋生态环境保护机制。

区域协作机制能否助推绿色发展,关键在于地方政府是否有积极、有效的作为。一是建立一个跨行政区域的绿色发展区域协作协调机构。自然资源开发利用要实现区域间的有效协作,环境保护要实现区域间的联防联治,首先要创新政府的行政管理体制,成立一个有效的协调机构,负责日常性的协调工作和各类信息的沟通工作,统一协调跨区域的生态空间开发和环境保护问题。二是建立地方政府之间经常性协商机制。比如,在建设主体功能区过程中,既需要各省明确各种辖区的功能与定位,更需要各省之间在全国主体功能区规划的指引下就如何开发利用自然资源加强沟通、密切配合、形成合力。三是发挥市场机制的作用,形成与绿色发展区域协作相适应的利益导向机制。促进绿色发展,往往需要放缓经济发展速度。如何协调好环境保护与经济发展的关系,成为了绿色发展区域协作能否顺利推进的关键。当前,可以通过完善横向生态保护补偿机制,创新跨区域的流域生态保护联动机制,实现保护地区与受益地区之间在自然资开发利用过程中的利益平衡。四是进一步完善产业布局,区域间能源的优势互补与协作机制。党的十八届五中全会提出了“推动建立绿色低碳循环发展产业体系”的目标,当前,要根据不同区域资源环境承载力的不同,引导产业合理布局和有序转移,实现区域之间能源的优势互补。五是发挥好民间环境保护组织在区域协作中的作用。只有将绿色发展的理念有机融入政府的管理、企业的生产和公众的日常生活之中，环境保护区域协作才能真正见成效。虽然环境保护区域协作的主体是政府及其相关的职能部门，但环境保护民间组织在推进区域协作中可以发挥穿针引线、监督促进的作用，对于促进环境保护的区域协作具有重要的辅助功能。

环境保护区域协作的顺利实施，还需要加大立法力度。目前，有的地方环境保护条例已经出台了促进环境保护区域协作的具体条款，比如，《新疆维吾尔自治区环境保护条例》第7条第1款规定："兵团在自治区人民政府统一领导下，依照环境保护法律法规和本条例规定，负责其管辖区域内的环境保护工作；兵团与其所在县、市、区行政区域的环境保护工作应当遵循区域共同治理和兵地共同治理的原则，实行统一规划、统一政策、统一标准、统一要求、统一推进。"在环境保护区域协作的制度建设中，应当注重打破区域壁垒，加快制度创新的步伐，用制度保障环境保护区域协作的顺利实施。一是要完善生态环境保护规划制度。要破除环境污染治理的区域壁垒，做好生态环境保护规划是最有效的途径。《"十三五"生态环境保护规划》提出到2020年实现生态环境质量总体改善的总体目标，为未来几年我国生态环境保护工作提供路线指引。[①] 2015年12月《京津冀协同发展生态环境保护规划》的发布，既体现了环境规划在环境保护协作中的作用，也为其他区域间的合作规划开了好头。二是要统一区域间的环境标准。根据我国法律的规定，地方政府制定的环境标准可以严于国家环境标准，这一制度的本意在于鼓励地方政府提高环境保护标准，但同时也造成了我国各省份之间环境标准不统一的局面。例如，在京津冀区域一体化进程中，制定京津冀一体化的大气环境标准体系，完善相关法律制度、有效管控污染源

---

① 参见纪涛等：《〈"十三五"生态环境保护规划〉的特点分析——基于与〈国家环境保护"十二五"规划〉的对比》，载《环境保护》2017年第22期。

头、扭转末端治理的方式方为治本之策。[①] 加强环境保护的区域协作，有必要统一该区域范围内各省的环境标准，只有这样，才能促进区域环境的协同治理，实现区域环境质量的整体改善。三是要加快生态补偿的统一立法。随着工业化、城市化的快速推进，我国大气污染正从局部单一源污染演变为普遍分布的区域复合型污染，基于区域一体化的大气环境生态补偿是实现大气污染治理的重要途径。[②] 目前，我国没有专门的《生态补偿法》，现有涉及生态补偿的规定分散在不同的法律法规、政策性文件或者地方立法中，其统一性、权威性、约束力和可操作性都存在明显的欠缺。2016 年 5 月，国务院出台了《关于健全生态保护补偿机制的意见》，当前，要在实施这一意见的基础上，结合绿色发展的要求加强生态补偿立法步伐，明确生态补偿的概念、补偿的范围、补偿应当遵循的基本原则和补偿的具体规则，使区域间的生态补偿真正有法可依。四是要完善区域间的环境执法联动机制。区域间的联动执法，是强化环境监管、打击环境违法行为的有效手段。2014 年《国务院办公厅关于加强环境监管执法的通知》提出，要在环境保护重点区域、流域地方政府要强化协同监管，开展联合执法、区域执法和交叉执法。跨区域大气污染执法是在传统行政区大气污染执法无法适应区域性大气污染防治要求的背景下产生的，其不仅是对区域性大气污染防治要求的适应，更是对传统行政区大气污染执法存在问题的纠正。[③] 当前，要着力健全环境执法区域协作的常态化机制，完善环境执法信息平台，加大跨区域执法的执法人员保障和办案资金保证，确保这项制度不停留在纸

---

① 参见朱京安、路遥：《京津冀区域一体化大气环境标准体系的法律完善》，载《科学经济社会》2016 年第 2 期。

② 参见史会剑、管旭：《基于区域一体化的大气环境生态补偿制度研究》，载《环境与可持续发展》2017 年第 3 期。

③ 参见王超锋：《推动跨区域执法 促进区域大气环境质量改善》，载《中国环境报》2018 年 1 月 11 日，第 3 版。

面上。五是要从区域环境的整体改善考核政府的生态环境政绩。政绩考核中不唯 GDP 论,把环保工作作为考核地方政府政绩的重要内容,这是我国发展理念进步的表现,也是促进绿色发展的必然要求。与此同时,落实地方政府的环境责任,不能仅考核其所辖区域的环境质量,还应当评估其在绿色发展区域协作中所发挥的作用,从更大的空间格局对政府的环境保护工作进行评价。同时,对于在绿色发展区域协作中懒政、怠政的相关责任人,必须明确其应当承担的法律责任。只有这样,生态环境保护的区域协作才能真正落到实处。

本章小结

当前,我国经济发展已经步入新常态,新常态要求我们要采取有效的措施有效应对资源约束日益趋紧、生态保护形势日益严峻的局面。党的十八大以来,我国把建设社会主义生态文明作为社会主义文明的重要组成部分,并对生态文明建设和生态文明体制机制改革进行了全面的部署,走出了一条具有中国特色的生态文明建设之路。建设生态文明,促进绿色发展,已经成为中国特色社会主义新时代的重要组成部分。生态文明是指为了更好地保护资源、环境和生态系统,在经济建设、政治建设、文化建设、社会建设等各方面始终树立保护自然资源、维护生态安全的理念,从而实现人与自然和谐相处、人类社会永续发展的文明形态。生态文明在本质上是要建立人与自然的和谐关系,实现人类社会的永续发展。人与自然和谐相处,是绿色发展与生态文明的共同价值取向。

绿色发展理念为健全生态文明法律制度指明了方向。当前,要紧紧围绕建设美丽中国深化生态文明体制改革,加快建立生态文明制度,健全国土空间开发、资源节约利用、生态环境保护的体制机制，推动形成人与自然和谐发展现代化建设新格局。要在有效落实新《环境保护法》的基础上，扎实推进生态文明制度建设，并重点建设好四个方面的制度。一是建立健全自然资源资产产权制度和用途管制制度；二是完善自然资源的权利配置制度、权利行使制度和权利流转制度；三是在完善环境保护制度的过程中，要牢牢抓住提高环境质量这一核心，建立健全水、土壤污染防治法律制度；四是不断完善环境影响评价制度、生态责任保险制度、环境信息公开制度，并加快生态修复制度、天然林保护制度等制度建设。

加强生态文明建设，促进绿色发展，应当加强区域协作。健全环境保护区域协作机制，关键在于地方政府积极、有效的作为。一是建立一个跨行政区域的绿色发展区域协作协调机构，统一协调跨区域的生态空间开发和环境保护问题。二是建立地方政府之间经常性协商机制。三是发挥市场机制的作用，形成与绿色发展区域协作相适应的利益导向机制。四是进一步完善产业布局，区域间能源的优势互补与协作机制。五是发挥好民间环境保护组织在区域协作中的作用。环境保护区域协作的顺利实施，还需要加快制度创新的步伐，用制度保障环境保护区域协作的顺利实施。一是要完善生态环境保护规划制度。二是要统一区域间的环境标准。三是要加快生态补偿的统一立法。四是要完善区域间的环境执法联动机制。五是要从区域环境的整体改善考核政府的生态环境政绩。对于在绿色发展区域协作中懒政、怠政的相关责任人，必须明确其应当承担的法律责任。只有这样，生态环境保护的区域协作才能真正落到实处。

第二章　新《环境保护法》及其影响

2014 年 4 月 24 日，第十二届全国人民代表大会常务委员会第八次会议审议通过了新《环境保护法》，这是继 1989 年《环境保护法》颁布施行 25 年之后的一次重大修订。正如张德江委员长指出的那样，环境保护法是环境领域的基础性、综合性法律，是全国人大常委会在深入调研、充分听取意见的基础上，经过 4 次审议，对《环境保护法》作出的一次全面修订。[①]《环境保护法》的修订，是中国推进生态文明建设进程中完成的一项重大立法任务，必将对中国的环境法治进程产生深远的影响。

第一节　新《环境保护法》评析

2015 年 1 月 1 日，新修订的《环境保护法》正式施行。这部被称为"史上最严的环保法"在万众期待中正式实施。1989 年《环境保护法》共 6 章 47 条，修订后的《环境保护法》共 7 章 70 条。从条文数量上看，修订后的《环境保护法》多了 23 条。但《环境保护法》的这次修订，并不仅仅是法律条文的简单添补，而是从立法理念到基本法律制度再到法

① 参见张德江：《环境保护法 25 年来首次修订》，载中国网：http://v. china. com. cn/zhuanti/2015lianghui/2015 - 03/08/content_34992286. htm，最后访问日期：2017 年 11 月 16 日。

律责任的全方位的立法修订。面对这部新《环境保护法》,社会各界给予了极大的关注,或褒扬,或贬损,莫衷一是。

一、新《环境保护法》的立法理念

从立法理念上看,新《环境保护法》注重与生态文明建设的新要求相契合。新《环境保护法》第 1 条规定:"为保护和改善环境,防治污染和其他公害,保障公众健康,推进生态文明建设,促进经济社会可持续发展,制定本法。"把"推进生态文明建设"直接规定为一部法律的立法目的,这在环境保护法律立法中尚属于首次,具有开创性意义。

第一,《环境保护法》规定了"推进生态文明建设"的立法目的,既表明了环境保护法律制度的完善对于生态文明建设的重要意义,也表明了生态文明建设对环境保护法律规则的制定及其实施有了新的更高的要求。正如中国人民大学竺效在《环境保护法》修订之前撰文指出的那样,《环境保护法》只有确立"建设生态文明"为其立法目的之核心要素,方能成为生态文明法律制度建设之"排头兵"。① 在《环境保护法》施行之后,很多学者也对"推进生态文明建设"成为《环境保护法》的立法目的给予了很高的评价。比如,著名环境法专家蔡守秋曾撰文指出:"'推进生态文明建设'是反映生态文明理念的价值目的,也是环境立法区别于其他法律的特色目的、新型目的。通过确立'推进生态文明建设'这一目的,表明我国环境法正在逐步实现从以防治污染为标志的环境保护法向以建设生态文明为标志的生态法的历史性转变。"②当然,也有学

① 参见竺效:《论生态文明建设与〈环境保护法〉之立法目的完善》,载《法学论坛》2013 年第 2 期。

② 参见蔡守秋:《析 2014 年〈环境保护法〉的立法目的》,载《中国政法大学学报》2014 年第 6 期。

者对《环境保护法》第 1 条立法目的表述提出了质疑。比如，中南财经政法大学高利红教授等撰文指出：“修订后的《环境保护法》虽在立法目的中融入了‘生态文明’和‘可持续发展’理念，但目的之归宿却依然设定为‘促进经济社会的可持续发展’这一经济发展模式上，没能从根本上转变经济发展之重心思想。”[①]由此可见，新《环境保护法》把“推进生态文明建设”与“促进经济社会可持续发展”同时作为立法目的，会导致立法目的自身内容体系的不自恰，而这种不相自恰的逻辑体系可能会使《环境保护法》在推进生态文明建设中的作用发挥受到一定程度的限制。

第二，《环境保护法》规定了“推进生态文明建设”的立法目的，已经对全国人大常委会的环境保护立法产生了直接的影响。在新《环境保护法》修订之后，全国人民代表大会常务委员会陆续修订了一系列环境保护方面的法律文件，这些新修订的法律文件也都把“推进生态文明建设”作为其立法目的。比如，2015 年 8 月 29 日第十二届全国人民代表大会常务委员会第十六次会议第二次修订通过的《大气污染防治法》第 1 条规定：“为保护和改善环境，防治大气污染，保障公众健康，推进生态文明建设，促进经济社会可持续发展，制定本法。”2016 年 7 月 2 日第十二届全国人民代表大会常务委员会第二十一次会议修订通过的《野生动物保护法》第 1 条规定：“为了保护野生动物，拯救珍贵、濒危野生动物，维护生物多样性和生态平衡，推进生态文明建设，制定本法。”2017 年 6 月 27 日第十二届全国人民代表大会常务委员会第二十八次会议修正的《中华人民共和国水污染防治法》第 1 条规定：“为了保护和改善环境，防治水污染，保护水生态，保障饮用水安全，维护公众健康，推进生

① 高利红、周勇飞：《环境法的精神之维——兼评我国新〈环境保护法〉之立法目的》，载《郑州大学学报》（哲学社会科学版）2015 年第 1 期。

态文明建设，促进经济社会可持续发展，制定本法。”

第三，《环境保护法》规定了“推进生态文明建设”的立法目的，已经对地方的环境保护立法产生直接的推动和促进作用。各省市在《环境保护法》修订之后，纷纷启动了地方环境保护条例的修订工作，目前，从广东、上海、山西等省份已经完成的地方环境保护条例修订案来看，它们无一例外地将“推进生态文明建设”规定为地方环境保护条例的立法目的。比如，2015 年 1 月 13 日广东省第十二届人民代表大会常务委员会第十三次会议修订的《广东省环境保护条例》第 1 条明确规定：“为了保护和改善环境，防治污染和其他公害，保障公众健康，推进生态文明建设，促进经济社会可持续发展，根据《中华人民共和国环境保护法》等法律法规，结合本省实际，制定本条例。”与此同时，有的地方人大制定出台了专门促进生态文明建设的地方性法规，如《贵州省生态文明建设促进条例》《厦门经济特区生态文明建设条例》《杭州市生态文明建设促进条例》《湖州市生态文明先行示范区建设条例》《珠海经济特区生态文明建设促进条例》《贵阳市建设生态文明城市条例》等。这充分表明了“推进生态文明建设”已经逐步地从立法目的转变为具体的规则体系，这对于生态文明建设的理念落实具有重大的现实意义。

二、新《环境保护法》的环境治理理念

环境保护工作既需要政府发挥主导作用，也需要社会各级的积极参与。从环境治理的理念上看，《环境保护法》既强调了政府的主体责任，也强化了信息公开和公众参与制度。

（一）新《环境保护法》下的政府环境责任

政府环境责任的强化，是 2014 年新《环境保护法》的主要议题和突

出特点之一。[①] 新《环境保护法》第二章“监督管理”、第三章“保护和改善环境”、第四章“防治污染和其他公害”以及第六章“法律责任”之中，都对政府如何开展环境保护工作提出了具体而明确的要求，要求政府应当更加重视环境保护工作，并在环境保护之中发挥更大的作用；同时，对于保护生态环境工作不力的，也建立了严格的追责制度。从新《环境保护法》的一系列规定看，政府的环境保护职责更加明确，措施要求更为具体，法律责任更加严格，主要体现为五个方面。

一是对环境保护规划的重要性从立法上予以了明确的确认。《环境保护法》第13条对环境规划制度作出了详细的规定，明确要求县级以上人民政府应当将环境保护工作纳入国民经济和社会发展规划，并对环境保护规划的内容作出了明确的规定，要求环境保护规划的内容应当包括生态保护和污染防治的目标、任务、保障措施等，并与主体功能区规划、土地利用总体规划和城乡规划等相衔接。

二是注重完善环境监测制度。新《环境保护法》第17条明确规定：“国家建立、健全环境监测制度……监测机构应当使用符合国家标准的监测设备，遵守监测规范。监测机构及其负责人对监测数据的真实性和准确性负责。”明确规定监测机构及其负责人要对监测数据的真实性和准确性负责，这是对长期以来存在的环境监测随意性大，甚至部分监测机构数据造假的直接回应。新《环境保护法》的这一规定，表明了立法者查处环境监测数据造假的决心。2016年年初，西安长安区监测站环保数据造假，利用棉纱堵塞采样器的方法影响国家环境空气质量自动监测系统正常运行，相关责任人被移交司法机关，成为中国司法部门

① 参见陈海嵩：《新〈环境保护法〉中政府环境责任的实施路径——以环保目标责任制与考核评价制度为中心的考察》，载《社会科学家》2017年第8期。

环境监测数据造假法律责任的首例。①

三是建立健全环境保护目标责任制、考核评价制度。新《环境保护法》第26条规定:"……县级以上人民政府应当将环境保护目标完成情况纳入对本级人民政府负有环境保护监督管理职责的部门及其负责人和下级人民政府及其负责人的考核内容,作为对其考核评价的重要依据。考核结果应当向社会公开。"这一规定,其要旨在于扭转长期以来干部评价中的唯GDP论,强调应当把环境保护工作的实绩作为考核政府工作成果和干部政绩的重要内容,这必将对干部的政绩观产生深远的影响。

四是建立健全了限期达标制度和区域限批制度。新《环境保护法》第28条规定:"地方各级人民政府应当根据环境保护目标和治理任务,采取有效措施,改善环境质量。未达到国家环境质量标准的重点区域、流域的有关地方人民政府,应当制定限期达标规划,并采取措施按期达标。"新《环境保护法》在取消了排污企业限期改正相关规定的同时,对政府治理环境的期限作出了明确的要求,要求政府改善环境质量应当有一个明确的时间表,而不能停留在承诺、表态等形式上,这一规定无疑是要求地方政府把环境质量提升工作从"发展目标"转变成为有期限要求的"硬性任务"。为把提升环境质量的要求真正落实到位,新《环境保护法》还规定了区域限批制度。新《环境保护法》第44条第2款规定:"对超过国家重点污染物排放总量控制指标或者未完成国家确定的环境质量目标的地区,省级以上人民政府环境保护主管部门应当暂停审批其新增重点污染物排放总量的建设项目环境影响评价文件。"区域限批制度写入《环境保护法》,这是对政府履行环境保护职能提出了更为严格的要求。正如原环保部副部长潘岳指出的那样,新环保法增加

① 参见王硕:《西安环保数据造假年初已被揭发　手段不止塞棉花》,载搜狐网:http://www.sohu.com/a/117188245_114988,最后访问日期:2017年12月25日。

了“未完成国家确定的环境质量目标”这一区域限批情形，这是环保监管的一项制度创新。①

五是进一步明确政府的环境监管法律责任。《环境保护法》第67条规定：“上级人民政府及其环境保护主管部门应当加强对下级人民政府及其有关部门环境保护工作的监督。发现有关工作人员有违法行为，依法应当给予处分的，应当向其任免机关或者监察机关提出处分建议。依法应当给予行政处罚，而有关环境保护主管部门不给予行政处罚的，上级人民政府环境保护主管部门可以直接作出行政处罚的决定。”这一规定既明确了环境保护工作之中上下级政府之间的监督与被监督的关系，强调了应当给予在环境保护工作中违法失职的工作人员行政处分的相关要求，同时赋予了上级人民政府环境保护主管部门在下级有关部门不作为时直接作出行政处罚的权力。《环境保护法》第68条明确规定了应当追究在环境保护工作中失职的相关人员行政法律责任的9种情形，第69条明确规定了对于构成犯罪的应当依法追究刑事责任。《环境保护法》的这三条规定，体现了加强对政府从事环境保护工作的监管的理念，新法希望能从落实法律责任的角度督促政府相关职能部门及其工作人员认真履行环境保护的职责。

（二）新《环境保护法》下的公众参与制度

在强化政府主体责任的同时，新《环境保护法》非常注重健全环境信息公开制度和公众参与制度。较之1989年《环境保护法》，第五章“信息公开和公众参与”是新《环境保护法》新增加的章节，尽管这一章只有6条，但其意义却是非常重大的。

---

① 参见黄庆畅、郑会燕：《区域限批制度首次写入环保法，彰显了我国保护环境的坚定决心——找到环保与发展的平衡点》，载《人民日报》2014年6月4日，第18版。

一是明确了赋予了公众享有与环境相关的知情权、参与权和监督权。新《环境保护法》第 53 条第 1 款规定:“公民、法人和其他组织依法享有获取环境信息、参与和监督环境保护的权利。”这是新中国环境立法史上第一次赋予了一般民事主体环境方面的“权利”,尽管这些权利的实现机制还不健全,但在立法上明确承认公民、法人和其他组织享有环境方面的“权利”,这无疑是一个巨大的进步,必将为中国未来的“环境权”立法奠定坚实的基础。

二是对环境信息公开制度作出了具体的规定。《环境保护法》第 54 条规定了政府在环境信息公开中的职能与作用,该条第 2 款明确规定:“县级以上人民政府环境保护主管部门和其他负有环境保护监督管理职责的部门,应当依法公开环境质量、环境监测、突发环境事件以及环境行政许可、行政处罚、排污费的征收和使用情况等信息。”从该规定看,政府是突发环境事件等环境信息的公开主体,这既赋予了政府在环境信息公开方面的权力,也表明了政府应当承担及时公开环境信息的责任。但政府履行环境信息公开的相关配套制度并不完善,政府的环境信息公开还远远无法满足公众的环境需求。政府在实现为公众提供及时、有效的环境信息这一目标之前,仍然还有一段很长的路要走。

三是对环境公益诉讼制度作出了规定。新《环境保护法》第 58 条关于社会组织提起环境公益诉讼之条件的规定,是这部法律的一大亮点,也是这部新法实施之后产生极大反响的一个法条。一石激起千层浪,新《环境保护法》第 58 条的相关规定出台之后,大量的相关案件出现在公众的视野,其中不乏有“泰州天价公益诉讼赔偿案”“腾格里沙漠环境污染损害赔偿案”等一系列具有重大影响的环境公益诉讼案。新《环境保护法》仅仅规定社会组织可以提起环境公益诉讼,对于检察机关、行政机关或者普通公民能否提起环境公益诉讼,新《环境保护法》没有作出明确的规定,这也给未来立法机关开展环境公益诉讼立法留下了空间。2015 年 7 月起，最高人民检察院在 13 个省、自治区、直辖市开展检察机关试点提起环境公益诉讼，2017 年 6 月 27 日，第十二届全国人民代表大会常务委员会第二十八次会议审议通过了对《民事诉讼法》和《行政诉讼法》的修改意见，自此，检察机关也具备了提起环境公益诉讼的资格。但关于环境公益诉讼的理论基础研究还不够扎实，提起环境公益诉讼的相关配套制度也并不完善，如何认定损失、如何开展生态司法鉴定、如何完善公益诉讼的支持人制度等都是环境公益诉讼有待回应的难题，中国的环境公益诉讼之路仍在探索之中。

总的来看，新《环境保护法》在鼓励公众参与环境保护的制度建设上迈出了重要的一步，但相关的规定过于宽泛、笼统，需要通过实践探索不断地加以完善。作为新《环境保护法》主打亮点之一的公众参与制度在实施过程中也遇到诸多挑战，相关的公众环境知情权、举报权以及诉权的保障制度都有待完善。①

三、新《环境保护法》的按日计罚制度

从环境治理的措施上看，“严”是新《环境保护法》的最大亮点。新《环境保护法》之所以被称为“史上最严的环保法”，很重要的原因就在于其在“法律责任”一章规定了“按日计罚”这一非常特殊的行政处罚制度。

《环境保护法》第 59 条第 1 款规定：“企业事业单位和其他生产经营者违法排放污染物，受到罚款处罚，被责令改正，拒不改正的，依法作出处罚决定的行政机关可以自责令改正之日的次日起，按照原处罚数额按日连续处罚。”这一规定的本意在于增加排污企业的违法成本，督

① 参见张式军、徐东新：《〈环境保护法〉实施中公众参与制度的困境与突破》，载《中国高校社会科学》2016 年第 5 期。

促排污企业自觉改正违法排污的行为，否则，环境保护部门可以通过启动按日计罚制度，对违法排污企业作出“按照原处罚数额按日连续处罚”的决定。长期以来，环境行政违法的成本偏低，导致大量的排污企业宁愿支付违法排污的成本，也不愿意承担相对高额的治理污染的成本。按日计罚规则的出台，旨在纠正这一体制性弊端。应当说，《环境保护法》的立法本意是好的，但这一特殊的行政处罚规则也颇受诟病。其中，如何看待“按日计罚”与“一日不再罚”之间的冲突便是一个焦点问题，回应这一问题的关键则是需要厘清按日计罚的法律性质。有学者认为，在规范层面，按日计罚涵摄“直接禁止”和“限期改正”二元结构，它们在法理上可以被分别解释为秩序罚和执行罚。[①] 有学者则认为，对于在线超标排污行为，可以通过行政罚性质的按日计罚进行制裁；一般违法排污行为如需按日连续处罚，可以采取执行罚性质的按日计罚。[②] 学界关于按日计罚之性质的争论，本身就表明了按日计罚这一制度设计缺乏充分而扎实的理论基础，而这必然也预示着这项制度在相当长的一段时期内将饱受诟病。

为了配合新《环境保护法》按日计罚制度的实施，《环境保护主管部门实施按日连续处罚办法》经 2014 年 12 月 15 日环境保护部部务会议审议通过，自 2015 年 1 月 1 日起与《环境保护法》同日施行。《环境保护主管部门实施按日连续处罚办法》明确了实施按日计罚的具体操作办法，有利于这项制度在实践中的运用。尽管《环境保护法》有了明确规定，环境保护部也出台了具体的操作办法，但针对按日计罚制度的诟病却并没有因此而停息。当前，至少存在两大制度性难题。

---

① 参见杜辉：《环境法上按日计罚制度的规范分析——以行为和义务的类型化为中心》，载《法商研究》2015 年第 5 期。

② 参见陈德敏、鄢德奎：《按日计罚的法律性质与规范建构》，载《中州学刊》2015 年第 6 期。

第一,选择性执法的弊端如何克服?现实中违法排污的企业大量存在,违法排污被责令改正而拒不改正的企业也绝不是少数,很显然,并不是所有符合实施按日计罚条件的企业都受到按日连续处罚。甚至于,受到按日连续处罚的企业可能仅仅是其中的一小部分。据统计,2015 年,全国按日连续处罚案件 715 件,罚款数 56,954.41 万元,每起案件平均处罚金额约为 79 万元。2016 年全国按日连续处罚案件 1017 件,增长 42%;罚款数 81,435 万元,增加 43%。[①] 2017 年 1 ~ 7 月,全国实施按日连续处罚案件共 622 件,罚款数额达 76,134.65 万元。[②] 从这组数据可以看出,环境保护主管部门实施按日计罚的力度在不断加大。但按日连续处罚制度"高举轻放"的弊端从这组数据中显现无疑。其一,无论是 2015 年还是 2016 年,按日连续处罚案件的数量总体偏少,2015 年平均每个省份的按日计罚案件数量不到 25 件,2016 年平均每个省份的按日计罚案件数量不到 35 件,如果平均到县这一级,一个县一年的案件平均不到 1 个。即按日计罚这一制度已经实施两年了,在有的县市可能还从来没有启动过这项制度,选择性执法的弊端不言而喻。其二,从 2016 年实施的按日计罚情况看,无论是案件数量还是罚款数额,都比 2015 年增长了近 50%,这表明了 2015 年实施按日计罚之后效果甚微,2016 年的违法排污企业不减反增!从 2017 年的数据看,按日计罚案件仍然在持续攀升。那么,这项被称为"史上最严"的行政处罚制度起到了"震慑"作用了吗?试想,当大多数的违法排污企业并没有及时受到按日连续处罚时,这一制度的存在还有意义吗?如果一个县

---

① 参见《按日连续处罚办法迎来首次修改》,载搜狐网:http://www.sohu.com/a/144049707_810845,最后访问日期:2017 年 10 月 26 日。

② 参见《环保部:前 7 月全国实施按日连续处罚等 5 类案件逾 2 万件》,载中国经济网:http://www.ce.cn/xwzx/gnsz/gdxw/201709/05/t20170905_25761862.shtml,最后访问日期:2017 年 10 月 26 日。

里面有100家企业在违法排污，最终受到按日计罚处罚的只有1家，那么，对于受到按日连续处罚的少数企业而言，这种行政处罚的公平性显然会受到质疑。执法不公平的问题还体现在区域之间实施按日计罚制度的力度不平衡之上。新《环境保护法》规定按日计罚之后，不同的省份实施这项制度的积极性不同，查处案件的数量也存在巨大的区别。比如，2016年一季度全国实施按日连续处罚145件，其中浙江省15件，广东省10件，福建省6件。① 浙江省实施的按日计罚案件超过了全国总数的10%，占全国不到10%的省份其实施按日计罚案件占据全国的21.4%。不同区域实施按日计罚的力度不同，本身就说明这项制度的不成熟。实施类似排污行为的不同企业，因其所处的省份不同受到了迥然不同的行政处罚，这显然不符合推行按日计罚制度的本意。

第二，如何避免执法随意性大的弊端？环境保护主管部门在实施按日计罚中有着很大的自由裁量权。根据2015年1月1日起施行的《环境保护主管部门实施按日连续处罚办法》第10条和第17条的相关规定，环境保护主管部门可以在送达责令改正违法行为决定书之日起30日内任意选择其中的某一天去实施复查，而按日连续处罚的计罚日数为决定书送达之日的次日起，至复查之日止。换句话说，环境保护主管部门决定去复查的日期将直接影响到罚款的数额。比如，某家企业原处罚决定书确定的罚款数额是50万元，环保部门在送达责令改正违法行为决定书之日的第三日就去复查，该企业如果符合按日计罚的要件，它将被处以50万元的罚款；如果环保部门因为事务繁忙等到第21天采取复查，该企业将被处以1000万元的罚款；如果环保部门等到第30天再去复查，该企业将被处以1450万元的罚款。从50万元到1000

① 参见《环保部：2016年一季度全国实施按日连续处罚145件》，载中商情报网：http://www.askci.com/news/finance/20160512/1354367066.shtml，最后访问日期：2017年8月20日。

万元再到 1450 万元，一切都掌控在实施按日计罚的环境保护主管部门的手中！这么大的自由裁量权制造了一个又一个的天价罚单，真是一件值得奔走相告的喜事吗？早处罚或者迟处罚，一切都决定于环保部门去不去复查，以及什么时候去复查，这一制度会不会导致权力寻租的出现，这么大的自由裁量空间会不会滋生新的腐败土壤？答案不言而喻！饶有意味的是，2017 年 5 月 18 日新编制的《环境保护部关于修改〈环境保护主管部门实施按日连续处罚办法〉的决定（征求意见稿）》（以下简称征求意见稿）意在取消复查期限 30 日的规定。① 这一修改意见，无疑将进一步扩大行政机关的自由裁量权。如果“不限期的按日计罚”真的得以实施，那环境保护主管部门可以任意选择一个时间点去复查，第 50 天、第 100 天，甚至第 200 天去复查都可以。届时，自由裁量权将被无限扩大，环保执法人员想让某个企业倒闭，通过延长复查的日限就可以轻松做到。这是多么可怕的一项行政处罚制度！无论如何，立法者都应当给按日计罚的实施者设置一定的条件，适当限缩执法人员的自由裁量权。

对于新《环境保护法》的按日计罚制度，不少人对此溢于言表、褒扬有加，认为其是严格之至的制度创新，将是根治长期以来中国环境污染防治之困境的一剂良方。然而，人们往往忽视了这是一项连法律性质都还模糊不清的行政处罚制度。因为法律作出了这样的规定，学者只能对按日计罚的法律性质作出法教义学上的解释，但如果认真检视按日计罚制度实施后的实际效果，就会发现无论哪一种解释都显得苍白无力。其实，谁又能保证它不是一件“皇帝的新装”呢？或许，在环境污染防治法律制度还不健全的今天，实施按日计罚制度只是一时的权宜

---

① 《按日连续处罚办法迎来首次修改》，载搜狐网：http://www.sohu.com/a/144049707_810845，最后访问日期：2017 年 10 月 26 日。

之计,是没有办法的办法!但无论如何,对于违法排污行为的环境行政处罚还是应当建立在行政处罚基础理论的大厦之上,还是应当充分尊重行政相对人的正当权益,而不能剑走偏锋、刻舟求剑。可以大胆地作出预言,按日计罚制度在其完成特定时期的历史使命之后也必将寿终正寝。

第二节　新《环境保护法》的宣传与普及

新《环境保护法》要得到有效的实施,必须大力地加以宣传和普及。新《环境保护法》第 5 条规定了环境保护的五大基本原则,即“保护优先、预防为主、综合治理、公众参与、损害担责”。当前,普及新《环境保护法》应当以宣传教育这五项基本原则为主要内容,大力倡导社会主义生态文明理念、公众参与环境保护理念、环境污染损害担责理念。

宣传与普及新《环境保护法》的过程中,要大力倡导社会主义生态文明理念。21 世纪以来,我国经历了沙尘暴、SARS 事件、汶川地震、大面积雪灾、雾霾事件等一系列生态危机,资源环境约束日益加剧,人与自然的矛盾日益尖锐,加强环境保护的呼声日益高涨。面对工业文明带来的环境资源破坏,党中央高瞻远瞩,提出了建设社会主义生态文明的目标,并对加强生态文明制度建设进行了详细的部署。党的十八届三中全会《决定》提出,建设生态文明,必须建立系统完整的生态文明制度体系,实行最严格的源头保护制度、损害赔偿制度、责任追究制度,完善环境治理和生态修复制度,用制度保护生态环境。党的十八届四中全会《中共中央关于全面推进依法治国若干重大问题的决定》(以下简称十八届四中全会《决定》)进一步强调,用严格的法律制度保护生态环境,加快建立有效约束开发行为和促进绿色发展、循环发展、低碳发展的生态文明法律制度。建设生态文明,是人类文明进程的历史必然;迈向社会主义生态文明新时代,是我国经济社会发展的必然选择。在我国大力推进生态文明建设的大背景下,新《环境保护法》第1条把“推进生态文明建设”作为立法目的之一,积极响应了党中央关于加强生态文明制度建设的战略部署。建设生态文明,是以资源环境承载能力为基础,以自然规律为准则,以可持续发展、人与自然和谐发展为目标,建设一个清洁美丽的世界。[①] 普及新《环境保护法》,要大力宣传建设美丽中国的时代意义,加强生态文明建设的基本原理、主要内容、基本规律和制度建设等方面的教育,从而在全社会树立起人与自然和谐相处的生态文明理念。

宣传与普及新《环境保护法》的过程中,要大力倡导公众参与环境保护理念。环境保护是全社会的责任,加强公众在环境保护管理中参与性对于环保工作实施成效的提升有着重要的意义。[②] 法治教育的目的,在于普及法律知识的同时,把感性的认知转化为理性的行动,从而实现知行合一。环境法治教育也不能止于法条内容的宣传与普及,而应当引导公众把纸面上的法律条文转化为现实中的自觉行动,自觉珍惜自然资源,主动防治环境污染。倡导公众参与环境保护是新《环境保护法》的一大特色。新《环境保护法》第6条规定“一切单位和个人都有保护环境的义务”,第12条首次规定“每年6月5日为环境日”。众所周知,每年的6月5日是世界环境日,设立这一节日的意义在于提醒全世界的人们要增强保护环境的意识,各国政府、环境保护民间团体也都会在这一天举行各种各样的纪念活动,借以提升公众参与环境保护的

① 参见林建华:《生态文明建设是一场绿色革命性变革》,载《北京日报》2017年12月25日,第13版。

② 参见杨琴:《公众参与环境保护管理制度的重要性分析》,载《山东工业技术》2018年第1期。

理念。新《环境保护法》对这种做法给予了积极的肯定,并用明确的法律条文中予以宣示,把环境日确定为法定纪念日,这对于推进公众参与环境保护无疑具有十分重要的意义。因此,在普及新《环境保护法》的过程中,要重点介绍这部新法第五章关于“信息公开和公众参与”的相关规定。比如,第53条关于政府部门应畅通公众参与和监督环境保护渠道的相关规定,第56条关于公众参与建设项目环境影响评价的相关规定,第57条关于保护公众举报污染环境和破坏生态行为的相关规定,第58条关于符合法律规定条件的社会组织提起环境公益诉讼的相关规定,等等。这些规定明确了公众参与环境保护的原则、要求、渠道、方式和保障,对于提升公众参与环境保护意义具有重要意义,应作为新《环境保护法》的重点内容进行普及。

宣传与普及新《环境保护法》的过程中,要大力倡导环境污染损害担责理念。长期以来,以行政责任为主的企业环境污染责任制度,突出的问题是行政处罚的力度远低于企业的治污成本,更是远低于其对生态环境造成的损害。由于环境污染法律责任制度的不完善,企业造成的环境污染,只能是由政府来治理;如果政府治理不到位,人民群众的生活环境和健康就无法得到保证。谁损害谁赔偿,谁污染谁治理,理应成为确定环境污染法律责任的基本准则。新环保法之所以被称为“史上最严的环保法”,在于其进一步明确了生产者环境保护的法律责任,大幅度提高了环境污染的违法成本。新《环境保护法》第六章是关于环境法律责任的规定,该章最大的亮点在于规定了“按日计罚”的环境行政处罚制度。关键的问题是,“按日计罚”如何得到有效的实施?在新《环境保护法》颁布实施的第4天,环保部就公布了新法实施的五项细则,具体包括环境保护主管部门《实施按日连续处罚办法》《实施查封、扣押办法》《实施限制生产、停产整治办法》《企业事业单位环境信息公开办法》《突发环境事件调查处理办法》。因此,在普及新《环境保护法法》的过程中，应当注重宣传环保部制定的这些实施细则，尤其是要让公众清楚了解环境行政部门对环境违法行为可能采取的处罚措施。同时，还要与宣传《生态环境损害赔偿制度改革方案》结合起来。《生态环境损害赔偿制度改革方案》已经党中央批准，将从2018年1月1日起在全国试行。建立生态环境损害赔偿制度，这在我国尚属首次。[①] 只有将生态环境损害赔偿制度落实到位，才能让生产企业和社会公众理解和把握环境污染的法律责任，从而真正树立起损害担责的理念。

第三节 新《环境保护法》对环境保护法律体系的影响

《环境保护法》作为环境保护领域的基础性法律，其“刮骨疗伤”式的修改必然把其他环境法律制度推向了修法的轨道。在新《环境保护法》出台之后，环境保护领域的其他法律制度应当与新《环境保护法》的新规则相衔接。当然，全国人大常委会也充分意识到了加快了环境保护领域修法进程的紧迫性，《大气污染防治法》《水污染防治法》《野生动物保护法》等法律已经完成了修订或者修正工作，出台了《环境保护税法》，《土壤污染防治法》的修订工作也在进行之中。通过评析环境保护领域的最新修法动向，有助于找寻中国环境保护法律制度的总体走向。

一、《大气污染防治法》的修订

自1987年我国出台《大气污染防治》以来，这部法律已经历经了三次修订。然而，1995年和2000年的这两次修订并没有起到应有的作

① 参见光明日报评论员：《损害环境必担责》，载《光明日报》2017年12月18日，第1版。

用,雾霾等重污染天气频发就是一个最好的例证。2016 年 1 月 1 日,新修订的《大气污染防治法》正式施行。这次修订,不仅对原有的法律条文进行了修改,而且新增了大量的制度规范,条文数量从原先的 66 条增加到了现在的 129 条。然而,公众真正关注的并不是条文数量的增减,而是这部新修订的法律能否为实现“蓝天常在”的目标提供法律保障?从这部新法的一系列制度创新中或许可以找到我们想要的答案。

新《大气污染防治法》是在我国大力加强生态文明制度建设的时代背景下修订的。新《大气污染防治法》是在新《环境保护法》施行一周年之际颁布施行的又一部重要环境保护法律制度,是我国生态文明制度建设的又一重大立法成果。党的十八大以来,我们国家高度重视生态文明制度建设。党的十八届三中全会指出,“建设生态文明,必须建立系统完整的生态文明制度体系,实行最严格的源头保护制度、损害赔偿制度、责任追究制度,完善环境治理和生态修复制度,用制度保护生态环境”。党的十八届四中全会强调要“用严格的法律制度保护生态环境,加快建立有效约束开发行为和促进绿色发展、循环发展、低碳发展的生态文明法律制度”。2015 年 4 月 25 日,中共中央国务院出台了《关于加快推进生态文明建设的意见》,把“蓝天常在”作为生态文明建设指导思想的有机组成部分,并提出了 2020 年之前大气环境质量要得到明显改善的目标。党中央提出的生态文明建设的预期目标和生态文明制度建设的要求,必须通过立法工作一步步加以实现。新《大气污染防治法》的修订,是当前我国加强生态文明制度建设过程中的重要一环,充分体现了我国立法部门重拳治污、保护大气环境质量的决心。《大气污染防治法》的加“严”修订主要表现在:罚则条款数量增加;违法行为种类增加;责任类型增多;多处设定“惩罚束”;设定阶梯式处罚;创设身份罚新形式,多处设定机能罚等方面。[①] 与此同时,新《大气污染防治法》的一系列制度设计,与党的十八届五中全会提出的绿色发展理念是高度契合的。比如,新法关于控制农业大气污染、提倡发展农业循环经济的相关规定,与十八届五中全会提出的"建立绿色低碳循环发展产业体系"高度吻合,是绿色发展理念在农业领域的制度落实。

大气污染防治法的修订和实施,对于加强大气污染防治工作,改善空气质量,保障公众健康,推进生态文明建设,具有重要的引领、推动、规范和保障作用。[②] 新《大气污染防治法》的最大亮点,在于实现了从控制大气污染向改善环境质量的重大转变。控制污染只是手段,提升环境质量才是目的。旧法着重关注的是主要大气污染物的减排,这对于控制排污企业的大气污染是有效果的。然而这么多年,我国大气污染不但没有得到有效的控制,反而是重度雾霾等恶劣天气频发。究其原因主要有两个方面。一方面,由于旧法规定的大气污染排放总量控制区的范围有限,在单个企业污染物排放量减少的同时排污企业却大量增加了,其结果必然是排向大气中的污染物总量不降反升;另一方面,由于缺乏成熟的重点污染物排污权交易机制,企业自主减排缺乏有效的激励机制,排污企业节能减排的积极性必然受到影响。这就是我国长期以来大气环境"越治越污"的症结之所在。因此,新法把"保护和改善环境"作为首要的立法目的,并在"提升大气质量"这一基本价值取向的指引下,对具体的大气环境保护制度进行了有针对性的制度设计。一是建立健全了大气环境标准制度。大气环境质量的好坏需要有一个科学合理的评价标准,大气环境标准制度的科学性将直接关系到大气

---

① 参见徐祥民、姜渊:《对修改〈大气污染防治法〉着力点的思考》,载《中国人口·资源与环境》2017年第9期。

② 参见沈跃跃:《切实抓好大气污染防治法的贯彻实施》,载《中国人大》2016年第5期。

环境治理的成效。因此,新法在《环境保护法》的基础上,进一步完善了大气环境质量标准和大气污染物排放标准的相关规定,为全面提升大气环境质量提供一个可操作的标尺。二是完善了环境质量限期达标规划制度。新法不仅完善了限期达标规划的编制、公开和备案程序,而且明确规定限期达标规划执行情况应当向人大报告,同时还规定限期达标规划应当适时进行评估和修订,这就形成了限期达标规划制度从制定到执行监督再到效果评估的完整制度设计。三是明确了政府改善大气环境质量的职责。新法规定了政府的大气环境保护责任,并明确规定了约谈和区域限批等措施,有效约束地方政府在改善大气环境质量中的不作为或者履职不到位的情形,这一制度设计必将有效倒逼地方政府调整产业结构,从而实现经济发展方式的转型升级。四是增加了重点大气污染物排污权交易的规定。排污权交易是运用市场交易手段盘活大气污染物总量指标的有效机制,它通过鼓励企业"富余排污权"参加市场交易的方式,引导企业通过淘汰落后工业与设备、清洁生产、提升治污技术等方式深度减排,这是化"被动治污"为"主动减排"的一大法宝。五是确立了重拳治霾的制度规范。新法进一步健全燃煤、工业、机动车船、扬尘、农业等领域的污染治理机制,新增了"重点区域大气污染联合防治"和"重污染天气应对"两个专章,在法律责任方面嫁接了《环境保护法》规定的按日计罚等行政责任制度,并进一步完善了违法排放大气污染物的侵权责任和刑事责任,构建了相对完善的大气污染防治制度体系。六是在具体的污染防治措施上,新法强调要把被动防治手段与主动防治手段有机结合起来。比如,把排放恶臭气体的工厂选址在远离人群的地方,通过长距离的空气稀释来降低污染,这符合科学选址的要求,对于保护人群健康是必要,但这种措施并没有实质上降低排到大气中的污染物,属于被动治污的无奈之举。因此,新法规定了企业应当安装净化装置或者采取其他措施防止排放恶臭气体,这则是关于主动治污的规定，只有把被动治污和主动治污有机结合起来，才能从真正意义上降低大气污染物的排放。

提升环境质量，仅仅依靠政府的管理与执法是远远不够的，只有把保护大气的一系列要求转化为公众的自觉行动，大气环境质量才可能从根本上得到有效的扭转。新《大气污染防治法》充分认识到形成环境保护合力的重要性，并作出了倡导公众参与环境保护的一系列规定。在新法的总则部分，就确立了单位和公民保护大气环境质量的义务，明确规定公民应当增强大气环境保护意识，采取低碳、节俭的生活方式，自觉履行大气环境保护义务。新法不仅仅对污染大气的行为规定了惩罚性措施，同时还注重运用制度引导公众共同保护大气环境。它规定了一系列具备可操作性的制度引导公民的节能环保行为，比如，在倡导环保驾驶方面作了“鼓励停车超过三分钟熄灭发动机”的规定，在农业生产方面作了“提倡改进施肥方式”的规定，在秸秆等综合利用方面作了“鼓励和支持采用先进适用技术”的规定等。与此同时，新法建立健全了公众参与大气环境保护的有效机制。比如，制定大气环境标准应当“组织专家进行审查和论证，并征求有关部门、行业协会、企事业单位和公众等方面的意见”，编制城市大气环境质量限期达标规划应当“征求有关行业协会、企事业单位、专家和公众等方面的意见”等。

法律的生命在于实施，新《大气污染防治法》的一系列制度创新不能停留在纸面上，而是要通过有效的运行机制让它真正发挥作用。一是要注重形成大气环境质量监管的合力。大气环境质量的改善有赖于环境质量的整体提升，必须与其他环境要素的污染治理通盘考虑。在我国现有的环境资源管理体制之下，担任环境监管的部门较多，这就需要环境保护部门与其他各有关部门通力合作，形成有效的工作机制。二是环境保护要注重发挥科学技术的支撑作用。新法专门作了关于鼓励开展大气污染防治科学技术研究的规定，这充分表明科技治污的重要性。当前,要通过有效的激励措施,提升大气污染防治的科研水平,加快科研成果的转化应用,发挥好科学技术在提升大气质量中的支撑作用。三是应当加快相关配套制度的建设。落实好新法规定的一系列提升大气质量的新要求、新机制、新举措,既要求相关的行政法规、部门规章、地方性法规等尽快修改与新法不相适应的规定,也要求相关部门尽快制定必要的实施细则,细化相关制度的操作规则。四是新法的实施效果应当进行定期的跟踪评价。要建立健全法律效果评估机制,明确法律实施评估的机构、实施方式和评估要求,并定期进行跟踪、调查和评价。

二、《水污染防治法》的修订

2017 年 6 月 27 日,第十二届全国人民代表大会常务委员会第二十八次会议通过了《关于修改〈中华人民共和国水污染防治法〉的决定》,对原《水污染防治法》中的 56 处提出了修改意见。1984 年,中国制定了《水污染防治法》,先后于 1996 年和 2008 年两次修订。该法实施 30 多年来,对防治水污染起到了非常重要的作用。但也应当看到,随着水污染防治形势的不断变化,水环境治理出现了不少的新问题,对《水污染防治法》中与生态文明建设要求不相适应的法律规则进行修改已经迫在眉睫。①

本次的修订,是在全面总结《水污染防治行动计划》实施情况的基础上作出的。2015 年 4 月,国务院正式发布《水污染防治行动计划》

---

① 2015 年,全国人大常委会对水污染防治法实施情况开展执法检查,认为水污染防治工作取得阶段性成果,水环境质量有所改善,同时指出当前我国水环境质量仍不容乐观,水污染形势依然严峻,水污染防治任务艰巨。参见陈吉宁:《关于〈中华人民共和国水污染防治法修正案(草案)〉的说明》,载中国人大网:http://law. npc. gov. cn:8081/FLFG/flfgByID. action? flfgID = 36698794&showDetailType = QW&zlsxid = 23,最后访问日期:2017 年 10 月 25 日。

（以下简称《水十条》）。《水十条》以提升水环境质量为核心，提倡系统治理、统筹推进，强调政府和市场要两手发力，强化落实政府部门的水污染防治责任。《水十条》的实施，为《水污染防治法》的修订奠定了坚实的基础。

新《水污染防治法》的修改有三大突出的亮点。一是强化水污染防治的政府责任。新《水污染防治法》将第4条第2款修改为："地方各级人民政府对本行政区域的水环境质量负责，应当及时采取措施防治水污染。"这条规定，进一步明确了政府是本行政区域内水环境治理的主体，对提升水环境质量负有直接的责任。第17条还对政府的限期达标作出了明确的规定。[①] 二是注重与《环境保护法》《大气污染防治法》相关规定的衔接。环境保护相关的法律制度应当体现法律规定的协同性，只有这样，各个环境要素的污染防治才能统筹起来，实现环境保护的综合治理。修订后的《环境保护法》《大气污染防治法》都规定了重点污染物排放总量控制制度和区域限批制度，新《水污染防治法》也作了相应的修改，较好地衔接了这两项制度。[②] 此外，《水污染防治法》与《环境保护法》规定的按日连续处罚和拘留措施也进行了衔接。三是法

---

① 《水污染防治法》第17条明确规定："有关市、县级人民政府应当按照水污染防治规划确定的水环境质量改善目标的要求，制定限期达标规划，采取措施按期达标。有关市、县级人民政府应当将限期达标规划报上一级人民政府备案，并向社会公开。"

② 《水污染防治法》第20条明确规定："国家对重点水污染物排放实施总量控制制度。重点水污染物排放总量控制指标，由国务院环境保护主管部门在征求国务院有关部门和各省、自治区、直辖市人民政府意见后，会同国务院经济综合宏观调控部门报国务院批准并下达实施。省、自治区、直辖市人民政府应当按照国务院的规定削减和控制本行政区域的重点水污染物排放总量。具体办法由国务院环境保护主管部门会同国务院有关部门规定。省、自治区、直辖市人民政府可以根据本行政区域水环境质量状况和水污染防治工作的需要，对国家重点水污染物之外的其他水污染物排放实行总量控制。对超过重点水污染物排放总量控制指标或者未完成水环境质量改善目标的地区，省级以上人民政府环境保护主管部门应当会同有关部门约谈该地区人民政府的主要负责人，并暂停审批新增重点水污染物排放总量的建设项目的环境影响评价文件。约谈情况应当向社会公开。"

律责任更为明确、严格。本次关于法律责任方面的修订共有 14 处，规定了严格的水污染防治法律责任制度，比如，对于造成水污染事故的罚款额不再设置上限，[①]对造成水污染事故的企业主要负责人进行处罚，[②]对无证或者不按证、超标、超总量排放水污染物等违法行为进行处罚等。[③]

三、《环境保护税法》的制定

2016 年 12 月 25 日，第十二届全国人民代表大会常务委员会第二十五次会议通过了《环境保护税法》，生态文明领域的第一部单行税法由此诞生。该法自 2018 年 1 月 1 日起施行。中国税收正处于绿色化水平不断提高的过程中，《环境保护税法》的出台填补了环境保护税收体系中排放税的空缺，进一步提高了税制绿色化的程度。[④] 为了配合《环境保护税法》的施行，国务院出台了《环境保护税法实施条例》，也自 2018 年 1 月 1 日起同步施行。

《环境保护税法》的施行，标志着已经征收了近 40 年的排污费成为一个历史名词。征收环境保护税，是对税收法定原则的落实，有利于发

① 原《水污染防治法》对水污染事故处罚的最高限额是 100 万元人民币，新法取消了这一限制。

② 《水污染防治法》第 94 条第 1 款作出了“对直接负责的主管人员和其他直接责任人员可以处上一年度从本单位取得的收入百分之五十以下的罚款”的相关规定。

③ 《水污染防治法》第 83 规定：“违反本法规定，有下列行为之一的，由县级以上人民政府环境保护主管部门责令改正或者责令限制生产、停产整治，并处十万元以上一百万元以下的罚款；情节严重的，报经有批准权的人民政府批准，责令停业、关闭：（一）未依法取得排污许可证排放水污染物的；（二）超过水污染物排放标准或者超过重点水污染物排放总量控制指标排放水污染物的；（三）利用渗井、渗坑、裂隙、溶洞，私设暗管，篡改、伪造监测数据，或者不正常运行水污染防治设施等逃避监管的方式排放水污染物的；（四）未按照规定进行预处理，向污水集中处理设施排放不符合处理工艺要求的工业废水的。”

④ 参见吴健、陈青：《环境保护税：中国税制绿色化的新进程》，载《环境保护》2017 年第 3 期。

挥税收机制在促进绿色发展中的作用，促进经济、社会和环境的协调发展。[①] 当然，要起到预期的效果，仅仅依靠“1 部单行法 +1 部实施条例”是不够的，还需要不断地完善相关的配套制度，以及地方性法规和政府规章的不断跟进。总体来看，环境保护税的开征将对环境保护机制完善起到积极作用，但目前在配套政策不完善的情况下，环境保护税的实施在过渡期内将对环保部门产生影响。[②] 与此同时，《环境保护税法》的实施还有一个普及和宣传的过程，以提升环境保护税的社会公众认可度。要发挥环境保护税的理想化功能，应在立法中体现税收公平，提高征管效率，实现税收中性和保障公众参与，以提升环境保护税的社会可接受性。[③] 随着环境保护税的开征，环境保护税已经从法律文本走进现实，但这一税种对于促进绿色发展的效果如何，还有待于实践的检验。

四、实施新《环境保护法》的地方配套立法

大力推进生态文明建设与生态文明体制机制改革，加快建立系统完整的生态文明制度体系，是党中央关于全面深化改革的一项重要战略部署。党的十八大以来，我国在生态文明体制改革方面取得了明显的成效，保护生态环境、促进绿色发展已经逐渐成为全社会的共识。但客观而言，生态环境保护的法治保障与生态文明体制改革的要求还存在一定的差距，生态环境保护的立法工作亟须加强。2015 年新修正的《立法法》赋予了更多的立法机关开展环境保护立法的权限，这对环境保护的地方立法而言既是机遇，也是挑战。具备立法权限的地方立法，

---

① 《环境保护税法》第 1 条规定：“为了保护和改善环境，减少污染物排放，推进生态文明建设，制定本法。”

② 参见朱建华等：《环境保护税实施对环保部门的影响及相关措施建议》，载《中国财政》2017 年第 20 期。

③ 参见付慧姝：《我国环境保护税立法应关注的几个问题——以社会可接受性为视角》，载《法学论坛》2017 年第 1 期。

应当在生态环境保护的地方立法中有所作为,尤其是要加快地方的配套立法进程,通过完善生态环境保护的制度体系,推动形成人与自然和谐发展的新格局。

(一)新《环境保护法》修订之后的地方环境立法概览

新《环境保护法》修订之后,地方立法机关对此给予了高度关注,不少省、直辖市、自治区的立法机关纷纷启动了地方环境保护条例的制定或者修订工作。比如,2015 年 1 月 13 日,广东省第十二届人民代表大会常务委员会第十三次会议修订通过了《广东省环境保护条例》,该条例自 2015 年 7 月 1 日起施行;2015 年 6 月 18 日上海市第十四届人民代表大会常务委员会第二十一次会议通过了对《上海市环境保护条例》作若干条文的修改,2016 年 7 月 29 日上海市第十四届人民代表大会常务委员会第三十一次会议第二次修订;2016 年 12 月 1 日,新疆维吾尔自治区第十二届人民代表大会常务委员会第二十五次会议修订通过了《新疆维吾尔自治区环境保护条例》;2017 年 3 月 29 日,重庆市第四届人民代表大会常务委员会第三十五次会议修订通过了《重庆市环境保护条例》;2017 年 11 月 28 日,《天津市环境保护条例》根据天津市第十六届人大常委会第三十九次会议《关于修改部分地方性法规的决定》第三次修正等。可见,各地立法机关在生态文明理念的带动下,对环境保护的地方立法给予了充分的重视,普遍表现出了立法积极性和主动性。当然,纵观近三年的地方环境保护立法,也存在诸多问题。

一是各地环境保护立法的进度不统一,立法力度不均衡,条文篇幅也差别很大(以表 2-1 为例)。二是各地环境保护立法的体例不统一,由于受地方长官意志的影响较大,地方环境保护立法在立法内容上随意性较大。三是地方立法与生态文明体制机制改革的要求衔接不足,地方环境保护立法之中除了在立法目的条款中增加“促进生态文明建设”的内容外，在具体的内容设计上普遍缺乏对促进生态文明建设与体制机制改革的系统性思考。

表 2－1　2015～2017 年省级地方环境保护立法情况概览

条例名称	制定或者修改时间	条文数量（条）
天津市环境保护条例	2017 年 11 月 28 日修正	56
重庆市环境保护条例	2017 年 3 月 29 日修订	116
云南省气象设施和气象探测环境保护办法	2016 年 12 月 8 日制定	19
山西省环境保护条例	2016 年 12 月 8 修订	62
新疆维吾尔自治区环境保护条例	2016 年 12 月 1 日修订	67
安徽省饮用水水源环境保护条例	2016 年 9 月 30 日制定	41
河北省乡村环境保护和治理条例	2016 年 7 月 29 日制定	45
上海市环境保护条例	2016 年 7 月 29 日修订	91
甘肃省地质环境保护条例	2016 年 7 月 29 日修订	33
宁夏回族自治区环境保护条例	2016 年 5 月 27 日修正	49
广西壮族自治区环境保护条例	2016 年 5 月 25 日修订	69
福建省气象设施和气象探测环境保护办法	2016 年 4 月 20 日制定	27
福建省海洋环境保护条例	2016 年 4 月 1 日修正	46
山东省海洋环境保护条例	2016 年 3 月 30 日修正	35
河南省建设项目环境保护条例	2016 年 3 月 29 日修正	34
广西壮族自治区气象设施和气象探测环境保护管理办法	2015 年 11 月 15 日制定	20
吉林省气象设施和气象探测环境保护条例	2015 年 11 月 20 日制定	32
云南省地质环境保护条例	2015 年 9 月 25 日修正	26
黑龙江省环境保护条例	2015 年 4 月 17 日修正	56
黑龙江省石油天然气勘探开发环境保护条例	2015 年 4 月 17 修正	47

续表

条例名称	制定或者修改时间	条文数量（条）
甘肃省民用机场净空和民用航空电磁环境保护规定	2015 年 1 月 15 日制定	22
广东省环境保护条例	2015 年 1 月 13 日修订	83

从表 2－1 可以看出，环境保护的地方立法存在这以下几个明显的特点。其一，2015 年和 2016 年是地方环境保护立法的高峰期。随着生态文明体制机制改革的不断深入，国家层面的环境保护修法力度不断加大，使不少的地方环境立法存在与上位法冲突的情形，要求地方立法机关及时地加以修改或者补充。这也是近年来各地密集修改环境保护条例的根本原因。其二，各地立法进度差别很大。广东省立法机关的积极性最高，在 2015 年之初就完成了《广东省环境保护条例》的修订工作，《天津市环境保护条例》的修正工作则在 2017 年年底才完成，两地的修法工作相差了近三年。更值得注意的是，目前仅有不到十个省份的立法机关完成地方环境保护条例的修改工作，大多数省份则还未完成地方环境保护条例的修法工作。其三，立法领域各有侧重。有的省份虽然未完成地方环境保护条例的修法工作，但是结合自身的环境保护工作需要，在特定领域的立法取得了显著的进展。以福建省为例，虽然《福建省环境保护条例》的修订工作还未完成，但其在 2016 年 4 月修订《福建省海洋环境保护条例》的同时，制定了《福建省气象设施和气象探测环境保护办法》。再如，《甘肃省民用机场净空和民用航空电磁环境保护规定》《河北省乡村环境保护和治理条例》《河南省建设项目环境保护条例》等都是围绕环境保护特定领域的立法。其四，立法内容简繁不一。2017 年 11 月出台的《天津市环境保护条例》仅有 56 条，而同年 3 月出台的《重庆市环境保护条例》则有 116 条，两者的条文数量相差 1

倍多。条文数量的差别，必然出现地方环境保护立法内容上的巨大差异。修改后的《天津市环境保护条例》"法律责任"一章仅有10个条文，《重庆市环境保护条例》"法律责任"一章的条文则有19条之多。尽管地方环境立法强调发挥地方立法机关的主观能动性，但如果连法律责任的规定都出现不同的话，不同区域立法的统一性与协调性必然受到深远的影响。如何保持不同区域环境保护法律制度的协同性，将是环境保护地方立法"四处开花"的大背景下应当引起重视的问题。

（二）加强地方生态环境保护立法的总体思路

随着新《立法法》的施行，设区的市普遍获得环境保护地方立法权。但是，当前地方环境立法还普遍存在立法质量低下、立法能力建设严重滞后、部门利益和地方保护主义突出、立法程序不健全等问题。[①] 虽然新《立法法》扩大了地方环境立法的主体，但是享有地方环境立法权的人大及其常委会或政府在实践中却存在立法人才队伍弱，工作机制不健全，公众参与不足以及其制定的法规地方特色欠缺，存在严重的部门利益倾向等问题。[②] 由不同立法发展历程、立法水平、立法需求、立法层级等带来的地方环境立法的潜在冲突也在增加，地方环境立法中需要更多的协调。[③]

加强生态环境保护的地方立法工作，应当明确立法的总体思路。我国经济发展步入新常态，要求采取有效的措施应对资源约束日益趋紧、生态保护形势日益严峻的局面。这进一步要求环境保护立法要以

---

① 参见李昌凤：《〈立法法〉修改后地方环境立法面临的机遇与挑战》，载《学习论坛》2016年第2期。

② 参见冯传贻：《关于新〈立法法〉修改以来我国地方环境立法状况的思考》，载《法制博览》2016年第7期。

③ 参见李挚萍：《地方环境立法发展走向分析——以广东环境立法为考察重点》，载《地方立法研究》2017年第2期。

解决生态换领域的突出问题为着眼点，通过立法实现生态环境保护的“源头严防、过程严管、后果严惩”。源头预防，就是要把保护环境这一基本国策落实到立法的全过程，牢固树立“山水林田湖是一个生命共同体”的生态保护理念，健全国土空间开发制度，统筹兼顾山上山下、地上地下、陆地海洋以及流域上下游的生态环境保护需要，实现生态环境保护的水陆统筹、河海兼顾，有效预防重点污染物的违法排放。过程严管，应当牢牢抓住“水”、“大气”和“土壤”这三个核心环境要素，以实施“水十条”、“大气十条”和“土十条”为契机，将实践中成熟的经验做法及时凝练并上升为法律制度，建立建设用地总量和强度双控制度，实现生态环境的实时保护。后果严惩，就是要在实施生态保护考核机制的基础上，科学评价生态文明建设成效，实施有效的生态保护工作奖惩机制，尤其是要明确政府、企业和一般民众在生态环境保护领域的各自义务及其相关的法律责任。

加强生态环境保护的地方立法工作，应当明确规定政府在生态环境保护中的责任。长期以来，环境保护立法侧重对企业排污行为的约束，而忽视了规制地方政府的生态环境保护义务和责任。但实践中“为官一任、污染一方”的现象并不鲜见，大量的环境污染是由于地方政府的不作为或者乱作为造成的。因此，加强生态环境保护的地方立法，必须进一步强化地方政府的环境保护职责，合理划分中央和地方环境保护事权和支出责任，明确地方政府的环境保护义务，将“环保督察”“党政同责”“一岗双责”等制度要求上升为法律规则。比如，可以在立法中明确规定党政领导干部政绩差别化考核机制、自然资源资产负债表编制机制、领导干部自然资源资产离任审计制度等，为实施生态保护业绩考核实施提供良好的制度基础。

加强生态环境保护的地方立法，应当着力构建完整的环境治理体系，建立健全环境治理体制机制。一是要全面落实“河长制”，规范

“河长”职责，完善流域治理机制。二是要加强陆海统筹，健全陆海联动机制，完善海洋环境治理机制。三是要坚持城乡环境治理并重，把点源污染防治与面源污染治理有机结合起来，健全农村环境治理体制机制。四是要健全省以下环保机构监测监察执法垂直管理制度，将“管理”与“监督”的职责分开，完善环境保护和生态安全监管体制。

加强生态环境保护的地方立法，应当建立健全环境治理和生态保护市场体系。一是要培育发展环境治理和生态保护市场主体。建立吸引社会资本投入生态环境保护的市场机制，推广政府和社会资本合作模式，推行环境污染第三方治理、合同能源管理和合同节水管理。二是要建立健全环境权益交易制度。完善排污权储备体系，健全排污权交易制度；健全碳排放权交易制度，完善碳排放权交易市场体系；加快推进用能权交易制度建设，建成用能权交易市场。三是要构建绿色金融体系。积极推动绿色金融创新，支持金融机构和企业发行绿色债券，鼓励绿色信贷证券化。大力发展绿色租赁、绿色信托，支持设立各类绿色发展基金，实行市场化运作。

加强生态环境保护的地方立法，还应当大力倡导绿色生活方式，提高全民的生态文明意识。一方面，要在立法中倡导节约适度、绿色低碳、文明健康的生活方式和消费模式。引导民众树立绿色增长、共建共享的理念，促进绿色消费、绿色出行、绿色居住等社会良好风尚。要通过立法引导全社会广泛开展爱国卫生运动，积极推进全民健身，加强疾病控制，提高城乡居民健康水平。另一方面，要通过立法引导全社会树立生态文明意识，使生态文明成为全社会主流价值观。培育生态文化，将生态文化作为现代公共文化服务体系建设的重要内容，满足广大人民群众对生态文化的需求。

（三）地方生态环境保护立法的路径探讨

1. 地方生态环境保护立法的难点

第一，下位法与上位法的关系问题。

下位法不得与上位法相冲突，这是《立法法》明确规定的立法准则。《立法法》第72条第1款明确规定："省、自治区、直辖市的人民代表大会及其常务委员会根据本行政区域的具体情况和实际需要，在不同宪法、法律、行政法规相抵触的前提下，可以制定地方性法规。"该准则要求下位法不得与上位法相冲突，这是地方立法机关在制定地方性法规、规章时应当遵循的基本准则。但在具体的立法过程中，实施该准则可能会碰到不小的难题。众所周知，地方性法规的立法需要一个过程，从立法起草到立法机关审议通过，短则几个月长则两三年。在这个过程中，下位法起草时所依据的上位法可能也进行了修改。在国家层面环境立法力度不断加大的大背景之下，地方的环境保护立法要做到与上位法不相冲突是一个不小的难题。

第二，地方性法规与政策性文件的衔接问题。

近年来，中共中央、国务院陆续出台了一系列关于加强生态文明建设的政策性文件，比如，《中共中央　国务院关于加快推进生态文明建设的意见》（2015年4月），中共中央、国务院《生态文明体制改革总体方案》（2015年9月），《国务院关于全民所有自然资源资产有偿使用制度改革的指导意见》（国发〔2016〕82号）等。这些政策性文件的陆续出台，必将对地方的环境保护立法产生深远的影响。立法应当坚持与改革发展决策相衔接。[①] 然而，如何与中央的政策性文件有效对接却是一

① 参见危朝安：《突出地方特色，立法引领推动经济社会持续发展》，载《中国人大》2017年第20期。

个不小的难题。一方面,政策性文件的精神体现了国家顶层设计的思路、方向与具体部署,地方立法机关应当加以领会和落实,地方立法机关制定出的法律规则不能与中央层面的顶层设计相违背;另一方面,政策与法律条文的表达逻辑不尽相同,并非所有的政策要求都需要通过立法加以贯彻,政策性文件转化为法律文件并非一个“照搬照抄”的过程。因此,地方性法规与政策性文件的有效衔接,地方立法机关既需要读懂吃透中央的文件精神,也需要熟练地运用政策文件法律化的立法技术,这对不少的地方立法机关是一个不小的挑战,尤其是2015年之后取得立法权的设区市的立法机关。

第三,地方环保立法的特色问题。

地方立法应当因地制宜,体现地方特色。地方立法能否坚持地方特色原则,体现地方特色,是衡量地方立法质量的重要标准。[①] 立法要增强地方特色,还必须注意避免将立法的地方特色片面理解为“地方唯一”的错误思想,努力做到“人无我有,人有我优”。[②] 一是地方立法机关要发挥自身的主观能动性,在充分调研地方需求的基础上,研究制定与地方环境保护需求相适应的法律规则;二是既要学习、借鉴其他地方立法机关在制定类似环境保护条例过程中的有益经验,也要防止照搬照抄其他省市的法律条文;三是既要注重防止环境保护立法出现“千地一面”的情形,也要注重不同区域的环境保护立法的协同性问题,不能在相邻区域出现反差太大的法律规则。

2. 地方环境保护立法应当重点回应的几个问题

第一,关于政府的环境保护责任。

强调政府的环境保护责任,是新《环境保护法》的一大特色。但具

---

① 参见涂青林:《论地方立法的地方特色原则——以立法法修改后广东立法为例》,载《地方立法研究》2017年第6期。

② 参见郑清贤:《设区的市增强地方立法特色研究》,载《地方立法研究》2017年第6期。

体到地方政府，如何有效划分承担环境保护职能的不同主管部门之间的责任，则是一个不小的难题。在环境保护实务中，部门与部门之间职权交叉带来的推诿扯皮现象屡见不鲜，地方立法能够承担起履行部门环境保护责任边界的重担，对地方立法机关而言是一个严峻的挑战。当前，环境保护大部制改革、环境保护垂直管理体制改革、环境保护党政同责改革等一系列改革正在推进之中，地方立法机关在划定政府部门环境保护责任时，如何与这一系列的改革相衔接，也是一个不小的难题。

第二，排污权交易的合法化问题。

地方环境保护立法可否赋予排污权交易合法性地位，这是对地方立法机关智慧的考验。排污权交易具有其合理性的一面，也存在与传统权利理论相悖的法理困局。其最大的难点在于："排污"这一行为本身是负面性的，可否作为一项权利呢？有学者提出，应当在法律上确立排污权的用益物权地位，这与物权法定的原则并不矛盾，也与民法对于物权的理解是一致的；[①]排污权的确定开拓了用市场机制来解决日益严重的环境污染问题的新思路，有利于协调环境保护与经济发展的关系，促进人与自然的和谐。[②] 但也有不少学者认为，排污是通过政府许可获得，将其认定为"权利"似乎缺乏正当性。排污权不是一项物权，只是基于国家行政许可所获得的附属性财产权，在内涵、目的与效力上都有其特殊性。[③] 除此之外，排污权交易还可能面临这"有价无市"的困局，[④]如何避免制定出僵尸条款也值得研究。

---

① 参见高利红、余耀军：《论排污权的法律性质》，载《郑州大学学报》（哲学社会科学版）2003 年第 3 期。

② 参见赵惊涛：《排污权及存在的正当性》，载《法制与社会发展》2009 年第 1 期。

③ 参见占红沣：《哪种权利，何来正当性——对当代中国排污权交易的法理学分析》，载《中国地质大学学报》（社会科学版）2010 年第 1 期。

④ 参见张军等：《排污权交易"有价无市"困局待破》，载《经济参考报》2016 年 2 月 25 日。

第三，地方性法规如何落实环境责任保险的问题。

新《环境保护法》第52条规定："国家鼓励投保环境污染责任保险。"从该条规定可以看出，国家层面的立法对于投保环境污染责任保险采取的是"鼓励"的态度，排污企业可以投保，也可以不投保，决定权在于企业。那么，地方的环境保护条例可否强制某些重点排污领域的企业投保环境责任险呢？这是地方环保立法中的一项重要课题。从已经出台的地方环境保护条例来看，大部分省市采取的是保守的态度，基本采取的是"鼓励"的态度。有的地方立法机关有意在这方面的立法取得突破，但囿于各个阻力，也只能采取开放式或者探索式的规定。比如，《上海市环境保护条例》第45条规定："本市探索建立环境污染责任保险制度，鼓励石油、化工、钢铁、电力、冶金等相关企业投保环境污染责任险。"支持力度最大的当属《广东省环境保护条例》，该条例第61条明确规定："本省建立和实施环境污染责任保险制度。鼓励和支持保险企业开发环境污染责任保险，企业事业单位和其他生产经营者投保环境污染责任保险。在重点区域、重点行业依法实行强制性环境污染责任保险。"由此可见，关于投保环境污染责任保险，地方立法机关出现了三种不同的立法选择，一是完全沿袭上位法的有关规定，二是试图作出探索性的创新，三是规定了部分领域的强制性投保。这对于正在修订或制定环境保护条例的地方立法机关而言，无疑是一个艰难的选择。

第四，促进生态文明建设如何立法的问题。

在生态文明建设不断推进的时代大背景之下，不少地方立法机关开始尝试制定促进生态文明建设领域的地方性法规。当前，关于促进生态文明建设的地方性法规已经陆续颁布实施，比如，《贵州省生态文明建设促进条例》（自2014年7月1日起施行），《厦门经济特区生态文明建设条例》（自2015年1月1日起施行），《杭州市生态文明建设促进条例》(自2016年5月1日起施行)等。当然,促进生态文明建设的地方立法也存在诸多难题。比如,在界定“生态文明”的概念时就各不相同。《贵州省生态文明建设促进条例》第3条规定:“本条例所称生态文明,是指以尊重自然、顺应自然和保护自然为理念,人与人和睦相处,人与自然、人与社会和谐共生、良性循环、全面发展、持续繁荣的社会形态。”《厦门经济特区生态文明建设条例》第2条规定:“本条例所称的生态文明,是指人与自然、人与人、人与社会和谐共生的文明形态,其建设目的是促进‘社会—经济—自然’系统的良性循环、全面发展和持续繁荣。”《杭州市生态文明建设促进条例》第2条之第2款规定:“本条例所称生态文明,是指树立尊重自然、顺应自然和保护自然的理念,遵循人与自然和谐发展的客观规律,实现人与自然和谐共生、良性循环、持续繁荣的社会形态。”由于缺乏尚未上位法的明确规定,三部地方性法规关于生态文明的概念界定各不相同,《杭州市生态文明建设促进条例》规定的“生态文明”旨在促进“人与自然”的和谐,而《贵州省生态文明建设促进条例》和《厦门经济特区生态文明建设条例》规定的“生态文明”还包括了“人与人”“人与社会”的关系。同样是“生态文明”这个词,在地方性法规的概念界定中出现了如此大的差异,无论如何都会给人们的概念认知带来混乱。由于对“生态文明”的内涵和外延认识上的差异,各地制定出的生态文明促进条例必然在立法体例上风格迥异,在立法内容上各不相同。除此之外,制定促进生态文明建设方面的地方性法规,还应当注意与地方环境保护条例的合理分工,避免出现重复立法、交叉立法。

本章小结

新《环境保护法》的正式实施，开启了环境法治的新纪元，对中国的环境法治进程产生了积极而深远的影响。“推进生态文明建设”已经逐步地从立法目的转变为具体的规则体系，这对于生态文明建设的理念落实具有重大的现实意义。从环境治理的理念上看，《环境保护法》既强调了政府的主体责任，也强化了信息公开和公众参与制度。政府的环境保护职责更加明确，措施要求更为具体，法律责任更加严格。新《环境保护法》明确了赋予了公众享有与环境相关的知情权、参与权和监督权，并对环境信息公开制度作出了具体的规定。新《环境保护法》第58条关于社会组织提起环境公益诉讼之条件的规定，是这部法律的一大亮点，也是这部新法实施之后产生极大反响的一个法条，对中国探索环境公益诉讼之路起到了积极的推动作用。“严”是新《环境保护法》的最大亮点，新《环境保护法》的按日计罚制度是体现“严”的集中体现，但是这一制度实施过程中如何克服选择性执法的弊端，以及如何避免执法随意性大的弊端，都将直接影响到按日计罚制度的实施效果。新《环境保护法》要达到预期的效果和目的，还应当不断加大宣传与普及的力度，使社会主义生态文明理念生根落地，提升公众参与环境保护的自觉性和主动性，让生产企业充分了解和把握到环境污染的法律责任，从而真正树立起损害担责的理念。

《环境保护法》作为环境保护领域的基础性法律，其“刮骨疗伤”式的修改必然把其他环境法律制度推进了修法的轨道。在新《环境保护法》出台之后，环境保护领域的其他法律制度，无论是中央层面的立法，还是地方环境保护立法，都应当与新《环境保护法》的新规则相衔接。

《大气污染防治法》《水污染防治法》的陆续修订,《环境保护税法》的制定,都是中国环境保护立法的重大进展。各省市也在环境保护领域的立法中主动作为,及时修订与新《环境保护法》不相适应的规定,并出台了一系列地方环境保护法规规章,对于完善生态环境保护的制度体系具有重要意义。当然,中国的环境保护立法还有一段很长的路要走,既有国家法律制度本身不尽完善的问题,也有地方法规规章缺乏协同性的问题。未来的中国环境保护立法应当更加注重制度的系统性与协调性,环境保护法典化或许是一条可供选择的路径,但任重而道远!

第三章　环境管理制度创新

在环境问题日益严峻的今天,环境管理与公众参与的制度创新已经成为了一个重要的课题。环境保护大部制改革是大势所趋,2018 年国务院机构改革中设立的生态环境部,翻开了环境保护大部制改革的新篇章。但这一改革不仅仅是机构和职能的整合,相关的法律制度也应当进行整合与完善。政府应当在环境管理中发挥主导作用,但仅靠政府的努力来保护和改善环境,显然无法取得最佳的效果。新《环境保护法》把“公众参与”作为环境保护的基本原则之一确立下来,凸显了公众在环境保护中的地位和作用,在这其中,应当注重发挥好环境保护 NGO 的作用,用法律制度为 NGO 实现其参与环境保护的抱负保驾护航。

第一节　环境保护大部制改革及其法治保障

推进环境保护大部制改革,既是转变政府职能、促进全面深化改革的重要内容,也是有效防治污染、保护生态环境的必然要求。当前,要从加强生态文明制度建设的总体要求出发,结合中国的具体国情,理顺环境保护大部制管理的改革思路,并不断完善相关的法律制度,为环境保护大部制改革提供法治保障。

一、环境保护管理大部制改革的意义

(一)推进政府大部制改革是大势所趋

大部制改革以整合政府机构、重组部门结构、明确权力分工与协作、转变政府职能、精简政府部门、提高行政效率、降低行政成本、引入竞争机制等方面为主要内容。① 与按照政府专业管理职能设置政府机构的"小部制"不同,大部制是一种政府事务综合管理的体制。"职能有机统一"是大部制的精髓所在;"宽职能,少机构"则是大部制的鲜明特征。② 大部制管理并不是简单的机构合并,其根本目的是使我们的机构设置更加合理、更加科学。探索实行职能有机统一的大部门体制,是党的十七大和十七届二中全会作出的深化行政管理体制改革的重要部署。党的十八大要求稳步推进大部门制改革的重要任务,中共十八届三中全会提出了"积极稳妥实施大部门制"的改革思路,广受关注的我国政府大部制改革将迈入新的阶段。党的十八届三中全会作出的《中共中央关于全面深化改革若干重大问题的决定》指出"转变政府职能必须深化机构改革",并提出了"积极稳妥实施大部门制""着力解决权责交叉、多头执法问题""完善自然资源监管体制,统一行使所有国土空间用途管制职责"等一系列具体的改革思路。环境保护大部制改革,必将随着大部制改革的逐步推进而展开。全国政协委员、农工党中央副主席蔡威在政协第二次全体会议上建议,优先从环保领域启动大部门制改革,构建决策权、执行权、监督权相互制约、相互协调的治理运行机制;全国政协委员、湖南省环保厅副厅长潘碧灵认为,环保"大部制"改

---

① 参见卜勇力:《大部制改革对建设服务型政府的意义》,载《人民论坛》2014 年第 17 期。

② 参见龚常等:《大部制改革的重点与难点》,载《中国行政管理》2013 年第 1 期。

革就属于已经看准,可以先行先试的事情。①

（二）环境保护大部制管理是提升环境与自然资源管理效能的需要

在我国现有的自然资源管理体制中,不同类型的自然资源是由不同的部委在分头管理的,比如,森林资源由林业局管理,土地资源由国土资源部管理,水资源甚至存在“九龙治水”的局面,水利部、国家海洋局、交通部、农业部、环保部等部委都享有一定领域的水资源的管理权限。这种多头管理的弊端显而易见,部门职能分散交叉较为突出,“有利则管,无利则不管”的现象也屡见不鲜。一旦出现环境污染问题,矛头则是直接指向环保部。推进环境保护大部制改革,其根本目的就在于建立统一的环境执法监管体制,从而提升环境执法的管理效能。

（三）环境保护大部制管理是加强生态文明制度建设的需要

环境保护是建设生态文明的重要组成部分,环保大部制改革与生态文明建设的总体布局紧密相关。当前,生态文明建设面临的体制性障碍尚未得到根本改变,环境保护部门对自然资源开发利用的监管乏力,尤其是基层的环境监管不到位,普遍存在“小马拉大车”的现象。习近平同志在《关于〈中共中央关于全面深化改革若干重大问题的决定〉的说明》中强调:“由一个部门负责领土范围内所有国土空间用途管制职责,对山水林田湖进行统一保护、统一修复是十分必要的。”推进环境保护大部制改革,由统一的部门来履行自然资源开发利用行为的监管职责,无疑有利于生态环境的保护,对于加强生态文明制度建设具有积极的推动作用。

---

① 参见马维辉:《环保大部制时机成熟》,载《华夏时报》2014 年 3 月 17 日。

二、我国环境保护大部制改革的实践及其反思

(一)以广东省的环境大部制改革为例

2006年3月29日,广东省编办印发了《关于广东省环境保护综合行政执法的方案》,将原先承担环境监管执法职能的事业单位进行职能调整、整合或者撤销,设置省、市、县三级环保综合行政执法机构,实行环境保护综合执法,拉开了广东省环保大部制改革的序幕。[①] 深圳市作为中国改革的前沿阵地,其开展环保大部制改革的步伐也走在全国前列。

2009年,深圳市设立人居环境委员会,由该委员会统一负责全市的人居环境建设与保护,拟订并实施城市建设管理各行业各领域有关人居环境保护的标准和技术规范,提出优化城市人居环境的目标和具体措施。市人居环境委员会的直属单位有:环境监察支队、东深水源保护办公室、机动车排污监督管理办公室、环境监测中心站、环境科学研究院、人居环境技术审查中心、环境保护宣传教育中心、环境信息中心、危险废物处理站有限公司(共管单位)。

根据广东省机构编制委员会《关于印发佛山市顺德区党政机构改革方案的通知》(粤机编〔2009〕21号),佛山市顺德区设置环境运输和城市管理局,负责管理区环境保护监测站、区公用事业项目监测站、区交通管理总站、区地方公路管理站及区公路局;负责联系气象、防雷部门的工作;负责区政府和上级环境保护、交通运输、港口行政、城市管理、公用事业、水行政主管部门交办的其他事项;并集中行使环境保护

---

① 《我省环保综合行政执法改革启动》,载广东环境保护公众网:http://www.gdepb.gov.cn/oldsite/hjjcyzf/hjjc/hjjcxx/t20060608_41579.html,最后访问日期:2017年8月25日。

管理方面法律、法规、规章规定的行政处罚权等12项行政处罚权。

（二）以长三角、京津冀的联防联控协作机制为例

目前，在长三角、京津冀等重点区域已陆续建立起大气污染联防联控协作机制。2014年1月7日，《长三角区域落实大气污染防治行动计划实施细则》发布，结束了各省市防治大气污染"单打独斗"的局面，长三角三省一市（沪苏浙皖）和国家八部委组成的长三角区域大气污染防治协作机制启动。① 2015年3月1日起，《天津市大气污染防治条例》正式施行，该条例的亮点之一，便是建立天津与北京市、河北省及周边地区的重污染天气应急联动机制。《天津市大气污染防治条例》第69条明确规定："本市与北京市、河北省及周边地区建立大气污染防治协调合作机制，定期协商区域内大气污染防治重大事项。"标志着京津冀区域大气污染防治协作又迈出了实质性一步。

（三）经验与反思

地方政府从保护环境的大局出发，整合政府职能部门，积极推动环保大部制改革，这对于明确环境监管职能、提高环境监管力度、提升环境修复速度等方面都具有重要意义。然而，目前的实践探索其实际效果却不容乐观。我国环境管理大部制改革并未突破传统的环境管理体制，大部制改革后的环境管理绩效并不理想。完善环境管理大部制，必须重视宪法环境权问题效率和利益平衡问题以及理性官僚制问题。②

从改革成效看，深圳市设立人居环境委员会主要存在两个方面的

① 参见《长三角协作大气污染防治》，载网易财经网：http://money.163.com/14/0109/05/9I4F8IMA00253B0H.html，最后访问日期：2017年8月26日。

② 参见刘志勇：《大部制视域下中国环境管理体制分析》，载《阅江学刊》2014年第2期。

问题:一是机构缺乏从上到下的连贯性,应加强上级地方政府对下级地方政府的环境监察职能,并探索建立有效的体制和机制。比如,深圳市设置了人居环境委员会这一机构,广东省并未设立相应的机构,这就可能出现深圳市人居环境委员会存在多个上级部门的窘况。二是机构成立后相关的管理制度没有跟进,议事规则没有及时出台,权力也没能按照“大部制”的逻辑来运行。[①]

大气污染防治的联防联控协作机制主要存在以下两个方面的问题:一是机制的运行有赖于各地区的自觉性,行政自由裁量的空间较大,行政机关不作为的处罚机制不健全,这必然会影响到协作的成效;二是协作机制需要较长的磨合期,由于缺乏具体可操作的工作实施细则,大部的建立完全有可能因利益格局的变化而受到抵制,[②]各个区域的经济利益很可能成为改革的约束条件。

三、境外环保大部制改革的经验与借鉴

(一)英国环保大部制改革的经验及其借鉴

20 世纪 80 年代以来,各主要发达国家的环境保护体制改革普遍按照生态系统原则逐步实行环境保护大部制改革。[③] 英国保守党政府于 1970 年 10 月出台的《中央政府重组》白皮书提出了机构重组的具体方案,比如,住房和地方政府部、公共建筑和工程部、运输部合并成环境事务部,原内阁办公厅下的污染控制小组划归环境部。该文还指出,英国

---

① 参见李文钊、蔡长昆:《整合机制的权变模型:一个大部制改革的组织分析——以广东省环境大部制改革为例》,载《公共行政评论》2014 年第 2 期。

② 参见竺乾威:《大部制刍议》,载《中国行政管理》2008 年第 3 期。

③ 参见李金龙、胡均民:《西方国家生态环境管理大部制改革及对我国的启示》,载《中国行政管理》2013 年第 5 期。

机构调整体现出的“因地制宜、小修小补,成熟一个、调整一个”原则,应该是英国大部制改革的经验和智慧的结晶。①

（二）德国环保大部制改革的经验及其借鉴

德国是世界上保护环境上较为成功的国家之一。德国设立环境、自然资源保护和核安全部,其职能主要是制定各种环境保护政策、法规和制度及环境标准,具体实施管理的分别为其下属的环境保护局和自然保护局、放射线保护局。德国还在2001年将原食品、农业和林业部与卫生部的部分职能整合,组成了消费者保护、食品和农业部,统一负责食品、农业、渔业、林业、可再生资源、动物保护、农村发展、生物多样性方面的事务及其相关的国际事务。② 这就形成了环保大部制与自然资源资源大部制并行的体制机制,对于我们开展环保大部制改革具有重要的借鉴价值。

（三）我国台湾地区生态大部制改革的经验及其借鉴

台湾地区的“环境资源部”是典型的大部制机构。为加强环境资源保护,维护生态环境平衡,2012年,台湾地区政府组织改造设立“环境资源部”,整合分散在各部会的水、土、林及空气等资源管理与保护,及环境规划与管理。③ 我国台湾地区“环境资源部”的历史沿革及改造中的具体操作,对我国环保大部制的探索具有借鉴意义。比如,应明确改革的理念和思维,在改革之前制定相关的机构组织法,应当充分考虑监管

① 参见周志忍:《大部制溯源:英国改革历程的观察与思考》,载《行政论坛》2008年第2期。

② 参见沈荣华:《大部制》,江苏人民出版社2014年版,第14页。

③ 参见郭阳:《成立环境资源部,守护台湾环资》,载自立晚报网:http://www.idn.com.tw/news/news_content.php?artid=20100922abcd011,最后访问日期:2017年8月26日。

体制的改革对环境保护制度的制定和实施的影响，应充分预计改革中可能出现的阻力和反弹并事先提出解决方案。[①]

四、我国环保大部制改革的总体思路与制度设计

（一）我国环保大部制改革的总体思路

第一，环保大部制改革，应当从提升国家治理体系和治理能力现代化的总体要求出发，与建设社会主义生态文明的战略部署相适应，要以建设社会主义生态文明为时代背景，坚持节约资源和保护环境的指导思想，积极推进循环经济、低碳消费、绿色发展。要与转变政府职能、建设服务型政府的步调相一致，与市场在资源配置中起决定性作用的规律相吻合，与人民群众的需求愿望相统一。主要目标是将分散的部门执法逐渐统一集中到一个部门，将有关环境管理的职能整合到一个部门，行使统一的管理和有效的保护。在环境执法和监管方面，应努力做到"标准一把尺、执法一帮人、处罚一张纸"。

第二，环保大部制改革应该与自然资源管理大部制改革协同推进。尽管环境和自然资源的含义有所差别，但是我们用生态学的观点来看待自然资源，两者又是不可分割的。侵害环境或自然资源的任何一方必然损害另一方，保护环境或自然资源的任何一方必然有利于另一方的保护。[②] 因此，环保大部制改革必须与自然资源管理大部制改革协同推进，将生态文明建设的宏观管理权集中到一个或两个部委，实现生态环保立法、行政、监管的有机统一与合理配置，达到权力间的有效制衡

---

① 参见秦天宝、王金鹏：《生态大部制的范例——我国台湾地区"环境资源部"改革述评》，载《环境保护》2014 年第 8 期。

② 参见黄锡生：《环境与资源保护法学》，重庆大学出版社 2013 年版，第 2 页。

和流畅运作。

第三，环保大部制改革，应在机构整合的基础上重点解决权利运行问题。环境与自然资源的管理，要比一般的国企管理难度更大，涉及的政府职能部门、范围等也更广泛。主要表现在不能充分整合各方面资源形成执法合力，相互扯皮现象不断出现，常常是管得着的不知道，知道的管不着，缺位现象、盲点状态还在较大范围存在。应当着重解决政出多门、权责不一、效能低下等突出问题，着力构建决策权、执行权、监督权相互制约又相互协调的治理运行机制，赋予环保大部制更多的决策权和监督权，明确政府在环境保护管理中的具体职能。

第四，环保大部制改革应当稳步推进，不能"一刀切"。不同层级、不同区域的环保大部制改革的模式等都不能一刀切。省级层面应探索实行执法管理体制的垂直整合，以有效克服地方保护主义。这就需要从中央和地方两个层面对环保大部制改革提出相应的方案。2018 年 3 月，第十三届全国人民代表大会通过了《国务院机构改革方案》，组建生态环境部，不再保留环境保护部，环境保护大部制改革向前迈了一大步。①

（二）环保大部制改革的制度保障

环保大部制改革需要法治保障。习近平同志在党的十八届四中全

① 2018 年新组建的生态环境部，将环境保护部的职责，国家发展和改革委员会的应对气候变化和减排职责，国土资源部的监督防止地下水污染职责，水利部的编制水功能区划、排污口设置管理、流域水环境保护职责，农业部的监督指导农业面源污染治理职责，国家海洋局的海洋环境保护职责，国务院南水北调工程建设委员会办公室的南水北调工程项目区环境保护职责整合。整合之后生态环境部的主要职责是，制定并组织实施生态环境政策、规划和标准，统一负责生态环境监测和执法工作，监督管理污染防治、核与辐射安全，组织开展中央环境保护督察等。参见王勇：《关于国务院机构改革方案的说明——二〇一八年三月十三日在第十三届全国人民代表大会第一次会议上》，载《人民日报》2018 年 3 月 14 日，第 5 版。

会《关于〈中共中央关于全面推进依法治国若干重大问题的决定〉的说明》中强调，要“围绕中国特色社会主义事业总体布局，体现推进各领域改革发展对提高法治水平的要求，而不是就法治论法治”。因此，推进依法治国，关键是要为各领域的改革提供有力的制度保障，环境保护大部制改革的有效推进同样需要法律制度的保驾护航。环保大部制改革，需要梳理立法思路，尽快启动相关法律法规的修改，并做好相关法律法规和部门规章的整合与清理。

第一，要加强从生态文明制度建设的高度来研究环保大部制管理的法律制度完善。推进环保大部制的制度建设，是加强生态文明制度建设的重要组成部分。当前，从建设生态文明的要求出发，环保大部制改革应完善相关的配套制度，重点应完善以下六项制度：生态红线制度、环境影响评价制度、环境标准制度、自然资源用途管制制度、自然资源资产责任审计制度和自然资源市场配置制度。

第二，要着重加强机构设置、职能配置、内部结构的法律制度完善，并从法律制度上保障环保大部制改革从中央到地方的有效推进。应从法律制度上明确环境大部制和自然资源管理大部制的职能。在中央政府层面，进一步理顺自然资源管理与环境保护之间的关系，合理设置自然资源管理大部门和环境保护大部门，属于自然资源管理的职能统一并入国土与自然资源部，属于环境保护的职能统一并入环境保护部。在地方政府层面，应当根据不同的区域特点，有步骤地开展自然资源大部制改革，条件成熟的地方可以先行改革，条件暂不成熟的，待条件成熟之后再行改革。而这些改革的不断推进，都需要有相应的法律制度保障。

第三，要注重完善大部制改革后部门权力运行机制的相关法律制度。为了保障环境保护大部制改革的成效，应当及时修改相互冲突的法律制度，及时清理已经过时的法律法规或者规章。大部制改革不仅仅是部门之间的简单整合，应当积极完善环境保护大部制和自然资源管理大部制内部的决策权、执行权和监督权三种权力既相互协调又相互制约的有效机制。

简言之，推进环境保护大部制改革，是环境保护管理体制创新的需要。既要认真总结国内开展环境保护大部制改革的得失，又要注重借鉴国外和台湾地区开展环境保护大部制管理的成功经验。环境保护大部制改革的法治保障，要紧密结合中国的具体国情，明确改革的总体思路，并进行有针对性的制度设计。

第二节　安全生态水系建设的法治保障

2015 年 4 月 2 日，国务院正式发布《水十条》，对如何切实加大水污染防治力度、保障国家水安全等方面的问题作出了具体的部署；2015 年 4 月 25 日，《中共中央　国务院关于加快推进生态文明建设的意见》正式发布，其提出了我国加快生态文明建设的总体要求，强调要强化主体功能定位，优化国土空间开发格局，要全面促进资源节约循环高效使用，推动利用方式根本转变，要加大自然生态系统和环境保护力度，切实改善生态环境质量，要健全生态文明制度体系。根据当前我国面临的水污染严峻形势，2017 年 6 月 27 日第十二届全国人民代表大会常务委员会第二十八次会议通过了《关于修改〈中华人民共和国水污染防治法〉的决定》。在这种大背景下，水生态法治建设的理念应当不断创新与发展，以正确的理念指引地方的水生态立法工作不断与时俱进。各省市在国务院的统一部署下，积极开展水生态安全治理工作，通过各种方式保护水生态安全。其中，福建省开展万里安全生态水系建设的实践探索，就是一个值得推广的成功经验。

一、福建省万里安全生态水系建设的实践探索

2015年7月,福建省水利厅与财政厅于今年6月联合出台《关于开展万里安全生态水系建设的实施意见》,决定在全省开展福建万里安全生态水系建设。《关于开展万里安全生态水系建设的实施意见》明确了福建省万里安全生态水系建设的主要目标、基本原则和基本措施,并从规范项目申报、明确补助标准、严格组织验收、统筹项目和资金等四个方面对如何组织实施万里安全生态水系建设进行了部署。《关于开展万里安全生态水系建设的实施意见》明确提出,要按照"一年搞好试点、两年逐步铺开、三年初见成效、五年基本完成"的要求,至2020年完成万里安全生态水系建设任务,使福建省城镇乡村所在地、重要饮用水源保护区、主要生态敏感区等所在水系生态系统得到恢复。① 它的颁布,标志着福建省逐步从"工程治水"迈向"生态治水"。

从福建省实施万里安全生态水系建设的情况看,目前已经达到了"三年初见成效"的预期目标。从2015年至2017年,福建省级财政共筹措13.18亿元,用于支持构建人水和谐、滨水宜居的生态水系循环系统。截至2017年年底,已支持建设213条水系,累计2015公里,使福建省的城镇乡村所在地、重要饮用水源保护区、主要生态敏感区等所在水系生态系统得到恢复,基本实现"河畅、水清、岸绿、安全、生态"的安全水系建设目标。② "十三五"时期,福建全省将统筹各类资金300亿元,完成水系治理5000公里以上,让河流恢复生命、流域重现生机;让人们

① 参见《福建省人民政府办公厅转发省水利厅 省财政厅关于开展万里安全生态水系建设实施意见的通知》(闽政办〔2015〕99号),载福建省人民政府网:http://www.fujian.gov.cn/zc/zxwj/szfbgtwj/201507/t20150714_1008589.htm,最后访问日期:2017年9月2日。

② 参见《福建财政推进水生态文明建设》,载中央财经网:http://sh.qihoo.com/pc/2s1co01441z? sign=360_e39369d1,最后访问日期:2017年9月2日。

重新拥有野趣与乡愁，拥有一个人水和谐的人居环境。[①] 通过万里安全生态水系建设，原生态的田园水乡风貌在福建省比比皆是。[②]

二、万里安全生态水系建设的制度难点及其机制完善

从《福建省安全生态水系建设指南（修订版）》（2017 年 12 月）可以看出，福建省的万里安全生态水系建设主要是依托项目建设来推进。在项目推进的过程中，存在多方主体及其利益博弈，这就不可避免地带来一定的法律问题。

（一）水利投融资的难点及其机制完善

2017 年，水利部提出了在建水利投资要确保超 9000 亿元的目标。[③] 实现这一目标，加大水利投融资力度是关键。当前，水利投融资的主要模式包括：国家金融支持、公共私营合作制（PPP）、水利投融资平台、债券融资、水利产业投资基金、资产证券化（ABS）、一般性银行贷款和政府购买服务 8 种方式。可以看出，除了国家金融支持和政府的投入，吸引社会资本参与水利建设，让社会资本以特许经营、参股控股等形式参与具有一定收益的重大水利工程建设和运营，是提升水利投融资规模的一个重要突破口。在这一过程中，应当认真研究社会资本参与水利建设可能存在的法律问题，并建立健全相关的法律制度。吸引社会资本投入农田水利建设，是水利供给侧结构性改革中“补短板”的有效措

---

① 参见《福建万里安全生态水系建设全面推开 水利部点赞、推广福建经验》，载人民网：http://fj.people.com.cn/n2/2016/0627/c350391-28572398.html，最后访问日期：2017 年 9 月 2 日。

② 参见《从“硬工程”到“软自然”——福建创新安全生态水系建设》，载东南网：“http://news.163.com/17/0110/08/CADHTHL0000187VG.html，最后访问日期：2017 年 9 月 2 日。

③ 参见《水利部：确保明年在建水利工程投资超 9000 亿》，载《上海证券报》2016 年 12 月 22 日。

施和具体表现。① 当前,关键是要建立健全政府与社会资本合作的有效机制,既要达到水利工程建设的目标,又能实现社会资本的收益期待。

一是要完善相关工程项目的环境影响评价机制。水利建设的根本目标在于提升水生态环境,万里安全生态水系的水利建设工程必须以改善水生态环境为目标,而不能以追究最大的经济利益为价值追求。由于社会资本参与水利建设是一种多主体的水治理,如何在治理过程中不偏离原来的生态目标,尤其是如何维护好公众的水权益和生态利益,是推进工程项目过程必须时刻紧绷的弦,也是需要工程各个相关主体需要谨慎对待的问题。当前,需要通过必要的环境影响评价措施,对引入社会资本的水利工程可能存在的环境影响进行科学的、有效的评估,避免因不当开发利用行为而给生态环境带来新的破坏。

二是要对水利工程项目的经营性行为建立必要的监管机制。引入社会资本参与水利项目建设,既要给予社会资本参与水利建设必要的优惠政策,赋予其一定的盈利空间;也要对水利工程的经营性行为进行必要的规制,对社会资本经营水利项目的行为进行适当的监管。当前,要完善水利投融资的价格形成机制,既要确保项目合理的盈利水平,也要防止出现追求经济利益破坏生态环境的行为。同时,还要注重防止因开发利用水资源而给侵害工程周边居民的正当权益。

(二)生态水系的系统整治及其机制完善

贯彻绿色发展的理念,应当树立水生态环境系统治理的思路。环境问题的成因复杂,周期较长,如果用一种方式单打独斗,往往会顾此失彼,达不到预期效果。水生态环境的系统治理,应遵循水资源系统循

---

① 参见严婷婷等:《社会资本参与农田水利建设的典型案例分析及经验启示》,载《水利经济》2018 年第 1 期。

环规律，注重生态的整体保护着眼，有针对性地开展万里生态水系建设。

一是如何实现上下游区域在水生态系统治理过程中的利益平衡？水生态环境的整体提升，要求处于流域上下游的区域之间要通力合作，步调一致。试想，如果下游水系在大力开展生态治理的同时上游水系的排污有增无减，水生态环境根本就不可能得到根本改善。但同时，上游水系在进行生态治理时，必然要以牺牲经济发展机会为代价。上游水系的生态治理，受益的不仅仅是上游区域，下游区域也从中受益。此时，上下游区域之间就出现了经济利益和生态利益的衡平问题，即下游区域应当对上游区域的经济发展机会损失和生态治理支出予以必要的补偿或者经费支持，以激励上游区域开展水系生态保护。生态水系系统整治中的利益衡平问题，关键是要建立健全流域生态补偿机制。对于如何完善流域生态补偿机制，实务界和学界都提出了许多建设性的建议。应当探讨建立流域生态补偿机制的思路、补偿的主体和客体、方式和标准等。① 建立统筹全流域产业经济、规划、生态保护建设等的协调机制，以实现流域上下游共建共享、合作共赢。② 通过明确流域生态补偿双方的责任、权利和义务，提供流域生态补偿服务平台，科学确定生态补偿范围，拓宽流域生态补偿融资渠道，以及加强流域生态补偿监督等，完善流域生态补偿机制。③ 由此可见，完善流域生态补偿机制还需要不断地探索，其中，明确补偿的主体、补偿的方式以及双方的权利和义务是重中之重。

二是如何把水环境治理与其他环境要素的治理有机协调起来？环

---

① 参见田旭等：《三江源地区流域生态补偿机制探讨》，载《人民长江》2017 年第 8 期。

② 参见陈达兴：《汀江（韩江）流域生态补偿机制试点的实践与创新》，载《环境保护》2017 年第 7 期。

③ 参见包晓斌：《我国流域生态补偿机制研究》，载《求索》2017 年第 4 期。

境生态的保护，应当统筹考虑水、气、声、渣等环境要素的治理，不能各自为政，也不能顾此失彼或者厚此薄彼。统筹山水林田湖草系统治理具有重大的理论意义、实践意义、历史意义和国际意义。[①] 如果治理好了流域污染，却破坏了周边的生态环境，这样的水环境治理就是不成功的环境治理，也不是万里安全生态水系建设所希望的。因此，在万里安全生态水系建设过程中，必须形成水利部门统一组织协调、环保部分有效监管、各有关部门分工负责的齐抓共管的环境治理格局。同时，要鼓励相关企业积极承担保护水环境的社会责任，提倡公民提升环保意识、积极维护水生态环境，形成社会各界积极参与水利生态建设的良好局面。当前，避免相关管理部门各自为政，完善水环境治理的合作机制是重中之重。这种合作既包括不同区域的政府之间的协作，也包括了同一区域内不同资源管理部门、环境保护部门之间的分工协作。这种协作不能单靠行政主官的意志，应当建立健全相关的制度体系，用制度来推进水生态治理过程中的区域协作与部门合作。其中，最核心的任务是要建立起跨行政区域的流域环境污染和生态破坏联合防治协调机制，逐步实现水生态建设的四个“统一”：统一规划、统一标准、统一监测和统一的防治措施。

（三）生态水系建设的效果评估及其机制完善

生态水系建设需要投入大量的人力物力，需要对“投入”与“产出”进行动态跟踪，对生态水系的建设效果进行科学的评估。生态水系的建设，是通过一个个生态水系建设项目来实施的，《福建省安全生态水系建设指南（修订版）》已经对建设项目的管理从项目申报、项目实施、

---

① 参见黄国勤：《树立正确生态观　统筹山水林田湖草系统治理》，载《中国井冈山干部学院学报》2017 年第 6 期。

项目验收和建后管理等方面进行了较为明确的规定。这些管理措施，对于推进和落实单个的生态水系项目是有意义的，也有利于评估单个项目的建设成效。但生态水系建设的根本目标是提升福建省的整体水生态环境质量，对单个建设项目的验收，不能替代对福建省万里生态水系整体建设成效的评估。对生态水系建设项目的验收，主要是检验项目建设者的工作成效；对生态水系建设成效的评估，是对生态水系建设组织者工作成效的考核。

一是如何设定生态水系效果评估的内容？《福建省安全生态水系建设指南（修订版）》提出，生态水系建设的总体目标是“河畅、水清、岸绿、景美、安全、生态”，这些目标的实现需要有更加细化的评估指标，即河“畅”到什么程度算“畅”、水“清”到成什么程度算“清”、岸“绿”到什么程度算“绿”？这些问题，归根结底就是一个环境质量标准的问题。根据《环境保护法》的相关规定，[①]地方政府可以制定高于国家环境质量标准的地方环境质量标准。福建省是国家生态文明建设试验区，对国家环境质量标准中未作规定的项目，应当先行先试，带头制定地方水环境质量标准；对国家环境质量标准中已作规定的项目，则应制定严于国家环境质量标准的地方水环境质量标准。

二是谁来评估生态水系建设的成效？评估生态水系建设的成效，不能单纯由组织者自己进行总结和评估，也不宜由相关部门的直接上级作出评价，应当建立一个有效的考核评价机制。一方面，要形成第三方评估的有效机制。专业的事情交由专业的机构来评估，生态水系的建设成效不应当由政府部门自身得出结论，应当通过政府购买服务的方

① 新《环境保护法》第 15 条规定：“省、自治区、直辖市人民政府对国家环境质量标准中未作规定的项目，可以制定地方环境质量标准；对国家环境质量标准中已作规定的项目，可以制定严于国家环境质量标准的地方环境质量标准。地方环境质量标准应当报国务院环境保护主管部门备案。”

式,借助于权威评估机构的评估结果。另一方面,要鼓励公众参与生态水系建设成效的评估。生态水系建设的最终受益者是公众,公众对生态水系建设的成效也最有发言权。因此,在评估生态水系建设成效时,应当注意广泛听取公众的意见,比如,可以通过发放《生态水系建设满意度调查问卷》等形式,充分了解和把握生态水系建设的公众满意度。

三、万里安全生态水系建设的制度保障

(一)万里安全生态水系建设的规划及其制度保障

开展万里安全生态水系建设,做好规划是前提和基础;科学合理的生态水系建设规划,是实现万里安全生态水系建设目标的关键。第一,要把万里安全生态水系"一年搞好试点、两年逐步铺开、三年初见成效、五年基本建成"的要求落实到万里安全生态水系建设规划之中,并通过完善相关的制度,把万里生态水系建设规划纳入福建省水利建设规划,并使其与福建省国民经济和社会发展规划、福建省环境保护规划等规划相协调。第二,要确立水生态环境保护的重点区域。对具有代表性的各种类型的自然生态系统区域,尤其是重要的水源涵养区域,应当予以保护,严禁破坏。这就需要完善水生态蓝线制度,通过划定水生态蓝线的方式对重点水生态区域加以有效的保护。当前,要建立海岸带生态红线管理制度,在近岸海域生态环境敏感区、脆弱区、高生态价值区、关键区等区域划定生态红线,分类禁止和限制红线区内围填海、港口建设、海水养殖等开发活动。[①] 在城市规划中,则要通过划定城市蓝线管理范围,严格城市规划蓝线管理,优化水生生态环境。[②] 第三,要把水资

① 参见秦昌波等:《红线蓝线绘出水生态空间》,载《中国环境报》2015 年 5 月 20 日。

② 参见杜世欣等:《划定蓝线优化水生态空间布局》,载《河北日报》2016 年 6 月 7 日。

源用途管制的要求体现到万里安全生态水系的建设规划之中。当前，水资源的供需矛盾仍然是促进经济社会可持续发展的主要瓶颈，需要通过有效的用途管制制度来规范水资源的开发利用，这也是保障安全生态水系建设的一个重要方面。要在充分掌握各区域水资源状况的基础上，对水资源相对丰富的区域和水资源相对缺乏的区域采取不同的用途管制措施，并不断健全水资源用途管制制度。当前，逐步建立起以规划为核心的水资源用途确认机制、水资源分类用途管制机制、水资源用途变更监管机制、河湖水域及岸线的空间保护机制、水资源用途监测与监督机制等制度体系，实现水资源的高效、可持续利用。[①] 第四，要完善规划和建设项目水资源论证制度。水资源论证制度对于合理优化配置水资源、促进经济社会与环境资源协调发展具有重要的推动作用，因而应当进一步推进该制度的实施。[②] 开发利用水资源，应当符合主体功能区的要求，按照流域和区域统一的原则制定规划，充分发挥水资源的多种功能和综合效益。万里安全生态水系的建设项目，必须严格执行建设项目水资源论证制度，对未依法完成水资源论证工作的建设项目，一律不得擅自开工建设和投产使用，对违反规定的，要追究相应的法律责任。

（二）万里安全生态水系建设的市场机制及制度完善

开展万里安全生态水系建设，需要大量的资金投入。中央和福建省各级政府涉及生态建设、江河治理、中小河流综合治理、水土保持等水利建设资金是万里安全生态水系建设资金的重要来源，但这些资金

---

① 参见李祎恒、邢鸿飞：《我国水资源用途管制的问题及其应对》，载《河海大学学报》（哲学社会科学版）2017 年第 2 期。

② 参见冯嘉：《中国水资源论证制度存在的主要问题及完善的思路》，载《资源科学》2012 年第 5 期。

还无法完全满足万里安全生态水系建设的需要。因此,需要充分发挥市场机制的作用,吸引社会资本参与万里安全生态水系建设。一是要加强社会参与(PPP 模式)的法律规制。水资源的治理,有赖于社会主体的积极参与。通过政府与企业"联姻",在多领域推广 PPP 模式,是重点项目投融资的有效方式。[①] 在水生态建设中推广 PPP 模式,要建立起利益共享、风险分担的机制。社会资本投资水利建设并不是一个纯粹的公益行动,必然要考量资本投入的回报,合理的资本回报是调动社会资本参与水利建设积极性的关键。因此,要通过签订必要的合作协议,明确水项目工程的建设内容,并明确双方的权利义务,尤其是要对水利项目的出资方式、运行模式、营业内容、经营范围、合作期限、盈利方式、收益分配、环境保护义务、违约责任等进行明确的规定。二是要健全万里安全生态水系建设资金的使用制度和监管制度,完善项目资金的审批和过程监控机制,把资金的使用情况作为项目验收的重要内容,并通过严格的资金审计与监管机制,确保资金的规范使用。三是要加强建设项目环境影响评价的市场化机制,通过建立健全万里安全生态水系建设的第三方环境影响评价机制,引入资质信用良好的第三方环境影响评价机构,确保环评报告的权威与公正;鼓励排放污染物的企事业单位和其他生产经营者委托具有相应能力的第三方机构负责其污染治理设施运营或者实施污染治理。同时,还要完善环境影响评价中的公众参与机制。现代社会频发的群体性事件与邻避设施建设项目环境影响评价中公众参与的有效性不足不无关系,必须以公众参与的有效性为基准对现有建设项目环境影响评价的公众参与行政程序规则和司法审

---

① 参见颜春匀:《PPP 模式成重点项目建设"助推器"》,载《六盘水日报》2017 年 5 月 8 日,第 1 版。

查规则加以重塑和完善。[①] 四是要完善相关市场主体的法律责任。企事业单位和其他生产经营者造成水生态环境损害的,由具有相应资质的评估单位根据损害程度依法予以评估,确定相应生态环境损害责任和赔偿额度。对于拒报或者谎报水污染物排放申报登记事项规定的,应当给予必要的经济处罚。接受委托的第三方机构应当按照有关法律法规、标准以及委托治理合同要求,承担约定的污染治理责任,因管理不善、弄虚作假等原因造成环境污染或者生态破坏的,排污企业和第三方治理企业应承担相应的法律责任。

(三)万里安全生态水系建设中的政府职能及其制度完善

政府及其相关部门是万里安全生态水系建设的组织者和管理者,负责具体建设项目的申报、补助标准的制定、项目的验收,并负责统筹项目和资金。因此,万里安全生态水系建设能否达到预期的目标,与政府是否有效履行相关职能密不可分。一是要完善政府的权责清单制度。通过制定政府的权责清单,明确政府权力行使的边界,明确界定政府与市场在万里安全生态水系建设中的各自作用,这是政府正确行使职责的第一步。二是要完善相关的环境标准制度。万里安全生态水系建设的成效,需要靠"标准"去衡量,作为万里安全生态水系建设的组织者,政府应当要制定万里安全生态水系建设中的水质标准,并完善水质的监测机制。三是要明确政府在万里安全生态水系建设中的法律责任。要通过开展水资源资产负债表编制工作,开展水资源资产的核算,建立实物量核算账户,编制水资源资产负债表,作为领导干部水资源资产离任审计制的重要依据。省人民政府审计主管部门应当会同水利

---

① 参见吴宇:《建设项目环境影响评价公众参与有效性的法律保障》,载《法商研究》2018年第2期。

厅,开展对离任领导干部水资源资产审计工作,客观评价其履行水资源资产管理的责任情况,对造成水资源资产损害负有管理责任的,应承担相应责任。

第三节　突发环境事件网络信息公开主体制度创新

政府作为突发环境事件信息的单一发布主体存在诸多短板。以“8·12”天津滨海新区爆炸事故为例,政府的信息公开严重滞后,公众的信息需求迟迟得不到满足。要实现突发环境信息的有效供给,必须创新突发环境事件信息公开的主体制度。网络新闻媒体参与信息发布的积极性很高,却无法给予公众有效的信息;肇事企业是事件的利益相关者,其参与信息公开容易避重就轻。让环保 NGO 参与突发环境事件的信息公开,是提升突发环境事件信息公开效果的破题之策。当前,需要加快立法步伐,赋予环保 NGO 参与突发环境事件信息公开的主体资格,并明确相关的资质要求;规范环保 NGO 发布的信息内容,建立相关的信息质量监控制度;健全环保 NGO 参与突发环境事件信息公开的约束机制,并健全相关的法律责任制度。

一、一道无法解开的题:突发环境事件的网络信息公开

2015 年 1 月 1 日起施行的新《环境保护法》明确规定政府相关部门是突发环境事件的信息公开主体。[①] 然而,就在其施行后不久的 2015

① 《环境保护法》第 54 条第 2 款规定:“县级以上人民政府环境保护主管部门和其他负有环境保护监督管理职责的部门,应当依法公开环境质量、环境监测、突发环境事件以及环境行政许可、行政处罚、排污费的征收和使用情况等信息。”

年8月12日,发生了震惊世界的天津滨海新区爆炸事故,政府在爆炸事故环境信息公开中的不作为、慢作为,致使公众对事故造成的环境污染情况停滞在猜测的层面,以至于各种流言满天飞。爆炸事故发生之后的各种流言引起了公众的不满,[①]单靠政府来提供突发环境事件的所有信息,显然已经无法满足公众的信息需求。那么,中国如何走出突发环境事件信息公开的困局?创新信息公开主体公开制度,让环保NGO[②]参与突发环境事件的信息公开,是互联网时代实现环境信息有效供给的一剂良方。

互联网是信息快速交互的平台,互联网信息的瞬间生成及其随处可被阅读的特点,注定了网络信息在突发环境事件信息公开中扮演极其重要的角色。基于事件的突发性,公众期待能在第一时间通过互联网了解事件的原委、事件的进展情况及其可能产生的环境影响。公众尤其亟须在第一时间求解以下问题:爆炸事件发生后会产生哪些污染物质?这些污染物质的扩散范围有多大?这些污染物质会不会对生存环境带来根本性地改变?是否需要采取紧急避险措施?现代突发事件往往不受限于时空,现代民主制度要求在行使紧急应对权力时更多地依赖临时的和事后的控制。[③] 及时有效的网络信息,可以化解突发环境事件给公众带来的恐慌与困惑,可以指引公众在应对突发环境事件中作出正确的判断与选择,还能帮助受灾的民众树立重建家园的信心。然而,实现这些目标并非易事!

---

① 比如《五问天津爆炸:被化工和恐慌围困的城市》一文尖锐指出"流言在散步,官微在沉睡",载搜狐网:http://business.sohu.com/20150813/n418754446.shtml;《天津大爆炸 别再让谣言爆炸》一文整理了在此次天津爆炸事故中的十大谣言,载凤凰资讯网:http://news.ifeng.com/a/20150814/44432137_0.shtml,最后访问日期:2017年3月20日。

② NGO是Non-Governmental Organizations的缩写,翻译成中文即"非政府组织"。

③ Ferejohn and Pasquino, The Law of the Exception: A Typology of Emergency Powers, *International Journal of Constitutional Law*, 2004, 2, pp. 228 – 230.

(一)从"8·12"天津滨海新区爆炸事故的互联网报道谈起

2015年8月12日晚,位于天津市滨海新区的瑞海公司危险品仓库发生火灾爆炸事故。随后,互联网上出现了大量的相关报道,为了更好地把握网络媒体对本次爆炸事件的响应情况,通过百度搜索,笔者对发生爆炸事故之后24小时内的各类媒体信息进行了梳理,归纳分析了对爆炸事件本身的报道、分析或者追问爆炸发生的原因、报道领导对爆炸事件处置的重视、报道救援工作进展情况、报道事故的环境影响五种类型的新闻媒体网络信息(详见表3-1),然而,这些信息无论是在及时性还是在有效性上显然无法满足应对突发环境事件的需要。

表3-1 发生天津滨海爆炸事故24小时内的新闻媒体网络信息概览

信息类型	信息标题例举	刊载信息的网络媒体及链接	报道时间
类型一:对爆炸事件本身的文字描述、评论,图片或者视频	《人民日报评天津滨海新区爆炸:守住脚下的安全防线》	人民网:http://opinion.people.com.cn/n/2015/0813/c1003-27452962.html	8月13日4时22分
	《曝天津爆炸完整版视频,三次爆炸火光冲天》	凤凰视频:http://v.ifeng.com/news/mainland/201508/011ef418-a174-4b9a-a0de-ec4a88be5c78.shtml	8月13日8时16分
	《人民网记者爆炸16小时后进入现场:整栋大楼被冲击波掏空》	人民网:http://pic.people.com.cn/n/2015/0813/c1016-27458699.html	8月13日16时49分
类型二:分析或者追问爆炸发生的原因	《天津爆炸威力为何这么大,仓库到底放了什么!》	搜狐网:http://mt.sohu.com/20150813/n418777365.shtml	8月13日12时6分

续表

信息类型	信息标题例举	刊载信息的网络媒体及链接	报道时间
类型三：报道领导对爆炸事件处置的重视	《习近平对天津滨海新区危险品仓库爆炸事故作出重要指示》	光明网：http://politics.gmw.cn/2015 - 08/13/content_16650026.htm	8月13日7时9分
	《习近平李克强就天津爆炸事故作批示：严查责任人》	搜狐网：http://stock.sohu.com/20150813/n418742909.shtml	8月13日7时20分
	《天津爆炸事故新闻发布会召开：事故已致44人死亡》	新浪网：http://news.sina.com.cn/c/2015 - 08 - 13/doc-ifxfxrav2121857.shtml	8月13日17时36分
类型四：报道救援工作进展情况	《天津爆炸事故的消防救援失当吗？》	环球网：http://china.huanqiu.com/hot/2015 - 08/7267549.html	8月13日20时39分
类型五：报道事故的环境影响	《你必须知道！天津爆炸污染物对京津影响有多大》	搜狐教育网：http://learning.sohu.com/20150813/n418771681.shtml	8月13日11时17分

从表3 - 1可以看出，国内的主流新闻媒体给予了高度的关注，爆炸发生24小时之内的这些网络信息，对于帮助公众了解本次爆炸事故的现状、处置进展情况等起到了重要的作用。但是，这些报道能否给公众提供足够的环境信息呢？仔细分析这些报道的内容，就会发现公众关于事故环境污染及其影响的信息需求远远得不到满足。有的报道涉及了相关话题，却无法提供有价值的信息。以《你必须知道！天津爆炸污染物对京津影响有多大》这则网络信息为例，标题足以引爆点击率，然而内容却乏善可陈！“若天气闷热，污染物的存留时间会较长”“鉴于

目前爆炸物尚未确定,因此难以详细分类成分”“不会产生太大的危害”等模棱两可的表述,①根本无法让公众对爆炸污染物的影响作出合理的判断!而信息里提到的“相关化工专家的分析”,既没有告知该化工专家的姓名,也没有告知该化工专家所在的单位,那么,该专家分析的权威性何在?再则,该信息并没有告诉公众一个最重要的事实:这起事故对环境到底产生了什么影响?阅读之后,不知道的仍然不知道!这些缺乏实质内容的网络信息,无法真正满足公众了解爆炸事故原委及其进展的愿望,更无法指引事故影响范围内的群众作出正确的判断和采取有效的应对行动。

那么,政府的环保部门是否履行了突发环境事件信息公开的职责呢?环境保护部官方网站的第一则信息《天津爆炸事故首场新闻发布会通报救援处置情况》是在2015年8月14日发出的,此时距离爆炸事件发生已经超过24小时,更为关键的是该信息仅仅是在介绍前一天新闻发布会的情况,并没有提供公众所真正关心的诸多环境问题。②天津市环境保护局官方网站第一则信息是在2015年8月15日发出的,③此时距离爆炸事故发生已经超过了48个小时。然而,环境保护部门的监测结果在这信息中根本没有交代!直到8月17日,环境保护部公布了第二则信息总算解答了一些公众所普遍关心的环境污染问题,然而,此

① 参见《你必须知道!天津爆炸污染物对京津影响有多大》,载搜狐网:http://learning.sohu.com/20150813/n418771681.shtml,最后访问日期:2017年3月20日。

② 参见《天津爆炸事故首场新闻发布会通报救援处置情况》,载生态环境部官方网站:http://www.mep.gov.cn/home/ztbd/rdzl/hbbtjbzztxgh/xgbd_9129/201508/t20150831_309041.shtml,最后访问日期:2017年3月20日。

③ 参见《紧紧坚守岗位 时时监测数据——本市环境监测系统爆炸现场开展监测纪实》,载天津市环境保护局官方网站:http://www.tjhb.gov.cn/news/news_important/201508/t20150816_16694.html,最后访问日期:2017年3月20日。

时距离爆炸事故已经过了整整5天的时间。[①] 换句话说,公众对于本次事故是否造成环境污染已经整整猜测了5天的时间。政府的缄默导致了各种流言的盛行!

(二)反思与追问:该由谁来发布突发环境事件的网络信息?

为什么政府的环境信息公开如此迟钝?通过回顾2015年8月13日下午天津市召开的第一次爆炸事故新闻发布会的情况,我们不难发现端倪。在新闻发布会上,滨海新区区委副书记、区长张勇表示"危险爆炸物距离居民区还是蛮远的"。"蛮远的"到底是多远?不知道!有没有氰化物?出席发布会的天津市环境保护局局长温武瑞惜字如金,没有作出回应![②] 当记者提问道:"依据环保的规则,净化物间隔居民区该当有多远?"台上照旧一片缄默,随即画面被掐,直播中断。[③] 政府的信息滞后,引起了公众的不满。很显然,即便是在发生爆炸事件24小时之后,许多与爆炸紧密相关的核心信息仍然无从得知!新京报记者颜颖颛撰文指出,爆炸事件发生已超过24个小时,许多与爆炸相关的事情尚无法了解,比如,爆炸物里面有什么。[④] "胡涵沸腾"微信公众号也指出,当市民在恐慌中度过不眠之夜时,却听不到来自官方网络平台

① 参见《出动环境应急人员850人(次),车辆300余辆(次),采集空气样品420个,天津爆炸事故区域目前空气质量稳定,含有氰化物废水没有流入渤海》,载生态环境部官方网站:http://www.mep.gov.cn/xxgk/hjyw/201508/t20150817_308220.shtml,最后访问日期:2017年3月20日。

② 参见《人民网详解天津爆炸新闻发布会出现的4大问题》,载搜狐网:http://news.sohu.com/20150817/n419043583.shtml,最后访问日期:2017年3月20日。

③ 参见《天津卫视直播爆炸事故新闻发布会,问及事故原因时中断直播》,载恋家网:http://www.ljia.net/UploadFiles/2015-08/37595/20150814084142246666.jpg,最后访问日期:2017年3月20日。

④ 参见《天津爆炸事件24小时,我们所知道的和不知道的》,载网易新闻网:http://news.163.com/15/0814/00/B0UHO09A00014SEH.html,最后访问日期:2017年3月20日。

的声音,反而出现了“流言在散步,而官微在沉睡”的困局。[①] 公众振聋发聩的呼喊,还是没能喊出政府有关部门及其网络平台的有效回应。

首先要追问的是:公众关于爆炸事故污染范围的困惑为什么就得不到政府相关部门及时的回应或者解答?政府环保部门是不能公开、不愿公开,还是根本就没有掌握相关的信息呢?难道对于政府环保部门而言,天津爆炸事件的环境污染信息就是一道无法解开的题?迷雾团团盘绕在突发环境事件信息公开的周边。事故发生之后的相当长的一段时间里,网络上出现了大量关于天津市政府对爆炸事故进行“反思”的报道。在这一系列报道中,我们看到了天津市政府对于落实安全生产的决心,却鲜见对突发环境事件信息公开工作之缺憾的反思。[②] 公众所关心的环境污染问题,还是没能从政府官方网站的信息中得到准确的答案,相关部门的官网仍然在“打瞌睡”!

还要进一步追问的是:发生突发环境事件之后,到底应当由谁来公布相关的互联网信息?网络新闻媒介的信息发布积极性很高,然而,铺天盖地的各种信息各说其道,很容易出现误导性信息,有的信息根本经不起时间的检验,让公众对新闻媒体提供的互联网信息缺乏信任。政府及其相关部门是法定的环境突发事件信息发布者,然而,政府在天津爆炸事故信息发布上的表现,已经让公众对政府及时发布相关信息失

---

① 相关文章指出:爆炸发生在12日23:30,但是,直到13日凌晨3:52“天津发布”微博才发布了第一条和事件有关的消息。一分钟后,“天津发布”发布了第二天微博,内容是领导在现场。在长达四个多小时的时间里,来自天津官方的权威信息一直缺失,任由不实消息传播,恐慌情绪蔓延。参见“胡涵沸腾”微信公众号:《五问天津爆炸:被化工和恐慌围困的城市》,载搜狐财经综合报道:http://business.sohu.com/20150813/ n418754446.shtml,最后访问日期:2017年3月20日。

② 《天津政府工作报告反思天津港爆炸事件》,载凤凰网:http://news.ifeng.com/a/20160124/47211138_0.shtml;《黄兴国回应天津“8·12”爆炸事故:我们一直在反思》,载新浪网:http://finance.sina.com.cn/sf/news/2016-03-10/094123395.html,最后访问日期:2017年3月20日。

去了信赖和期待。肇事企业掌握着大量的一手信息，当前，有不少学者把公布突发环境污染事件信息的希望寄托在肇事企业之上。应对突发环境污染事件，肇事企业及时、真实的公开环境信息是至关重要的一环。① 然而，发生环境突发事件之后，肇事企业更关心的如何尽快处理事故并将损失降低到最少，要求企业在第一时间主动向公众公开环境信息显然不具有可操作性；同时，肇事企业往往出于规避法律责任或者谋取企业经济利益的目的而披露虚假信息，其公布的环境影响信息可信度也大打折扣。比如，紫金矿业水污染事件发生之后，企业的信息披露既不及时也不真实，受到了社会各界的广泛批评。②

以上这些追问归结到一点，那就是：发生突发环境事件后，谁来提供公众需要的环境信息？互联网时代要求信息能实现快速有效的交互，尤其是在发生突发环境事件之后，公众亟须得到通过网络平台得到及时有效的环境影响信息。有关解决污染源环境问题的经验告诉我们，环境问题很难通过中央集权的方式得到解决，因而，需要根据社会各阶层的参与情况向当地居民通报有关风险信息的准确信息，应当承认，信息的开放，并对需要这些信息的人提供有效地获得信息的途径，变得十分重要。③ 因此，必须创新突发环境事件环境信息公开的主体制度，以实现突发环境事件信息的有效公开。

---

① 参见顾明、徐丰果：《突发性环境污染事件中的企业环境信息公开问题研究——以紫金矿业水污染为例》，载《长沙铁道学院学报》（社会科学版）2011 年第 1 期。

② 相关的网络信息报道有：卫民声：《紫金矿业污染迟报信息为哪般?》的文章，载人民网：http://opinion.people.com.cn/GB/1036/12148268.html，最后访问日期：2017 年 3 月 20 日；张楠在《中国环境报》上发表了题为《紫金矿业污染事件为何迟报》的文章，载腾讯网：http://news.qq.com/a/20100714/002013.htm，最后访问日期：2017 年 3 月 20 日；北京晨报记者周治宏发表了题为《紫金矿业迟报信息被指为大资金操作留时间》的报道，载网易网：http://news.163.com/10/0715/03/6BJR2OIB00014AED.html，最后访问日期：2017 年 3 月 20 日。

③ Kang Hajin, A Study on the Operational and Legal Issues of the Environmental Information Disclosure in Korean Legal System, *HUFS Law Review*, 2015, pp. 39, 91.

二、破题之路：环保 NGO 介入突发环境事件的信息公开

(一)现有的突发环境事件信息公开主体制度及其不足

1. 新《环境保护法》实施之前的突发环境事件信息公开主体制度

2007 年，原国家环保总局出台了《环境信息公开办法(试行)》，这标志着我国的环境信息公开步入了有法可依的新阶段。在这前后，我国还出台了一系列与环境信息公开相关的规章制度。[①] 然而，回顾近年来我国发生的一系列突发环境事件，不难发现我国的环境信息公开的效果差强人意，与公众的期待相去甚远。尤其是 2010 年 7 月的紫金矿业水污染事件、2011 年的渤海湾蓬莱 19 - 3 油田漏油事故等一系列环境突发事件的信息发布，凸显了我国环境信息公开制度存在的缺陷，我国环境信息公开的效果也饱受学术界的诟病。从这两起突发环境事件存在的信息公开问题出发，学者针对我国的环境信息公开及其制度现状提出了批判。学术界对现行制度提出的批评主要包括：政府和企业信息公开的权利、权力、义务和责任的界限不清，相关责任主体未能及时地、全面地、真实地依法履行法律规定的信息公开义务，缺失强有力的责任追究机制和公众参与机制；[②]信息发布的不作为及慢作为，不仅影响公众有效参与事件的处置活动，也使得公众可能因

---

① 2003 年，原国家环保总局发布了《关于企业环境信息公开的公告》；2006 年，原国家环保总局于发布了《环境影响评价公众参与暂行办法》；2007 年，《中华人民共和国突发事件应对法》颁布实施；2008 年，国务院《政府信息公开条例》试行，环保部门随即出台了实施细则；2013 年，环境保护部出台了《建设项目环境影响评价政府信息公开指南(试行)》《环境保护部关于加强污染源环境监管信息公开工作的通知》《国家重点监控企业自行监测及信息公开办法(试行)》和《国家重点监控企业污染源监督性监测及信息公开办法(试行)》。

② 参见方堃、万美：《海洋污染事件中肇事企业的信息公开义务与责任——对蓬莱 19 - 3 油田漏油案的法规范分析》，载《法学评论》2012 年第 5 期。

缺乏及时的污染预警信息而扩大财产损失;[①]政府和企业的不作为,与现有制度中政府责任履行的缺失和企业义务承担的消极有密切的关系。[②] 可见,受到诟病最多的还是信息公开制度的不完善。

2. 新《环境保护法》施行之后的突发环境事件信息公开主体制度

在总结和反思我国环境信息公开种种问题的基础上,新《环境保护法》专章规定了"信息公开和公众参与",并对突发环境事件的信息公开作出了明确的规定。根据《环境保护法》第 54 条第 2 款的规定,县级以上人民政府环境保护主管部门和其他负有环境保护监督管理职责的部门,应当依法公开突发环境事件的信息。[③] 从该条文的规定可以看出,承担公开突发环境事件信息公开的主体,除了国务院环境保护主管部门、县级以上地方人民政府环境保护主管部门外,还包括县级以上地方人民政府其他负有环境保护监督管理职责的部门,如水利、农业、林业、公安、交通、国土等。[④] 2016 年 1 月 1 日起施行的新《大气污染防治法》将重污染天气应对纳入突发事件应急管理体系,[⑤]并就造成大气污染的突发环境事件的信息公开作出了明确的规定,明确规定环境保护主管部门应当做好突发环境事件的信息公开工作。[⑥] 由此可见,政府及其相

---

① 参见朱谦:《突发海洋溢油事件政府信息发布制度之检讨——以蓬莱 19 - 3 油田溢油事件为中心》,载《中国地质大学学报》(社会科学版)2012 年第 3 期。

② 参见王京歌:《试论我国环境信息公开制度的实施——紫金矿业污水池泄露事件思考》,载《辽宁行政学院学报》2011 年第 8 期。

③ 《环境保护法》第 54 条第 2 款规定:"县级以上人民政府环境保护主管部门和其他负有环境保护监督管理职责的部门,应当依法公开环境质量、环境监测、突发环境事件以及环境行政许可、行政处罚、排污费的征收和使用情况等信息。"

④ 参见信春鹰主编:《中华人民共和国环境保护法释义》,法律出版社 2014 年版,第 188 页。

⑤ 《大气污染防治法》第 94 条规定:"县级以上地方人民政府应当将重污染天气应对纳入突发事件应急管理体系。"

⑥ 《大气污染防治法》第 97 条规定:"发生造成大气污染的突发环境事件,人民政府及其有关部门和相关企业事业单位,应当依照《中华人民共和国突发事件应对法》、《中华人民共和国环境保护法》的规定,做好应急处置工作。环境保护主管部门应当及时对突发环境事件产生的大气污染物进行监测,并向社会公布监测信息。"

关部门是法定的突发环境事件的信息公开主体。

3. 政府作为突发环境事件信息单一发布主体的不足

信息发布是突发环境事件应急处置的重要环节，由政府部门发布预警信息保证了预警的效力和权威性，避免了公众捕风捉影和不必要的恐慌。[①] 的确，政府及时发布突发环境事件的相关信息，对于事件处置、稳定民心等都具有十分重大的意义。问题在于，发生突发环境事件之后，政府如果不及时发布相关环境信息怎么办？这就需要理性分析政府作为突发环境事件信息单一发布主体可能存在的缺憾。

(1)政府很难提供及时的环境影响信息

政府的环境信息主要来源于相关环境监测部门提供的数据，这些数据提供者的反映快慢是影响政府环境信息发布速度的一个重要因素；为了确保数据的权威性，政府相关部门在发布之前可能需要进行专家论证，这也可能延误信息的发布时间；政府的信息发布需要层层向上请示，而领导批示的快慢也可能影响环境信息的发布效率。

通过环境保护网站的搜索工具，只能检索出与“8·12”天津滨海新区爆炸事故相关的6则消息，从中可以清晰看出政府提供突发环境事件信息的响应速度(详见表3-2)。这6则信息的时效性一目了然，第一则信息发布在事故发生2天之后，而在事故发生12天之后，公众才得知“六个污水点位氰化物超标”。这样的信息公开，显然很难让公众满意！

① 参见袁杰主编：《中华人民共和国大气污染防治法解读》，中国法制出版社2015年版，第261页。

表3-2　环境保护部官网关于“8·12”天津滨海新区爆炸事故的信息一览①

网络信息标题	发布时间
《天津爆炸事故首场新闻发布会通报救援处置情况》	2015年8月14日
《出动环境应急人员850人(次) 车辆300余辆(次) 采集空气样品420个 天津爆炸事故区域目前空气质量稳定 含有氰化物废水没有流入渤海》	2015年8月17日
《黄兴国出席天津“8·12”爆炸事故第十场新闻发布会　调集最好装备实时监测环境状况》	2015年8月20日
《环保部:将从三方面开展事故区域环境应急处置工作》	2015年8月20日
《天津爆炸事故发生后,环保人员恪尽职守,坚守一线,全力以赴保障环境安全　环境应急的十天十夜》	2015年8月24日
《天津爆炸事故最新环境监测情况显示　警戒区内六个污水点位氰化物超标》	2015年8月24日

通过天津市环保局的搜索工具,以“爆炸”为关键词进行检索,通过梳理共有41则信息与“8·12”爆炸事故相关,发布第一条信息②的时间是2015年8月15日,此时距离发生爆炸事故已经过了好几天了,然而,就是这样一则信息,也只是告诉公众环境部门在做监测数据的工作,而公众真正关心并不是环保部门干了什么,而是希望环保部门告诉我们发生了什么。天津市环保局8月总共发布了35则相关信息,其中有21则消息是关于环境监测部门开展应急监测的工作报告,有3则信息是环保部领导和天津市领导关心环境监测工作的报道,有1则是关于消防战士英雄事迹的报道,5则是关于新闻发布会的信息,真正能够给公众提供有价值的环境影响信息共计5则(详见表3-3)。从这些信息的

① 以上信息均来自原环境保护部官方网站。

② 《紧紧坚守岗位　时时监测数据——本市环境监测系统爆炸现场开展监测纪实》,载天津市环境保护局官方网站:http://www.tjhb.gov.cn/news/news_important/201508/t20150816_16694.html,最后访问日期:2017年3月20日。

发布时间看，政府环境影响信息的时效性还有很大的提升空间。

表3-3　天津市环保局官网2015年8月关于“8·12”天津滨海新区爆炸事故的环境影响信息一览①

网络信息标题	发布时间
《聚焦天津爆炸事故环境监测》	2015年8月16日
《五项措施确保事故区域污染不外泄》	2015年8月16日
《天津港“8·12”特别重大火灾爆炸事故——天津环保局针对“神经性毒气”回应》	2015年8月20日
《天津港“8·12”瑞海公司危险化学品仓库特别重大火灾爆炸事故环境监测快报》	2015年8月22日
《京津冀地区空气总体安全，事故发生地周边空气已经达标》	2015年8月24日

(2)政府与公众的距离感可能无法实现环境信息的有效供给

突发环境事件发生之后，公众需要通过言简意赅的信息快速了解事件所带来的环境影响。而政府所公布的信息往往注重全面性，却忽视了公众关注的聚焦点。对于政府而言，其公布的消息要尽可能全面地反映整个事件的概况，这是政府的职责之所在；对于公众而言，并不需要了解那么全面的环境信息，过于详细的环境信息可能会增加其消化、理解这些信息的时间成本，甚至可能导致公众对于这些繁杂庞大环境信息的反感和抵触。比如，关于政府领导如何重视事故处置的信息，关于工作人员如何废寝忘食地工作的信息，关于政府召开新闻发布会的情况等，这些信息对于公众采取应急处置措施并没有实质性的帮助，而这些信息却占据了天津市环保局官网2015年8月政府官网相关信息

① 信息均来自天津市环保局官方网站。

的85%。[①] 事实上,在突发环境事件信息的发布上,政府的信息供给与公众的信息需求很难实现有效的对接。

(3)政府很难根据受众的不同特点提供有针对性的环境信息

不同个体、组织,在不同的区域,对环境信息公开的需求可能存在差异性。然而,政府的环境信息往往是经过"统一口径"之后发布的,很难根据受众的差异性分别提供不同的环境信息。从环境保护部网站公布的6条信息可以看出,这些信息并没有针对不同区域的不同人群提供不同的信息。很显然,政府提供的环境信息很难顾及受众的差异性,自然也就很难实现政府与公众的有效沟通。自说自话仿佛成了政府官方网站突发性环境事件信息的一大特征,政府的"信息公开"与公众的"信息需求"似乎永远在两条无法连接的轨道上各自行走。的确,众口难调,而政府又必须保证信息的统一性。提升突发环境事件信息公开的针对性,对于政府环保部门而言是一个近乎苛刻的要求。既然如此,何不尝试让其他的主体也参与突发环境事件的信息发布?环保NGO呼之欲出。

(二)环保NGO参与突发性环境事件信息发布的优势与风险

政府作为突发性环境事件网络信息的单一主体,显然已经无法满足公众的信息需求;突发性环境事件肇事企业作为直接的利益相关者,显然也不能奢望它能提供给公众及时、有效的环境影响信息;公民个体因缺乏资金和技术的支持,其发布的相关信息往往是片面的,甚至可能起到反作用。非政府组织可以有效应对传统政治无法解决的环境问题——决策者必须寻求环境治理的新形式。非政府组织应当在政府行

---

① 前文已经提到,天津市环保局官方网站2015年8月发布的关于"8·12"爆炸事件的35则消息中,有关事件造成环境影响的信息才5则。

为所能涉及的边界之外发挥出重要的作用。[①] 因此,环保 NGO 参与突发性环境事件的信息发布,是弥补政府作为突发环境事件信息单一发布主体缺陷的最佳选择。

1. 环保 NGO 发布突发性环境事件信息的优势

(1)环保 NGO 具备信息生成的效率优势,可以保证信息的及时性

政府相关部门发布突发环境事件的网络信息,一般需要经过"信息搜集——信息整理——信息编写——信息审核——信息发布"等步骤,由于政府的分工日益精细化,这些流程往往是由不同的政府内部机构来完成,而其中任何一个步骤或者环节的耽搁,都可能延误信息的最佳发布时机。比如,在信息审核阶段,副处长做不了主的要请示处长,处长可能不敢做主要请示厅长,厅长无法拍板还要请示省级分管领导,层层请示必然耗费了大量的时间。环保 NGO 的机构设置精简,队伍精干,能够在短时间内迅速集结,并通过高科技手段实现高效率的协同工作,这能够大大缩短信息生成的时间,提升信息的生成效率,保证信息的及时发布。突发环境事件发生后,往往随着时间的演进而不断出现各种新的情况,需要信息要能跟上形势的变化。环保 NGO 信息生成流程的灵活性和高效率,使在不同的时间节点发布相应的环境影响信息成为可能,这大大提高了信息的时效性和针对性。而及时公布环境污染信息,公众就可以避免不必要的损害,尤其是在发生突发性环境危害事件的情形之下。

(2)环保 NGO 的技术优势,可以保证信息的科学性

科学性是环境信息的核心要素。无论谁发布的环境信息,首先必须建立在科学的基础之上。环境信息的数据来源必须具备科学性和准

---

① Shin Yeon-Jae, Environmental Issues and the International Status of NGOs, *The Journal of International Relations*, Vol. 12, 2009, p. 25.

确性,公布出来的环境信息应当以科学的标准为依据,而不能误导公众的价值判断。环保 NGO 是专业性较强的环境社会组织,不仅拥有专业的环境科学专家,还拥有精通环境法律制度的法学专家,能够在技术和法律两方面提供科学准确的环境信息。政府部门的工作人员其特长在于管理而不在于技术,政府的信息发布部门通常是需要相关环保监测机构提供数据,获取信息之后需要进一步的理解和消化。而环保 NGO 则可以依靠自身的技术条件获取第一手的监测数据,由于数据来源的渠道更为直接,环保 NGO 对数据的理解和应用也更为娴熟。与此同时,对于环境相关法律知识的把握和运用,环保 NGO 也往往更胜一筹。

(3)环保 NGO 的沟通优势,可以保证信息的有效传递

相对于政府机构而言,环保 NGO 没有行政管理的权限和职能,更容易与民间搭起心理层面的认同,从而实现与公众的平等对话和有效沟通。作为社会公益组织,环保 NGO 通常具有广泛的社会基础,能够直接了解公民环境权益需求,并能为公民环境权益的保护提供切实可行的救济。[①] 在很大程度上,公众愿意把环保 NGO 视为其环境权益的代言人。通过公众参与的过程,民间组织可以通过各种不同的渠道提出建议,这将提升决策的有效性。[②] 正因为如此,环保 NGO 在与公众的沟通上更为顺畅,所传送的信息往往更容易获得公众的信赖,并被公众所吸收和接受。

(4)环保 NGO 的中立优势,可以保证信息的有用性和公正性

发生突发环境事件之后,政府相关部门既是突发事件的应对者,又是突发事件信息的发布者,政府的这种双重身份容易使其在信息公开

① 参见张锋:《环保社会组织环境公益诉讼起诉资格的“扬”与“抑”》,载《中国人口资源与环境》2015 年第 3 期。

② Viktor Glied, Roles of NGOs in Environmental Protection Issues in the Southern-Transdanubia Region, *Civil Szemle*, Vol. 6, 2009, p. 69.

中“跑题”，最典型的便是以报道救援工作开展情况替代发布公众真正关心的环境影响信息。比如，环境保护部官网关于“8·12”天津滨海新区爆炸事故的6则信息中，至少有3则信息是在宣传“政府如何重视、工作人员如何尽职”的报道，而这些政府“自我表扬”“自我肯定”的信息显然不是公众所迫切关心的，甚至可能会引起公众的反感。相对而言，环保NGO则是整个事件的旁观者，“旁观者清”的中立优势可以避免去发布那些政府自我表扬的信息，其发布的信息可读性往往更高，对公众而言也更有价值。与此同时，环保NGO与事发地没有直接的利益关联，还能避免地方政府在信息发布中的“地方保护”色彩。相对于需要统筹考虑地方利益的地方政府而言，由中立的环保NGO来发布信息显然更具公正性。

2. 环保NGO发布突发性环境事件信息的风险

(1)法律风险

根据我国现行法律制度，环保NGO参与突发环境事件的信息发布没有明确的法律依据，其是否具有突发环境事件的信息发布主体资格存疑。的确，在没有法律的授权之下，环保NGO如果进行突发环境信息的发布，就可能构成了违法发布，还可能需要承担相应的法律责任。比如，新《大气污染防治法》第95条[①]对重污染天气预报和预警作了规定，明确禁止了政府以外的主体发布重污染天气预报和预警信息；新《大气污染防治法》第121条第1款[②]还明确规定了擅自向社会发布重污染天气预报预警信息的法律责任。调查结果显示，环保NGO在俄罗斯的环境治理中发挥着合法、积极的作用；然而，随着问责制措施和国

① 新《大气污染防治法》第95条第1款规定：“……任何单位和个人不得擅自向社会发布重污染天气预报和预警信息。”

② 新《大气污染防治法》第121条第1款规定：“违反本法规定，擅自向社会发布重污染天气预报预警信息，构成违反治安管理行为的，由公安机关依法予以处罚。”

家干预的增多,他们的合法性和成功受到明显的限制和威胁。① 因此,要促进环保 NGO 参与突发环境事件的信息公开工作,应当通过立法完善赋予环保 NGO 相应的发布主体资格。

(2)选择性参与的风险

环保 NGO 本身没有发布信息的义务,环保 NGO 是否参与突发环境事件的信息发布,取决于该组织自身的选择和意愿,而这种选择本身就带有随机性。也就是说,环保 NGO 参与突发环境事件的信息公开,往往是一种选择性参与或者随机性参与。环保 NGO 自身的资金状况也是导致出现选择性参与的一大因素。如果没有足够的经费支撑,环保 NGO 很难有效参与突发环境事件的环境监测与事故影响调查工作,更无法提供有效的环境影响信息。环保 NGO 的主要资金来源是社会各界的捐赠,捐赠的时有时无、时多时少带来资金的不稳定性,环保 NGO 自身的生存境遇并不容乐观。据相关报道,中国环保 NGO 大多正遭遇筹资、运营皆难的寒冬,多个草根 NGO 持续"断炊",甚至多年依靠热情"自掏腰包"做环保。② 缺乏资金的环保 NGO 是很难胜任突发环境事件信息公开的重任,需要对参与突发环境事件信息工作的环保 NGO 设置必要的门槛。

(3)被起诉的风险

政府发布的信息可能存在不准确、不到位的情形,但这种情形一般被认定为"工作失误",不会和"谣言"画等号。而环保 NGO 是民间机构,如果发布了不实信息,就很有可能被定位为"谣言",这会使不少环

---

① Sofronova Ekaterina, Holley Cameron, Nagarajan Vijaya, Environmental Non-Governmental Organizations and Russian Environmental Governance: Accountability, Participation and Collaboration, *Transnational Environmental Law*, Vol. 3, 2014, p. 341.

② 《2014 年中国环保 NGO 生存寒冬解析》,载中国行业研究网:http://finance.chinairn.com/News/2014/02/24/135047123.html,最后访问日期:2017 年 3 月 20 日。

保NGO对突发环境事件的信息发布望而却步。如何区分“谣言”与“信息”？是不是所有不准确的信息都是“谣言”？区分标准的不明确导致了环保NGO对信息报道的尺度把握可能存在畏难情绪，也可能导致环保NGO抱着“多一事不如少一事”的态度怠于参与突发环境事件的信息公开。随着奥胡斯公约的通过，环境组织的权利已经得到了国内法、国际法和欧洲法律的普遍保护；然而，在荷兰，环保NGO还是经常面临被起诉的风险。[①] 因此，如果要真正发挥在突发环境事件信息公开中的作用，就要建立健全宽容失误的机制，为环保NGO参与突发环境事件信息公开提供一个相对宽松的制度环境。

（4）信息冲突的风险

突发环境事件发生之后，环保NGO发布的信息可能与政府发布的信息存在不相一致的情形，这就带来了信息冲突的风险。现行法律制度把政府确立为单一的发布主体，在很大程度上也正是担心多个主体发布信息可能破坏信息的统一性和权威性。这就需要我们比较分析多个发布主体与单个发布主体的利弊。的确，多个主体发布信息可能带来信息的不一致，但这种不一致也不一定是坏事。首先，政府发布的信息并不一定都是准确的，此时，环保NGO发布的不一致信息就可以发挥“纠偏”的作用，政府也可以通过比较分析之后及时更新自身的消息。其次，多个主体发布信息有利于督促政府提升信息质量，如果政府发布的信息质量远远高于环保NGO发布信息的质量，那又何必担心环保NGO发布不相一致的信息呢？环保NGO作为民间机构，其提供的信息仅仅是公众作出判断的一个参考，真正对公众判断起决定性作用的

---

① Jans Jan H., Marseille Albert T., The Role of NGOs in Environmental Litigation against Public Authorities: Some Observations on Judicial Review and Access to Court in the Netherlands, *Journal of Environmental Law*, Vol. 22, 2010, pp. 373 - 390.

应当是政府公开的信息。当然,政府的这一自信必须来源于其突发环境事件网络信息公开能力的不断提升。总之,环保 NGO 参与突发环境事件网络信息发布利大于弊,不能因环保 NGO 发布的信息与政府发布的信息可能存在不一致的情形,就全盘否定环保 NGO 作为突发环境事件信息公开主体的意义。

(三)环保 NGO 参与突发环境事件信息公开是破题之选

信息公开应当让公众切身感受到信息的透明度。如果太多是秘密,我们就很难评估或判断我们的政府。[①] 突发环境事件的相关信息,不应全部由政府来掌握和发布。的确,政府作为单一信息发布主体可以确保信息的统一性和权威性,但当实践证明政府无法实现突发环境事件信息的有效供给时,甚至在提供信息的过程中忙中出错、越忙越乱时,[②]就表明政府其实无法单独承担起突发环境事件信息公开之重担。此时,政府应当开一个口子,让其他主体参与突发环境事件的信息发布。"8·12"天津滨海新区爆炸事故的媒体报道效果表明新闻媒体无法胜任这一重担,此时,环保 NGO 就是最佳的选择。当然,政府、肇事单位、新闻媒体和环保 NGO 在突发环境事件的信息公开工作中各有优势和劣势(详见表3-4),做好突发环境事件的信息公开,应当着重依赖政府和环保 NGO 二者之间的紧密配合。比如,政府发布的信息重点兼顾信息的全面性,环保 NGO 发布的信息则重点瞄准信息的时效性。

---

① Ferejohn and Pasquino, The Law of the Exception: A Typology of Emergency Powers, *International Journal of Constitutional Law*, Vol. 2, 2004, pp. 210-239.

② 《天津爆炸新闻发布会催生次生舆情 到底问题在哪》,载腾讯网:http://news.qq.com/a/20150817/017045.htm,最后访问日期:2017 年 3 月 20 日。

表 3－4　突发环境事件信息公开主体的优劣势对比

信息发布主体	优势	劣势	事例及效果
政府	信息的科学性 信息的权威性 信息的全面性	需要层层上报，缺乏时效性 体现了长官意志，可能存在地方保护主义	事例：“8·12”天津滨海新区爆炸事故 效果：发布滞后，以至于流言满天飞
肇事单位	掌握第一手资料和信息，对引发事故的原因掌握比较准确	企业出于规避责任和利益驱使，容易避重就轻 真实性存疑 合法性存疑 全面性存疑	事例：紫金矿业污染事件 效果：发布迟到9天，真实性、合法性引起引起公众的普遍质疑
新闻媒体	信息的敏感性 信息的及时性 信息的感染力较强	媒体报道注重吸引眼球，具有功利色彩 科学性存疑 可读性存疑 有用性存疑	事例：“8·12”天津滨海新区爆炸事故 效果：信息可以吸引公众却无法满足公众实质的信息需求
环保 NGO	信息的科学性 信息的中立性 信息的及时性	缺乏法律授权 合法性存疑	效果有待实践检验

政府环保部门是突发环境事件网络信息的权威发布者，肇事企业事业单位是突发环境事件的相关信息提供者，而环保 NGO 则是突发环境事件网络信息发布的积极参与者。从表 3－4 可以看出，环保 NGO 参与突发环境事件信息公开有其特有的优势，尽管环保 NGO 介入突发环境事件的信息公开存在法律风险、选择性参与的风险、道德风险和信息冲突的风险，但这些风险可以通过完善相关的制度来加以规避和防范。只有让环保 NGO 介入突发环境事件的信息公开，才能有效弥补政府应对突发环境事件信息公开的短板，也才有可能提供公众真正需要

并令公众真正满意的突发环境事件的相关信息。同时,环保NGO是独立于政府的一个中立的公益组织,相对中立的社会地位也能确保其所提供环境信息的客观性。

三、解题之策:环保NGO参与发布突发环境事件信息的立法完善

当前,学界也注意到了环保NGO在突发环境事件信息公开中的作用,认为环保NGO可以在整理政府信息的基础上以一种更容易为公众所接受的方式提供给公众,[①]提出应当建立环境信息公开过程中政府与企业、政府与NGO的协同机制。[②] 但对于如何从制度上保障环保NGO有效介入突发环境事件的信息公开,学界尚未深入的探讨和研究。在法律制度建设方面,政府相关部门是法定的突发环境事件信息发布主体,[③]企业事业的环境信息公开也已经有了比较明确的法律规则。[④] 在应对危机时,实现安全目标的最通常做法是通过引入立法修订程序,修改现有的法律。[⑤] 当前,需要通过进一步的立法,明确哪些环保NGO可以参与发布突发环境事件信息,环保NGO发布突发环境事件信息有哪些具体的要求,如何规范环保NGO的信息发布行为,以及环保NGO违法发布信息需要承担哪些法律责任。

---

① 申进忠:《我国环境信息公开制度论析》,载《南开学报》(哲学社会科学版)2010年第2期。

② 王洛忠:《我国突发性环境污染事件中环境信息公开制度研究》,载《内蒙古大学学报》(哲学社会科学版)2012年第2期。

③ 新《环保法》和新《大气污染防治法》都明确规定,这在前文已作介绍,此处不再赘述。

④ 环境保护部《企业事业单位环境信息公开办法》已于2014年12月15日由环境保护部部务会议审议通过,自2015年1月1日起施行。

⑤ Ferejohn, Pasquino, The Law of the Exception: A Typology of Emergency Powers, *International Journal of Constitutional Law*, Vol. 2, 2004, pp. 210－239.

(一)立法的可行性及其路线图

在立法之前,需要先行论证立法的可行性。在前文关于法律制度现状的分析中,可以看出新《环境保护法》并未禁止环保 NGO 参与环境突发事件的信息发布。新《环境保护法》第 54 条第 1 款[①]使用了“统一发布”的表述,表明了“国家环境质量、重点污染源监测信息及其他重大环境信息”只能由环境保护部来统一发布;而在第 54 条第 2 款[②]关于突发环境事件等信息公开的规定中,只规定县级以上人民政府环境保护主管部门和其他相关职能部门的信息公开的义务,并没有规定突发环境事件的信息职能由政府有关部门“统一发布”。这就表明,新《环境保护法》并没有关上环保 NGO 参与突发环境事件信息发布之门。或者说,环保 NGO 能否参与突发环境事件的信息公开,还有待于立法的进一步完善。无奈的是,新《大气污染防治法》第 95 条第 1 款[③]明确禁止了其他主体擅自发布重污染天气预报预警信息。这似乎关上了其他主体参与突发环境事件信息发布之门,但该条款“不得擅自”的表述,表明了如果经过政府的允许或者法律的授权,其他主体仍然是可以发布重污染天气的相关信息。因此,如果在今后的立法中明确授予环保 NGO 从事突发环境事件信息的发布,并没有与新《大气污染防治法》的法律精神相冲突。

---

① 新《环境保护法》第 54 条第 1 款规定:“国务院环境保护主管部门统一发布国家环境质量、重点污染源监测信息及其他重大环境信息。省级以上人民政府环境保护主管部门定期发布环境状况公报。”

② 新《环境保护法》第 54 条第 2 款规定:“县级以上人民政府环境保护主管部门和其他负有环境保护监督管理职责的部门,应当依法公开环境质量、环境监测、突发环境事件以及环境行政许可、行政处罚、排污费的征收和使用情况等信息。”

③ 新《大气污染防治法》第 95 条第 1 款规定:“……任何单位和个人不得擅自向社会发布重污染天气预报和预警信息。”

那么,如何推进相关的立法工作呢?修改新《环境保护法》或者新《大气污染防治法》显然不切实际,毕竟这两部法律刚刚颁布实施不久,而《环境保护法》的上一次修订经过了整整25年。当前,可以从三个路径加以立法完善。一是环境保护部可以在充分调研、论证的基础之上,出台《环保NGO参与环境突发事件信息公开的实施办法》,通过出台部门规章的方式来推进环保NGO参与环境突发事件的信息公开。二是在今后出台或者修订环境保护相关法律时,赋予环保NGO参与环境突发事件信息公开的权限。比如,在制定或者修订《水污染防治法》《土壤污染防治法》中增加相关的规定,赋予环保NGO参与环境突发事件信息公开的权限。三是通过地方环境立法先行先试。加强环境保护方面的地方立法,是《立法法》赋予地方政府的一项重要职能,地方政府可以通过制定地方政府规章,探索出一条环保NGO参与环境突发事件信息公开的可行之路,为全国的立法完善提供有益经验。

(二)具体的立法建议

1. 建立环保NGO参与信息发布的主体资格制度

环保NGO是否具备突发环境事件的信息发布主体地位,是判断其参与信息发布行为合法性的根本准则。法律的授权与认可,是参与环保NGO发布突发环境事件信息的通行证。没有法律的授权,环保NGO发布突发环境事件信息的行为就可能构成违法行为,甚至可能还需要承担相应的法律责任。因此,要让环保NGO参与环境突发事件的信息发布,首先就应当在立法上承认环保NGO有权进行突发环境事件的信息发布,使其信息发布行为具备合法性。同时,对于参与突发环境事件信息公开的环保NGO,应当提出明确的资质要求,设置科学的准入条件,并在数量上严格控制。

一是规定基本的入门条件。环保NGO参与突发环境信息公开应当具备一定的资质条件,包括环保组织的人员规模和资金实力,从业的最低年限,稳定的工作场所和相应的设备要求等。比如,可以设置“成立10年以上、注册资金在1亿元以上且无不良记录的环保NGO才能从事突发环境事件的信息发布”的最低门槛,以确保该环保NGO具备提供突发环境有效信息的基础和实力。同时,只能赋予在中国注册的环保NGO参与突发环境事件信息发布的资质,禁止境外环保NGO在中国境内发布中国突发环境事件的相关信息。突发环境事件的信息发布事关重大,发布稍有不慎,就可能引起公众不必要的恐慌,甚至可能影响社会的安定稳定。因此,只有符合一定条件的环保NGO,才能取得发布突发环境事件网络信息的资质。

二是设置合理的技术门槛。为保证信息的科学性与准确性,环保NGO要依靠环保技术专家来提供信息,靠环境法律专家来审核信息,靠互联网信息专家来发布信息。因此,参与突发环境事件信息发布的环保NGO,必须拥有一支相对稳定的专业技术专家队伍,包括环保技术专家、环境法律专家和互联网技术专家等。要从技术上明确环境信息的更新机制,及时更正与更新相关的环境影响信息。环境本身是一个不断在发生变化的载体,相关的环境数据处于一个动态的变化过程之中,不能奢望提供一次环境影响信息就一劳永逸。环保NGO应当加强专家储备,及时做好信息更新工作。

三是设置完备的资质审查程序。只有经过国家环境保护部相关部门审查认可的环保NGO,才能参与突发环境事件的信息公开。资质审查部门要对参与突发环境事件信息公开的环保NGO进行科学的实力评估。既要评估环保NGO的综合实力,也要评估其从事环境公益事业的一贯表现。注重考量其从事环境公益事业的业绩,注重考察其历来的从业表现,通过同行评价、社会公众评价、政府部门认定等相结合的方式,对该环保NGO的社会公信度、认可度和影响力作出客观的评估。

与此同时,要通过审查环保 NGO 的信息公开工作流程和相关的规章制度,来认定其从事突发环境信息公开工作的专业化程度。

四是明确信息发布的权利边界。应当明确的是,政府是突发环境事件信息公开的主要发布者,环保 NGO 只是在其中起着“补位”的作用,环保 NGO 不能喧宾夺主。因此,必须厘清政府和环保 NGO 在突发环境事件信息工作中的功能与定位,明确政府和环保 NGO 在突发环境事件信息发布中的各自权限与法律义务,避免因定位不清带来的信息发布混乱局面。

2. 规范信息内容,并建立环境信息质量监控制度

互联网是实施环境信息公开的最重要媒介,发生突发环境事件,环保 NGO 如何实现突发环境事件网络信息的有效供给?这就需要明确环保 NGO 所发布信息的内容要求,以确保环保 NGO 提供的网络信息是公众所需要的。一是内容不求“华丽”但求“真实”。环保 NGO 提供的网络信息,应当防止使用晦涩难懂的科技语言搪塞公众,防止使用模棱两可的语言误导公众,要尽量使用通俗化、平民化的语言,尽量让公众看得懂、用得上。这就需要把一些科学数据、化学符号等转换成描述性语言,让公众通过阅读信息就可以对突发环境事件的影响程度形成一个基本的判断。同时,要尽量使用客观描述,避免主观猜测,尽量使用中立语言,避免先入为主的价值判断。二是内容不求“全面”但求“精准”。当前,学术界普遍把“全面性”作为环境信息公开的一个基本准则。[①] 然而,对于突发环境事件而言,追求信息公开的全面性,必然要牺牲信息公开的时效性。互联网信息本身就是由一个个碎片化的信息累积起来的,对于突发环境事件的网络信息内容而言,并不是越全面越

① 参见朱谦:《突发性环境污染事件中的环境信息公开问题研究》,载《法律科学》2007 年第 3 期。

好,而是要越快越好。只有在第一时间提供公众所亟须了解的信息,第一时间反馈事件的进展,才能让公众作出合理的应对,从而将损失降低到最少。当然,追求速度不能以牺牲内容的准确度为代价,快的前提必须是内容的“精准”,既聚焦关键问题,又要保证内容的准确性。三是内容不求“影响”但求“反响”。环保 NGO 提供的环境网络信息,不能以吸引眼球为目的,不能以追求点击率而伪造数据、捏造事实、制造噱头,不允许凭空捏造或者随意篡改环境数据。要杜绝用所谓的大数据欺骗公众,用所谓的假象欺瞒公众,用不实的专家言论误导公众。同时,环保 NGO 必须要注重追踪其所提供信息的科学性与针对性,根据事件的进展及时对相关的信息作出必要的更新;要及时响应公众的咨询意见并作出有效的应答。比如,当政府只能给出“危险爆炸物距离居民区还是蛮远的”[①]的结论时,环保 NGO 要通过自身的技术手段进行测量并告知公众“蛮远”到底有多远;要建立突发环境事件互联网信息的筛选机制,提升其对各类信息的甄别能力。

信息质量是环保 NGO 参与突发环境事件信息发布的名片,也是环保 NGO 获得社会认可的本钱。因此,建立完善的信息质量监控制度,成了完善相关立法的重中之重。一是要规范环保 NGO 的信息生成过程。要通过规定明确的信息内容要求,确保信息来源的科学性、准确性,杜绝任何编造事实、杜撰事实、猜测后果的信息,杜绝发布没有实质性内容的空洞信息。二是要规范环保 NGO 的信息发布行为。一方面,环保 NGO 的信息发布要与公众环境知情权实现有效衔接,及时响应公众的信息需求;另一方面,必须要明确环保 NGO 的信息发布流程,健全信息发布前的内容审核机制,避免忙中出错,发布错误信息。三是要规

① 参见《人民网详解天津爆炸新闻发布会出现的 4 大问题》,载搜狐网:http://news.sohu.com/20150817/ n419043583.shtml,最后访问日期:2017 年 3 月 20 日。

范信息质量的效果追踪程序。要通过有效的效果追踪机制，及时掌握所发布的信息在公众中的反响，如果发现信息的内容出现偏差，应当通过有效的方式及时加以更正。

3. 健全约束机制，明确法律责任

尽管环保NGO参与突发环境事件的信息工作是一种公益行为，但环保NGO在实际运作过程中也可能出现各种违法情形，需要建立相应的约束机制。健全约束机制需要将自律机制和他律机制有机结合起来，并建立健全"进入—退出"机制。一是要健全环保NGO参与突发环境事件信息公开的自律机制。健全环保NGO的自律机制，是阻却其产生道德风险的利器。环保NGO发布突发环境事件信息，应当遵循不求"利益"但求"公益"的基本原则。环保NGO的公益定位，决定了环保NGO发布突发环境事件的信息不能以营利为目的，坚决杜绝出现利用信息发布非法牟利的情形。环保NGO要把"不以营利为目的"作为参与突发环境事件信息发布的底线，并通过完善自身的组织章程和工作机制，将这一底线要求贯彻到位。同时，环保NGO要以维护国家利益为基本准则，自觉抵制境外势力的渗透，保持必要的警惕性和敏感性，防止因受到境外势力的渗透而发布危害国家利益的消息。二是要健全环保NGO参与突发环境信息公开的监管机制。规范环保NGO的信息发布行为，不能把全部希望寄托在其本身的自律机制上。如果说自律机制是把住了前门，那么，他律机制就是把住后门，二者缺一不可。要在赋予环保NGO信息发布主体资格的同时，明确环保NGO信息发布的监管机构和相关的监管规则。监管环保NGO的职能不应当由政府来行使，否则，环保NGO的信息发布很容易变成政府信息发布的复读机，失去其本来的意义。当前，应当赋予检察机关监管环保NGO的职能，这既是充分发挥检察机关法律监督职能的体现，也能够把环保NGO参与突发环境信息公开的监管工作真正落实到位。同时，网络安全部门也要介入相关的监管工作,对于可能存在危害国家利益的信息安全风险,网络安全部门要及时采取相关的网上安全措施,并将有关情况及时通报检察机关,防止环保 NGO 被境外非法组织所利用,发布不实信息误导公众。三是要健全环保 NGO 作为信息发布主体的“进入—退出”机制。要通过建立环保 NGO 信息发布诚信档案和引入第三方评估机制,健全环保 NGO 的绩效评价机制。建立诚信档案,既要对环保 NGO 所从事的重要环境公益活动进行记录,更要对其在参与突发环境事件信息发布过程中的行为及其所造成的影响进行记录,通过考察其一贯表现来评估其从事突发环境事件信息发布的资质。健全环保 NGO 的绩效评价机制,最有效的途径是引入第三方评估制度,委托第三方对环保 NGO 在突发环境事件信息发布的表现进行客观公正的评价,并把这一评价结论作为考核环保 NGO 是否具备突发环境事件网络信息发布资质的重要依据。通过这些评价机制,如果评估结论不合格,应当取消其参与突发环境事件信息发布的资格。

完善相关的法律责任制度,既是惩罚违法信息发布者的一把利剑,也是促进环保 NGO 有序参与突发环境事件信息公开的一道屏障。一是要明确违法发布信息的法律责任。对于环保 NGO 借突发环境事件之机谋取经济利益的情形,要视情节轻重追究环保 NGO 及其相关人员的法律责任,直至取消该机构参与突发环境事件信息发布的资质;对于发现环保 NGO 被境外势力渗透的情况,相关部门应当立即取消该组织参与突发环境事件信息发布的资格,并追究相关责任人的法律责任;对于故意编造不实信息误导公众的,视情节轻重给予适当的处罚,造成严重后果的,取消该组织参与突发环境事件信息发布的资格,并追究相关责任人的法律责任。二是要健全宽容失误的责任豁免制度。突发环境事件事发突发且情势变化极快,政府有时也很难保证其发布的信息是百分之百的准确。因此,不能对环保 NGO 发布信息的准确性过于苛刻。对于环保 NGO 发布的误判信息，应当根据具体的情形来确定其是否需要承担法律责任，而不能一概将环保 NGO 发布的不准确信息归为“谣言”。对于忠于履行信息公开的相关职责，在主观上没有过错且信息生成过程没有瑕疵的情形，应当建立宽容失误的责任豁免制度，免予追究发布者的法律责任。法律只有为环保 NGO 从事突发环境事件的信息公开保驾护航，环保 NGO 参与环境突发事件信息公开的积极性才能被真正调动起来。只有建立宽严相济的法律责任制度，才能有效推进中国的环境信息公开事业。

本章小结

推进环境保护大部制改革，既是转变政府职能、促进全面深化改革的重要内容，也是有效防治污染、保护生态环境的必然要求。当前，要从加强生态文明制度建设的总体要求出发，结合中国的具体国情，理顺环境保护大部制管理的改革思路，并不断完善相关的法律制度，为环境保护大部制改革提供法治保障。2018 年 3 月，第十三届全国人民代表大会通过了《国务院机构改革方案》，组建生态环境部，不再保留环境保护部，环境保护大部制改革向前迈了一大步。环保大部制改革，需要梳理立法思路，尽快启动相关法律法规的修改，并做好相关法律法规和部门规章的整合与清理。要从加强生态文明制度建设的高度来研究环保大部制管理的法律制度完善；要着重加强机构设置、职能配置、内部结构的法律制度完善，并从法律制度上保障环保大部制改革从中央到地方的有效推进；要注重完善大部制改革后部门权力运行机制的相关法律制度，完善环境保护大部制的决策权、执行权和监督权三种权力既相互协调又相互制约的有效机制。

水生态法治建设的理念应当不断创新与发展,以正确的理念指引地方的水生态立法工作不断与时俱进。各省市在国务院的统一部署下,积极开展水生态安全治理工作,通过各种方式保护水生态安全。其中,福建省开展万里安全生态水系建设的实践探索,是一个开展水生态治理的典型案例。万里安全生态水系建设需要克服三大难题:水利投融资难、生态水系的系统整治难、生态水系建设的效果评估难。在万里安全生态水系建设的制度保障方面,应当着重从三个方面着手。一是加强万里安全生态水系建设的规划及其制度保障,把万里生态水系建设规划纳入福建省水利建设规划,并使其与福建省国民经济和社会发展规划、福建省环境保护规划等规划相协调。二是完善万里安全生态水系建设的市场机制及制度保障,加强社会参与(PPP 模式)的法律规制,健全万里安全生态水系建设资金的使用制度和监管制度,加强建设项目环境影响评价的市场化机制,完善相关市场主体的法律责任。三是健全万里安全生态水系建设中的政府职能及其制度保障,要完善政府的权责清单制度和相关的环境标准制度,并明确政府在万里安全生态水系建设中的法律责任。

突发环境事件的信息公开主体制度创新,是环境管理制度创新的重要着力点。现行法赋予了政府作为突发环境事件信息公开主体的职能,但单纯依赖政府的信息公开,已经无法有效消解突发环境事件给公众带来的恐慌,也无法有效引导公众采取最恰当的行动来应对危机。在 2015 年 8 月 12 日的天津滨海新区爆炸事故中,政府在爆炸事故环境信息公开中的不作为、慢作为,致使公众对事故造成的环境污染情况停滞在猜测的层面,以至于各种流言满天飞。这一事件再次提醒我们,应当允许其他主体参与突发环境事件的信息公开。环保 NGO 是专门从事环境保护的民间组织,其在信息的搜集、整理、辨别等环节具有政府或者普通民众所不具有的专业优势,可以提升信息的准确性和及时性;

其非营利性和中立性的特征能促进信息传达渠道的畅通,从而实现信息的有效供给。因此,修改现行法关于突发环境事件信息发布单一主体的相关规定,赋予环保 NGO 参与环境突发事件信息公开的权利,是大势所趋。在立法的路径上,可以通过出台部门规章的方式来推进环保 NGO 参与环境突发事件的信息公开,也可以在今后出台或者修订环境保护相关法律时,赋予环保 NGO 参与环境突发事件信息公开的权限,还可以通过地方环境立法先行先试。在立法内容方面,要建立环保 NGO 参与信息发布的主体资格制度,对于参与突发环境事件信息公开的环保 NGO,应当提出明确的资质要求,设置科学的准入条件,并在数量上严格控制;要规范信息内容,并建立环境信息质量监控制度,既要规范环保 NGO 的信息生成过程,也要规范环保 NGO 的信息发布行为,还要规范信息质量的效果追踪程序;要健全约束机制,明确法律责任,健全约束机制需要将自律机制和他律机制有机结合起来,并建立健全“进入—退出”机制;要建立宽严相济的法律责任制度,既要明确违法发布信息的法律责任,也要健全宽容失误的责任豁免制度。

第四章　环境标准及其制度完善

环境标准是为了生态环境保护的需要，由特定的机关制定颁布的技术规范。环境质量标准和污染物排放标准是最重要的两类环境标准。环境质量标准是在环境基准的基础上，综合考虑社会经济发展和科学技术的总体水平而确定的一种限制性规定。污染物排放标准则依据已经制定的环境质量标准，结合污染物总量控制的需要，对人为污染源的排污行为所做的一种控制性规定。尽管中国已经制定了大量的环境标准，但由于对环境标准的法律属性缺乏清晰的认识，在环境标准的制度建设中存在诸多短板，直接影响着环境保护的成效。完善环境标准制度，应当从新《环境保护法》的相关规定出发，结合中国的现实国情，进行有针对性的制度完善。

第一节　环境标准制度的立法概况

环境标准制度是主要的环境保护法律制度之一。在新《环境保护法》中，整部法条 70 个条文中有 7 个条文规定了环境标准的相关内容，占整部法律条文的 10%，充分表明了环境标准制度在整个环境法律制度中的地位和作用（见表 4－1）。

表 4－1　《环境保护法》关于环境标准的相关规定

条文序号	条文内容
第 15 条	国务院环境保护主管部门制定国家环境质量标准。 省、自治区、直辖市人民政府对国家环境质量标准中未作规定的项目,可以制定地方环境质量标准;对国家环境质量标准中已作规定的项目,可以制定严于国家环境质量标准的地方环境质量标准。地方环境质量标准应当报国务院环境保护主管部门备案。 国家鼓励开展环境基准研究
第 16 条	国务院环境保护主管部门根据国家环境质量标准和国家经济、技术条件,制定国家污染物排放标准。 省、自治区、直辖市人民政府对国家污染物排放标准中未作规定的项目,可以制定地方污染物排放标准;对国家污染物排放标准中已作规定的项目,可以制定严于国家污染物排放标准的地方污染物排放标准。地方污染物排放标准应当报国务院环境保护主管部门备案
第 28 条第 2 款	未达到国家环境质量标准的重点区域、流域的有关地方人民政府,应当制定限期达标规划,并采取措施按期达标
第 34 条	国务院和沿海地方各级人民政府应当加强对海洋环境的保护。向海洋排放污染物、倾倒废弃物,进行海岸工程和海洋工程建设,应当符合法律法规规定和有关标准,防止和减少对海洋环境的污染损害
第 44 条第 1 款	国家实行重点污染物排放总量控制制度。重点污染物排放总量控制指标由国务院下达,省、自治区、直辖市人民政府分解落实。企业事业单位在执行国家和地方污染物排放标准的同时,应当遵守分解落实到本单位的重点污染物排放总量控制指标
第 49 条第 2 款	禁止将不符合农用标准和环境保护标准的固体废物、废水施入农田。施用农药、化肥等农业投入品及进行灌溉,应当采取措施,防止重金属和其他有毒有害物质污染环境
第 60 条	企业事业单位和其他生产经营者超过污染物排放标准或者超过重点污染物排放总量控制指标排放污染物的,县级以上人民政府环境保护主管部门可以责令其采取限制生产、停产整治等措施;情节严重的,报经有批准权的人民政府批准,责令停业、关闭

从表 4－1 可以看出,新《环境保护法》已经构建了一个相对完整的

环境标准制度体系。第15条是关于环境质量标准的规定,第16条是关于污染物排放标准的规定,这两个条文构成了环境标准制度的主体部分。第28条第2款、第34条、第44条第1款、第49条第2款规定了各个环境管理环节适用环境标准的具体要求,第60条规定了违反环境标准制度所应当承担的法律责任。新《环境保护法》关于环境标准的一系列规定表明,环境标准制度得到了进一步的充实和丰富,同时,新法也对完善环境标准制度提出了全新的目标和更高的要求。

2015年新《环境保护法》实施之后,各地的环境保护立法也加大环境标准制度的立法,但立法视角不尽相同(以表4－2为例)。

表4－2　环境标准制度的地方立法例举

条例名称	与环境标准相关的法律条文
山西省环境保护条例 (2016年12月8日山西省第十二届人民代表大会常务委员会第三十二次会议修订)	**第八条**　省人民政府可以制定严于国家环境质量标准和国家污染物排放标准的地方环境质量标准和地方污染物排放标准;对环境问题突出的地区或者区域内产能饱和的行业,决定执行污染物特别排放限值
新疆维吾尔自治区环境保护条例 (2016年12月1日新疆维吾尔自治区第十二届人民代表大会常务委员会第二十五次会议第二次修订)	**第十八条**　自治区人民政府环境保护主管部门根据环境保护管理需要,可以对国家环境质量标准、污染物排放标准中未作规定的项目,制定自治区环境质量标准、污染物排放标准;对国家环境质量标准、污染物排放标准已作规定的项目,可以制定严于国家标准的自治区环境质量标准、污染物排放标准。 自治区环境质量标准、污染物排放标准报自治区人民政府批准公布后实施,并报国务院环境保护主管部门备案
上海市环境保护条例 (2016年7月29日上海市第十四届人民代表大会常务委员会第三十一次会议第二次修订)	**第十六条**　市人民政府可以根据本市实际,对国家环境质量标准和国家污染物排放标准中未作规定的项目,制定地方标准;对国家已作规定的项目,可以制定严于国家的地方标准

续表

条例名称	与环境标准相关的法律条文
广东省环境保护条例 (2015年1月13日广东省第十二届人民代表大会常务委员会第十三次会议修订)	**第十一条**　县级以上人民政府应当根据不同区域功能和经济社会发展需要，划定环境功能区划并执行相应的环境质量标准和污染物排放标准
	第二十一条第二款　企业事业单位和其他生产经营者排放污染物应当符合国家或者地方规定的污染物排放标准和重点污染物排放总量控制指标
	第二十三条第四款　因防治污染设施运行故障等原因导致污染物排放超过国家或者地方规定的排放标准的，企业事业单位和其他生产经营者应当立即停止排放污染物，采取措施，保证污染物达到国家或者地方规定的排放标准方可排放，并及时向所在地环境保护主管部门报告
宁夏回族自治区环境保护条例 (2016年5月27日宁夏回族自治区第十一届人民代表大会常务委员会第二十四次会议修正)	**第十六条**　禁止超过国家、地方污染物排放标准排放污染物。 排放污染物超过国家或者自治区规定的排放标准，或者超过主要污染物和其他重点污染物排放总量控制指标，或者对环境造成严重污染的排污单位，应当进行限期治理
广西壮族自治区环境保护条例 (2016年5月25日广西壮族自治区第十二届人民代表大会常务委员会第二十三次会议第二次修订)	**第二十七条**　各级人民政府及其有关主管部门应当根据水域功能区划的要求加强各种水域和地下水保护，加强对水体污染防治的监控，防止水资源枯竭和水质污染，对本行政区域受到污染和破坏的水体进行综合整治，使水质符合水域功能区划的水环境质量标准。 任何单位和个人向水体排放、倾倒污水、废水等废弃物，应当符合国家和地方规定的标准
《重庆市环境保护条例》 (2017年3月29日重庆市第四届人民代表大会常务委员会第三十五次会议修订)	**第三十一条**　本市依照法律规定实行排污许可管理制度。禁止未取得排污许可证或者违反排污许可证的要求排放污染物。 未实行排污许可管理的排污者不得超过国家或者本市规定的污染物排放标准排放污染物

从表4-2可以看出，各地关于环境标准的立法内容不尽相同。有的地方立法在环境标准的立法内容上并无太大创新，基本上重复了《环境保护法》第15条和第16条的规定，比如《新疆维吾尔自治区环境保护条例》第18条的规定，根据《立法法》关于地方立法一般不进行重复立法的有关规定[①]，建议在后续的修法中删除这类"照搬"上位法的规定。有的地方立法虽然对环境保护条例进行了修正，但相关的规定与上位法仍然存在规则冲突，比如，《宁夏回族自治区环境保护条例》关于"排放污染物超过国家或者自治区规定的排放标准"应当限期治理的规定，明显与新《环境保护法》的最新立法精神[②]相冲突，在这方面，《广东省环境保护条例》的规定是符合上位法的，《广东省环境保护条例》第23条第4款规定的"……应当立即停止排放污染物，采取措施，保证污染物达到国家或者地方规定的排放标准方可排放，并及时向所在地环境保护主管部门报告"，符合上位法的立法精神。有的地方立法则对上位法进行了细化的规定，如《广东省环境保护条例》第11条、第21条和第23条的相关规定，《广西壮族自治区环境保护条例》第27条第1款的相关规定。根据地方环境保护的需要，对上位法的环境标准制度进行细化的规定，是值得提倡的，应当成为地方环境保护立法的重点。

第二节　环境标准的法律属性与制度构成

当前，学界关于环境标准的法律属性各持己见，对环境标准的制度

① 《立法法》第73条第4款规定："制定地方性法规，对上位法已经明确规定的内容，一般不作重复性规定。"

② 新《环境保护法》明确规定了按日计罚制度，已经不再给予企业限期治理的缓冲时间。

构成也尚未形成一致的认识。基于此,本章从我国现行的相关法律制度出发,进一步厘清环境标准的概念及其法律属性,并剖析了环境标准制度构成的二元结构。

一、环境标准的概念界定

什么是环境标准?《环境保护法》《环境标准管理办法》《标准化法》及其实施条例等都没有直接给环境标准下明确的定义。由于法律法规没有直接给出环境标准的概念,学界对环境标准的概念界定也不尽相同。总的来看,具有代表性的概念界定主要有以下三种:(1)环境标准,是指国家为维护环境质量、控制污染,保护人体健康、社会财富和生态平衡,就环境质量以及污染物的排放,环境监测的方法等其他需要的事项,按照国家规定的程序和批准制定的各种技术指标与规范的总称。[①] (2)环境标准是指为了保护人群健康、保护社会财富和维护生态平衡,就环境质量和污染物的排放、环境监测方法及其他需要的事项,按照法律规定程序制定的各种技术指标与规范的总称。[②] (3)环境标准是指国家为了保护公众人体健康、社会物质财富、维持生态平衡,对大气、水、土壤等环境质量,按照法定程序对环境要素间的配比、布局和各环境要素的组成以及进行环境保护工作的某些技术要求加以限定的规范。[③]

从上述关于环境标准的概念界定可以看出,专家学者普遍认为"保护人群健康"、"维持生态平衡"和"保护社会物质财富"是制定环境标准的目的。但是,从《环境标准管理办法》第3条的规定可以看出,[④]制

① 参见曹明德:《环境与资源保护法》,中国人民大学出版社2013年版,第42页。

② 参见金瑞林:《环境与资源保护法学》,高等教育出版社2013年版,第91页。

③ 参见黄锡生、李希昆:《环境与资源保护法学》,重庆大学出版社2011年版,第126页。

④ 《环境标准管理办法》第3条规定:"为防治环境污染,维护生态平衡,保护人体健康,国务院环境保护行政主管部门和省、自治区、直辖市人民政府依据国家有关法律规定,对环境保护工作中需要统一的各项技术规范和技术要求,制定环境标准。"

定环境标准的根本目的是“为防治环境污染，维护生态平衡，保护人体健康”，“维护社会物质财富”只是“控制污染、保护环境”的具体表现形式或者间接后果，不宜把“维护社会物质财富”作为环境标准的制定目的之一。同时，根据《环境标准管理办法》第3条的规定，环境标准是就“环境保护工作中需要统一的各项技术规范和技术要求”而制定的，环境标准归根结底是“技术规范”。因此，我们对环境标准的概念界定应当本着避繁就简、简明扼要的原则。简言之，环境标准是法律授权相关部门制定的用于控制污染、保护环境的各种技术规范的总称。

二、关于环境标准的法律属性

环境标准本身是环境法的渊源之一，还是纯粹的技术规范？抑或，环境标准是法的有机组成部分？这是学术界一直争论不休的话题之一，学者们纷纷提出了不同的见解：环境标准具有与环境法规相独立的法律地位，是具有法律效力的环境保护技术要求和检验方法；[①]环境标准是技术规范的法律化的表现形式，环境标准制度作为环境资源保护法的有机组成部分；[②]如何避免“将环境法律法规与环境技术规范等同”，避免“以环境技术规范代替环境法律规范，法律沦为科技之工具”，将是在环境法律规范与环境技术规范结合过程中所需要思考的问题；[③]在法律上，环境标准与有关环境标准的法律规定结合在一起共同形成环境法体系的一个组成部分。[④] 笔者认为，环境标准本身不是法的渊源，必须由相关的法律法规对其作进一步的规定，或者由相应的行政主管部分作出一定的行政裁量，才能形成法律约束力。环境标准作为一

---

① 参见常纪文：《环境标准的法律属性和作用机制》，载《环境保护》2010年第9期。

② 参见曹明德：《环境与资源保护法》，中国人民大学出版社2013年版，第42页。

③ 参见王树义等：《环境法基本理论研究》，科学出版社2012年版，第243页。

④ 参见蔡守秋：《论环境标准与环境法的关系》，载《环境保护》1995年第4期。

种技术规范，认定的应该是一种法律上的事实。即使是强制性环境标准，也不能理所当然地认为它就是法律规范。

环境标准本身并不是独立的法律，但环境标准一旦被有关的法律法规所援引，或者被一定区域之内的环境行政机关所采纳，就具有了法律上的强制力，由此，形成了环境标准制度。应当明确的是，环境标准制度是环境法律制度的重要组成部分。环境标准制度同时也是世界各国环境法的一项基本制度，对于保护各国生态环境、防治环境污染、节能减排、促进经济、社会的可持续发展起了重要的作用。[①]

第一，环境标准与环境基准既有区别，又紧密相关。新《环境保护法》第 15 条是关于环境质量标准的规定，[②]该条第 3 款对开展环境基准研究的重要性从立法上给予了确认，充分表明了环境基准研究对于制定科学合理的环境标准的重要性。“环境基准”是环境科学上的概念，是指“在一定环境中，污染物对人体或生物没有任何不良影响的最大剂量或者说是对人体和生物产生不良影响的最小量。是制定环境标准的客观科学依据”。[③] 环境基准是一个客观的定值，是纯自然科学的概念，[④]而环境标准则掺杂着较多的主观因素，是“技术可行性和经济合理性”[⑤]的结合体，二者有着本质的区别。当然，环境标准的制定，离不开环境基准的科学研究。环境标准是在环境基准的基础上，综合考虑经济发展、技术条件、区域环境等因素而制定的。没有科学的环境基准，制定出的环境标准就没有合理性可言。

第二，环境标准的种类不同，其法律上的约束力也不同。环境标准

---

① 参见常纪文：《环境标准的法律属性和作用机制》，载《环境保护》2010 年第 9 期。

② 新《环境保护法》第 15 条第 3 款专门规定：“国家鼓励开展环境基准研究。”

③ 参见金瑞林：《环境法学》，北京大学出版社 1994 年版，第 196 页。

④ 参见周启星等：《环境基准值的科学研究与我国环境标准的修订》，载《农业环境科学学报》2007 年第 1 期。

⑤ 参见金瑞林：《环境法学》，北京大学出版社 1994 年版，第 148 页。

总体上可以分为三级五大类,三级指国家环境标准、环保部制定的行业环境标准和地方环境标准,五大类指环境质量标准、污染物排放标准、环境监测方法标准、环境标准样品标准和环境基础标准。它们的制定程序、适用对象以及适用条件等各不相同,不应当笼统断定环境标准的法律约束力。比如,环境质量标准规定的只是一个参考数值,需要由不同区域的环保主管部门根据当地的实际情况确定适用的具体数值,即必须经过行政裁量行为的确认,环境质量标准才能形成法律约束力。而污染物排放标准则不同,它是针对污染物排放做出的严格限制,法律上一般不允许行政机关行使行政裁量权,即污染物排放标准对排放污染物的行为具有直接的法律约束力。再如,行业协会制定的环境资源行业标准是该协会成员的一种自律标准,企业自行制定的环境标准属于民间环境标准,不具有法律上的约束力。可见,环境标准与环境标准法律制度不同,环境标准本身只是一种技术规范,其功能只是在于认定某种行为是否符合某一技术规范,属于事实上的认定,其法律效力则来自于外部授权。一项环境标准能够可以成为一项具有法律约束力的制度,还需要行政行为作出相应的裁量或者法律对其适用的确认。环境标准制度,则是环境标准与法律的相关规定或者行政机关的行政确认的有机结合。

第三,环境标准制度的法律效力仅限于公法上的判断。强制性环境标准本身不属于法的规范,其具体适用需附于法定环境行政决定,即公法上的判断。为此,强制性环境标准不具有判断或者决定平等主体之间是否存在环境妨碍或者侵害的法的效力。[①] 这就是说,环境标准制度没有私法意义上的法律效力,不能以是否符合环境标准判断是否需要承担环境侵权损害赔偿的法律责任。《侵权责任法》第 65 条规定:

---

① 参见金瑞林:《环境法学》,北京大学出版社 1994 年版,第 96 页。

"因污染环境造成损害的,污染者应当承担侵权责任。"从该规定可以看出,只要有污染并且造成了损害,就应当对造成的损害承担侵权责任,即使排污等行为符合排污标准也要承担相应的民事法律责任。这就表明,无论企业排放污水、废气的行为是否符合污染物排放标准,只要这一行为带来了侵犯他人合法权益的损害后果,侵权人都是需要承担相应的损害赔偿责任,而不能以排污行为符合环境标准主张免除环境污染侵权责任。

三、环境标准制度构成的二元结构

环境标准的制度构成,主要包括了环境质量标准制度的制度构成和污染物排放标准制度的制度构成。[①] 从对环境标准法律属性的分析不难看出,环境标准制度存在二元的结构特征。一是环境标准的制定,二是环境标准的适用,二者的有机结合形成了环境标准制度。因此,研究环境标准的制度构成,也必须从这一特征入手。具体而言,环境标准制度的主体,包括环境标准的制定主体和环境标准的适用主体;环境标准制度的客体,包括制定环境标准的行为和适用环境标准的行为;环境标准制度的内容,包括环境标准本身规定的内容和环境标准结合相关法律规定形成的具有法律约束力的内容。

(一)环境标准制度的主体

第一,环境标准的制定主体。环境标准的制定主体一般由环境标准的起草单位、制定单位和环境标准的发布单位组成。环境标准的起

① 需要说明的是,环境监测方法标准、环境标准样品标准和环境基础标准三类环境标准一般属于推荐性环境标准,不具有强制的法律约束力,不属于本节环境标准制度构成的讨论范围;同时,民间行会或者企业自行制定的环境标准属于自律性环境标准,不具有强制的法律约束力。

草单位一般是以承担研究课题的方式由环境科研机构来承担。环境标准的层级不同、类别不同,其制定的主体也不尽相同,比如,国家环境质量标准由环境保护部制定后,由环境保护部、国家质量监督检验检疫总局联合发布;环境行业标准则由环境保护部制定后发布,报国家质量监督检验检疫总局备案;地方环境质量标准则一般由省级地方人民政府制定,[①]报环境保护部备案。在环境标准制定过程中,还有一类特殊的主体,那就是参与环境标准制定的公众。公众是环境保护的直接受益者,也是环境利益的相关人。一直以来,我国的环境法律制度都把"公众参与"作为环境保护必须坚持的基本原则之一。因此,制定环境标准或者修订环境标准的过程中,应注重信息公开,广泛听取公众的意见或建议,给环境 NGO 等民间组织和普通的民众参与环境标准制定的渠道。

第二,关于环境标准的适用主体。环境标准的适用主体是指援引环境标准及其相关的法律规定,将其适用于某一法律关系之中的相关主体。不同类型的环境标准,其适用主体不同。环境质量标准的适用主体,是根据已经发布的环境质量标准划定管辖区域内应当适用的环境质量标准数值的地方人民政府环境保护主管部门或者其他主管部门。污染物排放标准的适用主体相对复杂,主要包括了三类主体,一是适用污染物排放标准及其相关的法律规定,开展环境质量监督检查、对超标排污者给予行政指导或者行政处罚的环境保护主管部门;二是适用污染物排放标准及其相关法律规定进行生产和污染防治的企业;三是适用环境标准及其相关法律规定维护自身合法环境权益的环境污染受害者。

---

① 新《环境保护法》第 15 条规定:"省、自治区、直辖市人民政府对国家环境质量标准中未作规定的项目,可以制定地方环境质量标准;对国家环境质量标准中已作规定的项目,可以制定严于国家环境质量标准的地方环境质量标准。地方环境质量标准应当报国务院环境保护主管部门备案。"

（二）环境标准制度的客体

按照传统法学理论，环境与自然资源保护法律关系的客体是指参与环境法律关系的主体之间的权利和义务所指向的对象。具体包括了环境要素及其性状，以及人类的行为。[①] 环境标准制度的基本功能在于提供一个法定的、具有强制约束力的标准值，从而指引人类的质量监控行为、污染排放行为、污染防治行为或者环境监测行为。因此，环境标准法律关系的客体是环境标准法律行为，包括了制定环境标准的行为和适用环境标准的行为。

具体到各种不同类型的环境标准制度，其行为的表现方式也不尽相同。环境质量标准在于确定环境应当达到满足人类生存和可持续发展的基本要求，环境质量标准制度的客体是为了达到环境质量要求、依据环境标准及其相关法律规定作出的行为。具体包括以下四类行为：(1)政府制定科学的环境规划的行为，明确不同区域的环境质量功能及其应当适用的标准数值，并采取各种有效的办法，确保环境质量达标；(2)政府环境保护或者其他主管部门监测环境质量并出具环境质量报告的行为，比如，发布空气质量报告，公布空气中的 PM 2.5 值；(3)政府根据环境质量报告采取的防止污染的行为；(4)公众对环境质量的监督行为。

污染物排放标准在于确定一个允许排污的最大值，污染物排放标准制度的客体应是各种促进污染物排放达标的行为。具体包括以下五类的行为：(1)国务院下达重点污染物排放总量控制指标的行为，以及省、自治区、直辖市人民政府分解落实重点污染物排放总量控制指标的行为；(2)企业事业单位执行国家和地方污染物排放标准的行为，以及

① 参见金瑞林：《环境法学》，北京大学出版社 1994 年版，第 56 页。

遵守分解落实到本单位的重点污染物排放总量控制指标的行为;(3)政府主管部门对超标排污进行行政处罚的行为,以及企业履行行政处罚决定并整改到达标排污的行为;(4)企业及时发布污染物排放信息的行为;①(5)公众监督企业排污是否达标的行为,以及对企业达标排污的容忍与不作为。

在各类环境标准法律行为中,政府部门适用环境标准及其相关法律规定的行为居于核心地位。当前,要着重完善环境标准行政处罚制度和环境标准的监管执法制度,为政府适用环境标准行为提供制度依据。完善环境标准行政处罚制度,关键是要有效落实新《环境保护法》规定的“按日计罚”制度,尤其是要落实在新《环境保护法》实施之后环境保护部颁布的相关实施细则,如《实施按日连续处罚办法》《实施查封、扣押办法》《实施限制生产、停产整治办法》《企业事业单位环境信息公开办法》和《突发环境事件调查处理办法》等。完善环境标准的监管执法制度,当前的重点任务是依据《国务院办公厅关于加强环境监管执法的通知》的有关要求,完善有效的环境标准执法监管制度,进一步规范行政主体的环境标准执法行为,并保障好行政相对人的合法权益。

(三)环境标准制度的内容

环境标准制度的内容,包括环境标准本身规定的内容和环境标准结合相关法律规定形成的具有法律约束力的内容。环境标准的内容,是在环境基准的基础上,综合环境保护、社会发展等各种因素确定的一个标准数值。对环境标准的内容,要求其以促进人与自然和谐相处为

---

① 新《环境保护法》第55条规定:“重点排污单位应当如实向社会公开其主要污染物的名称、排放方式、排放浓度和总量、超标排放情况,以及防治污染设施的建设和运行情况,接受社会监督。”

向度，既要体现控制污染、保障公众健康的价值取向，又要体现自然资源节约利用、循环利用的现实需要；既要满足人类的物质需要，也要注重防止资源浪费和环境保护。环境标准结合相关法律规定形成的具有法律约束力的内容，则是指主体在适用环境标准过程中的权力与责任、权利和义务。以污染物排放标准法律关系的内容为例，当污染物排放标准确定之后，生产者可以依据相关的法律法规，依照该标准排放污染物，这就赋予了企业排放污染物的权利，而这种权利的取得，是以生活在企业周边的民众的环境污染容忍义务为对价的。与此同时，企业负有严格按照标准排污并及时公开污染物排放相关信息的义务，企业周边民众则享有监督企业排污是否达标的权利，以及当自身的身体健康或者其他合法权益遭受侵害时要求赔偿的权利。

新《环境保护法》关于环境标准作出了一系列新的规定，要求环境标准制度的内容既要体现科学性，又要接地气，充分体现有用性。要使环境标准制度内容契合新《环境保护法》提出的新要求，应当从五个方面进一步完善。一是要注重环境标准之间的内容衔接。环境标准类型繁多，但这些环境标准之间不应相互孤立，尤其是环境质量标准与污染物排放标准之间内容的有效衔接。比如，国家环境质量标准是国家污染物排放标准的重要依据，[①]在制定国家污染物排放标准时，必须充分考虑国家环境质量标准的相关规定，从而使二者的内容有效衔接起来。二是要把环境标准制度内容的指引性与强制性有机结合起来。环境标准制度的内容，既要注重发挥环境标准制度的指引功能，明确企业生产可以排污的数值；又要注重发挥环境标准制度的约束功能，明确超标排污等违反环境标准制度的行为所要承担的法律责任。三是要把环境标

① 新《环境保护法》第16条规定：“国务院环境保护主管部门根据国家环境质量标准和国家经济、技术条件，制定国家污染物排放标准。”

准制度的完善融入环境保护制度的整体构建之中。环境保护不能仅仅依靠环境标准制度,而应当把环境规划制度、环境标准制度、环境影响评价制度、区域间生态补偿机制等各种环境保护制度有机结合起来,形成完整的环境保护法律体系。四是要明确适用环境标准制度过程中的政府责任。环境标准法律关系内容的特殊之处,在于政府在其中的权力与责任。省级地方政府有制定地方环境质量标准的权力,政府环境保护或者其他主管部门有确定环境质量标准适用数值的权力,同时,政府也需要对其管辖范围内的环境质量负责。① 五是要注重完善重点污染物排放总量控制制度。新《环境保护法》第44条弥补了旧法没有规定"重点污染物排放总量控制制度"的缺憾,明确了重点污染物排放总量控制指标的分解落实机制。② 当前,关键是要不断完善这一制度的实施细则,包括落实排放总量控制目标的地方政府责任、完善排放总量控制指标的动态调整机制、明确与污染物排放相关的区域间生态补偿规则等方面的实施细则。

第三节　环境标准的现实困境及其制度完善

工业文明带动了经济社会的快速发展,极大地丰富了人们的物质生活条件,但其同时也带来了资源枯竭、环境污染等一系列生态保护的

---

① 新《环境保护法》第28条规定:"地方各级人民政府应当根据环境保护目标和治理任务,采取有效措施,改善环境质量。未达到国家环境质量标准的重点区域、流域的有关地方人民政府,应当制定限期达标规划,并采取措施按期达标。"

② 新《环境保护法》第44条规定:"国家实行重点污染物排放总量控制制度。重点污染物排放总量控制指标由国务院下达,省、自治区、直辖市人民政府分解落实。企业事业单位在执行国家和地方污染物排放标准的同时,应当遵守分解落实到本单位的重点污染物排放总量控制指标。"

难题。建设生态文明,正是基于保护自然资源和促进人类社会可持续发展而提出的文明形态。生态文明要求人类的生产生活应当充分尊重自然客观规律,尽可能避免对生态的生态环境的破坏;要求人类必须有节制地开发利用自然资源,杜绝掠夺性的资源采掘与利用。实现这一目标,既要提升人们的环保意识和道德水准,也要通过行之有效的法律制度指引和规范人类的各种行为。环境标准旨在通过定量的方法来判断人类行为是否符合环境要求的客观依据。① 环境标准的制度完善,对于明确开发利用自然资源的限度,规范生产企业的排污行为,引导人们养成绿色消费的行为习惯,都具有重要的现实意义。本章基于我国生态文明及其制度建设的总体部署,分析了我国法律法规关于环境标准的相关规定和我国环境标准制度的不足,并就推进绿色发展背景下的环境标准制度完善提出具体的建议。

一、我国环境标准的法律制度及其现实困境

(一)我国法律法规关于环境标准的相关规定

有效的环境标准制度,既有利于切实做好环境污染防治工作,又有利于调整环境利益,化解环境纠纷,防范环境风险,从而保护好生态环境。我国的《标准化法》和《标准化法实施条例》是关于标准化工作的一般规定,除此之外,我国的新《环境保护法》和相关的法律、法规也专门就环境标准的内容、制定及其实施等作了规定。

1. 部门规章关于环境标准的相关规定。1999 年 1 月 5 日颁布实施的《环境标准管理办法》分为总则、环境标准的制定、环境标准的实

---

① 参见汪劲:《环境法治的中国路径:反思与探索》,中国环境科学出版社 2011 年版,第 207 页。

施与监督、附则四章,对环境标准的内容、制定及其实施与监督进行了较为全面的规定。该办法由当时的国家环境保护总局制定,属于部门规章。

2. 污染防治单行法关于环境标准的规定。污染防治单行法分别就某一领域内的环境标准制度作出了相应的规定,比如,2003 年 10 月 1 日起施行的《放射性污染防治法》在第二章"放射性污染防治的监督管理"、第三章"核设施的放射性污染防治"以及第六章"放射性废物管理"中分别就"放射性污染防治标准"作出了规定;2008 年修订的《水污染防治法》在第二章"水污染防治的标准和规划"中就"水环境质量标准""水污染物排放标准"等作出了规定。

3. 新《环境保护法》关于环境标准的规定。2015 年 1 月 1 日起施行的新《环境保护法》共有 7 个条文中对环境标准作出了相应的规定,比如,鼓励开展"环境基准研究",把"统一标准"作为建立跨行政区域联合防治协调机制的有机组成部分,未达到国家质量标准的地方政府应当制定"限期达标规划",实行重点污染物"排放总量控制控制制度",等等。这些制度进一步充实和丰富了环境标准制度,充分表明了"环境标准"在环境保护中的重要作用。

(二)我国环境标准的现实困境分析

截至 2011 年年底,我国有效的各类环境标准 1312 项;①截至 2014 年年底,我国现行有效的国家环境保护标准数量达到 1598 项。② 三年间新增了约 300 项的环境标准,然而,我国的环境标准制度却没能发挥出其应有的功能,制定的环境标准越来越多,生态污染和生态破坏的形

---

① 参见金瑞林:《环境与资源保护法学》,高等教育出版社 2013 年版,第 93 页。

② 参见《完善法规标准,确保执法有据》,载《中国环境报》2014 年 12 月 1 日,第 1 版。

势却日益严峻。这就需要我们从全局上反思我国环境标准制度存在的不足。

1. 制定环境标准的理念与建设生态文明的时代要求不相协调。随着生态文明建设的不断推进，尽量减少污染物的排放，尽可能促进不可再生资源的节约利用、循环利用，大力促进清洁能源的开发利用，已经成为人们的共识。制定环境标准的目的，在于明确环境质量的基本要求，明确可排放污染物的限度，其最终目标也是要实现人与自然的和谐相处。然而，在相当长的一段时间里，制定环境标准是以不影响经济发展为前提的，往往过于考虑企业利润、技术成本、经济效益等因素，担心过高的标准会致使企业因无法达标而关闭。这样就把人与自然的和谐相处放在了相对次要的位置，与建设生态文明的时代要求不相吻合。尽管法律法规、规章就环境标准的内容、制定及其实施等作了相关的规定，但我国的环境标准制度与建设生态文明的目标要求仍然存在不容小觑的差距。建设社会主义生态文明，需要我们重新审视环境标准与经济发展的关系。应当看到，提高标准、限制排放，使企业有了新的生产标准，可以形成有效的倒逼机制，促进企业加快转型升级，提高生产技术，减少污染排放，提升生产效率，从长远来看，反而有利于经济社会的健康发展。

2. 环境标准制度与环境违法惩罚机制之间的衔接不通畅。从我国目前的环境标准制度实践看，达标并不一定就是合法的，超标也并不总是违法的。“达标并不总是合法的”具有制度上的合理性，因为达标仅仅说明了符合公法上的规定，但并不表明一定符合私法上的规定；但如果“超标了只要缴费就不算违法”，则是制度上的一大缺陷。目前，大部分的污染防治立法仅将超标排放视为排污收费的依据，只有超标排污既不缴纳罚款也不积极治理时其行为才构成违法。这样，企业往往处于节约自身经营成本的考虑，宁愿不断地上交超标罚款也不愿支付更大的经济成本去购买治污设备。对于超标排污通过立法予以认可而代之以收取超标排污费的做法,既不符合法理,也有悖于制定强制性环境标准的本意,其结果只会加重环境质量状况的恶化。[①] 因此,应当通过落实污染物排放总量控制制度、完善排污权交易制度、明确超标排污的行政责任与刑事责任等,从根本上改变超标排污"缴费后合法"的思维惯性。新《环境保护法》规定了按日计罚制度,有利于加大对违法排污的惩处力度,但关键的问题还是要对何谓"违法排污"有一个清晰的界定。

3. 环境标准内容的合理性与科学性遭受广泛的质疑。众所周知,环境标准的制定,是建立在环境基准的科学研究之上的。然而,包括环境基准在内的科学研究"并不总是建立在坚固的岩床上而是建立在沼泽之上的"。[②] 如果环境基准自身的科学性还不是十分的坚实,那么,建筑在这个不坚实的沼泽之上的环境标准制度就有可能经不住时间的检验。与此同时,在标准的制定上,受国家环境保护部门委托的起草单位一般都隶属于政府部门,由其起草的环境标准的中立性也时常受到了公众的质疑。制定环境标准专家的主观性,专家所代表的利益团体因素、地域因素、行政管理因素等,都会影响到环境标准内容的合理性与科学性。我国许多环境标准具体数值设定的科学性令人质疑。[③] 于是现实中就出现了这样的尴尬局面:政府部门根据环境标准监测的结果是空气质量二级,但老百姓出门时,抬头看见的却可能是灰霾天。[④]

---

① 参见汪劲:《环境法治的中国路径:反思与探索》,中国环境科学出版社 2011 年版,第 213 页。

② 参见[澳]艾伦·查尔默斯:《科学究竟是什么?》,邱仁宗译,河北科学技术出版社 2002 年版,第 73 页。

③ 参见张晏等:《我国环境标准制度存在的问题及对策》,载《中国环境科学》2012 年第 1 期。

④ 参见《空气质量评价标准遭质疑 环保部称将做全面修订》,载北方网:http://news.enorth.com.cn/system/2011/09/25/007855055.shtml,最后访问日期:2017 年 5 月 16 日。

2011年11月1～2日，北京市环保局的网站公布空气质量状况为良，同一时间，美国大使馆网站在其英文网页上公布的北京空气质量分级为不健康。[①] 同一时间同一地点的空气质量，为何中美公布的结果却大相径庭呢？根本原因在于双方所依据的环境质量标准不同，按照中国的环境标准空气质量是“良好”，而依据美国的环境标准却已是“不健康”的空气。哪个国家制定的环境标准更加科学与合理呢？或者说，制定环境标准的“标准”又是什么呢？这是我们在完善环境标准制度过程中必须深思的一个问题。

二、完善环境标准制度的基本准则

制定环境标准的意义，就在于促进人类发展与保护好生态环境的双赢，最终实现人与自然的和谐发展。环境标准就是要让人们在生产、生活和消费的过程中有一个明确的标尺，指引人们树立绿色发展、绿色消费、低碳出行等理念，从而使“珍惜资源”与“保护环境”有效对接起来。环境标准制度的不断完善就是人类文明不断进步的一面镜子。不断提升环境质量标准的过程，既是不断严格行使自然资源权利条件的过程，也是不断严格环境质量指标的过程；提高污染物排放标准的过程，既是把行使自然资源权利的各种行为纳入统一标准的过程，也是严控企业排污行为、不断减少污染物排放的过程。而要实现这些目标，需要在制定环境标准的过程中明确应当遵循的基本准则。

第一，在制定环境标准的过程中，既要把握好“度”，又要守住“底线”。把握环境标准的“度”，就是要使经济社会发展与环境保护相协调，合理权衡保护环境保护与经济合理性、技术可行性的关系。环境标

---

① 参见田鹏：《中美检测空气质量标准不同“轻微污染”原是污染甚高》，载经济观察网：http://news.hexun.com/2011－11－03/134836643.html，最后访问日期：2017年5月16日。

准应当以保护好生态环境为立足点,但标准的门槛也不能脱离实际定得太高,否则,会有大量的生产企业因无法达标而关闭。与此同时,要坚决守住环境标准制度的底线,这个底线就是不能危害公众的身体健康。环境标准应当优先考虑保护公众健康,其他因素则应放在相对次要的位置。《环境标准管理办法》把"保护人体健康"作为制定环境标准的主旨之一,新修订的《环境保护法》更是把"保障公众健康"作为制定整部法律的立法宗旨之一,可见,保护公众健康始终是制定环境保护法律法规标准的基本要求。环境标准是环境法律实现保障人体健康的立法目的和价值诉求的具体制度路径。[①] 应完善以有效保障人体健康为核心目的的环境标准规范,发挥环境标准体系在保障人体健康中的作用。[②] 总之,危害人类健康的产业,哪怕其经济效益再好,也是不值得鼓励和倡导的,必须通过有效的环境标准制度予以严格的防控。

第二,环境标准的内容要注重落实绿色发展的具体要求。完善环境标准制度是实现绿色发展的内在要求。《中共中央关于制定国民经济和社会发展第十三个五年规划的建议》明确指出:"绿色是永续发展的必要条件和人民对美好生活追求的重要体现。"那么,如何评判我们的生产生活方式是否达到"绿色"的要求?首先需要有明确的环境标准。没有科学合理的环境标准制度,绿色发展就如盲人摸象。也就是说,环境标准制度是实现绿色发展的一项根本性制度。同时,环境标准的制定,也必须以绿色发展的理念为指引,有效落实"十三五"规划关于实现绿色发展的具体要求。具体而言,一是要明确"节约资源"的标准,要通过完善相关的环境标准严格产业准入制度,指引产业发展、优化产

---

① 参见刘超:《环境标准:环境法律保障人体健康的制度路径》,载《贵州警官职业学院学报》2010 年第 4 期。

② 参见吕忠梅等:《环境标准的规制能力再造——以对健康的保障为中心》,载《时代法学》2008 年第 4 期。

业布局,鼓励发展资源节约型产业;二是要明确“保护环境”的标准,坚决有效避免落后工艺、技术或者设备带来的环境污染,从完善环境标准入手加快淘汰落后工艺与不达标设备,减少生产、流通、消费各环节可能产生的环境污染。

第三,环境标准的制定,应当以科学的环境基准研究为基础。环境标准的内容应当具有科学性与超前性。形式上环境标准是科学的,但将其运用于实践中的具体问题时,总会发现环境标准并不总是科学的。[①] 环境标准的内容科学与否,关键在于环境基准。环境基准是指环境中的污染物等对人或者其他生物等特定对象不产生不良影响或者有害效应的最大限制。[②] 环境标准是在环境基准的数据基础上根据保护生态环境和经济社会发展的实际需要制定出来的。环境基准是自然科学家通过反复科学试验与研究得出的具体数据,这些数据是制定环境标准的科学依据。反之,如果对环境基准的研究不够准确到位,在此基础之上制定的环境标准的科学性必将大打折扣。新《环境保护法》明确规定鼓励开展环境基准研究,[③]在立法上强调了环境基准研究的重要性,其目的也就在于确保制定环境标准的重要参考指标尽可能接近科学的真理和现实的要求。当前,既要做好环境基准的基础性研究工作,又要充分利用不断创新的科学研究成果,针对环境污染防治中的突出问题开展与时俱进的专项研究工作,不断提升环境基准的准确性。

三、完善环境标准制度的具体建议

环境标准制度既是环境保护的一项基本法律制度,也是开发利用

① 参见汪劲:《环境法治的中国路径:反思与探索》,中国环境科学出版社 2011 年版,第 214 页。

② 参见信春鹰:《中华人民共和国环境保护法释义》,法律出版社 2014 年版,第 54 页。

③ 新《环境保护法》第 15 条第 3 款规定:“国家鼓励开展环境基准研究。”

自然资源的基本准则,在环境资源法律制度中具有不可替代的地位和作用,是建设系统完整的生态文明制度体系的重要一环。党的十八届五中全会把“绿色发展”确立为五大发展理念之一,充分表明了生态文明建设在中国“十三五”规划总体布局中的极端重要性。加强生态文明制度体系建设,需要不断健全环境标准制度,用科学合理的环境标准推进绿色低碳循环发展的新方式,促进自然资源的节约集约循环利用。基于此,我国环境标准制度的完善既要与生态文明的要求相协调,又要处理好与其他环境保护制度之间的衔接,更要完善环境标准制度的内容。

(一)完善环境标准制度,要与建设生态文明的要求相协调

尽管我国现行有效的国家环境保护标准数量庞大,然而相关的制度却没能发挥出其应有的功能,制定的环境标准越来越多,生态污染和生态破坏的形势却日益严峻。其根本原因在于,我们在制定环境标准的过程中往往过于考虑“经济合理性”和“技术可行性”,生怕过高的标准影响到企业的生产积极性,制约了经济的发展,这样就把人与自然的和谐相处放在了相对次要的位置。建设社会主义生态文明,需要我们重新审视环境标准与经济发展的关系,要求在完善环境标准制度的过程中,要始终坚持促进人与自然和谐相处的价值取向。首先,环境标准的内容要以保护好人的身体健康为主旨。新《环境保护法》第1条明确了“保障公众健康”是制定这部新法的立法目的之一。在制定环境标准的过程中,应当考虑保护人体健康优先,经济合理性、技术可行性则应放在相对次要的位置。其次,环境标准的内容应当具有一定的预见性与超前性,尽量接近科学的真理和现实的要求。形式上科学的环境标准,将其运用于解决实践中的具体问题时,总会发现并不总是那么科学的。不断提升环境质量标准的过程,就是不断严格保护生态环境的过程;不断提高污染物排放标准的过程,就是不断加强污染防治的过程。而这

一切,都离不开科学的环境基准作为依据。正是由于此,新《环境保护法》第15条专门规定:"国家鼓励开展环境基准研究。"最后,应以实现人与自然和谐相处为基本准则,加快空白领域环境标准的制定工作,避免环境标准的制度真空,并建立环境标准的动态调整机制,对已经过时的环境标准进行及时的修改或废除,使环境标准提出的环境质量标准和重点污染物排放标准兼具科学性、合理性和可操作性。

(二)完善环境标准制度,要协调好三对关系

一是环境标准制度与环境保护规划制度的关系。环境标准制度要发挥出其保护生态环境的功能,必须与环境保护规划制度有机结合起来。环境保护规划里提出的环境问题是否到位、确定的环境保护目标是否合理、制定的环境保护措施是否有效,都会直接影响到环境标准制度的实施。因此,在将来制定《国家环境保护"十三五"规划环境保护规划》时,应当充分吸收新《环境保护法》关于环境标准制度的最新规定,充分考虑环境标准制度实践中的经验及其存在的问题。只有这样,环境保护规划推进环境保护事业科学发展的功能与目标才能得到有效体现。二是环境质量标准与环境排放标准之间的关系。目前,中央政府仍然主要通过排放指标来管理,短期内难用环境质量标准来约束地方政府。这就造成了环境质量标准与环境排放标准相互孤立,提升排放标准未必可以有效改善环境质量的局面。当前,需要综合利用绿色信贷、绿色采购、排污许可证管理等经济政策和市场手段推进重点行业达标排放,并通过有效落实重点污染物排放总量控制制度来实现环境质量标准与环境排放标准的有效对接。三是总排放标准与个别排放标准之间的关系。每个企业都达到了环境污染排放标准,并不表明整个社会的环境污染得到了有效的控制,因此,要从整体上控制污染、提升环境质量,还必须明确环境污染总排放标准。总排放标准的制定应始终

与环境总承载力相协调，而个别排放标准的制定则要与总排放标准提出的目标相协调。协调好总排放标准与个别排放标准之间的关系，排污权交易是调节杠杆，当前最主要的要不断完善排污权交易的市场机制，尤其是要积极推进跨区域的排污权交易。

（三）建立健全环境标准制度的十点建议

1. 建立健全环境基准研究的工作机制

环境基准的研究水平，直接关系到环境标准内容的科学性。与发达国家相比，我国的环境基准研究缺乏自主性与连贯性，往往是应制定某一类环境标准的需要才启动环境基准的研究，研究时间往往比较仓促，其科学性必然受到质疑。这就需要从制度上保障环境基准研究的系统开展，一是完善环境基准研究的资金保障机制，加大环境基准研究的财政预算与资金投入，为环境基准研究提供必要的设备和经费；二是完善环境基准研究的人才培养机制，完善高等院校研究机构、科研院所的环境基础研究人才储备机制，为环境基准研究提供足够的智力支持；三是完善对接国家基准研究的机制，要注重学习借鉴发达国家在环境基准研究方面的先进技术与经验，避免重复性研究，提高环境基准研究的实效性与针对性。

2. 建立环境标准内容的动态调整机制

尽管我国现行有效的环境标准近1600项，但在不少领域，仍然存在缺乏相应的环境标准，部分环境保护领域的标准还处于空白，有的现行有效的环境标准则相对滞后，与时代的发展要求不相吻合。[①] 由于环

① 《国务院办公厅关于加强环境监管执法的通知》（国发办〔2014〕56号）专门强调："加快完善重金属、挥发性有机物、危险废物、持久性有机污染物、放射性污染物质等领域环境标准，提高重点行业环境准入门槛。"

境与资源利用行为和环境保护技术的发展经常处于一个动态的过程，而强制性环境标准的制定是以现有的经济社会发展状况和科技水平为基础，这就使新出现的环境问题没有相应的标准可以适用，需要动态调整。[①] 因此，对环境标准内容的动态调整，既要根据每一个阶段的经济社会发展规划和环境质量目标进行必要的修正，也要根据科学技术的不断进步而做出相应的变化。只有这样，环境标准制度才能真正起到协调环境保护与经济社会发展的作用，才能在促进绿色发展的进程中发挥出其应有的作用。

3. 环境标准的内容应当聚焦污染防治的重点领域

能否聚焦环境污染防治的重点领域，直接关系到环境标准的作用发挥。当前，我国环境的突出问题是大气、水、土壤等环境要素的污染。2015 年 7 月初，环境保护部组织召开一场以“大气、水、土壤污染防治和环境执法工作创新”为主题的大讨论，把大气、水、土壤污染防治比喻成“打好污染防治的三大战役”。[②] 改善环境质量，应当聚焦在改善大气环境质量、水环境质量和土壤环境质量这三个方面。这同时明确了完善环境标准制度的重点领域，即大气环境质量标准、水环境质量标准和土壤环境质量标准。相比起大气污染防治和水污染防治，土壤污染防治往往容易被忽视，与土壤保护相关的环境标准也相对较少。因此，完善土壤保护环境标准应当成为当前完善环境标准制度的重点内容。

4. 完善制定环境标准的程序性规定

一是要完善环境污染现状调查评价机制。在环境标准制定的过程中，既要注重广泛搜集资料，更要做好扎实的实地调查调研工作，通过

---

① 参见金瑞林主编：《环境与资源保护法学》，高等教育出版社 2013 年版，第 96 页。

② 参见李军、童克难：《推动治理体系现代化　全面改善环境质量》，载《中国环境报》2015 年 7 月 6 日，第 1 版。

科学的监测方法和有效的监测手段，掌握城市污染物特征、乡村污染物特征、重点污染物排放特征等方面的第一手数据，为制定环境标准奠定扎实的基础。二是要注重公众参与，环境标准的制定既要充分听取和吸收公众的意见建议，又要自觉接受公众的监督。然而，在具体的制度实践中，公众参与制度却没能发挥出其应有的功能和作用。专家和利益集团主导了环境标准的制定过程，公众反映意见或建议的渠道并不通畅，提前参与环境标准制定的机制更是缺乏。[①] 可见，完善公众参与制定环境标准的机制，核心问题在于如何畅通公众表达意见的渠道，以及如何保障公众的意见被慎重地考虑。三是要完善环境标准制度效果的后评估制度。我国制定了大量的环境标准，却缺乏对这些标准执行效果的有效评价机制，其根本原因在于缺失环境标准后评估制度。当前，应当以环境质量是否得到有效提升为指向，定期跟踪调查环境标准的执行效果，建立健全环境标准的效果评价机制。

5. 注重环境标准制度与环境规划制度之间的有效衔接

环境标准制度作为一项环境保护基本制度，其制度完善应当有效融入环境基本法律制度的整体构建之中。尤其是要把环境标准制度与环境保护规划制度有效对接起来，成为一个有机联系的制度体系。在《国家环境保护“十二五”规划环境保护规划》中，“推进主要污染物减排，切实解决突出环境问题，加强重点领域环境风险防控”三个部分是规划的核心内容，而这三部分规划内容的实现，都有赖于科学严谨的环境标准制度。与此同时，环境保护规划提出的环境质量目标是否可行、污染防治的规划是否到位，也会影响到环境标准制度的制定及其有效实施。可见，只有把环境标准制度与环境保护规划制度有机结合起来，

---

① 参见张晏等：《我国环境标准制度存在的问题及对策》，载《中国环境科学》2012 年第 1 期。

环境保护工作才能得以有效开展。

6. 注重不同类型环境标准之间的协调性

不同类型的环境标准应当实现有效的衔接，避免标准之间的“脱节”或者“打架”。(1)环境质量标准的制定是建立在科学的环境基准研究之上的，而污染物排放标准的制定应当以环境质量标准为依据。目前，中央政府仍然主要通过排放指标来保护环境和控制污染，这就带来了排放标准提升与环境效果改善之间目前未能完全挂钩的风险。[①]于是，就出现了排放标准虽然在不断地细化和严格，环境质量却没能得到有效改善的尴尬局面。过去我们只是对个别有代表性的污染排放有总量控制目标，于是就出现了部分有代表性的污染物排放总量下降，但大气污染却更加严重。[②] 因此，需要从环境综合治理的视角来理顺环境质量标准与环境排放标准之间的关系。(2)排污企业的个别排放标准的制定应当以所在地区污染物总排放标准为制定依据。某区域内的每个企业都达到了污染物的个别排放标准，但如果企业的数量没有得到有效的控制，该区域的环境质量仍然无法达标。因此，要有效控制污染物排放的总量，还必须明确一定时期内某个特定区域的环境污染总排放标准，而排污企业个别排放标准的制定则必须与该区域的污染物总排放标准相协调。

7. 完善重点污染物排放总量控制指标的分解落实制度

无论是协调环境质量标准与环境排放标准之间的关系，还是协调总排放标准与个别排放标准之间的关系，都离不开重点污染物排放总量控制制度的完善。遏制超标排污的行为，建立污染物排放标准和排污许可证制度的双重约束机制是行之有效的路径，但这种机制对于全

① 参见薛涛：《污水处理提标不应一刀切》，载《中国环境报》2014年11月25日。

② 参见周大地：《环境治理要有明确的指标》，载《中国环境报》2014年12月4日。

面改善环境质量还是不够的,还必须要建立健全污染物排放总量的分解落实制度。对污染物施行总量控制是国际上广泛采用的污染控制方式,有利于环保目标和可持续发展的实现。① 当前的关键是要进一步完善落实重点污染物排放总量控制的实施细则,包括根据不同区域特点科学确定重点污染物的排放总量控制目标,完善排放总量控制指标的动态调整机制,落实排放总量控制目标的地方政府责任,明确区域间生态补偿、排污权交易等市场机制与落实污染物排放总量控制的关系等。首先,要通过地方的环境保护立法细化并逐层分解重点污染物总量控制指标,包括根据不同区域特点科学确定重点污染物的排放总量控制目标,根据不同阶段的环境保护目标确定科学的总量控制指标,健全环境总量控制完成情况第三方评估机制,等等。其次,要进一步明确政府的职责和相关的法律责任,避免政府在分解落实重点污染物排放总量控制指标中的"不作为"或者"乱作为"。最后,要把指标有效分解到重点污染物排污企业,明确相关企业的指标任务,并建立定期督查制度,加强对重点污染物排放企业排污行为的经常性监督。

8. 完善排污强度"领跑者"制度

长期以来,排污企业往往是只是考虑如何达到排污的"最低标准",缺乏改进排污技术的积极性和促进节能减排的主动性。实施排污强度"领跑者"制度的根本目的就在于扭转这种局面,变"要我减排"为"我要减排"。中共中央、国务院《关于加快推进生态文明建设的意见》在谈到"环境标准体系"时特别强调要完善我国的能效和排污强度"领跑者"制度。② 实施排污强度"领跑者"制度,一是政府要加强政策引导和技术

① 参见吴涓:《关于我国污染物排放总量控制制度的若干法律探讨》,载《环境保护》1999年第10期。

② 《关于加快推进生态文明建设的意见》指出,要加快制定修订一批能耗、水耗、地耗、污染物排放、环境质量等方面的标准,实施能效和排污强度"领跑者"制度,加快标准升级步伐。

指导，鼓励有条件的行业或者企业制定自律性污染物排放标准。企业制定的自律性环境标准，要么是填补了国家污染物排污标准的空白，要么是在国家污染物排放标准和地方污染物排放标准的基础之上制定更加严格的污染物排放标准。对于企业的这种行为应当予以充分肯定与鼓励，但同时还要加强对企业的指导，使企业的自律性标准更具现实可操作性。二是要完善相关的激励措施，鼓励支持企业加大节能环保的科技研发力度，引导他们主动对标国际环境保护“高标准”。要完善与节能减排相关的市场机制，通过完善绿色信贷、排污权交易等制度，使企业的节能减排行动可以转化为企业的经营效益。总之，要通过完善排污强度“领跑者”制度，逐步形成一批环保“领跑者”企业，并以此形成排污企业“主动减排，争先减排”的良好效应。

9. 完善制定或者修订环境标准的公众参与制度

环境标准制度要得到有效实施，政府、企业和公民之间的互信是必不可少的因素。无论新旧环保法，都把公众参与作为环境保护必须坚持的基本原则之一。制定环境标准或者修订环境标准的过程中，应注重吸收公众参与，广泛听取公众的意见或建议。然而，在具体编制环境标准的过程中，公众反映意见或建议的渠道并不通畅，提前参与介入的机制更是缺乏。新《环境保护法》第 53 条强调要“完善公众参与程序”，完善公众参与机制不能停留在纸面上，而应落实到环境标准的制定、执行和后评价等各个具体的环节之中。

10. 要完善环境标准的监管执法制度

加强环境标准监管执法的目的之一，在于严厉打击各类违反环境标准制度的排污行为，有效遏制违法行为转嫁环境成本的现象。一方面，要对违反环境标准制度的行为实行“零容忍”，确保超标排污的行为及时得到纠正；另一方面，要加强行政指导工作，引导各类企业、事业单位和社会组织加强排污行为的自我约束机制，积极落实环境法律法规标准的社会主体责任。加强环境标准监管执法的目的之二,在于扭转环境执法部门在环境执法过程中的不作为或者乱作为,降低在环境执法中滥用自由裁量权的情形。在具体实践中,环境执法部门有环境标准可执行却不执行的事件屡见不鲜,必须对环境标准执法部门进行有效的监管。当前,要以落实《国务院办公厅关于加强环境监管执法的通知》为契机,从加强环境标准执法稽查、加强社会监督环境标准执法等方面进一步明确环境标准执法的具体要求,为环保部门的执法行为戴上紧箍咒。

本章小结

环境标准是法律授权相关部门制定的用于控制污染、保护环境的各种技术规范的总称。新《环境保护法》对环境标准制度给予了充分的重视,各地在修订环境保护条例的过程中也跟进了环境标准制度的立法,但由于各地立法机关对环境标准制度的认识程度不同,立法内容上差异较大,个别的地方环境保护条例在修正之后,其关于环境标准的相关规则仍然存在与上位法相冲突的情形,应当引起地方立法机关的高度重视。

环境标准虽然不是法的渊源,但其一旦被法律法规所援引,或者被环境行政机关所采纳,就具有了法律上的约束力。环境标准的制定与环境标准的适用的有机结合,形成完整的环境标准制度。这一特征决定了环境标准制度构成的二元结构。把握环境标准制度构成的二元结构,需要全面剖析制定环境标准和适用环境标准过程中存在的各种法律关系,以及不同类型的环境标准之间制度构成的差异。环境标准制度是规范自然资源开发利用行为的一项重要法律制度。

科学合理的环境标准,既要使环境保护与经济社会发展相协调,又要坚决守住不能危害公众健康这一底线。环境标准的制定,既要重视环境基准研究,又要注重落实绿色发展的具体要求。环境标准的制度完善,既要注重完善提升环境标准内容的科学性与合理性,也要注重完善制定环境标准的程序性规定;既要注重环境标准制度与环境规划制度之间的有效衔接,也要注重不同类型环境标准之间的协调性;既要从制度上明确重点污染物排放总量控制指标的分解落实制度,也要通过完善企业排污强度"领跑者"制度激励企业自主节能减排。

第五章　自然资源管理制度创新

自然资源管理制度创新是一门大学问,需要在全面深化改革的过程中不断总结经验,努力探索出一条既符合全球自然资源管理潮流,又切合中国国情的可行之路。要把自然资源管理制度创新融入生态文明体制机制改革这一系统工程之中,使之成为促进绿色发展的重要催动力。自然资源管理制度创新,最核心的问题是自然资源管理主体的改革,其根本方向便是自然资源管理大部制改革,从根本上改变自然资源的分散管理模式,这项改革的关键是在进行自然资源权属统一登记制度的基础上,将各个自然资源管理部门的职能进行优化整合,并明确统一行使管理权的自然资源部门的职权边界。与此同时,要不断完善自然资源用途管制制度,使有限的自然资源得到最合理的利用,这项改革的关键是要把握自然资源用途管制的"度",明晰谁来实施用途管制,界分"管"与"不管"的边界,还要充分关注科学技术手段在自然资源用途管制中的合理运用。

第一节　自然资源管理大部制改革

根据现有的法律规定,自然资源国家所有权制度是我国宪法和法律关于自然资源归属的制度设计,是开发、利用和保护自然资源的制度源泉和基础。在我国境内,除了法律明确规定属于集体所有或者个人所有的自然资源外,绝大多数的自然资源都属于国家所有。长期以来,国家并没有真正扮演好作为自然资源所有者的角色。正如习近平同志在十八届三中全会《决定》说明中指出的那样,我国生态环境保护中存在的一些突出问题,一定程度上与体制不健全有关,原因之一是全民所有自然资源资产的所有权人不到位,所有权人权益不落实。可见,建立统一行使全民所有自然资源资产所有权人职责的体制,是我国在全面推进深化改革过程中必须迈出的一步。改革的根本路径,则在于推进自然资源管理大部门体制(以下简称大部制)改革。在2018年的国务院机构改革方案中,自然资源部正式设立。新设立的自然资源部,将统一行使全民所有自然资源资产所有者职责,统一行使所有国土空间用途管制和生态保护修复职责,着力解决自然资源所有者不到位、空间规划重叠等问题,实现山水林田湖草整体保护、系统修复、综合治理。[①]

推进自然资源管理大部制改革,具有重要的现实意义。第一,自然资源管理大部制改革是深化行政管理体制改革的重要组成部分。探索实行职能有机统一的大部制,是党的十七大和十七届二中全会作出的深化行政管理体制改革的重要部署。党的十八大要求稳步推进大部门制改革的重要任务,党的十八届三中全会进一步提出了"积极稳妥实施大部门制"的改革思路,广受关注的我国政府大部制改革由此迈入新的阶段,这其中就包括了自然资源管理大部制改革。第二,自然资源管理大部制改革,是有效行使自然资源国家所有权的必然选择。把自然资源的所有者与管理者分开,由一个部门统一行使国家的自然资源所有权,是党的十八届三中全会作出的战略性部署。党的十八届三中全会

① 参见王勇:《关于国务院机构改革方案的说明——二〇一八年三月十三日在第十三届全国人民代表大会第一次会议上》,载《人民日报》2018年3月14日,第5版。

通过的《决定》明确提出了“健全国家自然资源资产管理体制，统一行使全民所有自然资源资产所有者职责”的要求。习近平同志在十八届三中全会《决定》说明中指出，总的思路是按照所有者和管理者分开和一件事由一个部门管理的原则，落实全民所有自然资源资产所有权，建立统一行使全民所有自然资源资产所有权人职责的体制。从这一总体思路出发，2018 年 3 月，第十三届全国人民代表大会通过了《国务院机构改革方案》，组建自然资源部，不再保留国土资源部、国家海洋局、国家测绘地理信息局，自然资源管理大部制改革向前迈了一大步，自然资源部的职责也逐渐明晰。[①] 第三，自然资源管理大部制改革，是保护生态环境、建设生态文明的客观要求。习近平同志在十八届三中全会《决定》说明中指出，山水林田湖是一个生命共同体，如果种树的只管种树、治水的只管治水、护田的单纯护田，很容易顾此失彼，最终造成生态的系统性破坏。可见，要对山水林田湖进行统一管理、统一保护，由一个部门对自然资源进行统一管理是非常必要的。

推进自然资源管理大部制改革，要正确判断和分析改革过程中可能遇到的各种困难和问题。自然资源大部制改革的最大难点，在于如何在机构整合的基础上实现自然资源的统一管理。自然资源大部制管理的关键，是要把行使自然资源国家所有权的职能从原先的各个管理部门有效剥离出来，使自然资源所有者与自然资源管理者分开，并从制

---

① 将国土资源部的职责，国家发展和改革委员会的组织编制主体功能区规划职责，住房和城乡建设部的城乡规划管理职责，水利部的水资源调查和确权登记管理职责，农业部的草原资源调查和确权登记管理职责，国家林业局的森林、湿地等资源调查和确权登记管理职责，国家海洋局的职责，国家测绘地理信息局的职责整合，组建自然资源部，作为国务院组成部门。其主要职责是，对自然资源开发利用和保护进行监管，建立空间规划体系并监督实施，履行全民所有各类自然资源资产所有者职责，统一调查和确权登记，建立自然资源有偿使用制度，负责测绘和地质勘查行业管理等。参见王勇：《关于国务院机构改革方案的说明——二〇一八年三月十三日在第十三届全国人民代表大会第一次会议上》，载《人民日报》2018 年 3 月 14 日，第 5 版。

度上明确自然资源国家所有权统一行使的内容与统一行使的方式。自然资源大部制改革的难点之二,在于如何保障这项改革从中央到地方的一以贯之和有效衔接。由于我国目前中央财政和地方财政是分开的,在自然资源开发利用的利益分配中,中央政府与地方政府经常存在利益博弈。自然资源大部制改革应该正视这一现状,从保护好生态环境这一基本点出发,在科学权衡中央和地方的利益的基础上稳步推动自然资源管理大部制改革。自然资源大部制改革的难点之三,在于如何根据自然资源的不同属性进行有所区别的管理。不同类型的自然资源,其所承载的生态功能、社会功能和经济功能各不相同,相应的管理方式和管理手段也应当有所区别。比如,公益性自然资源的管理与经营性自然资源的管理应当有所区别,处于生态空间、生活空间或者生产空间之下的自然资源的管理也应当有所区别。因此,在做好顶层设计的同时,要考虑自然资源权属的多样性、类型的复杂性与分布的地域性,稳步推进自然资源大部制改革。

推进自然资源管理大部制改革,需要明晰改革的实施路径。第一,推进自然资源管理大部制改革,要在法治的框架内依法进行。党的十八届四中全会提出了全面推进依法治国的目标,提出要"实现立法和改革决策相衔接,做到重大改革于法有据、立法主动适应改革和经济社会发展需要"。由此可见,自然资源管理大部制改革首先应当做到于法有据,依法而改。在改革过程中,发现现有法律规定存在缺陷的,应当修改法律在先,推进改革在后;发现需要填补法律空白的,应当及时将实践中证明是有效的好经验、好做法上升为法律,为顺利推进改革铺平道路。第二,推进自然资源管理大部制改革,需要事前进行充分的风险评估,并建立健全事中事后监管机制。这项改革,不仅涉及机构的设置、职能的整合和人员的调整,还涉及中央与地方自然资源管理体制的理顺,涉及的部门众多、人员广泛。因此,在改革的过程中，必须做好充分的事前风险评估，并建立健全事中事后监管机制，避免因改革出现管理上的真空，避免国有自然资源权益在改革过程中遭受不必要的损失。第三，自然资源管理大部制改革，需要与环保大部制改革协同推进。习近平同志在十八届三中全会《决定》说明中强调，需要完善自然资源监管体制，统一行使所有国土空间用途管制职责，使国有自然资源资产所有权人和国家自然资源管理者相互独立、相互配合、相互监督。实行环保大部制，其根本目的就在于把自然资源监管的权力集中起来，建立统一的环境执法监管体制，从而加强环境保护的效率与力度。环保大部制改革与自然资源管理大部制改革的协同推进，可以实现自然资源开发利用与自然资源保护的有效衔接、良性互动。第四，自然资源管理大部制改革，必须明确市场与政府配置自然资源的边界。自然资源是人类生产生活不可或缺的重要资源，市场在自然资源配置中也应起到决定性作用。因此，在改革过程中要确定政府在自然资源管理中的职权与范围，政府只管该管的事，其他的交由市场去配置。

推进自然资源大部制管理，应当努力实现自然资源权利的统一登记。2015 年 3 月 1 日，由国务院颁布的《不动产登记暂行条例》正式施行。《不动产登记暂行条例》将森林所有权、林木所有权、海域使用权等自然资源权利纳入不动产统一登记的范畴，有力地推进了自然资源资产统一管理的进程。但目前只有三种自然资源权利纳入不动产统一登记的范围，显然与自然资源管理大部制改革的要求还有差距。

历史是一面明镜。回眸我国改革开放以来不动产登记的历程，有助于我们理性看待《不动产登记暂行条例》。自 1987 年 1 月 1 日起施行的《民法通则》是我国民事基本法，该法规定了“财产所有权和与财产所有权有关的财产权”一节，但《民法通则》并未对财产如何确权作出明确的规定，更没有对不动产登记作出明确的规定。然而，随着不动产交易市场的日益成熟,对不动产的确权需求也在与日俱增。于是,国务院的各个部委纷纷出台相关的规章制度,比如,1997 年建设部制定了《城市房屋权属登记管理办法》,2000 年国家林业局制定了《林木和林地权属登记管理办法》,2006 年国家海洋局制定了《海域使用权登记办法》,等等。这些登记办法,在缺乏统一登记的法律制度下具有其重要使命,对于相关领域的不动产确权及其市场交易的健康发展发挥了重要的作用。然而,由于登记缺乏统一的规则,各个部门出台的规章制度所依据的上位法不尽一致,在制定过程中也难免掺杂部门利益的成分,这种"各自为政、多头管理"的不动产登记局面,其弊端日益显露,要求统一登记的呼声日益高涨。

《物权法》的颁布施行,对于完善我国不动产登记制度具有里程碑的意义,开启了我国不动产统一登记之门。《物权法》的第 9 条至第 22 条对不动产登记作了专门的规定。然而,这仅仅是我国推进不动产登记破冰之旅的第一步,之后的探索之路更是充满荆棘。就在《物权法》出台后不久,住建部制定了《房屋登记办法》,国土资源部制定了《土地登记办法》。这两个登记办法在各自条文的第 1 条都把《物权法》作为其立法依据之一,然其是否真正符合《物权法》的立法精神却值得商榷。《物权法》第 10 条第 2 款明确规定:"国家对不动产实行统一登记制度。统一登记的范围、登记机构和登记办法,由法律、行政法规规定。"这两个办法的分别出台,其本身就离"统一"渐行渐远,更何况《物权法》既已明确规定统一登记办法只能由法律或行政法规规定,而这两个办法属于部门规章,是否属于越权立法值得商榷。当然,我们更愿意把这种立法视为在缺乏统一的不动产登记操作规则之下的无奈之举。而这一困局的化解,有赖于一部不动产登记的法律或者行政法规的出台。因此,《不动产登记暂行条例》的施行,正是顺势而为、大势所趋。

面对这部《不动产登记暂行条例》的施行,社会各界反应不一,有人欢呼雀跃,认为其抑制房价上涨,甚至可以助力反腐败;有人忧虑重重,认为这是开征房产税的前奏,有多套房产者开始抛售房产;有人视若无物,认为《不动产登记暂行条例》的内容单薄,可操作性不强,统一登记必将惨淡收场。满心欢喜也好,忧愁观望也罢,都存在对《不动产登记暂行条例》的内容、功能或者作用的种种误解,其根源则在于缺乏法律视角的冷静思考与客观审视。

理性看待《不动产登记暂行条例》,要把握好该条例的法律位阶。《不动产登记暂行条例》属于行政法规,在法律位阶上,其上有全国人大及其常务委员会制定的法律,其下有国务院各部委制定的部门规章。因此,如果把《不动产登记暂行条例》的内容视为不动产登记制度的全部,就难免一叶障目,只见树木不见森林。应当清醒地认识到,构建完备的不动产统一登记制度,绝不是一部《不动产登记暂行条例》所能完成的历史使命。事实上,我国的不动产登记制度,是由法律(主要是《物权法》)、行政法规(《不动产登记暂行条例》)和部门规章(各部位制定的《登记办法》)等组成的制度体系。从《登记条例》第1条的规定可以看出,《物权法》是其立法依据,《不动产登记暂行条例》是在《物权法》相关规定的基础上,对不动产登记制度的进一步细化。可见,《物权法》的相关规定,仍然是我国不动产登记制度的源头。从《不动产登记暂行条例》第35条规定:“本条例施行前公布的行政法规有关不动产登记的规定与本条例规定不一致的,以本条例规定为准。”这就说,《不动产登记暂行条例》施行后原有行政法规的相关登记规定并不是当然失效,只是与《不动产登记暂行条例》“不一致”的部分不再具有法律效力。与此同时,还需要及时对各部委的相关登记办法进行评估和清理。随着不动产统一登记的深入开展,对各部门现行不动产法律法规开展法律清理,使之与《不动产登记暂行条例》相融合,构成完善的不动产法律体系势在必行。①

理性看待《不动产登记暂行条例》,要充分认识到该条例施行的重要意义。一是有利于定分止争,健全财产权制度。对不动产进行统一登记,其首要功能在于对财产归属进行确认,并发给权利人具有法律约束力的书面权利凭证,起到了明晰财产权归属的作用。二是有利于安定民心,维护社会和谐稳定。孟子曰:“民之为道也,有恒产者有恒心,无恒产者无恒心。”通过不动产统一登记,使老百姓拥有的不动产从客观事实上升为法律事实,从而使其不动产权利得到法律的保护。三是有利于交易安全,加快现代市场体系建设。有效的不动产确权凭证,不仅关乎个体之间交易的安全,更是关乎整个不动产市场的秩序,对于推进社会主义市场经济体制机制改革具有重要意义。四是有利于保护生态,健全国家自然资源资产管理体制。习近平在十八届三中全会《决定》的说明中指出,山水林田湖是一个生命共同体,如果种树的只管种树、治水的只管治水、护田的单纯护田,很容易顾此失彼,最终造成生态的系统性破坏。《不动产登记暂行条例》将森林所有权、林木所有权、海域使用权等自然资源权利纳入不动产统一登记的范畴,既是促进自然资源资产统一管理的重要一环,也是保护生态环境的内在要求。

理性看待《不动产登记暂行条例》,要区分该条例的主要功能和衍生功能。党的十八届四中全会提出,健全以公平为核心原则的产权保护制度,加强对各种所有制经济组织和自然人财产权的保护。《不动产登记暂行条例》第 1 条明确规定,其立法目的在于“整合不动产登记职责,规范登记行为,方便群众申请登记,保护权利人合法权益”。《不动产登记暂行条例》的施行,正是对十八届四中全会精神的积极践行,其

① 参见姜囡:《论〈不动产登记暂行条例〉与现行法律法规的显著冲突》,载《国土资源》2016 年第 5 期。

主要功能就是在于加强对财产权的保护。通俗而言,《不动产登记暂行条例》归根结底是一部规范私权登记的行政法规,自愿登记是其基本原则之一,作为权利人,可以选择登记,也可以选择不登记,还可以选择登记在其他主体之上。权利人不作登记或登记在其他主体上的法律后果,仅在于其所拥有的不动产可能因此失去法律的有效保护,并不代表其必然失去拥有该不动产的权利。因此,不能过分夸大《不动产登记暂行条例》的功能,把它视为反腐败或者抑制房价的利器。开展不动产统一登记,有利于统计自然人所拥有的不动产信息,这对于掌握官员财产信息具有一定的辅助价值;有助于把握全国范围内的不动产数据,这对于国家制定相关方针政策具有参考价值,但这些仅仅是《不动产登记暂行条例》的衍生功能,绝非其主要功能。

简言之,在自然资源部已经设立的大背景之下,应当尽早出台一部《不动产登记法》,尽可能把市场中的各种自然资源权利都纳入不动产统一登记的范围,这是自然资源部履行好其职责的关键一环。

第二节　自然资源用途管制的美国经验及其借鉴

自然资源用途管制是指针对自然资源应用的范围和程度进行的一种强制管理,是对一定国土空间里的自然资源按照自然资源属性、使用用途和环境功能采取相应方式的监管;用途管理实质上就是功能管理。[①] 党的十八届三中全会通过的《决定》在谈到“加快生态文明制度建设”时强调:“建立空间规划体系,划定生产、生活、生态空间开发管制

① 参见王玮:《自然资源资产产权制度十问》,载《中国环境报》2013 年 11 月 29 日,第 3 版。

界限，落实用途管制制度。”[①]可见，合理规划自然资源空间体系，划定生产、生活、生态空间开发管制界限，落实自然资源用途管制制度，是加快生态文明制度建设的重要内容之一。“总体上存在生产空间偏多、生态空间和生活空间偏少等问题，一些地区由于盲目开发、过度开发、无序开发，已经接近或超过资源环境承载能力的极限。”[②]建立健全自然资源用途管制制度，表明了国家作为自然资源的所有者，可以按照生产空间、生活空间、生态空间对自然资源进行划分，从而实现对自然资源用途或功能的监管。自然资源用途管制作为优化国土空间开发的主要手段，[③]已经成为生态文明体制机制改革的重点领域。借鉴美国在自然资源用途管制中的有益经验，促进中国自然资源用途管制的有效实施，既有利于保护好自然资源，也有利于促进经济社会的可持续发展。

一、美国自然资源用途管制的经验与启示

（一）美国自然资源用途的分级管制及其立法特点

美国的自然资源用途管制主要是由中央监管和地方监管两个层面组成。美国国有的土地、矿产、森林等自然资源所有权和处置权分别属于联邦政府和州政府。公有自然资源资产管理遵循“谁所有—谁管理—谁收益”的原则，如联邦（中央）政府负责管理联邦公有土地，省

① 《中共中央关于全面深化改革若干重大问题的决定》（2013 年 11 月 12 日中国共产党第十八届中央委员会第三次全体会议通过），载新华网：http://www.sn.xinhuanet.com/2013－11/16/c_118166672.htm，最后访问日期：2017 年 8 月 25 日。

② 张高丽：《大力推进生态文明　努力建设美丽中国》，载《环境保护》2014 年第 2～3 期。

③ 2015 年 9 月，《生态文明体制改革总体方案》明确提出了“构建以空间规划为基础、以用途管制为主要手段的国土空间开发保护制度”的目标。参见中共中央、国务院印发《生态文明体制改革总体方案》，载新华网：http://news.xinhuanet.com/politics/2015－09/21/c_1116632159.htm，最后访问日期：2017 年 4 月 25 日。

(州)政府负责管理省(州)公有土地。① 联邦和州对各自所有的自然资源进行管理,管理权限明确,比如,在联邦政府公有土地上的矿产资源由联邦政府进行管理,州政府对州属土地上的矿产开发进行管理,管理权限不会交叉或扯皮。② 在联邦层面,由内政部集中统一管理土地、矿产、森林(部分)等自然资源。③ 在州层面,州政府是本州资源管理的领导者,美国各州的自然资源管理体制主要以综合管理为主,少部分州采用分散管理的模式。因管理模式不同,各州管理自然资源的机构也不尽相同,比如,宾夕法尼亚州设立政府绿色委员会,佛蒙特州设立直接向州长负责的自然资源委员会,弗吉尼亚州则是由州长通过任命自然资源大臣分管自然资源保护的各个州部门。④ 各省(州)对州这一级管理的自然资源采取的用途管制措施不尽相同。一般来说,各州有权自主监管影响自然资源和人类健康的活动。⑤ 各州有义务站在特定的立场来促进可持续发展,但这也带来了挑战,因为如何判断是否达到可持续发展的标准是个政治、经济和社会力量综合作用的过程。⑥

尽管美国是以判例法为主的国家,但仍然注重通过制定法案(ACT)或法令(BILL)来规范自然资源的开发利用,以加强自然资源的用途管制。比如,在水资源用途管制方面,美国联邦政府颁布了《清洁

---

① 参见国土资源部信息中心课题组:《国外自然资源管理的基本特点和主要内容》,载《中国机构改革与管理》2016 年第 5 期。

② 参见姚金蕊、任清宇:《美国、加拿大矿业管理制度及启示》,载《矿业快报》2006 年第 1 期。

③ 参见周进生:《国外自然资源管理模式及选择动因分析》,载《国土资源情报》2005 年第 2 期。

④ 参见刘丽:《美国州级自然资源管理体制》,载《国土资源情报》2007 年第 8 期。

⑤ Powers E. C., Fracking and Federalism: Support for an Adaptive Approach that Avoids the Tragedy of the Regulatory Commons, *Journal of Law and Policy*, Vol. 19, 2011, p. 941.

⑥ Ingelson A., Sustainable Development and the Regulation of the Coal Bed Methane Industry in the United States, *Journal of Natural Resources and Environmental Law*, Vol. 20, 2006, p. 60.

水法案》《安全饮用水法案》和《水质量法案》,美国联邦环保署发布了《分散处理系统手册》和《分散处理系统管理指南》;[①]在矿产资源用途管制方面,美国联邦政府颁布了《通用矿业法案》《矿产标定法案》和《矿产租赁法案》,美国内政部联邦地质调查局发布了《国内矿产保护法案》,美国联邦环保局发布了《固体废料排放法案》等。[②] 在美国的自然资源管理体制中,各州级政府的自然资源管理职能相对独立。因此,各州也积极出台各自的自然资源法令,以管理好各自领域内的自然资源。比如,乔治亚州于 1989 年通过了《综合自然资源规划法》(或称《乔治亚州规划法案》),法案要求对供水流域、地下水补给地区、湿地和河流廊道进行规划,1992 年州大会制定了《乔治亚州水保护方法》,1994 年制定了《强制性水资源规划》;同时,为了缓解乔治亚州水资源日益紧缺的压力,乔治亚州大会于 1995 年制定了 SB 202 法令,以补充《综合自然资源规划法》的不足。[③] 总体而言,美国联邦政府和各州制定的法案或者法令对各自领域内的自然资源用途管制起到了推动和规范的作用。

(二)美国自然资源用途管制中的科技态度

1. 积极引入新技术加强自然资源用途管制。美国内政部认为自然资源管理是"通过综合技术控制或指导自然资源的利用,实现既定目标,达到可持续利用",这里的综合各类技术管理包括自然资源调查、评

① 参见刘俊新:《国外农村污水治理经验的三大启示》,载北极星环保网:http://huanbao.bjx.com.cn/news/20161112/788419.shtml,最后访问日期:2017 年 8 月 25 日。

② 参见卢朝栋:《美国矿产资源管理简况》,载《矿产保护与利用》1985 年第 3 期。

③ BEBERMAN J. A., Conservation and Natural Resources Water Resources: Extend Maximum Duration of Water Use Permits; Provide for Water Development and Conservation Plans; Preserve the Department of Natural Resources' Right to Appeal Decisions of Administrative Law Judges, *Georgia State University Law Review*, Vol. 12, 1995, pp. 51 – 64.

价、生态系统监测、综合利用技术指导等。[①] 有学者指出,美国环境监管在传统方法上一般依赖于标准或技术要求,以此判断是否满足环境质量的目标。[②] 也有学者指出,美国关于食品能源的改进措施以及与之紧密相关的生态足迹,与区域农业实践的整体资源管理直接联系在一起;通过资源管理改变农业作业的相关指标可以直接提高生态系统健康水平。[③] 可见,美国在进行自然资源用途管制的过程中,非常注重运用新的技术提升自然资源用途管制的效率。其中,将碳吸收与封存等生态系统评估服务[④]引入自然资源用途管制便是一个典型。美国政府和立法机构意识到人类可持续的健康和幸福将会受到来自人类利用生态系统的方式和生态系统所提供的效益的威胁,在自然资源管理中积极引入生态系统评估服务。目前,生态服务机制已被美国《国家环境政策法案》《清洁水法案》《海岸区域管理法》《自然资源损害评估报告》《石油污染法案》等多项政策或者法案吸收,并在相关的资源管制中得到有效实施。[⑤] 其中,《清洁水法案》禁止填筑材料进入美国水域,要求采取减缓行动来取代湿地和水产资源在流域功能的损失,这些功能通常包括

---

① 参见唐京春、王峰:《国外自然资源公共服务及对我国的启示》,载《中国国土资源经济》2015 年第 1 期。

② SEGERSON K., Government Regulation and Compensation: Implications for Environmental Quality and Natural Resource Use, *Contemporary Economic Policy*, Vol. 15, 1997, p. 28.

③ PERRYMAN M. E., SCHRAMSKI. Evaluating the Relationship Between Natural Resource Management and Agriculture Using Embodied Energy and Eco-exergy Analyses: a Comparative Study of Nine Countries, *Ecological Complexity*, Vol. 22, 2015, p. 160.

④ 从 2000 年起,联合国呼吁开展千年生态系统评估(the Millennium Ecosystem Assessment),旨在通过评估人类健康和生态系统健康的关系,推动生态系统的保护和资源的可持续利用,促进生态系统更好地满足人类的需求。参见《千年生态系统评估》,载百度百科:http://baike.baidu.com/item/千年生态系统评估? fr = aladdin,最后访问日期:2017 年 6 月 20 日。

⑤ SUTTON-GRIER A. E., MOORE A. K., WILEY P. C., ed al. Incorporating Ecosystem Services into the Implementation of Existing U. S. Natural Resource Management Regulations: Operationalizing Carbon Sequestration and Storage, *Marine Policy*, Vol. 43, 2014, pp. 246 – 248.

给鱼类和野生动物提供栖息地，保护和改善水质以及降低风暴潮带来的破坏。这里补偿性缓解指的是：恢复、建立、增强或在某种情况下保护湿地、溪流或其他水产资源用于抵消不可避免的不良影响。① 美国将碳服务纳入现有的环境法规的实施中，已经在保护和恢复沿海栖息地上取得了良好的效果，是成功将科技运用于自然资源用途管制的一个典范。

2. 重视科学技术的负面效应并加强管制。科学技术可以提升环境保护的水平，但科学技术的发展也可能给环境保护带来新的更大的挑战。水力压裂法②的广泛使用就是一个典型的例子。水力压裂法可以大大提升资源的利用效率，但同时也可能给地下水带来污染的风险。在美国，水力压裂法的实施带来水监管和健康方面的担忧。因此，需要由美国联邦政府对水力压裂法的利用进行直接监管，并建立起一个全面的监管体制。在美国联邦层面，对水力压裂的做法持谨慎的态度，《安全饮用水法案》③提供了一个潜在可行的机制规范水力压裂的运用并以此保证水质。《安全饮用水法案》允许环保署通过权衡达到一个特定污染水平所付出的代价与这么做对公众健康带来的益处来进行监管和做出决定；法案还要求环保署采用最好的、经过同行审查的科学方法

---

① Environmental Protection Agency. Wetlands compensatory mitigation. EPA – 843 – F08 – 002; 2003. See SUTTON-GRIER A. E., MOORE A. K., WILEY P. C., et al. Incorporating Ecosystem Services into the ImplemeNtation of Existing U. S. Natural Resource Management Regulations: Operationalizing Carbon Sequestration and Storage, *Marine Policy*, Vol. 43, 2014, p. 248.

② 水力压裂技术的运作如下：把水，砂子和化学试剂的混合液高压泵入地层深处的岩石，打开小的缝隙以允许石油和天然气更流畅的流到钻井口。水平钻探首先是垂直向下一英里或更深开一个钻井，然后再朝水平方向同样以一英里或更长的距离打开另外一个钻井。这样一来，水平钻探便能进入大面积区域的储油岩石。和水平钻探结合，水力压裂技术促进了美国产油量的大幅增长。水力压裂法也招致了部分人的批评，称水力压裂法引起了美国境内的地震。参见《水力压裂可释放 1400 亿桶石油中国、俄罗斯受益最大》，载凤凰网财经频道：http://finance.ifeng.com/a/20150517/13710901_0.shtml，最后访问日期：2017 年 6 月 21 日。

③ 美国《安全饮用水法案》最初是于 1974 年由美国国会通过的，分别于 1986 年和 1996 年进行了两次修改。参见泗水县水利局：《美国安全饮用水法简介》，载泗水县水利局官网：http://web.sishui.gov.cn/slj/show.asp? id = 308，最后访问日期：2017 年 6 月 20 日。

和由可接受的方法搜集的数据。不少美国学者提出,“最好的”“可接受的”等表述缺乏一个明确的标准,导致了监管标准的模糊,进而致使执法部门拥有较大的自由裁量权,并可能带来监管随意性大等弊端。① 这也是美国《安全饮用水法案》在实施之后备受争议的重要缘由。因此,2005年《能源政策法案》正式解除了环保署监管水力压裂的权力。但也有学者认为,将水力压裂监管从《安全饮用水法案》中免除是很不明智的,饮用水的地下水源监管表明了政府对民生的关注。② 尽管争论还在继续,但《安全饮用水法案》的相关规则表明了美国联邦政府注意到了水力压裂技术可能存在的弊端与风险,并希望从立法上减缓其可能带来的环境污染。这同时也给中国开展自然资源用途管制一个重要的启示:不可忽视科技进步可能带来新的环境破坏,应当充分关注和评估科技运用可能给自然资源用途管制带来的风险与挑战。

(三)美国自然资源用途管制的基本手段

1.通过限制自然资源财产权加强自然资源用途管制。在美国,开展自然资源用途管制常常是与加强对自然资源财产权的限制联系在一起的。随着美国公有土地的私有化,几乎不受限制地使用和滥用土地的权利导致大部分森林资源的毁坏。随着土地利用规划和环境法的发展,私人矿产的开采利用越来越受到政府的控制。③ 美国尽管存在大量

---

① WEINSTEIN M., Hydraulic Fracturing in the United States and the European Union: Rethinking Regulation to Ensure the Protection of Water resources, *Wisconsin International Law Journal*, Vol. 30, 2013, pp. 883 – 891.

② WISEMAN H., Untested Waters: the Rise of Hydraulic Fracturing in Oil and Gas Production and the Need to Revisit Regulation, *Fordham Environmental Law Review*, Vol. 20, 2009, pp. 115, 185.

③ SCOTT A., *The Evolution of Resource Property Rights*, Oxford University Press, 2008, pp. 335, 439.

的私人所有的自然资源,但美国的自然资源国有化趋势日益加强,即使对于仍属于私人所有的自然资源,国家也不断加强对它们的监督和管理,限制私人所有者对其拥有的自然资源进行滥采。在美国立法者和选民的眼里,阻止矿产的滥采被认为是一种“公共利益”。① 为全面把握自然资源财产权的总体情况,美国重视加强自然资源产权登记工作,并把自然资源产权登记作为加强自然资源用途管制的一项基础性工作。美国在自然资源产权登记方面不断加强信息系统建设,比如,通过美国土地管理局的土地登记系统,可获取针对油气、煤炭、土地标桩立界、矿业权状况等各种相关资料。②

2. 通过自然资源规划加强自然资源用途管制。美国自然资源规划是国家以公共利益为原则行使用途管制职能的表现。编制自然资源规划是美国开展自然资源用途管制的核心环节,通过制定规划确定自然资源用途管制的总体布局和具体部署是美国联邦政府和各州的通行做法。美国注重做好自然资源规划工作,自然资源的用途通常由各类规划确定,编制规划必须充分考虑自然资源用途的合理分配。③ 在规划制定之后,规划主管部门负责对因自然资源产权人(所有权人、使用人)引起的用途转变进行监管,自然资源资产的使用与处置必须遵循各类国家规划的要求,改变用途必须得到规划部门的许可。资源规划方案的确定是编制资源规划中最重要的一步。一般而言,自然资源规划由政

---

① 参见刘卫先:《自然资源权体系及实施机制研究:基于生态整体主义视角》,法律出版社 2016 年版,第 118、128 页。

② 参见陈丽萍等:《国外自然资源登记制度及对我国启示》,载《国土资源情报》2016 年第 5 期。

③ 比如,《美国联邦土地政策和管理法》规定,应当在遵守国家分区等区域性用途管制的规定下编制土地利用规划,对公有的某块土地或某地区的使用做出规定。参见国土资源部信息中心课题组:《国外自然资源管理的基本特点和主要内容》,载《中国机构改革与管理》2016 年第 5 期。

府部门、非政府组织、企业和社会进行磋商,综合权衡资源评价、环境影响评价、经济效益评价和社会评价等各种因素,确定最佳的资源规划方案。在规划方案确定之后,还经过了规划文件的起草、规划的实施以及实施过程中的监测与修改等步骤。①

3. 通过审批许可加强自然资源用途管制。审批许可是美国自然资源管理部门管理自然资源的基本手段,也是加强自然资源用途管制的基本方式。美国自然资源管理部门以审批许可的方式,发放各类开发利用自然资源的许可证书,或者出售国有自然资源所有权或使用权。比如,《美国联邦土地政策和管理法》规定,通过行使地役权、颁发许可证、租契、发布规章及采用其他恰当的措施,对公有土地的利用、占用和开发依法加以管理;乔治亚州制定的《自然资源与保护 SB 375 法令》授权自然资源保护署署长在一般水污染排放许可证中对水侵蚀和沉降控制可以采取污水限制与相关的最佳管理措施。② 在自然资源用途管制上,美国还注重资源许可与资源规划制度之间的衔接。③

4. 根据资源稀缺性程度不同有区别地制定自然资源用途管制策略。一方面,对于本土储量较为丰富的自然资源,美国注重运用法律保护本国的资源产业。比如,为应对国外自然资源的低价格影响,美国政府意识到需要严格的贸易法律和有效的救济机制。面对不间断的产业

---

① 参见胡德斌:《国外自然资源规划方法及启示》,载《国土资源情报》2003 年第 8 期。

② Anon. ,Conservation and Natural Resources Control of Soil Erosion and Sedimentation: Establish "best management practices as" Standard for General Permits for Land-disturbing Activities, http://digitalarchive. gsu. edu/gsulr/vol12/iss1/46.

③ 比如,乔治亚州制定的《自然资源与保护 SB202 法令》规定超过 25 年的水资源使用许可需要有水保护和发展的规划作为依据。See BEBERMAN J. A. , Conservation and Natural Resources Water Resources: Extend Maximum Duration of Water Use Permits; Provide for Water Development and ConseRvation Plans; Preserve the Department of Natural Resources' right to Appeal Decisions of Administrative Law Judges, *Georgia State University Law Review*, Vol. 12, 1995, p. 51.

援助请求,美国通过了《1979年贸易协定法》,该法案第303节规定美国政府可对进口的产品征收“反补贴税”,来弥补外国政府提供的“奖励或补助”。[①] 另一方面,对于本土比较稀缺的自然资源,美国积极寻找价格低廉且清洁的替代能源,以弥补自然资源用途管制可能导致的资源紧张。美国联邦与各州都把液化天然气作为弥补北美天然气产量下降的核心策略,因为液化天然气是一个相对清洁且廉价的燃料来源,且可以从海外以低廉的价格购得。[②] 由此可见,如果能找到某一类型自然资源的替代资源,那么对原有稀缺自然资源的用途管制将更为有效。

二、中国自然资源用途管制的制度现状

在中国现行的法律体系中,并没有制定一部专门的《自然资源用途管制法》或者《自然生态空间用途管制法》。长期以来,在制度设计中往往把自然资源用途管制制度规定在自然资源管理的相关法律制度或者政策性文件之中,自然资源管理部门也习惯性地把自然资源用途管制作为自然资源规划管理的组成部分来看待。比如,土地用途管制的立法主要体现在《土地管理法》的总则部分和第三章《土地利用总体规划》里,《土地管理法》第4条明确了土地用途管制制度的法律地位和总体内容,[③]第12条对土地用途的变更规则进行了规定,[④]第20条对土地用

① Barshefsky C., Dlamond R., Ellis N. R., Foreign Government Regulation of Natural Resources: Problems and Remedies Under United States International Trade Laws, *Stanford Journal of International Law*, Vol. 21, 1985, pp. 30 – 31.

② SCOTT A. Z., Feds and Fossils: Meaningful State Participation in the Development of Liquefied Natural Gas, *Ecology Law Quarterly*, Vol. 33, 2006, p. 791.

③ 《土地管理法》第4条规定:“国家实行土地用途管制制度。国家编制土地利用总体规划,规定土地用途,将土地分为农用地、建设用地和未利用地。严格限制农用地转为建设用地,控制建设用地总量,对耕地实行特殊保护。使用土地的单位和个人必须严格按照土地利用总体规划确定的用途使用土地。”

④ 《土地管理法》第12条规定:“依法改变土地权属和用途的,应当办理土地变更登记手续。”

途管制的基本手段进行了规定。[①] 由于自然资源类型繁多，且不同类型自然资源的用途管制是由不同的自然资源管理部门负责实施的，相关领域的用途管制制度也往往具备浓厚的部门色彩。通过对比土地资源、林业资源、水资源等领域的资源用途管制制度建设情况，可以管窥中国自然资源用途管制制度的概貌（见表5－1）。

表5－1　三类典型自然资源用途管制制度建设对比

<table>
<tr><th>资源类型
观测点</th><th>土地资源</th><th>林业资源</th><th>水资源</th></tr>
<tr><td>负责实施自然资源用途管制的政府职能部门</td><td>县级以上人民政府国土资源管理部门</td><td>县级以上人民政府林业资源管理部门</td><td>县级以上人民政府水资源管理部门</td></tr>
<tr><td rowspan="2">相关的政策性文件、行政法规或者部门规章例举</td><td colspan="3">《关于全面深化改革若干重大问题的决定》《关于加快推进生态文明建设的意见》《生态文明体制改革总体方案》《关于进一步加强城市规划建设管理工作的若干意见》等</td></tr>
<tr><td>《基本农田保护条例》《关于深化改革严格土地管理的决定》《关于严格管理防止违法违规征地的紧急通知》《节约集约利用土地规定》等</td><td>《森林公园管理办法》《沿海国家特殊保护林带管理规定》《森林法实施条例》《退耕还林条例》《森林采伐更新管理办法》《国有林场管理办法》等</td><td>《关于推进水价改革促进节约用水保护水资源的通知》《实行最严格水资源管理制度考核办法》《关于加强水资源用途管制的指导意见》等</td></tr>
</table>

① 《土地管理法》第20条规定："县级土地利用总体规划应当划分土地利用区，明确土地用途。乡（镇）土地利用总体规划应当划分土地利用区，根据土地使用条件，确定每一块土地的用途，并予以公告。"

续表

资源类型 观测点	土地资源	林业资源	水资源
相关的规划文件例举	《全国主体功能区规划》《全国生态功能区划》《国民经济和社会发展第十三个五年规划纲要》等		
	《国土资源"十三五"规划纲要》	《林业发展"十三五"规划》	《国家农业节水纲要（2012～2020年）》
相关的法律文件例举	《农村土地承包法》《土地管理法》《农业法》等	《森林法》《种子法》《农业法》等	《水法》《水污染防治法》《水土保持法》等

综观中国自然资源用途管制的制度现状，"分散"和"杂乱"是其明显的缺陷，突出的问题便是不同类型自然资源的制度建设步调不一致。从表5－1可以看出，土地资源用途管制制度建设起步最早，相关法律对土地资源用途管制作了较为全面的规定，目前已经建立了从土地规划到土地利用再到土地督察的相对完善的用途管制制度体系。其他自然资源用途管制方面的全国人大立法则相对滞后，水资源、林业资源的用途管制虽然在相关立法中有所体现，但都是一些零碎的规则，用途管制制度不成体系。水资源用途管制制度在部委的规范性文件中得到了较为充分的体现，水利部于2016年出台了《关于加强水资源用途管制的指导意见》（水资源〔2016〕234号），就水资源用途管制的具体实施进行了较为全面的规定。就出台专门性的规范性文件而言，水资源用途管制的制度建设走在前头。相较而言，林业资源的用途管制则还停留在规划的层面，尽管已经确立了限额采伐制度和退耕还林制度，但林业

用途管制制度的系统性不足。[①] 用途管制制度建设步调不一致，导致了同一生态系统下的不同类型自然资源其用途管制的力度不平衡。[②] 缺乏整体性和协调性的自然资源用途管制制度显然不利于生态环境保护。改变这种“不统一”“不均衡”“不到位”的自然资源用途管制局面，成为了当前生态文明体制改革进程中亟待解决的一个问题。近年来，中央颁布的关于生态文明建设的政策文件已经注意到这一突出的制度性难题，[③]并试图从生态文明制度建设的总体布局入手，加强自然资源用途管制制度。因此，加强自然资源用途管制制度建设，应当契合当前生态文明制度建设的顶层设计，从加强生态环境保护的实际需要出发，借鉴美国自然资源用途管制的有益经验，确立适合中国国情的自然资源用途管制实施策略，并加强相关的制度建设步伐，形成有效的自然资源用途管制制度保障。

第三节　自然资源用途管制的中国方案

自然资源用途管制制度是我国生态文明制度的重要组成部分，是促进绿色发展过程中亟待完善的一项制度。当前，我国自然资源的无

---

① 《林业发展“十三五”规划》（林规发〔2016〕22 号）以“建立健全林业资源用途管制制度”为题，提出了林业资源用途管制的指导性意见，但这些意见过于宏观且缺乏可操作性。参见国家林业局：关于印发《林业发展“十三五”规划》的通知，载中央政府门户网：http://www.gov.cn/xinwen/2016-05/20/content_5074981.htm，最后访问日期：2017 年 6 月 25 日。

② 施志源：《自然资源用途的整体性管制及其制度设计》，载《中国特色社会主义研究》2017 年第 1 期。

③ 比如，《生态文明体制改革总体方案》明确提出了“构建以空间规划为基础、以用途管制为主要手段的国土空间开发保护制度，着力解决因无序开发、过度开发、分散开发导致的优质耕地和生态空间占用过多、生态破坏、环境污染等问题”的目标。参见中共中央、国务院：《生态文明体制改革总体方案》，载新华网：http://news.xinhuanet.com/politics/2015-09/21/c_1116632159.htm，最后访问日期：2017 年 4 月 25 日。

序开发、过度开发等现象大量存在,这与自然资源用途规划不合理、自然资源管控措施不恰当、自然资源用途监管责任不落实等密切相关。规范自然资源开发利用的秩序,应当按照自然资源属性、使用用途及其环境功能,对一定国土空间里的自然资源按照生活空间、生产空间、生态空间等用途或功能进行监管。在这一过程中,应当着力改变我国自然资源管理部门各自为政、自然资源用途管制制度零散杂乱的现状,推进自然资源用途的整体性管制及其制度建设。

一、问题聚焦:我国自然资源用途管制制度的“零散”与“杂乱”

目前,我国没有制定专门的自然资源用途管制的基本法律,关于自然资源用途管制的法律规定散见在部门法、行政法规、地方性法规或者地方政府规章之中。与此同时,不同领域自然资源的用途制度建设步伐不一致。按照我国现有的自然资源管理体制,不同类型的自然资源由不同的部门在负责管理。比如,国土资源部主要承担保护与合理利用土地资源、矿产资源等自然资源的责任国土资源部的下设机构国家海洋局来负责海洋资源的管理,水利部主要负责水资源的开发利用和保护,国家林业局主要负责森林资源的开发利用和保护等。自然资源管理的“各自为政”,导致了自然资源用途管制制度“散”与“杂”的局面。

一方面,自然资源用途管制的立法指导思想不明确。在我国的环境法治进程中,自然资源用途管制制度的立法指导思想在促进经济发展与环境保护之间举棋不定,在保护当代人利益与保护后代人利益之间模棱两可,未能把保护生态环境作为调整自然资源利用关系的根本指导思想,甚至以牺牲环境为代价来换取经济的发展。由于缺乏明确的指导思想,导致资源利用过程中的环境代价过大,不可再生性资源日益枯竭,使人与自然的矛盾不断尖锐起来。人与自然的关系,是人类社会最基本的关系。自然界是人类社会产生、存在和发展的基础和前提，人类归根结底是自然的一部分，在开发利用自然中，人类不能凌驾于自然之上，人类的行为方式必须符合自然规律。[①] 可见，明确自然资源用途管制的立法指导思想，核心是要协调好人与自然的关系，而这正是我国自然资源用途管制制度的一大缺憾。

另一方面，自然资源用途管制的立法步调不一致。通过分析土地资源、水资源、林业资源三类自然资源的用途管制制度，可以管窥我国自然资源用途管制的立法现状。长期以来，我国的自然资源用途管制主要集中在土地用途管制领域，土地用途管制的制度建设起步较早，相关的用途管制制度也较为完善，相关的规定主要集中在《土地管理法》《农业法》《基本农田保护条例》《农村土地承包法》等法律和行政法规之中，建立了土地利用规划制度、基本农田保护制度、土地督察制度等土地用途管制制度，但由于这些制度散见在不同的法律文件之中，缺乏完整的制度体系，不同的法律制定的时间不同，相关的规定缺乏有效的衔接。在水资源用途管制制度建设方面，《水法》等相关法律仅有粗犷式的原则性规定，水利部于 2016 年 7 月出台了《关于加强水资源用途管制的指导意见》(水资源〔2016〕234 号)进一步明确水资源的生活、生产和生态用途，落实水资源用途管制各项措施，并强调了水资源用途的监管，这是目前为数不多的专门针对自然资源用途管制的规范性文件。但这些制度尚未上升到法律层面。在林业资源用途管制方面，则尚未出台林业用途管制方面的规范性文件，仅仅是在《林业发展“十三五”规划》中以“建立健全林业资源用途管制制度”为题提出了宏观意见。用途管制立法步调的不一致，导致了不同类型自然资源用途管制力度不

① 参见中共中央宣传部组织编写：《习近平总书记系列重要讲话读本》，人民出版社 2016 年版，第 231 页。

均衡的现状。

由于目前我国自然资源用途管制制度的“散”与“杂”,无法从自然空间的整体性保护来有效实施自然资源的用途管制,我国自然资源用途管制的效果堪忧。以土地资源为例,虽然已经建立了一系列土地用途管制制度,但土地用途管制的效果却差强人意。耕地面积逐年减少的趋势没有得到有效控制,截至2015年年末,全国耕地面积为20.25亿亩,2015年全国因建设占用、灾毁、生态退耕、农业结构调整等原因减少耕地面积450万亩;[①]“有地不耕、有田不种”的“抛荒”现象日益普遍,近年来农村弃耕抛荒的越来越多,不少地区出现了耕地闲置撂荒、无人耕种的现象;[②]土壤污染日益严重,2015年《全国土壤污染调查公报》显示,全国土壤环境状况总体不容乐观,耕地土壤环境质量堪忧,耕地的土壤点位超标率为19.4%,其中轻微、轻度、中度和重度污染点位比例分别为13.7%、2.8%、1.8%和1.1%。[③] 改变这种局面,必须着力推进自然资源用途的整体性管制,走出“各自为政”的自然资源用途管制困局。自然界的各种资源是一个有机联系的、不可随意分割的整体,将自然资源用途管制的职能分散在不同的部门,显然不利于从整体上去规划生态环境的保护。当用途管制过程中涉及部门利益时,甚至可能由于部门的权力之争、利益之争带来生态环境的破坏。另外,我国的用途管制制度也没能很好地解决自然资源开发利用过程中相关主体的利益冲突问题。环境决策所涉及利益冲突主体包括代内利益冲突、代际利

① 参见《2015中国国土资源公报发布》,载国土资源部官网:http://www.mlr.gov.cn/xwdt/jrxw/201604/t20160422_1403267.htm,最后访问日期:2017年6月23日。

② 参见《农村弃耕抛荒 现象需警惕》,载环球网:http://finance.huanqiu.com/roll/2016-08/9338859.html,最后访问日期:2017年6月23日。

③ 参见《全国土壤污染调查公报》,载北极星节能环保网:http://huanbao.bjx.com.cn/news/20151209/689681-2.shtml,最后访问日期:2017年6月25日。

益平衡以及国际利益影响三个方面。[①] 要提升用途管制的效果,不能仅仅考虑其中一方主体的利益,而应当综合权衡用途管制各方主体环境权益的平衡。只有这样,作为接受用途管制的公众或者相关的自然资源开发利用主体才能积极主动地配合用途管制的要求,用途管制的意图才能在管制者与管制对象之间实现有效的传导,从而实现用途管制的目标。

二、自然资源用途整体性管制的必要性分析

(一)应对自然资源稀缺性的需要

"稀缺性"是自然资源的固有特性,因为人类的需要实质上是无限的,而自然资源是有限的。自然资源相对于人类的需要而言在数量上是不足的。[②] 由于自然资源存在稀缺性,要求自然资源的开发利用必须有规划、有统筹、有控制。尽管幅员辽阔的中国自然资源蕴藏丰富,但从总体上看我国是一个自然资源稀缺的国家,自然资源的日益紧缺成为制约我国经济社会可持续发展的瓶颈。中国土地资源的绝对数量虽然较大,但人均占有少;山地多,平原少,耕地与林地所占的比例小;各类土地资源地区分布不均,耕地主要集中在东部季风区的平原和盆地地区,林地多集中在东北、西南的边远山区,草地多分布在内陆高原、山区。[③] 因此,自然资源的稀缺不在于其数量上的多寡,而在于可以被人类有效利用的资源数量及其分布情况。尽管某种资源的绝对数量很大,但其蕴藏于不便人类开发利用的区域,或者,人类对其进行开发利

① 参见汪劲:《环境法学》(第3版),北京大学出版社2014年版,第81页。

② 参见王文革:《自然资源法——理论·实务·案例》,法律出版社2016年版,第3页。

③ 参见《中国自然资源概况》,载中国网:http://www.china.com.cn/culture/txt/2010-02/02/content_19355927.htm,最后访问日期:2017年6月25日。

用需要耗费大量的成本，对于人类的需要而言，该自然资源仍然存在明显的稀缺性。既然存在这种稀缺性，就有了对该自然资源进行用途管制的必要。有效应对自然资源的稀缺性，不能仅仅对某种自然资源或者某几类自然资源进行用途管制，而应当把每一种自然资源都视为生态环境的有机组成部分，全面从自然界整体性保护的视角来确定对其中某一类自然资源的管控程度，不能在保护某一类自然资源存量的同时却加剧了其他自然资源的稀缺性。

（二）削减自然资源开发利用过程负外部性的需要

对自然资源的利用，有别于对一般物品的利用；对自然资源的管制，有别于对一般物品的管制。对一般物品的利用，只会导致该物品的消耗或者减损，不会对周边的事物带来直接的影响。过量地利用某一类型的自然资源，其后果可能不仅仅是该自然资源数量的减少，还可能影响到其周边的整体生态环境，进而影响到处于该环境之中的人居环境，引发人与自然的不和谐。这种不和谐，就是自然资源开发利用的负外部性。外部性指个人或企业不必完全承担其决策成本或不能充分享有其决策成效，即成本或收益不能完全内生化的情形；如果给他人带来的是福利损失（成本），可称之为负外部性。[①] 在开发利用自然资源的过程中，其负面效应常常是相伴相随的，比如，砍伐树木不纯粹是森林资源的开发利用问题，对树林的用途管制也不能仅仅考量森林资源的可持续利用，而应当从生态的整体性平衡来把握自然资源的用途管制。在一个生态系统之中，森林资源的变化将直接影响与之相关的土地、草原、河流、野生动植物等多种自然资源类型的存在状态和功能发挥的相

① 参见唐跃军等：《环境资本、负外部性与碳金融创新》，载《中国工业经济》2010 年第 6 期。

关性。[①] 再如，开发矿产资源的本意在于获得矿物产品，但其可能带来环境污染、地表下沉、岩石开裂等负面因素，物种减少、生态平衡被打破、气候变化等负效应不可避免地存在，直接影响到周边居民的居住环境和生活品质。以"聂某等 149 户辛庄村村民与平顶山天安煤业股份有限公司五矿等水污染责任纠纷案"为例，二审法院认为产矿企业的排污行为是导致下游村庄地下水受到污染的重要原因，并致使当地井水不能满足饮用水要求，应当承担村民到别处拉水带来的误工损失。[②] 这是一起因矿业生产引发的环境侵权案件，要求侵权人赔偿村民因到别处取水产生的误工损失，无疑显示了法律对利益受损者的保护，合理合法但却不是治本之策，如何从制度上杜绝此类纠纷的大量出现才是值得我们去深思的问题。通过完善自然资源用途的整体性管制制度，限制甚至禁止在村民聚居的区域从事此类开发利用资源的行为，才能从根本上避免此类生态破坏的一再出现。当前，自然资源用途整体性管制是世界保护生态环境的普遍选择。尽管人们往往不承认，但是以整体主义的观点看待环境问题是现在的主流趋势。[③]

（三）完善国土空间治理体系的需要

按照《全国主体功能区规划》，国土空间按开发方式可以划分为优化开发区域、重点开发区域、限制开发区域和禁止开发区域。《国土资源"十三五"规划纲要》也提出："要落实国家区域发展总体战略，完善国土空间用途管制制度，促进区域协调、城乡协调和陆海统筹，形成均衡

---

① 参见张梓太：《自然资源法学》，北京大学出版社 2007 年版，第 5 页。

② 参见王希扬、吴珊：《环境侵权：索赔技巧和赔偿计算标准》，法律出版社 2015 年版，第 137 ~ 142 页。

③ 参见［英］约瑟夫·绍卡尔：《法国环境政策的形成》，韩宇等译，中国环境科学出版社 2012 年版，第 1 页。

的国土资源开发利用格局。”由此可见,完善国土空间开发利用格局,离不开自然资源用途的整体性管制。木桶效应的原理,告诉我们必须把握好自然资源开发利用的均衡性。木桶效应也称为短板效应,是指欲将一只木桶盛满水,必须每块木板都一样平齐且无破损,如果这只桶的木板中有一块不齐或者某块木板下面有破洞,这只桶就无法盛满水。[①]在建立科学空间规划体系和划定生产、生活、生态空间开发管制界限的前提下,要实现自然资源开发利用的空间均衡,应当统筹协调、因地制宜、合理规划,以自然资源用途的整体性管制为基本手段,统筹各类自然资源空间利用规划,从而形成科学的自然生态空间治理体系。实施自然资源用途的整体性管制,有利于维护自然生态空间的平衡,可以促进自然资源的开发利用与资源环境承载能力相匹配,与环境容量相适应,与生态系统承载能力相适应,从而不断优化自然生态环境。

三、实现自然资源用途整体性管制需要处理好三种关系

(一)自然资源用途管制过程中政府与市场的关系

市场在资源配置中起决定性作用是深化经济体制改革的必然要求。党的十八届三中全会通过的《中共中央关于全面深化改革若干重大问题的决定》指出:“要紧紧围绕使市场在资源配置中起决定性作用深化经济体制改革,坚持和完善基本经济制度,加快完善现代市场体系、宏观调控体系、开放型经济体系,加快转变经济发展方式,加快建设创新型国家,推动经济更有效率、更加公平、更可持续发展。”自然资源是最重要的资源,市场在资源配置中的决定性作用应当延伸到自然资

① 参见潘家华:《中国的环境治理与生态建设》,中国社会科学出版社 2015 年版,第 122 页。

源领域。完善自然资源配置的市场机制,有助于完善自然资源的市场流转机制和实现各个相关主体的自然资源权益,有助于激发资源市场的活力和提升保护生态环境的积极性。通过市场配置自然资源,使自然资源的权利主体得到明确,可以避免出现“公地悲剧”。作为自然资源的权利主体,为了保护好自身的自然资源权益,相关主体落实自然资源用途管制要求的积极性更高、主动性更强、能动性更足,从而促使自然资源按用途得到更合理的利用和更有效的保护。但市场配置自然资源同时也存在诸多风险。

第一,市场的逐利性容易导致自然资源的无节制开发,如果缺乏必要的管制措施,自然资源开发利用者在经济利益的驱使之下很难进行理性的开发利用,其结果必然导致生态环境的破坏。第二,市场机制提供了一个平等协商的氛围,相关的权利主体可以通过自由的协商来确定自然资源的开发利用方案,但这种协商往往只关注相关主体的利益分配,缺乏资源利用的整体规划和生态保护的宏观思维,并因此忽视了对生态环境利益的保护。第三,市场机制的自由性赋予了自然资源开发利用者行使开发利用权利的自由,但这种自由有可能被滥用,导致资源的过度开发、无效率开发等短期利益行为;同时,如果权利人怠于行使开发利用或者基于经济利益的考量故意拖延开发利用自然资源的进程,这种囤积资源的行为可能会导致大量的自然资源被闲置,而自然资源产品的紧缺却带来了资源价格的不合理上涨。完善市场配置自然资源的相关制度,应当明确自然资源权益交易的具体规则,完善资源性产品市场化定价机制。[①] 第四,并非所有的自然资源都适合通过市场机制来配置,关系国家安全的重要自然资源,更多的是需要政府对资源的管

① 参见施志源:《自然资源的市场配置及其制度完善——基于生态文明制度建设视角》,载《中国特色社会主义研究》2015 年第 2 期。

控。对于关系到自然资源结构、自然资源安全等领域的重大问题，都需要政府的介入和干预，实现"无形之手"和"有形之手"的协同并用和优化配合。[①] 由此可见，促进市场配置自然资源与政府管制自然资源之间的无缝对接，对于实现自然资源用途的整体性管制至关重要。

当前，要注重发挥好政府管制与市场机制的各自作用，既要重视发挥市场在自然资源配置中的决定性作用，也不能放松自然资源用途的整体性管制，使二者在自然生态空间的开发、利用和保护过程中相互配合、相得益彰。市场配置自然资源存在的种种缺陷，需要通过完善自然资源用途管制制度加以补强。第一，要理性看待市场在自然资源中的作用，既不能无视市场机制的作用，也不能放任市场机制可能带来的负面作用，要通过适当的政府管制措施弥补市场机制的不足。对于能够通过市场机制来平衡自然资源权益、保护生态环境的，就应当充分发挥市场配置自然资源的作用。第二，要认识到自然资源不是普通的资源，自然资源兼具经济价值、社会效益和生态价值，也正因为自然资源的多种价值，对自然资源的配置不能仅仅考量它的经济价值，还要考量它的社会效益和生态价值，这就需要通过政府的用途管制对自然资源的市场机制进行必要的纠偏，以保证自然资源的开发利用不偏离生态保护的轨道。第三，与普通资源的不当利用不同，自然资源的不当开发利用带来的后果可能是无法补救或者无法修复的。尤其对耗竭性自然资源的开发利用，其储量将随着开发利用的进程而减少，而这种减少是不可逆的、不可恢复的，一旦缺乏有效的规划或者管制，该种自然资源很可能因无序利用而提前耗尽。因此，进行合理的自然资源开发利用规划，明确开发利用的红线，并实施有效的政府管制就显得尤为重要而迫切。

---

① 参见王文革：《自然资源法——理论 · 实务 · 案例》，法律出版社2016年版，第32页。

(二)自然资源用途管制中的央地关系

自然资源用途管制的实施,是一个从中央到地方逐级落实的过程。中央的自然资源用途管制措施,如果没有地方政府的积极配合与有效执行,中央的用途管制意图将无法得到贯彻落实;但地方政府实施自然资源用途管制的过程,往往是减缓地方经济的发展速度,这是制约地方政府开展自然资源用途管制积极性的关键之所在。可见,建立用途管制中的利益平衡机制,充分调动地方政府开展自然资源用途管制的积极性,成为提升自然资源用途管制实效的关键。

一是要把财政转移支付作为配合实施用途管制的重要手段,对在用途管制过程中地方经济发展机会受到限制或者影响的,要给予适当的财政补贴。同时,要建立常态化的制度补偿机制,通过完善生态补偿机制或者生态损害赔偿制度,对在自然资源用途管制过程中受到损失的区域进行适当的弥补。二是要注重发挥区域间的协作优势,促进相邻区域的地方政府加强合作,形成自然资源用途管制的合力。要健全和完善自然资源用途管制的区域协作机制,尤其是要完善相邻省份之间在自然组员用途管制上的区域协作机制和同一流域相关省份在自然资源用途管制上的区域协作机制。比如,中央政府可以通过制定区域空间的自然资源开发利用规划,指引地方政府之间的协同与协作,从而发挥出自然资源的效用。比如,水利部于 2016 年 5 月印发《京津翼协同发展水利专项规划》,根据京津冀协同发展对水利提出的新要求,提出了节约用水与水资源配置、水资源保护与水生态修复等方面的建设任务。三是要把精准扶贫的理念贯彻到处理自然资源用途管制央地关系的工各项作之中。处理好自然资源用途管制中的央地关系,应当积极贯彻精准扶贫的理念,根据不同区域的经济发展水平不同,制定科学的自然资源空间开发利用的总体规划,确立合理的自然资源用途管制力度，使自然资源用途管制的实施与区域经济的发展水平相协调。既要保持用途管制措施的连贯性，也要根据不同的区域特征，采取不同的管制措施，因地制宜地开展自然资源用途管制工作。《关于印发〈建立精准扶贫工作机制实施方案〉的通知》(国开办发〔2014〕30 号)指出："精准扶贫是党中央和国务院对扶贫开发工作的新要求，是解决扶贫开发工作中底数不清、目标不准、效果不佳等问题的重要途径。"当前，要精准安排扶持项目、精准落实扶贫措施、精准跟踪扶贫效果，不断改善贫困地区的自然生态条件。

(三)自然资源用途管制中权力与权利的关系

从生态文明制度的顶层设计来看，自然资源物权制度和自然资源用途管制制度是自然资源制度体系的两大组成部分。如果说自然资源物权制度界定的是自然资源的权利边界，那么，自然资源用途管制制度则是要规范政府管理自然资源的权力边界。二者有着紧密的联系，自然资源管理权力的边界恰好是行使自然资源开发利用权利的边界。对自然资源开发利用的权利一般是需要有所有权基础的，要么是所有权人对自己所有的自然资源进行开发利用，要么他人是取得了所有权人的授权或者许可，取得了自然资源开发利用的权利。而用途管制则要规范自然资源的开发利用行为，防止因无限制行使自然资源"权利"可能带来的生态破坏，弥补了自然资源所有权制度在预防权利滥用方面的短板。因此，自然资源用途管制的过程，就是管制"权力"与开发利用"权利"相互交织的过程。

在一定的条件下，管制"权力"与开发利用"权利"可能存在冲突，需要处理好二者之间的关系。自然资源用途管制则是一种主要依赖"公权力"实施的行为，自然资源用途管制表明一定国土空间里自然资源无论所有者是谁,都要按照用途管制规则进行开发,不能随意改变用途。[①]自然资源管制者所使用的"公权力"对自然资源所有权人"私权利"的干预,其本身就是对所有权行使的一种限制,管制不当或者过分管制可能导致自然资源权利人的正当权益受到侵害。我国目前对自然资源的用途管制属于国家公权力的行使,在自然资源产权与用途管制之间必然存在博弈。[②] 因此,必须要明确自然资源用途管制的限度,或者说,需要明确自然资源制度体系中公权与私权之间的边界。

值得注意的是,管制手段的介入在某些情形之下甚至可能导致自然资源开发利用权利的丧失。比如,在商品林被划为生态林之后,原先的权利人采伐林木的权利将不复存在。在实践中,因自然资源用途规划变更导致自然资源权利受限的案例比比皆是,比如,"石光银的困惑"一案中,石光银承包的林区的林木经济价值原本达3000多万元,但该片林子在1998年被国家划为生态林之后,因其不能砍伐,经济价值根本无法变现,石光银变成了负债累累的"生态富翁"。[③] 用途管制是对自然资源开发利用的一种限制,这种限制无疑会限缩原有权利人的利益。因此,政府管制权的行使与被管制者的自然资源开发利用权益就产生了冲突。应当看到,既然要实施自然资源的用途管制,那么这种权益冲突就不可避免。因此,在实施自然资源用途整体性管制过程中,要把握好自然资源用途管制的广度和力度,把这种冲突控制在合理可控的范围之内,并建立健全缓解冲突的利益补偿机制。对于因管制而给自然资源权利人造成的利益损失,应当给予相应的补偿或者赔偿。

---

① 参见《健全自然资源资产产权与用途管制制度》,载共产党员网:http://news.12371.cn/2013/12/24/ARTI1387870439691444.shtml,最后访问日期:2017年6月25日。

② 唐孝辉:《自然资源产权与用途管制的冲突与契合》,载《学术探索》2014年第10期。

③ 郜永昌:《土地用途管制法律制度研究:以土地用途管制权为中心》,厦门大学出版社2010年版,第111页。

四、自然资源用途整体性管制的总体思路

完善自然资源用途管制制度，要从绿色发展的理念出发，以我国生态文明体制机制改革的顶层设计为指引，树立发展和保护相统一的理念，在自然资源的开发利用和自然资源的保护之间找到平衡点，促进自然资源的可持续开发利用。在制度内容的设计上，要在绿色发展理念的指引下，重点解决自然资源用途管制的“主体不明确、措施不合理、监管不到位、责任不落实”等问题。要通过完善的自然资源用途管制制度，努力实现自然资源开发利用和生态保护的有机统一，实现“绿色”与“发展”的辩证统一。

（一）自然资源用途管制主体的“统一”

谁来实施自然资源的用途管制？这是完善自然资源用途管制制度的核心问题。自然资源用途管制的实施主体是依法实施自然资源管理的相关政府部门或者有关组织。首先，担负管理自然资源职能的政府部门，是负责实施自然资源用途管制的最主要的主体。当前，突出的问题是不同类型的自然资源分散在不同的管理部门，管水的部门只考虑水资源的用途管制，管土地的部门只考虑土地资源的用途管制，其结果必然是保护好了水资源，土地资源却没有得到很好的保护；保护好了土地资源，水资源又没有得到保护。由不同的部门管理自然资源，可以实现资源管理的精细化，但也容易出现部门与部门之间职能不清、推诿扯皮的现象，有的部门有利则管、无利则躲。改变这一现状，应当形成自然资源用途管制的大格局，将不同类型的自然资源的用途管制措施统一起来，由一个统一的部门来实施自然资源用途管制。

在机构设置上，法国于 1993 年设立的可持续发展委员会（CFDD）是推进环境资源综合管理的一次尝试，该委员会力主采取可持续发展

所需的综合手段,以革除法国机构条块分割严重的弊端,但由于该机构级别不高,其所能发挥的作用也是有限的。[①] 这对我国的自然资源管理机构的改革具有启发意义,即在将分散在各部门的有关用途管制职责逐步统一到一个部门的同时,还应当提升这一部门的层级,其行政级别应当略高于专门从事自然资源管理的部委。

同时,还要建立健全纵向的自然资源用途管制机制,保证自然资源用途管制从中央到地方的有效实施。要合理划分中央地方事权和监管职责,明确中央政府与地方政府在自然资源用途管制中的权限与分工,完善相邻区域的地方政府之间在自然资源用途管制的分工协作机制,从制度上保障自然资源的监管不争权夺利、不推诿扯皮。

(二)自然资源用途管制领域的"全覆盖"

随着生态文明建设的不断深入,将自然资源用途管制措施拓展到所有的自然生态空间是一个趋势。以美国为例,美国的资源保护管制体系从最早的森林保护、水利开发领域扩展到土壤、矿业、渔业、野生动物保护等领域,从美国的西部逐步扩展到全美,从公地逐步扩展到私人土地,从乡村扩展到城市,从陆地扩展到海洋。[②] 可以预见,随着自然生态空间保护意识的日益加强,所有的自然生态空间都要实施必要的用途管制措施。

自然资源用途管制的制度完善,必须明确在什么区域可以进行自然资源作业,在什么区域禁止对自然资源开发利用,以及开发利用自然资源应当遵守的基本准则等。只有这样,人与自然的和谐才能真正

① 参见[英]约瑟夫·绍卡尔:《法国环境政策的形成》,韩宇等译,中国环境科学出版社2012年版,第155~156页。

② 参见高国荣:《三次浪潮催生美国环境管制》,载《中国社会科学报》2016年6月20日。

实现,生态文明建设也才能得以顺利推进。然而,在很长的一段时间内,人类忽视了开发利用自然资源的负外部性。科学技术的进步使人类非常自豪和骄傲,人类越来越相信自己生活在自然界之上,失去了对自然的尊重。① 自然资源开发利用负外部性效应的出现,是加强自然资源用途整体性管制的重要原因。自然资源权利与普通物权的最大不同在于,自然资源不仅仅承载着财产功能,更承载着社会功能和生态功能。对自然资源的开发利用,不能仅仅考虑如何实现其财产利益的最大化,还要平衡其可能带来的社会利益损失和生态利益损害。因此,相关主体取得开发利用自然资源的权利之后,他的这一权利并非同行使普通的物权一样,可以随意地行使或者放弃。自然资源所有权和自然资源使用权的行使,不能给社会公共利益和他人的生态利益造成损害。例如,美国马萨诸塞州的一个法令就禁止家禽在小岛上过度吃草和奔跑,防止灌木和草地因过度使用而给公众的利益造成损害;马萨诸塞州的另一个法令把屠宰场、肥皂制造商等其他一些会造成环境损害的活动分配在波士顿等特定的地点。这些自然资源使用强度或者空间的限制措施,都是为了健康、安全等公共利益而对私人的土地利用行为进行限制或者规范,可以说是最早的土地用途管制的实例。② 这些措施告诉我们,对自然资源权利进行适当的限制是必要的,而将这些限制措施法治化,则是自然资源管制法治进步的表现。

当前,要通过建立健全自然资源空间规划制度,严禁任意改变自然资源用途。完善自然资源空间规划制度,要按照主体功能定位控制开发强度,调整空间结构,树立空间均衡的理念,通过建立空间规划体系,

① 参见谢高地:《自然资源总论》,高等教育出版社 2009 年版,第 22 页。

② 参见魏莉华:《美国土地用途管制制度及其借鉴》,载《中国土地科学》1998 年第 3 期。

划定生产、生活、生态空间，明确开发利用自然资源的管制界限，将用途管制扩大到所有自然生态空间。构建以空间治理和空间结构优化为主要内容，全国统一、相互衔接、分级管理的空间规划体系，从法律制度上解决空间性规划重叠冲突、部门职责交叉重复、地方规划朝令夕改等问题。要通过完善国土空间开发保护制度，着力解决因无序开发、过度开发、分散开发导致的优质耕地和生态空间占用过多、生态破坏、环境污染等问题。

(三)健全自然资源用途管制的监管机制

一是要建立自然资源资产核算体系。进行自然资源用途管制，必须弄清我国境内到底有多少自然资源可以被开发利用，又有哪些类型的自然资源是需要严格控制开发利用的程度，这就需要通过建立自然资源资产核算体系来摸清家底。2015 年 11 月，国务院办公厅印发了《编制自然资源资产负债表试点方案》，提出通过探索编制自然资源资产负债表，推动建立健全科学规范的自然资源统计调查制度，努力摸清自然资源资产的家底及其变动情况，为有效保护和永续利用自然资源提供信息基础、监测预警和决策支持；提出要根据自然资源保护和管控的现实需要，先行核算具有重要生态功能的自然资源，主要包括土地资源、林木资源和水资源。① 可见，完善自然资源用途管制制度，必须建立健全具有重要生态功能的自然资源资产负债表编制制度，使之成为自然资源资产核算体系的核心制度。

二是要完善用途管制中的领导干部自然资源资产离任审计制度。长期以来，相当部分的领导干部盲目追求 GDP，重经济发展轻生态保护

---

① 参见《编制自然资源资产负债表试点方案》(国办发〔2015〕82 号)，载中央政府门户网：http://news.xinhuanet.com/2015-11/17/c_1117168120.htm，最后访问日期：2017 年 6 月 25 日。

的政绩观导致了自然资源的无序开发利用。自然资源用途管制的有效落实，离不开政府及其相关职能部门的积极作为，尤其是对领导干部的政绩考核评价体系，将直接影响领导干部的政绩观。引导领导干部树立正确的政绩观，除了加强生态文明理念的灌输之外，还必须配套有相应的制度约束。通过自然资源资产离任审计制度给领导干部戴上"紧箍咒"，是落实领导干部生态责任的有效制度。

三是要建立健全自然资源开发利用的资源环境承载能力监测预警机制。建立资源环境承载能力监测预警机制，有助于实行最严格的自然资源开发利用保护制度。在第一时间获取环境超载信息，就可以在第一时间调整自然生态空间的开发规划，在第一时间控制重点生态功能区的开发强度。当前，资源环境承载能力监测预警机制已经成为自然资源规划不可或缺的内容之一。加强自然资源用途管制制度建设，必须注重完善与自然资源开发利用相关的资源环境承载能力监测预警机制，并将其规范化、制度化。

五、中国自然资源用途管制的实施策略

尽管中美两国国情不同，两国的立法体制也存在很大的差异，但自然资源作为人类普遍需要的物质财富，其有用性、稀缺性、分布不均匀性等共性特征决定了实施自然资源用途管制在全球范围内存在一些共性的规则。美国是开展自然资源用途管制较早的国家，在自然资源用途管制方面取得了较大成功，尽管其关于水力压裂监管等一些举措也遭遇到较大的争论，但无论是其成功的经验抑或是不成功的探索，对于中国制定自然资源用途管制实施策略都具有不可忽视的借鉴和参考价值。

（一）发挥好政府在自然资源用途管制中的作用

自然资源用途管制的有效实施，主要依赖于政府。自然资源用途管制的实施主体是依法实施自然资源用途管制的相关政府部门或者有关组织。美国联邦政府及各州政府对自然资源用途管制能取得成功的很大原因，就在于其普遍推行统一管理的模式。就中国目前的现状而言，自然资源用途管制的职能没能由一个统一的部门来行使，管理自然资源的部门比较分散，部门与部门之间职能不清、推诿扯皮的现象屡见不鲜。自然界的各种资源是一个有机联系的、不可随意分割的整体，将自然资源用途管制的职能分散在不同的部门，显然不利于从整体上去规划生态环境的保护，甚至可能由于部门的权力之争、利益之争带来生态环境的破坏。当前，要通过深化行政管理体制改革，把自然资源的所有者与管理者分开，由一个部门来统一行使自然资源用途的监管职能，[①]在此基础上，做好自然资源开发利用规划，明确自然资源用途管制的总体目标和具体要求，并履行好自然资源开发利用的审批许可。

我国是单一制国家，与美国的政府体制有着明显的区别，但美国自然资源用途的分级管制体制仍然可以给我国政府开展自然资源用途管制提供一个可借鉴的模式。其中，最重要的启发就是中央政府与地方各级政府之间应当有一个合理的分工。要建立健全纵向的自然资源用途管制机制，保证自然资源用途管制从中央到地方的有效实施。政府要有效实施自然资源用途管制，明确各级政府的权限是关键。美国矿

---

① 习近平同志在十八届三中全会中指出，山水林田湖是一个生命共同体。如果种树的只管种树、治水的只管治水、护田的单纯护田，很容易顾此失彼，最终造成生态的系统性破坏。可见，由一个部门对自然资源进行统一管理是非常必要的。参见习近平：《关于〈中共中央关于全面深化改革若干重大问题的决定〉的说明》，载中央政府门户网：http://www.gov.cn/ldhd/2013-11/15/content_2528186.htm，最后访问日期：2017 年 8 月 25 日。

业管理给中国一个很重要的启示,那就是要明确各级政府的矿业管理权限,发挥地方政府在自然资源用途管制中的能动性和自觉性。只有明确特定区域内的某一具体类型的自然资源归属于哪一层级的哪一个部门管辖,自然资源用途管制才能得以有效的实施。要建立有效的监督制约机制,促使政府在实施自然资源用途管制过程中摈弃部门利益的思想,真正从保护自然资源的可持续开发利用来实施自然资源的用途管制。比如,在实施土地环保督察中,不能仅仅关注土地资源的保护,同时还应当关注水资源的保护、湿地资源的保护以及大气资源的保护。在这一过程中,需要国土资源管理部门、水资源管理部门、林业管理部门以及环境保护主管部门至少四个部门之间的通力协作。

(二)着力提升自然资源用途管制的针对性

从美国政府开展自然资源用途管制的基本手段可以看出,自然资源用途管制要取得理想的效果,必须注重提升管制措施的针对性。的确,自然资源类型多样,不同类型的自然资源,其用途管制措施、用途管制程度也不尽相同。比如,对于非生物资源的管制与对于生物资源的管制应当有所区别。对于非生物资源,管制以促进其循环使用为根本原则,管制的度应当控制在人类开发利用的速度不超越其更新和恢复的速度,只要在这一限度内,就应当允许和满足人类的资源需求;而对于生物资源,其管制则应当以保持生态平衡为基本原则,比如,对于某种珍稀野生动物,尽管其自身也会繁衍和壮大,但出于生态保护的需要,可以采取严格的管制措施,禁止对其捕杀或者利用。2016 年新修订的《野生动物保护法》把“积极驯养繁殖、合理开发利用”改成“规范利用”,强调了野生动物利用的“规范性”,体现了对野生动物开发利用的严格管制。这一立法经验值得在其他生物资源用途管制立法中推广。

在我国广阔的空间领域内,无论是气候、地形,或是土壤等,其空间变化都很大。由于温度带、季风、地势的影响，我国土地地域条件差异很大，土地资源类型丰富、土地利用形式多样是我国的一大特征。不同的区域对同一种自然资源的用途管制措施是不尽相同的，应当根据本地区的资源储量和当地的经济社会发展需要，因地制宜制定相应的自然资源用途管制制度。在美国，国家监管的反对者们认为联邦政府无法形成一个有效的"一刀切"的做法，因为各地区的地理和经济情况各自不同。对自然资源采取何种管制措施，在很大程度上取决于其所处的地理位置。同一种自然资源，在不同的区域，其空间区域不同，自然环境条件不同，资源的稀缺性程度不同，所需要采取的用途管制措施自然也就不同。以水资源的管制为例，在水资源相对充沛的南方地区，对水资源的使用管控相对较松，一般以提倡不浪费水资源为主要措施；而在水资源稀缺的西北地区，则需要采取严格的管控措施，限时、限量使用水资源，或者，根据人口来确定水资源的使用指标，等等。比如，甘肃省张掖市甘州区为持续推进节水型社会建设，着力推进"明晰水权，总量控制，定额管理，以水定地(产)，配水到户，公众参与，水量交易，水票流转，城乡一体"的节水型社会运行体系建设。① 而对于水资源相对丰富的广东省，则无须采用"以水定产，配水到户"等管制措施，其管制的目的是为了节约保护与合理开发利用水资源，防治水害，实现水资源统一管理和可持续利用，其主要管制手段则为建立用水总量控制制度、用水效率控制制度、水功能区限制纳污制度和责任考核制度。②

---

① 参见朱兴忠：《甘州区节水型社会建设成效显著》，载张掖政府官网：http://www.zhangye.gov.cn/Item/39463.aspx，最后访问日期：2017 年 6 月 25 日。

② 《广东省实施〈中华人民共和国水法〉办法(2014 年修订)》第 1 条规定："为了节约保护与合理开发利用水资源，防治水害，实现水资源统一管理和可持续利用，推进生态文明建设，根据《中华人民共和国水法》等有关法律、行政法规，结合本省实际，制定本办法。"该《办法》第 5 条规定："县级以上人民政府应当建立用水总量控制制度、用水效率控制制度、水功能区限制纳污制度和责任考核制度。"

自然资源的用途可能因自然条件变化而变化,也可能因人文社会环境的变化而转化。因此,在对自然资源进行用途管制时,应当重视自然资源用途管制中的人文环境因素,充分考虑自然资源用途转化的成因,尤其是要注重分析人口增长、经济发展、文化演进等方面的因素可能带来的自然资源用途的转化。比如,由于人口的增长和社会的发展,居住、交通、商业等用地的需求在不断地加大,需要将一部分农业用地转化为建设用地。这一土地资源的用途转化,回应了经济社会发展的正常需求,应当予以鼓励和保证。随着中国经济规模的巨大扩张和增长,土地资源的流动性发生了巨大的变化,这种流动主要体现在农业用地转化为建设用地。[①] 当然,这种土地资源用途的转化应当控制在合理的范围之内,转化太多或者太少都不利于经济社会的可持续发展。对农业用地用途管制太严,可能出现城市用地的过分紧张,城市过于拥挤可能会带来交通堵塞、环境质量下降、就学就医困难等一系列的社会问题;反之,对农业用地用途管制太宽,可能导致城镇化进程过快,地方政府的土地财政容易引发土地利用失控,导致大量良田被用于工业开发。因此,对土地资源用途的转化应当建立在科学合理的基础之上,其中,合理的土地空间利用规划和基本农田红线控制是最为关键的环节。对其他自然资源用途的转化,也应当建立在合理规划的基础之上,并施以严格的生态红线控制。

(三)借助科技手段提升自然资源用途管制的科学性

随着科学技术的进步,人类对自然资源的最终利用极限的判断也在不断发生变化,评估方法的不同使自然资源资产的估算值出现各种各样的结论,这些结论甚至大相径庭,比如,目前仅"探明储量"就已经

① 参见谢高地:《自然资源总论》,高等教育出版社2009年版,第189页。

超过了20世纪40年代一致认可的石油最终开采数量,过去40年来对石油最终可采资源的估计已经增加了4倍。[①] 当今社会是一个科学技术日新月异的时代,人类开发利用自然资源的能力在不断提升,开发利用资源的方式在不断发生变化,许多传统的自然资源用途管制方法已经无法适应时代的需要。自然资源用途管制要得到有效实施,应当充分借助科学技术手段,以提升自然资源用途管制的效率。但如何运用好科学技术,也应当引起充分的重视。

应当看到,科学技术是一把"双刃剑",运用得好可以提升自然资源用途管制的效率,运用不好则会给自然资源用途管制带来新的压力和挑战,甚至产生新的污染而破坏原有的生态平衡。美国政府关于水力压裂法的监管带来的最大启发就是:不能仅仅考虑科学技术对生产效率的提升,还要注意分析该技术可能给生态环境带来的风险。因此,针对科学技术在自然资源领域的运用,建立一个风险评估机制就显得尤其必要。自然资源管理部门有必要成立一个专门的技术指导委员会来承担科学技术运用风险评估的职能,委员会成员可以由环境科学、地理科学、农林技术、水利工程等相关领域的专家组成,以加强对运用相关技术的指导与把关。对于可能给生态环境带来重大影响的科技运用,应当广泛听取各领域专家和公众的意见,在进行充分的可行性论证之后再加以运用。对于无法准确预判其负面效应程度的新技术新发明,应当持谨慎运用的态度,以免给生态环境带来无法修复的破坏。当然,也不应当一味地排斥新的技术或者发明,因为那可能错过一次"具有革

---

① 参见[英]朱迪·丽丝:《自然资源:分配、经济学与政策》,蔡运龙等译,商务印书馆2002年版,第28、40页。

命性的提升”。[①] 对于无法准确评估其影响程度的新兴技术，可以采取由点及面的办法，先选择一定的区域进行新技术运用的试点，待效果得到实践检验后再全面铺开。美国关于运用水力压裂法的争议就是一个很好的先例，提醒我们对于新技术的运用应当持审慎的态度。这同时也表明，对自然资源的用途管制，包含了对自然资源开发利用技术的管制。

六、中国实施自然资源用途管制的制度保障

尽管中国目前自然资源用途管制制度建设相对滞后，但从我国关于生态文明体制机制改革的顶层设计看，相关的政策性文件对如何开展自然资源用途管制已经有了一个清晰的规划和设计。当前，要把这些规划和设计及时转化为切实可操作的具体规章制度，通过加快自然资源用途管制的制度建设，助力深化生态文明体制机制改革。

（一）自然资源用途管制制度建设的基本要求

一是要把促进绿色发展作为贯穿始终的指导思想。促进绿色发展不应成为一句口号，而应当把促进绿色发展的具体要求体现到自然资源用途管制的具体制度之中。绿色发展要求处理好生产、生活、生态三者之间的关系，促进人类社会的永续发展。实现这一目标的基本手段便是通过有效的科学技术手段，合理划分生活空间、生产空间与生态空间，从而构建科学合理的城市化格局、农业发展格局、生态安全格局、自

① 比如，美国第一口油井的钻工德雷克（Drake）发现了缆索方法，就使我们关于探明储量的观念发生了革命性的变化。参见［英］朱迪·丽丝：《自然资源：分配、经济学与政策》，蔡运龙等译，商务印书馆 2002 年版，第 34 页。

然岸线格局。① 总之,自然资源用途管制的制度创新,必须始终围绕着绿色发展的总体部署来展开。二是要把协调好管制者与被管制者的关系作为制度设计的基本准则。“管制”意味着行政权力在自然资源开发利用领域得到了运用,“被管制”意味着开发利用自然资源的自由受到了一定的限制,从这个意义上来讲,管制者与被管制者是存在资源利益冲突的。当然,这个冲突并不是绝对的。从长远看,管制的目的是使自然资源能够得到可持续的利用,而这恰恰也是被管制者追求的目标。因此,在设计自然资源用途管制制度时,关键是要把握好管制的“度”,在促进自然资源“有序”开发利用和实现自然资源“永续”开发利用这二者之间找到一个最佳的平衡点。既要在自然资源的“可用”与“禁用”之间进行正确的抉择,又要在自然资源的“多用”与“少用”之间进行适当的取舍。三是要把区域协作作为制度设计的重要内容。不同省份的自然资源管理部门负责各自省域内自然资源用途管制的实施,这是政府部门分工负责的具体体现。然而,自然生态空间却是一个不可分割的整体,同一流域流经多个省份、同一山脉链接相邻省份的现象是普遍存在的。人为的区域划分可能会给自然资源用途管制带来不利的影响。此时,建立健全相邻区域的协作机制就显得尤为重要。为了实现“有度有序利用自然,调整优化空间结构”“加大禁止开发区域保护力度”等绿色发展目标,相邻地区就必须围绕自然资源开发利用与生态环境保护进行区域协作。②

---

① 参见施志源:《绿色发展:新时期生态文明制度建设的指针》,载中国社会科学网:http://www.cssn.cn/zx/bwyc/201511/t20151106_2562359.shtml,最后访问日期:2017 年 8 月 15 日。

② 参见施志源:《区域协作促进绿色发展》,载《中国社会科学报》2016 年 11 月 1 日。

（二）自然资源用途管制制度建设的具体建议

1. 建立健全政府规范行使用途管制权的制度保障

政府在实施自然资源用途管制的过程中，必须制定管制的行为准则和行为规范，明确管制的范围、管制的手段和管制的力度。如果没有一个明确的制度规范，自然资源用途管制在具体操作过程中就容易出现随意性，甚至可能出现以用途管制为借口侵犯公众自然资源合法权益的情形。这就需要通过将用途管制职权法制化，规范政府的权力运行。政府管制一定要把握好度，该管的管，不该管的坚决不管。在政府不该管的领域，就要放松政府管制。一个有为的政府，需要在自然资源管理中发挥出积极、有效的作用，而政府能否有效地开展自然资源的用途管制工作，则是检验政府管理自然资源成效的一个重要指标。根据管制的手段和刚性程度，可以分为强制性管制和倡导性管制。[①] 强制性管制是指政府通过强制力推行管制措施，要求管制对象必须遵循管制规则，不受管制或者违反管制规则的，将承担相应的不利法律后果。倡导性管制是指政府制定若干倡导性标准，并采取一定的鼓励性措施，引导被管制者自愿履行政府倡导的标准或者准则。倡导性管制一般没有强制性要求，但其管制规则具有较强的引导作用。强制性管制和倡导性管制措施并不是截然分开的，对于某些管制对象，既需要强制性管制措施，也需要倡导性管制措施。

2. 建立健全开发利用自然资源的环境影响评价制度

只有进行环境影响评价，才能有效评估和预防开发利用自然资源对环境可能产生的负面效应或者损害。以水资源的开发利用为例，只

① 有学者提出，根据管制的手段可以分为指挥式管制和诱导式管制两种类型。参见王雨濛：《土地用途管制与耕地保护及其补偿机制研究》，中国农业出版社2013年版，第19、20页。

有做好环境影响评价，才能有效地确定出水利规划的整体设计是否存在价值，是否发挥着可行性作用。[①] 在建立健全自然资源用途管制制度的过程中，完善自然资源开发利用的环境影响评价机制是不可或缺的前置环节。自然资源的开发利用规则涉及公众的切身利益，建立自然资源开发利用的环境影响评价，尤其要注重完善相关的公众参与机制。公众参与贯穿于环境影响评价的全过程，是行政决策民主化的重要体现。[②] 让公众参与环境影响评价不能流于形式，一方面，要做好自然资源开发项目的信息公开工作，相关的自然资源开发利用信息应当要尽早公开、及时公开、全面公开，让公众全面了解自然资源开发利用项目的规模、强度、时限等信息；另一方面，应当将公众参与的程序贯穿于资源开发利用环境影响评价的全过程，尤其是在做出环境影响评价报告书之前，一定要畅通公众参与的渠道。只有这样，才能客观、公正地作出开发利用自然资源的环境影响评价。

3. 建立健全科学规划主体功能区的制度规范

将用途管制扩展到所有自然资源空间，是自然资源用途管制制度的根本目标。[③] 但并不表明所有的空间应当采取统一的自然资源用途管制措施，相反地，应当根据不同区域的特点采取有针对性的用途管制措施，因地制宜地开展自然资源的用途管制工作。长期以来，同质化政府对异质区域进行同质化管理引发区域发展不协调，推进主体功能区

---

① 参见高延霞：《论述水利工程规划设计中环境影响评价》，载《中国新技术新产品》2016年第16期。

② 参见汪劲：《环境影响评价程序之公众参与问题研究——兼论我国〈环境影响评价法〉相关规定的施行》，载《法学评论》2014年第2期。

③ 《2016年深化经济体制改革的重点工作方案》提出："制定自然生态空间用途管制办法，将用途管制扩大到所有自然生态空间。"参见《关于2016年深化经济体制改革重点工作的意见》，载中央政府门户网：http://www.gov.cn/zhengce/content/2016-03/31/content_5060062.htm，最后访问日期：2017年9月5日。

建设,可以有效克服这些弊端,促进区域的协调发展。[①] 主体功能区规划是我国国土空间开发的战略性、基础性和约束性规划。编制实施主体功能区规划,对于推进形成人口、经济和资源环境相协调的国土空间开发格局具有重要战略意义。[②] 可见,完善主体功能区规划制度,是落实自然资源用途管制措施必不可少的一环。科学规划主体功能区建设,应当建立健全空间规划体系,做好自然资源开发利用的空间规划,在划分好生产空间、生活空间和生态空间的基础上,明确不同自然资源空间所应当采取的不同程度的用途管制措施。

4. 建立健全自然资源用途管制效果评价的相关制度

检验自然资源用途管制是否达到了保护生态环境的预期目标,需要建立一个科学的效果评价机制。一是要完善自然资源用途管制的评价指标体系。紧密结合绿色发展的要求,建立以提升资源利用效益为核心的评价指标体系,充分考量自然资源利用带来的社会效益、经济效益及其对生态环境的影响,对自然资源利用的正外部性和负外部性作出客观的评价。科学的自然资源用途管制评价机制,对于准确评价自然资源的耗损和自然资源的补给情况,引导自然资源产业结构的合理布局,促进资源利用的供给侧改革同样具有重大意义。二是要完善与自然资源用途管制相关的环境标准制度。要把是否符合环境标准作为评价自然资源利用效益的重要指标,鼓励资源紧缺地区的地方政府制定严于国家标准的地方自然资源开发利用标准和环境保护标准,从而把环境标准体系纳入自然资源开发利用效果的评价体系之中,促进自然资源用途管制与生态环境保护的有效衔接。三是要把自然资源用途

① 参见邓玲、杜黎明:《主体功能区建设的区域协调功能研究》,载《经济学家》2006 年第 4 期。

② 参见佚名:《我国首次公开出版国家主体功能区规划》,载新华网:http://news.xinhuanet.com/politics/2015-07/14/c_1115920052.htm,最后访问日期:2017 年 9 月 5 日。

管制的效果评价与政府的效能考评、领导干部的政绩考核联动起来。把自然资源用途管制的成效纳入政府的效能考评和领导干部的政绩考核体系之中,既有利于促进政府认真落实自身的自然资源用途管制的职责,也有利于引导领导干部树立珍惜资源、节约资源的理念,更加自觉地落实自然资源用途管制的各项要求。

5.完善自然资源用途管制的相关法律责任

一是要明确违反自然资源用途管制的自然资源开发利用者的法律责任。法律责任的目的就在于:使当事人承担不利的法律后果,保障法律上的权利、义务、权力得以生效,实现法的价值。法律责任的功能是惩罚、救济和预防。[①] 因此,如果自然资源用途管制制度中只有用途管制的措施,却没有违反管制措施的制裁措施,这一制度就很难得到有效的实施。完善自然资源用途管制制度,应当从民事责任、行政责任和刑事责任等方面健全违反自然资源用途管制的法律责任体系,明确违反用途管制的主体所应当承担的法律责任。

二是要建立健全自然资源用途管制中的政府责任。要明确监管不到位的法律责任,以督促自然资源监管部门及相关人员正确履职为目标,建立健全自然资源用途管制中的管制者和监管者的法律制度。责任的追究,要以自然资源资产离任审计结果和生态环境损害情况为依据,健全相关法律责任制度,明确对地方党委和政府领导班子主要负责人、有关领导人员、部门负责人的追责情形和认定程序,并把党政同责制度落实到相关的责任追究体系之中。区分情节轻重,对造成生态环境损害的,予以诫勉、责令公开道歉、组织处理或党纪政纪处分,对构成犯罪的依法追究刑事责任。对领导干部离任后出现重大生态环境损害

---

① 参见张骐:《论当代中国法律责任的目的、功能与归责的基本原则》,载《中外法学》1999年第6期。

并认定其需要承担责任的，实行终身追责。

三是要明确公众在自然资源用途管制过程中的法律责任。对于公众而言，既有利用自然资源保障自身生存需求的基本权利，也有服从自然资源用途管制的法律义务。比如，公众有获取水资源的权利，但在开采地下水时应当服从政府关于地下水开采的管理规定，在地下水禁采区开采地下水，在限采区超采地下水，都违反了水资源的用途管制措施。如果这些行为没有得到有效制止和相应制裁的话，水资源用途管制很可能就会流于形式。在确定相关法律责任时，应当在保障公众生存需求和维护生态安全之间找到一个平衡点，既要保障公众的基本生存需求，又要保障自然资源用途监管措施的权威性。

本章小结

自然资源管理大部制改革是深化行政管理体制改革的重要组成部分，是有效行使自然资源国家所有权的必然选择，是保护生态环境、建设生态文明的客观要求。对山水林田湖进行统一管理、统一保护，由一个部门对自然资源进行统一管理应当作为自然资源管理体制机制创新的首要任务。目前只有三种自然资源权利纳入不动产统一登记的范围，显然与自然资源管理大部制改革的要求还有差距。应当尽早出台一部《不动产登记法》，把市场中的各种自然资源权利都纳入不动产统一登记的范围，明晰自然资源的权利归属，是推进自然资源管理大部制改革的关键一环。

自然资源用途管制作为优化国土空间开发的主要手段，已经成为生态文明体制机制改革的重点领域。尽管中美两国的国情与立法体制不同，但美国自然资源用途管制的有益经验仍然值得中国借鉴。美国在实施自然资源用途管制的过程中，既注重积极引入新技术，也重视科学技术的负面效应并加强管控。美国注重不断完善自然资源用途管制的基本手段，比如，通过限制自然资源财产权、自然资源规划、审批许可加强自然资源用途管制，根据资源稀缺性程度不同有区别地制定自然资源用途管制策略。这些有益的探索，对于中国自然资源用途管制的顶层设计具有重要的参考与借鉴价值。就中国而言，要发挥好政府在自然资源管制中的作用，并重视科学技术的合理运用，着力提升管制的针对性与科学性；要通过完善相关的法律制度，以保障政府管制权的规范行使，健全资源利用的环境影响评价机制，促进主体功能区的科学规划，并加强资源用途管制的效果评价。

加快生态文明建设，需要改变自然资源用途管制过程中各自为政的局面，着眼于自然资源的可持续利用、生态环境的一体保护和国土空间的整体规划，推进自然资源的整体性管制。实现这一目标，需要处理好自然资源用途管制与自然资源市场化配置的关系，理顺自然资源用途管制中的央地关系，协调好自然资源管制"权力"与自然资源开发利用"权利"的关系。在制度设计上，要建立统一的管制主体制度，强调自然资源用途管制领域的全覆盖，建立健全自然资源用途整体性管制的监管机制，并完善自然资源用途管制的相关法律责任。

第六章　自然资源国家所有权的民法进路

第一节　国家所有权的理论基础

一、所有权及其分类

(一)所有权属于权利范畴

权利一语,系外国法律名词之意译,在拉丁文为 ius,在法语为 droit,在英语为 right,在德语为 Recht,均含有正义、直道之义。[①] 权利是构筑了制度文化的核心要素,法学研究应当以权利本位为范式,以权利本位为起点和归结。[②] 权利之所以是法学的基石范畴,乃是因为:第一,在权利和义务之间权利更准确地反映了法的主体性。第二,权利更真实地反映了法的价值属性。[③] 一般认为,民事权利是权利的下位概念,民事权利是由特定民事利益和法律上之力相结合,共同构成的民事主体自由行使意志、实施法律行为的范围。[④] 而所有权则被视为民事权利体系的逻辑起点。在物权制度中,所有权处于中心地位,是其他类型物

① 参见梁慧星:《民法总论》(第 4 版),法律出版社 2011 年版,第 69 页。

② 参见何志鹏:《权利基本理论:反思与构建》,北京大学出版社 2012 年版,第 3 页。

③ 参见张文显、于宁:《当代中国法哲学研究范式的转换——从阶级斗争范式到权利本位范式》,载《中国法学》2001 年第 1 期。

④ 参见杨立新:《民法总论》,高等教育出版社 2007 年版,第 161 页。

权的来源和基础。正如荷兰民法典所指出的:“所有权是人对物所能享有的最广泛的权利。”①

（二）所有权的概念及其社会化发展趋势

对于什么是所有权,不同的民法学者表述不尽不同。杨立新教授认为,所有权是所有人依法按照自己的意志通过对其所有物进行占有、使用、收益和处分等方式,独占性支配其所有物,并排斥他人非法干涉的永久性物权。② 王利明教授认为,所有权是指所有人依法对自己的财产享有的占有、使用、收益和处分的权利。③ 尽管对所有权的概念有各种表达方式,但其基本内容是确定的:所有权是需要确定物的最终归属的,表明了所有者能够占有一定财产的权利,这种财产权利具有独立性、排他性、全面性、永久性等特征。可见,所有权是指所有权人依法对其财产（动产或者不动产）享有的占有、使用、收益和处分的权利,是一种财产支配权。所有权的核心和灵魂是支配权,它通过支配权而体现它的存在,它本身概括和赋予了所有人实际享有的占有、使用、收益和处分的权能。④ 可以进一步得出:只要支配权不丧失,不管四项权能与所有权如何分离,都不会导致所有权的丧失。

一直到19世纪末期,人们对所有权重点强调的是个人对其财产绝对的支配权。黑格尔就认为,所有权是个人意志的集中体现。“我的意志是人的意志,但人是一个单元,所以所有权就成为单元意志的人格的东西……这就是关于私人所有权的必然性的重要学说。”⑤强调所有权

① 参见《荷兰民法典》（第3、5、6编）,王卫国主译,中国政法大学出版社2006年版,第106页。

② 参见杨立新:《物权法》（第4版）,中国人民大学出版社2013年版,第52页。

③ 参见王利明:《民法》（第5版）,中国人民大学出版社2010年版,第172页。

④ 参见佟柔主编:《论国家所有权》,中国政法大学出版社1987年版,第21、22页。

⑤ 参见[德]黑格尔:《法哲学原理》,范扬、张企泰译,商务印书馆1961年版,第52页。

以个人意志为内容，对保护私人财产权具有进步意义，但同时也带来了财富过于集中、贫富差距拉大等问题，由于过分强调个人所有权所带来的社会矛盾日益突显。于是，人们开始检视这一制度的合理性。“使所有权由绝对性演变成为附有条件而受限制的权利，其行使必须与社会公共利益及人类的共同需要相一致，即所有权的社会化。”①当然，强调社会性并不是要排斥或者抹杀个人财产权，而是把所有权的行使放在有序的社会系统里统筹考虑，其目标是实现个人利益与社会利益的和谐统一。这也是禁止权利滥用原则的具体体现。

现代民法上的所有权属于私权性质。这种私权性质决定了所有权具备一般私法权利的全面性、整体性、弹力性、恒久性、社会性等特征。民法上的所有权主要规范平等主体之间的财产归属关系，体现了民事主体享有的财产权利，具有明显的私权属性。

（三）所有权的分类

我国《物权法》第五章的标题是“国家所有权和集体所有权、私人所有权”，这体现了我国立法对所有权种类的基本划分，即所有权具体包括了国家所有权和集体所有权、私人所有权这三种类型。这种划分方法遭到了部分学者的强烈反对：“在分析财团法人财产归属时套用‘三分法’……只能给问题的解决带来混乱。解决问题的唯一出路，就是要承认法人财产所有权这一财产所有权的独立类型。”②有的学者认为应当参照大陆法系国家的立法传统，不以所有权的主体作为划分标准，而

---

①　王效贤、刘海亮等编：《物权法总则与所有权制度》，知识产权出版社2005年版，第162页。

②　参见孙宪忠：《财团法人财产所有权和宗教财产归属问题初探》，载《中国法学》1990年第4期。

是将采取“合法财产一体化保护原则”。[①] 有的学者指出，“三分法”中不包括法人财产权是一大缺陷，尤其是从根本上否定了财团法人所有权这一所有权种类。[②] 尽管反对“三分法”的声音从未停止过，但立法者最终还是选择了这一分类标准，其基本考量在于这种划分方法符合我国的国情和现实的需要，也有利于所有权制度在实践中的有效运行。本文接下来的研究也是以这一划分方法为前提，进一步探讨国家所有权的制度内涵、法律特征与法律效力。

二、马克思主义经典作家的所有权理论及其影响

(一)所有权是具体的历史范畴，所有权的存在具有客观性

马克思认为，财产所有权不是抽象的概念，而应该是具体的历史范畴。“在每个历史时代中，所有权以各种不同的形式，在完全不同的社会关系下发展着。”[③]因此，他对财产所有权的具体论述是建立在其对各个社会历史形态的财产权形态的分析之上的。

针对原始社会较低的生产力水平，马克思认为那时的财产权利观念还处于非常朴素的阶段，并未形成现代法律意义上的财产权关系。“财产最初无非意味着这样一种关系：人把他的生产的自然条件看作是属于他的……可以说仅仅是他身体的延伸。”[④]在这里，“生产的自然条件”主要指的是土地，原始社会的人们只是把土地看作“自身身体的延伸”，更多的是对土地的占有思想，还没有上升到“自身的财产”的私有

① 参见梁慧星：《中国物权法草案建议稿》，社会科学文献出版社 2000 年版，第 212 页。

② 参见孙宪忠：《中国物权法总论》，法律出版社 2003 年版，第 58～59 页。

③ [德]马克思、恩格斯：《马克思恩格斯选集》(第 1 卷)，中共中央马克思恩格斯列宁斯大林著作编译局编译，人民出版社 1995 年版，第 177 页。

④ [德]马克思、恩格斯：《马克思恩格斯全集》(第 46 卷，上)，中共中央马克思恩格斯列宁斯大林著作编译局编译，人民出版社 1979 年版，第 491 页。

权利义务观念。尽管如此,这种朴素的占有思想为之后的土地所有权思想奠定了思想基础。到了奴隶社会,奴隶主拥有了全部生产资料和绝大部分生活资料,奴隶主的财产权利甚至包括了奴隶本身。“在这种关系中,劳动者本身、活的劳动能力的体现者本身,还直接属于生产的客观条件,而且他们作为这种客观条件被人占有,因而成为奴隶或农奴。”[①]按照马克思的分析,在奴隶社会,不但土地等自然条件属于奴隶主的财产,连奴隶本身也是一种财产,作为奴隶的人与其他家禽在财产意义上并无实质上的区别,都是奴隶主拥有的一种财产。封建社会土地财产权的最大特点是土地主的出现。“封建时代的所有制的主要形式,一方面是地产和束缚于地产上的农奴劳动,另一方面是拥有少量资本并支配着帮工劳动的自身劳动。”[②]马克思认为这一历史阶段的财产权主要体现在封建地主或贵族阶层的土地所有权之中,以及农民或手工业者以自身劳动为基础对自由生产资料的财产权。对资本主义社会的财产权关系,马克思尖锐地指出,资本家和劳动者是两大对立阶级,资本家拥有了绝大多数的生产资料,而劳动者只拥有少量的、仅能勉强维持生活的生活资料,马克思认为由于生产资料逐渐集中到少数资本家手中,资本和劳动出现了分化,“所有权表现为占有他人劳动的权利,表现为劳动不能占有它自己的产品”。[③] 随着社会生产资料不断向资本家手中集中,这种财产权的不平等将日益加剧,其结果是社会矛盾日益激化,最终使资本主义走向灭亡。

马克思在对不同历史形态的财产权状态进行分析的同时,对财产

---

① ［德］马克思、恩格斯:《马克思恩格斯全集》(第46卷,上),中共中央马克思恩格斯列宁斯大林著作编译局编译,人民出版社1979年版,第499页。

② ［德］马克思、恩格斯:《马克思恩格斯全集》(第3卷),中共中央马克思恩格斯列宁斯大林著作编译局编译,人民出版社1960年版,第28页。

③ ［德］马克思、恩格斯:《马克思恩格斯全集》(第46卷,上),中共中央马克思恩格斯列宁斯大林著作编译局编译,人民出版社1979年版,第455页。

权的客观性给予了肯定,这充分体现了历史唯物主义与辩证唯物主义的有机结合。马克思认为,由于垄断土地的需要,出现了土地所有权制度。马克思在论述"土地所有权"的内涵时指出:"土地所有权的前提是,一些人垄断一定量的土地,把它作为排斥其他一切人的、只服从自己个人意志的领域。"①可见,财产权的出现并不是人们的发明或者主观预设,而是客观现实的需要。财产权是基于客观需要的观点,充分体现了辩证唯物主义的思想。

(二)所有权的实质是一定的社会关系,其中最基本的是一定的社会生产关系

马克思主义认为,所有权虽然从形式上是表现为特定的主体与特定的物之间的归属与利用关系,但其实质上是人对物的关系掩盖下的社会关系。"实物是为人的存在,是人的实物存在,同时也就是人为他人的定在,是他对他人的人的关系,是人对人的社会关系。"②在马克思看来,"人对他周围的自然界的所有权,就总是事先……通过他与其他人的关系(这种关系决定他和自然界的关系)间接地表现出来"。③ 可见,所有权必须通过一定社会群体之中的人与人之间的关系表现出来,单个的人对其物的占有是不需要所有权的。

马克思同时指出,所有权最初是以劳动为基础的。资本拥有者可以通过其对资本的所有权控制或交换他人的劳动产品,而所有权并不纯粹是对物的支配,在支配劳动产品的过程中也体现了人与人之间的

① [德]马克思、恩格斯:《马克思恩格斯全集》(第25卷),中共中央马克思恩格斯列宁斯大林著作编译局编译,人民出版社1974年版,第695页。

② [德]马克思、恩格斯:《马克思恩格斯全集》(第2卷),中共中央马克思恩格斯列宁斯大林著作编译局编译,人民出版社1957年版,第52页。

③ [德]马克思、恩格斯:《马克思恩格斯全集》(第26卷第3册),中共中央马克思恩格斯列宁斯大林著作编译局编译,人民出版社1974年版,第417页。

关系。“所有权也只是表现为通过劳动占有劳动产品，以及通过自己的劳动占有他人劳动的产品，只要自己劳动的产品被他人的劳动购买便是如此。”①马克思关于所有权是人与人之间的社会生产关系的思想，对人们准确把握法权关系的性质产生了极为深远的影响。②

（三）关于所有权与所有制关系的论述

所有制是一个政治经济学概念，体现了一种基本经济制度；而所有权则是一种法律权利，用来描述某一特定的物的归属，二者之间既有联系，又有区别。历史唯物主义告诉我们，所有权是所有制在法律上的反映，不同的所有制就会在法律上表现出各种不同的所有权。我国《宪法》规定了全民所有制、集体所有制和个体所有制形式，那么在所有权中就相应地表现为国家所有权、集体所有权和个人财产所有权。

就马克思的本意，所有制指的是渗透在社会的生产、分配、交换和消费诸领域中起主导作用的经济基础，马克思的作为生产关系的所有制概念与财产所有权的概念是有既有联系又有区别的。③ 根据马克思主义基本原理，所有制创造并决定所有权。马克思在批判蒲鲁东对财产所有权的错误理解时指出：“政治经济学不是把财产关系的总和从它们的法律表现上即作为意志关系包括起来，而是从它们的现实形态即作为生产关系包括起来。”④马克思认为，所有权尽管是一种法律形式，但其本质在于表现和维护特定的历史时期的所有制关系，交往产生的关系对物成为财产的决定性作用，即私有制关系决定了物的私有财产

---

① ［德］马克思、恩格斯：《马克思恩格斯全集》（第46卷，上），中共中央马克思恩格斯列宁斯大林著作编译局编译，人民出版社1979年版，第189页。

② 参见黄和新：《马克思所有权思想研究》，南京师范大学出版社2005年版，第87页。

③ 参见孙宪忠：《论物权法》，法律出版社2008年版，第473页。

④ ［德］马克思、恩格斯：《马克思恩格斯选集》（第2卷），中共中央马克思恩格斯列宁斯大林著作编译局编译，人民出版社1995年版，第615页。

性质。马克思认为,物只有在交往中并且不以权利为转移时,才成为物,即成为真正的财产(一种关系,哲学家门称之为观念)。[①]

马克思同时指出,所有制是先于所有权而存在,所有权是所有制在现实社会中的法律形式,"只是由于社会赋予实际占有以法律的规定,实际占有才具有合法占有的性质,才具有私有财产的性质"。[②] 原始社会公有制就是一种所有制表现形式,当时的社会并没有国家或法律的存在,而所有权是法律规定的权利,只有当法律出现时才产生所有权。可见,所有制体现的是社会的经济基础,而所有权则是由法律这一上层建筑规定的,所有制与所有权是决定与被决定、作用与反作用的关系。"一般地说,一定的所有制决定一定的所有权……所有权反过来又积极作用于所有制,保护、巩固和发展所有制"。[③] 所有权反映所有制的过程,实质上就是一个从抽象到具体的过程,任何财产只有经过了所有权的确认,才能做到归属的具体化,才能确定财产所有者,也才有可能在此基础上对财产进行利用。马克思在分析私有制社会所有者对生产条件和剩余劳动的占有时指出,所有者"主要地、几乎完全地依靠和通过对物的支配来进行对人的支配"。[④]

(四)关于资本主义制度下所有权特征的描述

1. 在资本主义社会,资本是一种支配权,财产所有权的本质是垄断。在谈到资本的概念时,马克思指出:"资本不仅像亚当·斯密所说

① 参见[德]马克思、恩格斯:《马克思恩格斯选集》(第 1 卷),中共中央马克思恩格斯列宁斯大林著作编译局编译,人民出版社 1995 年版,第 133 页。

② [德]马克思、恩格斯:《马克思恩格斯全集》(第 1 卷),中共中央马克思恩格斯列宁斯大林著作编译局编译,人民出版社 1956 年版,第 382 页。

③ 黄和新:《马克思所有权思想研究》,南京师范大学出版社 2005 年版,第 75 页。

④ [德]马克思、恩格斯:《马克思恩格斯全集》(第 20 卷),中共中央马克思恩格斯列宁斯大林著作编译局编译,人民出版社 1971 年版,第 202 页。

的那样，是对劳动的支配权。按其本质来说，它是对无酬劳动的支配权。"[①]马克思认为，资本是对劳动及其产品的支配权，即对剩余劳动的支配权。"工人所出卖的不直接是他的劳动，而是他暂时转让给资本家支配的他的劳动力"。[②] 可见，在马克思看来，资本之所以能支配劳动，就在于资本家拥有了资本的所有权，而这种所有权是可以支配劳动的。资本家正是通过资本所有权的这种支配劳动的过程来实现对劳动者的剥削和压迫的。从马克思的一系列经典表述我们可以看出，支配权是财产所有权的灵魂与核心，失去了支配权，所有权也就不存在了。

马克思曾鲜明地指出，资本主义社会下，财产所有权的本质是垄断。马克思曾经指出："垄断就是财产所有权。"[③]也就是说，垄断是财产所有权的本质特征。必须注意的是，马克思说这句话是在特定的语境下表述出来的，马克思所讨论的财产所有权主要是指资本主义社会的私人财产权，我们不能把马克思的原话作为一个公式直接套用到社会主义国家的国家所有权之中，不能直接把国家所有等同于国家垄断，更不能把社会主义公有制下的国家所有权视为国家垄断。列宁对此有着精辟的阐述，他指出："在资本主义社会下，土地的有限的确是以土地的垄断为前提的，但是这说的是作为经营对象的土地，而不是作为所有权对象的土地。"[④]列宁还阐明，资本主义农业中存在两种不同的垄断——土地经营的垄断和土地所有权的垄断，这两种垄断"不仅在逻辑上而且

---

① ［俄］列宁：《资本论》（第 1 卷），中共中央马克思恩格斯列宁斯大林著作编译局编译，人民出版社 2004 年版，第 584 页。

② ［德］马克思、恩格斯：《马克思恩格斯全集》（第 16 卷），中共中央马克思恩格斯列宁斯大林著作编译局编译，人民出版社 1964 年版，第 144 页。

③ ［德］马克思、恩格斯：《马克思恩格斯全集》（第 1 卷），中共中央马克思恩格斯列宁斯大林著作编译局编译，人民出版社 1960 年版，第 613 页。

④ ［俄］列宁：《列宁全集》（第 5 卷），中共中央马克思恩格斯列宁斯大林著作编译局编译，人民出版社 1986 年版，第 100 页。

在历史上,都是两种完全不同的现象”。[①]

2.所有权是以法的存在为前提的排他性权利。马克思认为,单个的人只能是对物的占有,而不是对物的所有,占有是一种事实,而且,所有权是以一个国家法的存在为前提的,没有法律的社会是不存在所有权的。因此,在原始社会和未来的共产主义社会,由于法的不存在或者消亡,所有权也就不存在。“只是由于社会赋予实际占有以法律的规定,实际占有才具有合法占有的性质,才具有私有财产的性质”。[②] “可以设想有一个孤独的野人占有东西。但是在这种情况下,占有并不是法的关系”。[③] 可见,在马克思看来,单纯的占有只是一种事实状态,并不会产生权利,权利是由法律进行规定的。马克思在论及未来的共产主义社会时进一步说明了法与权利之间的密不可分的关系:“个别人对土地的私有权,和一个人对另一个人的私有权一样,是十分荒谬的。”[④] 所有权是排他性的权利——这是马克思对土地所有权进行分析的过程中提出的重要观点。“不同各种地租形态的这种共同性——都是土地所有权即不同各个人所凭以排他地占有土地一定部分的法律虚构的经济实现——便叫人们忽略了区别性”。[⑤] 在这里,土地所有权的显要特征就是“排他地”占有土地。

---

① [俄]列宁:《列宁全集》(第5卷),中共中央马克思恩格斯列宁斯大林著作编译局编译,人民出版社1986年版,第100页。

② [德]马克思、恩格斯:《马克思恩格斯全集》(第1卷),中共中央马克思恩格斯列宁斯大林著作编译局编译,人民出版社1960年版,第382页。

③ [德]马克思、恩格斯:《马克思恩格斯全集》(第1卷),中共中央马克思恩格斯列宁斯大林著作编译局编译,人民出版社1960年版,第104页。

④ [俄]列宁:《资本论》(第3卷),中共中央马克思恩格斯列宁斯大林著作编译局编译,人民出版社2004年版,第875页。

⑤ [俄]列宁:《资本论》(第3卷),中共中央马克思恩格斯列宁斯大林著作编译局编译,人民出版社2004年版,第828页。

三、马克思主义经典作家关于国家所有权的论述及其启示

马克思主义经典作家对国家所有权的分析，是建立在对私人所有权（私人财产权）的分析之上的，是对私人所有权理论的进一步深化。国家所有权也是由国家的所有制决定的，实质上体现了一定社会之中人与人之间的关系，从这点上看，国家所有权与私人所有权并无本质区别。

同时，还应看到国家所有权也有与私人财产权明显不同的特征。马克思在分析封建时期欧洲的国家财产权时指出："掌管国家人事的权利等就是统治者的私有财产。"[①]封建社会的国家财产（统治者的私有财产）是掌握在掌管国家大事的阶层手中，是以掌管国家政治权利和统治军队为重要前提的，国家所有权中鲜明体现着浓厚的行政色彩。在马克思看来，中世纪欧洲的封建制度下的国家所有权并不是法律意义的国家所有权，真正的法律意义上的国家所有权始于资本主义社会。"国家本身的抽象只是近代的特点，因为私人生活的抽象只是近代的特点。政治国家的抽象是现代的产物"。[②]

在马克思主义经典作家看来，国家所有权是指生产资料归国家所有，是社会公有制的实现形式。马克思主义所有制概念是指生产资料的归属，而非全部物质资料的归属。马克思同时提出了实现生产资料公有制的公有产权思想，其核心思想改变少数人占有生产资料的不合理局面。"把资本变为公共的、属于社会全体成员的财产，这并不是把个人财产变为社会财产。这里所改变的只是财产的社会性质，它将失

① ［德］马克思、恩格斯：《马克思恩格斯全集》（第 1 卷），中共中央马克思恩格斯列宁斯大林著作编译局编译，人民出版社 1960 年版，第 381 页。

② ［德］马克思、恩格斯：《马克思恩格斯全集》（第 1 卷），中共中央马克思恩格斯列宁斯大林著作编译局编译，人民出版社 1960 年版，第 284 页。

掉它的阶级性质”。[①] 列宁认为,“国家垄断资本主义是社会主义的最充分的物质准备,是社会主义的前阶”。[②] 可见,社会主义的建立从某种程度上就是建立在国家对资本的垄断的基础之上的,社会主义是以实现生产资料国家所有制为前提条件的。基于对资本主义社会弊端的深刻认识,马克思提出了从私有制向公有制转变,推翻资本主义社会,走向共产主义社会的主张。“共产主义是私有财产即人的自我异化的积极的扬弃,因而是通过人并且为了人而对人的本质的真正占有”。[③] 可见,马克思提出的公有财产权思想,并不是要取消个人财产,而是要去除财产的剥削属性。正如列宁所指出的那样:“社会主义无非是从国家资本主义垄断再向前跨一步。换句话说,社会主义无非是变得有利于全体人民的国家资本主义垄断。”[④]可见,社会主义实行生产资料国家所有的价值追求在于实现全体人民的利益。

具体的所有制关系由一定的社会生产力发展水平和发展要求决定,社会主义公有制是由生产力社会化的发展要求所决定的。马克思认为,社会主义所实行的是“对土地及靠劳动本身生产的生产资料的共同占有”。[⑤] 恩格斯指出:“因此私有制也必须废除,代替它的是共同使用全部生产工具和按共同协议来分配产品,即所谓财产共有。”[⑥]列宁也

---

① [德]马克思、恩格斯:《马克思恩格斯选集》(第1卷),中共中央马克思恩格斯列宁斯大林著作编译局编译,人民出版社1995年版,第287页。

② [俄]列宁:《列宁全集》(第32卷),中共中央马克思恩格斯列宁斯大林著作编译局编译,人民出版社1985年版,第218~219页。

③ [德]马克思、恩格斯:《马克思恩格斯全集》(第42卷),中共中央马克思恩格斯列宁斯大林著作编译局编译,人民出版社1979年版,第120页。

④ [俄]列宁:《列宁全集》(第32卷),中共中央马克思恩格斯列宁斯大林著作编译局编译,人民出版社1985年版,第217页。

⑤ [德]马克思、恩格斯:《马克思恩格斯全集》(第23卷),中共中央马克思恩格斯列宁斯大林著作编译局编译,人民出版社1972年版,第832页。

⑥ [德]马克思、恩格斯:《马克思恩格斯全集》(第1卷),中共中央马克思恩格斯列宁斯大林著作编译局编译,人民出版社1960年版,第217页。

指出:“无产阶级的社会革命以生产资料和流通手段的公有制代替私有制。”①这里提到的“生产资料的共同占有”或者“财产共有”,是指一种生产资料的所有制形式,即社会主义公有制的具体表现形式,其反映在法律上只能表现为“国家所有”,而不能理解为现代法律意义上的社会全体成员对财产的共有关系。②

所有权的一般概念可以适用于国家所有权,是因为国家所有权和其他所有权一样,都具有独占性、排他性的特征。③ 从马克思主义经典作家的一系列论述可以得出这样一个基本结论:作为整个所有权制度核心的国家所有权制度,是一个与国家所有制紧密联系在一起的综合的法律制度,是由一定的社会生产力发展水平和发展要求所决定的,实质上体现了一定的社会生产关系。在公有制条件下,国家所有权则是社会主义公有制的实现形式。

四、国家所有权的制度内容

早在20世纪80年代,佟柔先生就对国家所有权的概念进行过界定:“国家所有权是社会全体成员共同占有生产资料的所有制形式在法律上的反映,它是指公有制社会的国家为了全体人民的利益对全民共同占有的财产享有的占有、使用、收益和处分的权利。”④根据《物权法》第45条的规定,法律规定属于国家的财产,归属国家所有即全民所有。

---

① [俄]列宁:《列宁全集》(第7卷),中共中央马克思恩格斯列宁斯大林著作编译局编译,人民出版社1986年版,第426页。

② 王利明教授在其博士论文《国家所有权研究》中也谈到了这一问题,他认为“人民的共同所有只是表明了国家所有的本质。不能把它理解为法权概念。如果把国家所有等同于各个社会成员的共有,就会把国家所有变成可以具体量化,甚至可以分割为每个人所有的财产,这显然与公有制的内在要求是相悖的”。

③ 参见王利明:《国家所有权研究》,中国人民大学1990年博士学位论文。

④ 参见佟柔主编:《民法原理·修订本》,法律出版社1986年版,第158~161页。

全民所有制意味着全体人民对生产资料的独占，意味着国家的生产资料只能为全民服务，只能作为全社会共同的生产条件而存在，反对任何个人或者社会集团对其进行分割。① 在社会主义国家，国家所有权是全民所有制在法律上的表现形式，是国家对国有财产的占有、使用、收益和处分的权利，这种权利与其他所有权一样，同样具有排他性、独占性、全面性和永久性。

自我国《宪法》确认国家所有权制度以来，社会各界围绕着国家所有权的研究和争论就从未停止。② 1987 年，佟柔教授主编了《论国家所有权》一书，收录了 13 篇与“国家所有权”这一话题相关的论文。这些撰写于改革开放之初的论文，充分体现了当时法学界关于国家所有权的各种观点。学者们提出了“占有权”说、“经营管理权”说、“用益权”说、“相对所有权”说、“法人所有权”说等各种观点，试图回应社会主义市场经济体系下构建国家所有权制度的应有法律构架。至此，也拉开了关于国家所有权问题论争的序幕。2013 年，法学研究杂志社以举办“自然资源国家所有权理论研讨会”的形式再次把这一话题推向高潮，《法学研究》2013 年第 4 期刊发了本次研讨会的成果。纵观这近 30 年的论争，法学界对“国家所有权”问题的歧见主要表现在两个方面：一是国家所有权制度本身的合理性问题，即是否有存在之必要；二是国家所有权是公法意义上的权力还是私法意义上的权利。值得注意的是，争论的聚焦点从起初的“国有企业国家所有权”慢慢转向了“自然资源国家所有权”。

已故民法学界泰斗佟柔教授认为，国家所有权不但重要，而且必不

① 参见佟柔主编：《论国家所有权》，中国政法大学出版社 1987 年版，第 3 页。

② 不仅法学界在关注此话题，哲学、政治学、政治经济学等学科对此问题也给予了极大关注。

可少。空虚所有权的概念不能正确反映国家所有权的本质和职能。国家所有权绝不是虚有权。[①] 王利明教授认为，国家所有权问题是整个社会主义民法学所要研究的最基本的理论问题，[②]国家所有权制度作为一个综合的法律制度，只要所有制存在，就必然要有相应的国家所有权制度存在。所以，它不是一个单纯的民法范畴，甚至不是一个单纯的法律范畴。国家所有权主体、内容及其实现必须与公有制的要求相适应，这样，国家所有权始终与所有制、经济制度联系在一起。[③] 薛军教授认为，在《物权法》中规定自然资源国家所有权是有现实意义的，可以通过民法解释论使其在现实中合理运用。我国的自然资源国家所有权制度是一个民法层面上的制度，在物权法中对其作规定不存在任何体系上的问题。[④] 与之争锋相对的观点是，国家所有权制度从设立之初就没有存在的实际意义，或者仅仅是象征性的权利宣誓。王军博士喻为“一个国家所有权的神话，一个运用法律讲述的神话”；[⑤]葛云松则认为《物权法》重复规定了国家所有权制度，《物权法》的相关条文是“僵尸条款”，纯属“法学的扯淡”。[⑥] 对这种消极的观点，马俊驹教授提出了批评，强调国家所有权并非是一个“神话”或者一种“幻想”。他指出：“国家所有权绝不是一个神话。它对于全体人民中的一切社会成员并不是一个完全空洞的、抽象的法律概念，也不是一种纯粹意志的法律幻想。”[⑦]

---

① 参见佟柔主编：《论国家所有权》，中国政法大学出版社 1987 年版，第 9 页。

② 参见王利明：《国家所有权研究》，中国人民大学 1990 年博士学位论文。

③ 参见王利明：《国家所有权研究》，中国人民大学 1990 年博士学位论文。

④ 参见薛军：《自然资源国家所有权的中国语境与制度传统》，载《法学研究》2013 年第 4 期。

⑤ 参见王军：《国家所有权的神话——解析中国国有企业的公司制实践》，中国政法大学 2003 年博士学位论文。

⑥ 参见葛云松：《物权法的扯淡与认真：评〈物权法草案〉第四、五章》，载《中外法学》2006 年第 1 期。

⑦ 参见马俊驹：《国家所有权的基本理论和立法结构探讨》，载《中国法学》2011 年第 4 期。

研究国家所有权制度的合理性,需要关注两个方面的问题:一是已经存在的客观现实情况。马克思主义认为,实践是检验真理的唯一标准,讨论国家所有权制度的存废也应当坚持一切从客观实际出发。事实是,国家所有权制度在我国是客观存在的,并被我国宪法和法律所确认的一项基本财产制度,这在法律条文里是有明确规定的,无论如何也否定不了。从1982年《宪法》颁布以来,虽经多次修宪,却始终没有对这一制度进行修改,在2007年颁布实施的《物权法》中还对这一制度予以了进一步的确认。这更是表明这一制度存在的客观现实需要。二是当前还需要解决哪些问题。一项制度具有客观存在的合理性,并不表明它就能自动地发挥出其应有的功效。以自然资源国家所有权制度为例,法律对制度的确认只是一个起点,这里面还有一系列的问题需要进一步回答。比如,所有权制度规制的自然资源的内涵与外延问题,水资源与水流、河水是不是一回事呢?肯定不是!虽然水资源和水流都属于自然资源,但二者却有着本质的区别,不可混为一谈。换句话说,水资源归属国家所有并不代表全部的河水都是归国家所有;野生动物资源归属国家所有,并不代表所有的野生动物归属国家所有。再如,《宪法》规定了之后,《物权法》为什么还要进行相应的规定,仅仅是一种再宣示,还是别有深意?从解释论的角度,确定自然资源国家所有权背后的法思想是什么,《物权法》对自然资源国家所有权的再次确认蕴含着什么样的法感情,如何把民法规则有效运用于自然资源国家所有权的制度运行中?从立法论的角度,自然资源国家所有权制度中还有哪些需要改进和完善,大陆法系国家公产与国家私产的划分、英美法系的财产信托制度是否值得我们去借鉴?等。所有这些,都值得我们去做进一步的思考和研究。

1987年1月1日起实施的《民法通则》对国家所有权的基本内容进

行了规定，[①]2007 年 10 月 1 日起施行的《物权法》作为基本民事法律之一，在第五章“所有权”里对国家所有权的基本内容进行了明确规定。[②]可见，国家所有权制度不仅是宪法确定的制度，从《民法通则》颁布实施到《物权法》施行的这 20 年间，我国民事法律始终对国家所有权给予了制度上的确认和回应。正如学者指出的那样，国家所有权无论是作为一项民事法律制度还是作为社会最基本的财产形式，都像“普照之光”一样，使其他的民事法律制度和财产形式“改变色调”。[③] 基于我国《物权法》第 39 条对所有权的概念界定，[④]本文对民法语境下国家所有权的基本内容作简要的分析。

1. 国家所有权的主体是国家，而不是政府，更不是央企。作为国家所有权主体的国家，是一个抽象的整体概念，是国家利益的代表，是全体人民享有国家财产所有权的代表。与此同时，国家作为一种抽象的存在，无法直接行使财产权。国家对其财产所有权的行使是由中央人民政府或地方人民政府完成的。[⑤] 作为财产所有权主体的国家还享有行政、立法、司法等国家公权力，集多种主体身份于一身的国家，其自身的责、权、利如何有效区分是一大难题。

2. 国家所有权的客体是国有财产，具体可分为国家专属财产和非国家专属财产。《物权法》第 47 条至第 53 条就国家所有权的客体作了具体的规定。作为国家所有权客体的财产可以分为两大类，一类是国家专属财产，如国有土地所有权、矿产资源所有权、国防资产所有权等，

---

① 详见《民法通则》第 73 条、第 80 条至第 82 条。

② 详见《物权法》第 45 条至第 57 条。

③ 参见王利明：《国家所有权问题研究》，中国人民大学 1990 年博士学位论文。

④ 根据《物权法》第 39 条对所有权的界定，国家所有权是指国家对自己的不动产或者动产，依法享有占有、使用、收益和处分的权利。

⑤ 我国《物权法》第 45 条第 2 款规定：“国有财产由国务院代表国家行使所有权；法律另有规定的，依照其规定。”

这类财产所有权不得作为交易标的进入民事流转,但在某些国家专属财产上可以依法设立用益物权,用益物权可以为公民或法人等一般民事主体所享有,有的用益物权还可以依法进入民事流转。如在国家土地所有权上设立建设用地使用权、在矿产资源国家所有权上设立采矿权等。另一类为国家非专属财产,比如属于国家所有的办公设备、汽车等,这类财产的国家所有权可以依据国有资产的有关管理规定直接进入民事流转,公民或者法人可以依法取得原本属于国家的财产所有权。

3. 国家所有权的取得方式与普通财产所有权不同。普通财产所有权的取得方式主要包括原始取得和继受取得两种,而国家所有权的取得方式则具有其本身的特殊性。一是直接根据法律的规定而取得财产所有权,即通过制定法律创设或确认国家所有权,比如,《物权法》第 50 条关于"无线电频谱"国家所有权的创设,第 113 条关于"遗失物自发布招领公告之日起六个月内无人认领的,归国家所有"的规定;二是以强制方法取得所有权,比如通过国有化、没收、征收等强制手段将私人财产收归国有,也可以通过强制征收税、费而取得货币的所有权。①

4. 国家所有权的保护方式特殊。与私人所有权相比,对国家所有权是否应当给予特殊的保护,应当视不同的情形而区别对待。对于专属于国家的国家财产,由于其与社会公共利益紧密相关,应当给予特殊的保护,比如国家所有的土地资源就不得作为破产财产。"从国家所有权所体现的公共利益来说,国家所有权必须受到民法的特殊保护,否则就是无视十几亿人民的共同利益。"②对于非国家专属的财产所有权,其可以进入市场进行流转,此时的国家应当看作是一个普通的市场主体,应该与私人所有权同等保护。即便是非国家专属的财产,法律还是赋

① 参见尹田:《物权法》,北京大学出版社 2013 年版,第 295 页。

② 程淑娟:《国家所有权民法保护论》,法律出版社 2013 年版,第 11 页。

予了其一定的特殊性，比如对国家所有的财产无须公示，不适用善意取得，也不适用取得时效。这些特殊保护当然也适用于国家专属之财产。

五、国家所有权的民法保护

（一）国家所有权需要民法保护

尽管我国是以公有制为主体的社会主义国家，但多种经济成分并存是国家的基本经济制度，这决定了在制度上必须以民法的方式保护国家所有权。“没有民法对财产权内容的形成，宪法上的财产权就没有明确的保护对象。”①《宪法》第9条的规定，我们可以把它看作是一个带有宣示性质的条款，或者理解为“一种制度性保障下的所有权”，②其内容需要通过民法上的规定来具体化，从而实现宪法上权利与民法上权利的有效衔接。从权利保护的角度出发，我国《宪法》上规定的权利缺乏相应的救济制度与措施，而民法（以物权法为典型）上对财产性权利有一套完整的保护制度，正好弥补了这一缺憾。宪法上规定的自然资源国家所有权，也是需要民法作出相应的规定来保障。“民法上的自然资源国家所有权制度重在具体化，重在操作，重在实效。”③民法的具体化、可操作性、实效性有效衔接了宪法的宣示性、赋权性，二者紧密配合，完成了国家所有权从“宣示—落实”的严密体系。

（二）民法保护国家所有权的方法

对国家所有权，民法对其的保护与个体财产所有权应当有所不同。

---

① 张翔：《国家所有权的具体内容有待立法形成》，载《法学研究》2013年第4期。

② 参见林来梵：《宪法规定的所有权需要制度性保障》，载《法学研究》2013年第4期。

③ 崔建远：《自然资源国家所有权的定位及完善》，载《法学研究》2013年第4期。

一是适用民法保护所有权的各种方法,即我国民法规定的物权请求权的方法。[①] 国家对其自然资源所有权,除了可以行使对自然资源的"占有、使用、收益、处分"等所有权的各项权能外,在追索、请求返还被非法占有的国家重要自然资源时,不问占有人是否知道该物是否属于国家所有,国家有权取回该财产,而不适用善意取得。二是适用侵权行为民事责任的保护方法。即国家所有权受到非法侵害时,可以要求加害人承担侵权民事责任,比如,承担停止侵害、消除危险、恢复原状、排除妨碍、赔偿损失等侵权责任。三是适用合同的保护方法。当国有财产进入市场,合同的保护方法和保护机制就应当发挥其应有的作用。比如,合同自由原则、实际履行原则、正确履行原则、公平原则、公序良俗原则等,以此确保自然资源在流通领域不受侵害。四是时效上的保护方法,即对国家所有的自然资源的保护,不适用取得时效的相关规定。也就是说,无论经过多长时间,国家都可以向非法占有人追索国有财产。五是打通了国家所有权进入市场的制度性障碍。如果不能进行有效的商品交换,所有权存在的意义便会大打折扣。宪法意义上的国家所有权不可诉,这必然阻碍其在市场上的有效流通。但民法意义上的用益物权、抵押权等却是具有可诉性,[②]这在一定程度上减少了自然资源等国有财产进入市场的障碍,也可从保护自然资源物权的角度给保护自然资源国家所有权提供了路径。比如,自然资源国家所有权不能作为强制执行的对象,但资源物权却可以被强制执行。通过自然资源国家所有权与自然资源物权的有效连接,打通了宪法与民法的边界,赋予了自然资源国家所有权民事权利属性,使民事权利的运行规则、救济方法在

---

① 物权请求权的范围,主要包括返还原物请求权、恢复原状请求权、排除妨害请求权和妨害防止请求权等。

② 通过民事诉讼程序保护国家所有权的方式,属于公力救济的范畴,本节主要关注国家所有权的民法保护问题,对诉讼保护问题不展开讨论。

其中充分运行起来,无疑对自然资源的开发、利用和保护具有重大意义。

(三)民法保护国家所有权的界限

《物权法》确立了国家所有、集体所有和个人所有为区分基础的所有权制度,具有重大的制度贡献。一方面,把国家所有权纳入了民法保护的范围,从财产制度上对国家所有的财产进行了强化保护;另一方面,它也限制了公权力随意进入所有权领域,确立了私权本位,对征收征用进行了严格的限制,进一步划清了国家所有与私人所有的界限。

鉴于此,在研究自然资源国家所有权的民法保护时,我们又必须要进一步阐明以下三点:一是主权与国家所有权的分野,保护国家主权是公法的任务,不是民法的任务,更不是物权法的任务;而保护国家所有权,物权法则要首当其冲,在其中承担不可或缺的重要角色。二是国家公产与国家私产的分野,有些财产属于国家公产,具有很强的公益性,虽然这些财产属于国家所有,但国家并不能随意处分或分配这些财产,也不能随意决定这些财产的存留与否,比如自然资源就是典型的国家所有的公产,兼具财产性和公益性特征,而国家私产则属于国家独占的资源,普通民众不能主张拥有或者利用,比如国防财产就不允许普通民众主张使用权。三是国家财产与公共财产的分野,有些财产需要纳入国家财产,并从民法上予以保护,如太阳能资源;有些财产则不需要任何保护,如太阳光,应当纳入公共财产的范围。

第二节 民法语境下的自然资源国家所有权

国家所有权制度是我国的一项重要法律制度。有学者指出我国的国家所有权制度缺乏制度科学性，导致了国有资产流失、权利主体不明确、与民争利等一系列问题，然而，这些现象与国家所有权制度之间并不存在必然的因果关系。判断制度科学性与否应当坚持三个基本标准：是否遵从客观规律、理由是否充分且周延、是否具有现实可操作性。当前，需要正确运用民法基本原理，回应针对国家所有权的种种质疑，并旗帜鲜明地表明国家所有权的物权属性。

一、自然资源国家所有权的制度科学性之探讨

自我国《民法通则》在民事权利一章确认国家所有权制度以来，社会各界围绕着国家所有权的研究和争论就从未停止过。学界普遍认为，国家所有权是我国民事立法的必然选择，具有重要的现实意义。但也有学者持不同看法，指出国家所有权制度不符合制度科学性的要求，认为应当用公法法人制度来替代国家所有权制度，其代表作是《国家所有权的行使与保护研究》一书。

《国家所有权的行使与保护研究》一书在2015年由中国社会科学出版社出版，笔者在认真拜读之后，越发觉得该书并非在论述如何保护我国当下的国家所有权制度，而是试图用所谓的“公法法人制度”来取代国家所有权制度。该书提出了一个命题：“在建立和完善我国的公共财产支配秩序的时候，到底是依据‘统一、唯一主体’学说这种童话式的分析，还是依据一种科学的法学理念？”[①]这句话表明了该书作者的一个基本观点，即“统一、唯一主体”的国家所有权理论是一种童话式的分析，不符合制度科学性的要求。这就涉及一个重大理论问题：“国家所有权”是童话还是制度科学？或者说，判断“国家所有权”是否具备制度

① 参见孙宪忠：《国家所有权的行使与保护研究》，中国社会科学出版社2015年版，第24页。

科学性的依据是什么？对这一问题的解答，关乎国家所有权制度的命运，也关乎中国整个财产法律制度的健康发展。《国家所有权的行使与保护研究》一书从制度科学性入手，指出“统一、唯一主体”的国家所有权理论实际上给我国的公共财产权利的享有、行使以及保护带来了极大的障碍，书中指出了我国国家所有权制度存在的诸多问题，还列举了许多鲜活的事例加以佐证。然而，正是这些义正言辞的诘问和貌似很有说服力的事例，让笔者深感疑惑与不解。

困惑之一：国有资产流失是国家所有权制度之过？

《国家所有权的行使与保护研究》一书指出：“中国国有财产所有权的法律制度的运作，效果应该说相当不佳。一个基本的问题，就是国家所有权项目下的资产长期大规模流失。”①在笔者的民法学知识体系里，所有权制度的基本价值取向是定分止争，所有权制度的主要功能是促进物尽其用，无论如何也不该与物的流失之间存在直接的因果关系。比如，张三所有的手表由于保管不善被偷了，是“手表归属张三所有”这一所有权制度引起的吗？还能进一步得出应当废除所有权制度的结论吗？显然不能！手表丢了或者被偷了，只能说明张三保管不善或者小偷手法出色，但并不能由此推导出张三不应当拥有该手表的所有权。同样的道理，国有资产流失的原因是多方面的，但有一点可以肯定，国家所有并不必然导致国有资产流失，我们不能以国有资产流失严重的理由来否定国家所有权制度。国有资产流失现象的症结在于国家所有权没有得到有效、正确的行使，这才是国有资产流失的真正原因。

再者，官员处分公共资产不当是国家所有权制度之过吗？《国家所有权的行使与保护研究》一书举了一个“公共财产被官员随意处分”的

① 孙宪忠：《国家所有权的行使与保护研究》，中国社会科学出版社2015年版，第2页。

例子，说的是一位副总理批 500 万元支持山西一位女劳模在山里办轧钢厂，结果该企业因缺乏竞争力等原因被淘汰。该书认为，对这笔钱的处分显示出“国家所有权”行使方面严重的无秩序的法律问题。[①] 试问，这位副总理的行为是在行使“国家所有权”吗？当然不是！公共财产就是国有财产吗？显然二者也不能直接画等号。另外，这笔 500 万元款项的来源是什么？书中没有具体介绍，目前也不得而知，但副总理批出来的资金想必是公共财政资金，这笔资金可能来自于国有企业的利润，可能来自于税收，还可能来自于社会的捐赠。但无论其来源如何，该资金想必已经纳入了公共财政资金。可见，官员批钱是使用公共财政资金的行为，归根结底是一种行政行为，与行使“国家所有权”有着本质的区别。批钱的行为对与否，是该副总理是否正确履行职责的问题，是公务员行使行政权力是否恰当的问题，而不是随意行使“国家所有权”的问题。依据《国家所有权的行使与保护研究》一书所倡导的公法法人制度，难道就可以避免公务员批错钱的问题吗？另外，面对这种现象，我们能否“以保护国家所有权的名义，要求排除侵害，返还被侵吞、被浪费的资产”？[②] 如果这一方案可行，试问，中国还有哪一位官员敢对如何使用公共财政资金作出决策？又有哪一位官员可以保证，他批下去的资金就一定是被使用得“恰到好处”呢？

困惑之二：“全民所有”等同于“全体劳动人民所有”？

《国家所有权的行使与保护研究》一书指出，“国家”无论在哪一种意义上都不可以和“全体人民”等同。同时，在“国家所有权”和“全体

① 参见孙宪忠：《国家所有权的行使与保护研究》，中国社会科学出版社 2015 年版，第 2 页。

② 参见孙宪忠：《国家所有权的行使与保护研究》，中国社会科学出版社 2015 年版，第 2 页。

劳动人民所有权”这两个概念间简单地画等号，同样是不科学。[①] 这一观点的证成预设了一个想当然的前提条件：“全体劳动人民” = “全体人民” = “全民”，于是就有了这样的逻辑论证：因为“全体劳动人民所有”和“国家所有”不能置换，所以“全民所有”与“国家所有”也不能等同。试问，“国家所有即全民所有”中的“全民所有”可以直接转换为“全体人民所有”或者“全体劳动人民所有”吗？当然不可以！首先，把二者等同视之没有法律依据，没有任何一个法条规定“全民所有即全体劳动人民所有”；其次，把二者等同视之没有事实根据，我们找不出任何一个相关的案例来证明“全民所有即全体劳动人民所有”。很显然，把“全民所有”与“全体劳动人民所有”直接画等号才是真正的不科学。

必须看到，“国家所有即全民所有”已经是我国《宪法》和法律约定俗成的一种法律表达方式，也就是说，“国家所有”与“全民所有”二者具有内在的一致性，如同“毛泽东”与“毛润之”指的都是同一个人。因此，我们无须耗费精力去推翻“国家所有即全民所有”这种法律上的固定表达方式。与此同时，我们不能随意地将“全民所有”表达成“全体劳动人民所有”。“按照民法理论的内在逻辑，‘全民所有’只是一个经济或社会意义上的概念，不能成为特定个体权利上的法律概念。”[②]因此，无论是“全民所有”，还是“国家所有”，都不能拆分为一个个特定个体权利，但不能因此而否定“国家所有”或者“全民所有”作为一个法律概念而存在。“全民所有”并不是概念本身不明确，而是过于抽象，需要由民法确认一个法律上的具体的主体，只有国家才是整个社会的正式代表，因此，从“全民所有”到“国家所有”，就是一个从抽象的社会主体到具体的

---

① 参见孙宪忠：《国家所有权的行使与保护研究》，中国社会科学出版社 2015 年版，第 13 页。

② 参见马俊驹：《国家所有权的基本理论和立法结构探讨》，载《中国法学》2011 年第 4 期。

法律主体的表述上的变化，其实质内容并没有发生改变。这种表述上的改变，其目的是从法律上保障全民所有的权利实现。《宪法》实施30多年来，"国家所有"已然成为了一个不可或缺的法律术语，而全民所有在法律意义上与国家所有并无实质性区别。[①]

困惑之三：国家不可以成为民法意义上的所有权主体？

《国家所有权的行使与保护研究》一书认为，国家不合适作为民法意义上的所有者，国家是一个抽象的主体，"国家所有权"中的"国家"无法形成具体财产所有权的主体。[②] 该书认为，抽象的"国家"和具体的财产所有权是无法发生法律链接的。然而，该书去援用了一个没有说服力的《毛主席去安源》油画所有权归属案来论证这一观点。书中谈到的这一案例中，油画的所有权主体其实是明确的，即通过拍卖购得该油画的建行广州市分行。法院的判决认为，该油画存在博物馆也好，存在银行也好，都属于国有资产，油画的国有状态没有改变，国家财产并未受到实际损失，因而，法院驳回了博物馆请求返还油画的诉讼请求。[③] 法院驳回诉讼请求的结论毋庸置疑，但法院给出的理由是不恰当的，甚至是可笑的。很显然，该案法官对国家所有权制度的理解是存在明显偏差的。然而，就是这样一个对于国家所有权制度的误解，却被《国家所有权的行使与保护研究》一书作者作为事例来论证"国家"不能成为财产所有者的观点，这能成立吗？同样的推导逻辑还出现在书中列举的发生在我国企业和埃及企业之间的国际性案例之中。埃及法院认为中

---

① 参见施志源：《生态文明背景下的自然资源国家所有权研究》，福建师范大学2014年博士学位论文。

② 参见孙宪忠：《国家所有权的行使与保护研究》，中国社会科学出版社2015年版，第13页。

③ 参见孙宪忠：《国家所有权的行使与保护研究》，中国社会科学出版社2015年版，第14页。

国的两个国有企业都只有一个法律上的主体即中国国家,所以一个中国国企的债务可以用另一个中国国企的财产来代偿。试问,埃及法院的理由本身站得住脚吗?其实,大家都很清楚,埃及法院是在对中国法律制度一知半解的前提下援用中国的法律作出了扣押货轮的错误决定,这是对中国法律断章取义的适用,同时,也侵害了中国远洋运输集团公司的合法权益。既然埃及法院要援用中国的法律制度,那么就应当要全面地完整地适用中国的法律制度。应当用我们的制度自信理直气壮地告诉埃及法院,在中国国家所有权制度框架下我们实行的是所有权与经营权相分离的法律制度,在这一制度框架之下,有一系列的法律制度来规范国有企业的独立经营行为,还有关于企业应当如何承担债务的一系列法律规定。再者,依据中国的法律制度,国有企业的债务也不能直接等同于国家债务。总之,无论是中国法院或者埃及法院在适用法律过程中出现的种种偏差,其根源在于没有全面、正确地理解我国的国有权制度,但不能因为出现了对国家所有权制度的误解,就全盘否定了我们的国家所有权制度。

国家是否具备所有权主体资格呢?不可否认,国家作为一种抽象的存在,无法直接行使财产权,但我们不能因此否定国家作为所有权主体的资格。国家既是一个政治意义上的概念,同时也是一个法律意义上的概念。中国是社会主义国家,国家既是主权的享有者、政权的承担者,也是国有财产的所有者、归属者。所以,国家这一主体本身是兼具多种身份的,既是国家主权者,又是财产所有者。[①] 习近平总书记关于党的十八届三中全会《决定》的说明中明确指出:“国家对全民所有自然资源资产行使所有权并进行管理和国家对国土范围内自然资源行使监

① 参见施志源:《生态文明背景下的自然资源国家所有权研究》,福建师范大学 2014 年博士学位论文。

管权是不同的,前者是所有权人意义上的权利,后者是管理者意义上的权力。”可见,自然资源国家所有权是所有权人意义上的权利,这也佐证了国家具备作为所有权人的主体资格。其实,《国家所有权的行使与保护研究》一书也承认,在一些特殊情况下,“国家”仍然可以作为所有权的主体。[①]

困惑之四:国家所有会导致政府与民争利吗?

《国家所有权的行使与保护研究》一书认为,国家作为所有者会导致“与民争利”,我国地方政府出台的政策文件,是依据国家所有权统一性要取得这些资源的物质利益,说明我国一些地方政府在与民争利方面已经走向了极端。[②] 必须指出的是,国家所有并不必然与国有资产的有偿使用画等号。以自然资源国家所有权为例子,比如,水资源所有权归属国家,不等于任何用水行为都是有偿的,不等于入江游泳就要取得政府许可或者向政府缴费。如果是基于人类基本生存需求而利用国家所有的资源,这种权利国家应当予以积极的保护,在这种情形下国家所有权也必须作为让步,[③]或者说,这就是国家所有权行使的一个重要边界。但我们不能因此而否定国家所有权制度的合理性。因为老百姓的资源使用权也是有限度的,那就是不能够破坏生态环境,不能够影响到他人的生存与社会的有序发展,不能影响到子孙后代的资源权利,这是公众行使资源权利的边界。而国家所有权制度为划清这些边界提供了制度基础,从这个意义上来说,国家所有权不是与民争利,而是确立了

---

① 参见孙宪忠:《国家所有权的行使与保护研究》,中国社会科学出版社 2015 年版,第 23 页。

② 参见孙宪忠:《国家所有权的行使与保护研究》,中国社会科学出版社 2015 年版,第 18 页。

③ 参见我国《水法》明确规定了三种法定取水权。

民众使用公共资源的秩序。当前,不少地方政府试图垄断自然资源的收益,人为地设置一般民事主体利用自然资源获得收益的障碍,这是个别地方政府误解或者故意歪曲自然资源国家所有权的收益权能,往往是出于增加地方财政收入的目的,这才是真正的"与民争利"。[①]

困惑之五:国家作为所有权主体会导致权利救济不能吗?

《国家所有权的行使与保护研究》一书认为,国家作为所有权主体可能带来权利救济不能,不仅人民中的某一个或者某些成员无权提出司法救济,就是政府机关哪怕是专门代表国家行使司法诉权的检察院也无权提出保护国家所有权的司法救济。[②] 这句话有的方面是对的,但不全对。首先,个体公民提出国家所有权的司法救济的模式不可行。全民所有是一个集合概念,并不能拆分成一个个简单的个人。诉权的来源是权利,单个的个人不是国家所有权的权利者,自然不享有诉权。尽管某些学者认为它是一个严重的制度缺陷,但这仅仅是一个"伪缺陷"。其次,国家所有权侵权之诉不是公益诉讼,当然不适用公益诉讼的规则。公共财产与国有财产之间会交集,但不能简单等同,国有财产还包括了国防设施等国家专属的资产。最后,国家所有权侵权之诉不应由司法机关提起,而应当由国家所有权者提起。司法机关可以提起侵吞国有资产的贪腐之诉,但这不是国有所有权的保护之诉。那么,谁来提起国家所有权的权利救济之诉呢?答案其实很明确,国有所有权的保护之诉应当由国家所有权的行使者提起。政府代表国家行使所有权,既包括行使占有、使用、收益和处分等各种积极权能的权利,也包括

---

① 参见施志源:《生态文明背景下的自然资源国家所有权研究》,福建师范大学2014年博士学位论文。

② 参见孙宪忠:《国家所有权的行使与保护研究》,中国社会科学出版社2015年版,第4页。

行使物上请求权等消极权能的权利，还享有向人民法院提起损害赔偿之诉和侵权之诉的权利。

困惑之六：对自然资源国家所有权的种种批评恰当吗？

《国家所有权的行使与保护研究》一书对自然资源国家所有权提出了诸多批判，主要体现在以下几个方面：第一，太阳能、风能这些资源自古以来都是属于“无主物”，从古至今在世界上其他国家还没有出现过政府出台垄断太阳能、风能的事情，政府只是对它们行使主权意义的行政管理。[①] 第二，如果我们坚持把国家当作一切野生动植物资源的所有权人，那么一切野生动植物致人损害事情的发生，小到蚊虫叮咬，大到野生老虎下山伤人，岂不都是“国家”的动物伤人，应当由国家承担赔偿责任？[②] 第三，我国野生动物迁徙他国，岂不也应由国家行使物权返还请求权，要求邻国返还我国所有的动物？[③] 这些看似振振有词的问题，其实缺乏科学性。

第一，“政府出台垄断太阳能、风能的事情”这样的表述本身就很怪异，更不能以此否定自然资源国家所有权制度。比如，《黑龙江省气候资源探测与保护条例》等地方性法规并非由政府出台，更谈不上“政府垄断”，再者，既然作者用了“事情”一词，那就表明垄断已经是既成事实了，果真如此吗？另外，前人没有规定的制度，后人就不能规定吗？其他国家没有规定，中国就不能规定吗？随着人类科学技术水平的日益提升，有一些原先人类无法利用的自然界物质可以进行开发利用了，这

---

① 参见孙宪忠：《国家所有权的行使与保护研究》，中国社会科学出版社 2015 年版，第 18 页。

② 参见孙宪忠：《国家所有权的行使与保护研究》，中国社会科学出版社 2015 年版，第 385 页。

③ 参见孙宪忠：《国家所有权的行使与保护研究》，中国社会科学出版社 2015 年版，第 385 页。

些自然界物质就成为新型自然资源,而当开发利用这些新型自然资源出现无序状态时,出台相关的法律进行规范不但可行而且是必要的。比如,由于具有“碳捕获与隔离”(Carbon Capture and Sequestration)功能而具有财产权价值的处于地下空间的“孔隙”(Pore Space)在美国肯塔基州就被视为一种新型的自然资源。①

第二,我们暂且把书中的“当做”视为“当作”的笔误,“野生动物资源归属国家所有”与“野生动物归属国家所有”是一回事吗?这就回归到一个最基本的理论问题:什么是自然资源。《国家所有权的行使与保护研究》一书对“自然资源”的定义是,凡是自然物质经过人类的发现,被输入生产过程,或直接进入消耗过程,变成有用途的,或能给人以舒适感,从而产生经济价值以提高人类当前和未来福利的物质与能量的总称。② 笔者非常赞同书中对自然资源的界定,从这一界定可以看出,“有用性”或者“福利性”是自然资源的最基本特征。然而,该书随后列举了“蚊虫叮咬”“野生老虎伤人”等例子来试图说明自然资源国家所有的弊端,试问,“蚊虫”“野生老虎”是野生动物资源吗?如果是的话,又如何体现自然资源的“有用性”“福利性”呢?很显然,野生动物与野生动物资源不能直接画等号,野生动物带来的自然灾害也不能视为国家所有的野生动物资源带来的致人损害。自然灾害的现象应当由自然灾害防灾减灾法律制度去规范,其本身并不属于自然资源国家所有权制度的规范范围。

第三,野生动物迁徙是一种自然规律,是一种有利于保持生态平衡

---

① Mark A. Imbrogno, Pipedream to Pipeline: Ownership of Kentucky's Subterranean Pore Space for Use in Carbon Capture and Sequestration, Louisville Law Review, Vol. 49, 2010 - 2011, pp. 291 - 315.

② 参见孙宪忠:《国家所有权的行使与保护研究》,中国社会科学出版社 2015 年版,第 383 页。

的自然客观现象。这种现象本身并不需要法律制度去规范，不存在所谓的国有资产流失问题，更不存在由国家行使物权返还请求权的问题。野生动物迁徙是动物出于自身生存需要而进行的活动，这是自然界周而复始的规律，任何法律制度都应当尊重这种客观规律，国家所有权的行使也必须为此做出让步。但不能以此为例得出野生动物资源国家所有权无法行使物上请求权的结论，因为，国家行使物上请求权的理由和依据并不存在。单从数量上看，动物迁徙可能会导致某一时期的动物数量变少，但从总体上看，今年冬天的动物数量和往年冬天的动物数量其实是一样的，今年夏天的动物数量和去年夏天的动物数量也是差不多的，这种符合自然生存发展的现象人类有必要去干预吗，提出能否行使物上请求权这一类的问题有现实基础吗？再者，如果不让这些动物迁徙，它们可能会冻死或者饿死，那才是破坏野生动物资源的行为。试问，我们还有必要为能否行使野生动物迁徙的物上请求权而烦恼吗？难怪尼采说，人类一思考，上帝就发笑。

第四，自然资源与自然资源产品、自然资源资产等概念既有联系，也有区别。自然资源是人类开发利用的对象，自然资源产品则是人类开发利用自然资源的成果，二者是紧密联系的。自然资源的功能发挥必须通过人为加工成为资源产品。资源产品是可以进入市场流通，自由买卖的；而自然资源在市场流通上则受到了诸多限制。自然资产主要是用于经济核算的，判断自然资源和自然资产的标准有着本质的不同。认定自然资产的重要标准就是要能带来经济上的实际利益。自然资源的开发利用可能提高人类的生活水平，但不一定就能带来经济上的直接利益。[①] 比如，尚未砍伐的树木属于国家所有的森林资源的组成

① 参见施志源：《生态文明背景下的自然资源国家所有权研究》，福建师范大学 2014 年博士学位论文。

部分,但其被依法砍伐并做成沙发之后,则成为了资源产品。可见,自然资源与自然资源产品的法律适用绝对不可以混为一谈。区分好这些基本概念,是研究自然资源国家所有权制度的重要前提和基础。

提出上述困惑与质疑,并非有意挑战学术权威,更无意于标新立异。正如有的学者指出的那样,当下,我们需要的不是对“国家所有权”一味的批判,或者,试图用一种新的理论来重建我国的财产权制度。国家所有权绝不是一个神话。它对于全体人民中的一切社会成员并不是一个完全空洞的、抽象的法律概念,也不是一种纯粹意志的法律幻想。①国家所有权无论是作为一项民事法律制度还是作为社会最基本的财产形式,都像“普照之光”一样,使其他的民事法律制度和财产形式“改变色调”。② 判断一项法律制度是否具备制度科学性,应当从是否遵从客观规律、打破旧制度的理由是否具有周延性、是否具有现实可操作性等几个方面加以综合考量。

第一,是否遵从客观规律。制度科学首先应当尊重事物运行的自然规律,一切论断都应当以客观规律为基础,比如,水流入海、动物迁徙本身就是自然界的客观规律,资产流失从何谈起谈起呢?这个问题根本就不存在!拿一个根本不存在的问题,来否定一项已经运行了几十年的法律制度,合适吗?因此,任何问题的提出都必须以尊重自然界的客观规律为基础,否则,就不是科学的,更不可能是制度科学。

第二,理由是否充分且周延。建立一项新的制度,往往需要打破一项就制度。打破旧制度,需要有充分的理由,而且这个理由与要推导出的结论必须存在因果关系。《国家所有权的行使与保护研究》一书所列举的理由或者事例无法让人信服,比如,国有资产流失是国家所有之

① 参见马俊驹:《国家所有权的基本理论和立法结构探讨》,载《中国法学》2011 年第 4 期。
② 参见王利明:《国家所有权研究》,中国人民大学 1990 年博士学位论文。

过，野生动物伤人是野生动物资源国家所有之过，气候资源国家所有把与民争利推向极端等。这些看似义正言辞的推论，其实都是一种断章取义的误解，或者说，为了论证某一结论而选取了其中的部分内容，只见树木，不见森林。这种把本来不存在因果关系的事实和结论牵在一条线上，得出的结论就难以令人信服。

第三，是否具备现实可操作性。马克思主义认为，实践是检验真理的唯一标准，讨论国家所有权制度的存废也应当坚持一切从客观实际出发。事实是，国家所有权制度在我国是客观存在的，并被我国宪法和法律所确认的一项基本财产制度，这在法律条文里是有明确规定的，无论如何也否定不了。从1982年《宪法》颁布以来，中国制定的一系列相关法律制度都对国家所有权制度予以了进一步的确认，30多年来逐步完善的中国法律制度表明了国家所有权制度是符合中国国情的。试想，如果把国家所有权制度推翻而取公法法人制度代之，那中国有多少法律需要修改，修改这些法律需要多少时间，适应这些新的法律又需要多少时间呢？可以说，这种建议根本就无法实现。如果连现实可操作性都没有，那么，用“公法法人”取代“国家所有权”的动议是一种童话式的分析，还是一种制度科学呢？结论一目了然。

二、自然资源国家所有权的性质辨析

根据所有权的定义和国家所有权的内涵界定，自然资源国家所有权是指国家对其所有的自然资源享有的占有、使用、收益和处分的权利。理解自然资源国家所有权的内涵，首先需要把握以下几点：第一，自然资源国家所有权的所有权人是国家，而不是政府、政府某一职能部门或者政府授予一定管理权的事业单位。第二，自然资源范围极其广泛，包括国家所有的自然资源，村集体所有的自然资源，以及法律允许的私人所有的自然资源。国家所有权仅仅针对国家所有的那部分自然资源，而不是全部的自然资源。第三，自然资源国家所有权是一个完整的权利，包括了对自然资源占有、使用、收益和处分等各项权能。

公法和私法的区分，已经成为当今世界范围内法律制度最基本的分类方法。根据这一划分方法，宪法、行政法等属于公法，民法、物权法等属于私法。《宪法》第 9 条规定与《物权法》第 46 条规定分别规定了自然资源国家所有，这样，自然资源国家所有既规定在公法里，也规定在私法里。那么，他们在法律性质上是否能按照“公法”“私法”对号入座，认为宪法规定的是公法所有权，民法规定的是私法所有权？更进一步的问题是，自然资源是人类生存和发展的基础，其合理分配和有效利用是公法的使命，还是私法的使命，还是应当由公私法共同配合完成？具体而言，问题的核心是：自然资源国家所有权是公法权力还是私法权利，抑或兼而有之？学术界对此众说纷纭，本节试析之。

（一）自然资源国家所有权公权说

自然资源国家所有权公权说提出，自然资源国家所有权与民法物权有着本质的不同，这一制度的设计初衷是为了维护以公有制为基础的社会主义全民所有制，更多的体现国家在管理自然资源的权力（立法或者行政上），应当认定为一种公权力。公权说认为，无论自然资源国家所有权是规定在物权里，或者是规定在自然资源单行法里，国家所有权的“行政管理”色彩从来没发生过变化，都只是对《宪法》规定的细化或重申，都无法撼动国家所有权的公权性。马俊驹教授认为，国家所有权与传统所有权的概念有很大差别，这是因为国家已包含了许多行政权力，部分地体现了国家权力的本质特征。[①] 巩固认为，对于国家所有

① 参见马俊驹：《借鉴大陆法系传统法律框架构建自然资源法律制度》，载《法学研究》2013 年第 4 期。

权这样一种各方面都具有显而易见的"公"色彩的事物,必须要有超越私法的视域;只有明确了自然资源国家所有权的公权属性,才能有效解决资源的权属问题;正本清源,恢复自然资源国家所有权的公权本色,才是解决资源权属问题的根本之道。[①]

(二)自然资源国家垄断说

有学者提出,自然资源归国家所有是国家财产制的组成部分,其基本特征是国家垄断,其基本工具价值是垄断,[②]这一观点也遭到了部分学者的反对。实际上全民所有作为公有制的形式,与国家垄断不完全是一回事。国家的背后是全民。全民所有制包括国家所有权也不是完全的国家垄断。[③] 本节认为,国家所有权与国家垄断是绝对不能画等号的,具体到我们国家更不行。中国是社会主义国家,国家的法律制度在于实现"人民民主专政的社会主义国家",绝不是为了垄断自然资源。从中国特色社会主义法律体系出发,国家垄断自然资源的提法,无论从法思想、法感情还是法技术上都是无法被接受的。

(三)自然资源国家所有权双阶构造说

关于自然资源的归属,在我国现行的法律体系内,《宪法》《物权法》和各种具体的自然资源单行法都规定了自然资源的权属问题,有的学者提出了双阶构造理论,试图突破公权说或私权说的藩篱。双阶构造理论指自然资源国家所有权的法系统呈现出公私法交错的状态,蕴含着垂直关系的宪法规范和水平关系的民法规范,体现为"宪法所有权—

① 参见巩固:《自然资源国家所有权公权说》,载《法学研究》2013 年第 4 期。

② 参见徐祥民:《自然资源国家所有权之国家所有制说》,载《法学研究》2013 年第 4 期。

③ 参见马俊驹:《借鉴大陆法系传统法律框架构建自然资源法律制度》,载《法学研究》2013 年第 4 期。

民法所有权”的法律构造。[1] 就所有权类型的理论反思而言，自然资源国家所有权蕴含着宪法所有权与民法所有权的双阶构造，纯粹私权说与纯粹公权说均难谓恰当。[2] 在税兵教授看来，应当用“宪法所有权是国家取得民法所有权资格”的双阶理论来解释当下自然资源国家所有权的性质问题。当然，已经有学者对这一提法提出了质疑，认为这一理论与实践相脱节，在现实中缺乏可操作性。宪法上的国家所有权是主权国家对公民的关系，民法上的国家所有权是平等主体之间的关系，这种双阶构造可能难以实现其理论目的。[3]

(四)自然资源国家所有权私权说

尽管《宪法》规定了自然资源国家所有权，但应当注意的是，中国宪法与西方宪法体制是有区别的，是在不同的语境下使用的，不能将中西方的宪法直接画等号。在中国的法律体系里，宪法也是私法的法律渊源之一。[4] 因此，《宪法》规定的国家所有权完全有可能是具有私权性质的。无论自然资源国家所有权作为私权规范规定在宪法中，还是作为公权规定于民法中，都是正常的现象。[5] 私法上的所有权完全可能受到宪法的保护，不能因为宪法有相关的规定，就认为它与民法上规定的所有权是两个所有权，归根结底就是只有一个所有权，只不过这个所有权宪法和民法都予以确认和保护，仅此而已。值得注意的是，一般认为所有权为私法上的概念，并不存在所谓公法上所有权的概念。[6] 公法的影

---

① 参见税兵:《自然资源国家所有权双阶构造说》，载《法学研究》2013 年第 4 期。

② 参见税兵:《自然资源国家所有权双阶构造说》，载《法学研究》2013 年第 4 期。

③ 参见彭成信:《自然资源上的权利层次》，载《法学研究》2013 年第 4 期。

④ 在佟柔先生出版的《民法原理》(法律出版社 1986 年版第 22 页)中就把宪法列为中国民法的渊源。

⑤ 参见王涌:《自然资源国家所有权三层结构说》，载《法学研究》2013 年第 4 期。

⑥ 参见崔建远主编:《然资源物权法律制度研究》，法律出版社 2012 年版，第 31 页。

响力很大,但是所有权依然具有形式上的统一性,所谓所有权之公法和私法的绝对二元化并不成立。①

(五)本文对自然资源国家所有权法律性质的理解

讨论自然资源国家所有权的法律性质,应当从中国特色社会主义法律体系的现状和现有的生活事实出发。私法并不仅仅保护个人利益,私法同样具有保护公共利益的职能。公法虽然是以保护公共利益为出发点的,但也经常照顾到个人利益。因此,不能说《宪法》等公法里规定的就都是公权力,而《物权法》等私法里规定的也不都是私权利。国家所有权的特殊性体现在国家自身存在多重的身份性,从主权国家的视角来看待自然资源国家所有权,它就是一项公权力,用来确保国家对自然资源的主权。从自然资源开发利用权利的取得、行使和救济的途径等方面看,都可以看到公权力的影子:权利的取得需要国家机关的审批或者特许,权利的行使需要接受行政机关的监督,权利的救济也时常需要依赖于行政机关。从权利市场流转的视角来看待自然资源国家所有权,它又是一项私法权利。

因此,正确认识和看待自然资源国家所有权,不能把其简单地归结为公权力或者私权利。暂且不论行政法上的双阶构造是否合适用于解释公法和私法共同规制自然资源国家所有权的情形,必须承认的是,对自然资源的权属分配和开发利用秩序的建构,从来就不是宪法或者民法或者自然资源法所能单独完成的。或许,我们不应过多纠缠于自然资源国家所有权到底是公权还是私权的界分,而应着眼于构建一个有效的自然资源国家所有权的运行机制,在这个运行机制中,宪法以及民法、行政法、自然资源单行法、公司法等各部门法发挥着各自的功能与

① 参见王涌:《自然资源国家所有权三层结构说》,载《法学研究》2013 年第 4 期。

作用，公法与私法相辅相成、相互补充。

三、自然资源国家所有权的法律属性

物权，是支配财产并以此获得财产利益的民法权利。[①] 物权是一种最基本的财产权利，是“直接的、具体的、实在的”处理财产和决定财产使用方式的权利。[②] 从权利属性上来看，自然资源国家所有权归根结底是一种物权。第一，自然资源是一种普遍存在的财产形态，是具有使用价值和交换价值的资源，能创造经济价值，把自然资源国家所有权确认为物权有利于自然资源经济价值的充分实现和经济效益的充分发挥。第二，可支配并可获得收益是一种财产权利能否成为物权的核心要素。自然资源是可以被直接支配并利用的财产，自然资源国家所有权赋予了国家直接支配自然资源并从中获得收益的权利，符合物权的核心特征。第三，物权法定原则是物权法的基本原则，物权法定首先是物权种类法定，其要义就是物权类型应由法律予以明确规定，不允许当事人自由创设物权种类。我国《物权法》在国家所有权部分明确规定了自然资源国家所有的内容，表明了自然资源国家所有权是由《物权法》明确规定的权利类型，把自然资源国家所有权确认为物权具有法律上的依据。

（一）自然资源国家所有权是对世权

对世性表明了自然资源的所有权主体是特定的、唯一的，即国家，而义务主体则是除了国家以外的其他任何的不特定的主体。自然资源

① 《物权法》第2条第3款规定：“本法所称物权，是指权利人依法对特定的物享有直接支配和排他的权利，包括所有权、用益物权和担保物权。”

② 吴宣恭教授在《关于物权法权利体系的几点经济学思考》一文中指出：“支配权是产权主体处理财产和决定财产使用方式的权利，都是直接的、具体的、实在的，不存在所谓‘间接’、‘抽象’的支配权。”参见吴宣恭：《吴宣恭文集（上）——产权·价值·分配》，经济科学出版社2010年版，第98页。

国家所有权具有“对世性”，表明了国有享有的自然资源财产权利，不受其他任何主体的侵犯。[①] 未经国家的许可或同意，其他任何主体不能侵害国家所有的自然资源，这是对世性权利的应有之义，即其他任何不特定的主体主要承担的是对国家所有的自然资源的不作为义务。

（二）自然资源国家所有权是一种支配权

物权，简单而言，就是权利主体直接支配物的权利。“各种具体物权的内容虽有所不同，但无论何种物权，均系对物的直接支配权。”[②]自然资源国家所有权作为一种物权，其最直接的表现方式便是国家支配自然资源的权利。这种支配权，体现为国家在法律允许的范围内对自然资源占有、使用、收益、处分等全面控制和支配。只有具有支配权的特征，国家作为所有权人对自然资源的权利才有了具体的实现可能，表明了国家对自然资源的占有、开发和利用无须其他任何主体的同意或者其他任何行为的介入。当然，国家行使自然资源的支配权，必须与生态文明建设的旨趣相吻合，必须严格依据法律、法规的规定行使权利。

（三）自然资源国家所有权是法律明文规定的权利，具有法定性

自然资源国家所有权是法律创设的权利，权利的取得不需要公民等其他民事主体的辅助，完全因为法律的规定而存在，而且也是凭借法律的规定实现权益。《宪法》《物权法》和各种类型的自然资源单行法对自然资源国家所有权的相关法律规定，是设立自然资源国家所有权的

---

① 党的十八届三中全会《决定》要求要落实国家作为自然资源所有权的权益，明确自然资源国家所有权的对世性特征，对于保障国家的自然资源权益具有重大意义。

② 参见尹田：《物权法》，北京大学出版社2013年版，第5页。

法定根据。因此,自然资源国家所有权不能由政府或者政府职能部门自由创设,其权利来源于法律规定。

（四）自然资源国家所有权是一种自物权,具有权利的独立性

自物权与他物权的区分,主要看物的所有者是权利者本身,还是权利人以外的其他法律主体。自然资源国家所有权是国家对其自有的自然资源享有的财产权利,这一权利的产生并不依赖于其他民事主体的民事权利,属于自物权而非其他权利派生出来的他物权,因而,自然资源国家所有权是可以依法独立存在的。

（五）自然资源国家所有权的公共性特征明显

在民法学领域,学者们日益意识到了国家所有权与私人所有权之间的重大差异,国家所有权的公共性也得到了越来越多的认同。[①] 自然资源是人类生存和发展的基本物质条件,设立自然资源国家所有权,其目的不是为了剥夺大众使用自然资源的权利和自由,而是通过明确资源归属避免资源的无序开发或破坏。“自然资源的公共产品属性,决定了自然资源物权制度设计的最终目的不是为了实现某个私人或者集团的利益,而是为了增进社会公共利益和公众福利。”[②]自然资源国家所有权具有明显的社会公益性特征,要以保障人的基本生存需求、维护社会的公共利益、实现经济社会的可持续发展为前提。

---

① 参见张建文:《转型时期的国家所有权问题研究:面向公共所有权的思考》,法律出版社2008年版,第99页。

② 黄锡生:《自然资源物权法律制度研究》,重庆大学出版社2012年版,第38页。

四、自然资源国家所有权的法律效力

(一)自然资源国家所有权法律效力的一般特征

1. 自然资源国家所有权的排他效力

物权的排他效力,是指同一标的物上不得成立两个以上所有权或者两个以上不相容的物权。① 因此,就某一特定的自然资源,只能设立一个所有权,要么是国家所有权,要么是集体所有权,要么是个体所有权,只能存在一个所有权,而不能同时存在多个所有权。举个例子,某一具体的林木,它不能既属于国家所有,又属于集体所有。② 马克思对所有权的排他性也有着形象的描述,在谈到土地所有权时指出:“土地所有权的前提是,一些私人垄断着地体的一部分,把它当着私人意志的专有领域,在它的支配上排斥着一切其他的人。”③自然资源国家所有权的排他效力,只是表明不能同时存在两个所有权,而不是禁止在同一自然资源之上存在两个物权。在国家所有的自然资源之上,可以通过设立用益物权的方式来授予其他民事主体开发利用自然资源的权利,即国家所有权的排他效力不排斥民众对自然资源依法取得的使用权。

2. 自然资源国家所有权的请求权效力

“所谓物权请求权,是指权利人为恢复物权的圆满状态或者防止侵害发生,请求义务人为一定行为或者不为一定行为的权利。”④物上请求权只是国家基于自然资源财产所有者的身份的一种自力救济。由于自

① 参见尹田:《物权法》,北京大学出版社2013年版,第19页。

② 《森林法》第3条规定:“森林资源属于全民所有,由法律规定属于集体所有的除外。”这表明,属于集体所有的森林资源,就不属于全民所有。

③ [德]卡尔·马克思:《资本论》(第1~3卷),中共中央马克思恩格斯列宁斯大林著作编译局编译,人民出版社2004年版,第722~723页。

④ 王利明主编:《民法》(第5版),中国人民大学出版社2010年版,第161页。

然资源与普通的物品不同,承载着生态功能,承载着人类生存条件的基本保障,还承载着环境伦理和正义。因此,物上请求权的救济方式并不能完全保证自然资源完全不受侵害,也无法保证自然资源在受到侵害时能得到圆满的恢复。对自然资源的保护,是民法、环境法、行政法、刑法等各法律部门的共同责任,甚至单纯依靠法律也不足于实现对自然资源的圆满保护。

3. 自然资源国家所有权的优先效力

物权的优先效力,主要是指物权在哪些情况下具有优先性。关于"优先"所及的范围,理论界存在较大的争议,争论的焦点集中在优先效力是否包括了物权之间的法律效力优先。比如,尹田教授认为,物权的优先效力,是指当物权和债权发生冲突时,物权的实现优先于债权。① 史尚宽先生认为,优先的效力,为物权优先于债权之效力。② 王泽鉴教授则认为,物权的优先效力包括了物权对债权的优先效力和物权相互间的效力。③ 通说认为物权的优先效力既指物权优先于债权的效力,也指先成立的物权优先于后成立的物权。④ 物权优先于债权,一般是指担保物权优先于普通债权。依据我国法律的相关规定,自然资源国家所有权本身不能设立担保物权,⑤但依据自然资源国家所有权设立的用益物权却可以用于抵押。⑥ 因此,自然资源国家所有权的优先效力主要体现在自然资源开发利用过程中设立的用益物权上。这时,优先性主要体现在两个方面:第一,如果自然资源用益物权设立了抵押权,同时,该

---

① 参见尹田:《物权法》,北京大学出版社 2013 年版,第 19 页。

② 参见史尚宽:《物权法论》,中国政法大学出版社 2000 年版,第 10 页。

③ 参见王泽鉴:《民法物权》(第 2 版),北京大学出版社 2010 年版,第 48、49 页。

④ 参见陈华彬:《民法物权论》,中国法制出版社 2010 年版,第 70、71 页。

⑤ 比如,《物权法》第 184 条明确规定:土地所有权不得抵押。

⑥ 比如,"四荒"林地承包经营权是可以抵押的。《担保法》第 34 条明确规定,"抵押人依法承包并经发包方同意抵押的荒山、荒沟、荒丘、荒滩等荒地的土地使用权"可以抵押。

用益物权人又存在其他普通债权,当发生资不抵债时,抵押权人的权利具有优先性;第二,如果是同一自然资源国家所有权上设立多个用益物权,当这些权利的行使存在冲突时,依据优先效力涉及物权相互间的原则,先设立的自然资源用益物权优先于后设立的用益物权。同一自然资源之上本不应设立两个互相冲突的用益物权,产生这类现象的根本原因在于"政出多门",比如,在同一块国家所有的土地上,既设立土地承包经营权,又设立地役权。①

4. 自然资源国家所有权的追及效力

物权的追及效力,是指不论物权的标的物辗转到何人之手,物权人均得追及物之所在,对物的不法占有人主张其对物的支配权利。② 自然资源国家所有权的追及效力,主要是针对可以流动的自然资源,③比如,对于国家法律保护的珍稀野生动物,不允许私人据为己有,也不允许交易的,无论其流转了多少手,国家都有权直接收回该野生动物。④ 必须注意的是,自然资源国家所有权的追及效力是针对国家所有的自然资源,而非自然资源产品。比如,国家所有的林木被非法砍伐,无论该林木转至何人之手,国家除了追究不法砍伐人的法律责任外,还有权基于自然资源国家所有权的追及效力主张对该林木的支配权;但如果该林木已经被善意第三人加工成家具产品,则出于维护市场交易安全的考虑,国家不宜直接主张对该家具的所有权,而应转而追究不法砍伐人的法律责任。

---

① 对此,我国《物权法》第163条明确规定:"地上已设立土地承包经营权、建设用地使用权、宅基地使用权等权利的,未经用益物权人同意,土地所有权人不得设立地役权。"

② 参见尹田:《物权法》,北京大学出版社2013年版,第27页。

③ 对于土地等不动产,由于法律不允许买卖,不存在辗转流失的风险,自然资源国家所有权的追及效力对这类不动产自然资源并无实际意义。

④ 2004年修正的《野生动物保护法》第22条明确规定:"禁止出售、收购国家重点保护野生动物或者其产品。"

（二）自然资源国家所有权法律效力的特殊性

1.自然资源国家所有权法律效力与普通物权法律效力的刚性程度不同

普通物权人在是否行使物权的请求权效力、优先效力、追及效力等法律效力上是可以自由选择的，可以选择行使权利，也可以选择暂时不行使权利，还可以选择放弃权利。但作为自然资源所有权人的国家，必须恪尽职守地行使权利，而不能怠于行使或者随意放弃本该行使的自然资源权利。比如，当国家所有的自然资源被侵占时，就要及时行使自然资源国家所有权的排他效力；在国家所有权的自然资源受到侵害时，国家必须行使请求权效力，否则，最终损害的是人民的利益；应该行使追及效力时，国家必须及时、有效地行使这一权利。代表国家行使自然资源权利的政府，以及经营管理国有自然资源的国有企业，同样不得怠于行使或者随意放弃行使请求权的权利。

2.不同类型自然资源的法律效力不同

不同类型自然资源，功能用途不同，获取的难易程度不同，对生态环境的影响程度不同，与人的生产生活联系的紧密程度不同。这些不同点都直接影响着自然资源的法律效力。比如，水资源与矿产资源的排他效力就不尽相同，水资源国家所有权的排他性就不能排除公民基于生存需求的取水行为，而矿产资源国家所有权却可以排除任何非经国家允许的采矿行为。再如，国家重点保护的野生动物资源的国家所有权追及效力与普通林木资源的国家所有权追及效力就有很大区别，法律禁止出售、收购国家重点保护野生动物的产品，对野生动物资源的追及效力同样适用于对野生动物产品的追及效力，而普通林木资源的追及效力则不应适用于林木的产品（家具等），否则，不利于维护正常的交易安全。因此，对不同类型的自然资源国家所有权的法律效力，必须作具体的研究与分析，而不能以划一的标准来看待自然资源国家所有权的法律效力。

3. 自然资源国家所有权的法律效力具有一定的衍生性

自然资源虽然属于国家所有，但开发利用自然资源的主体却不限于国家或者政府部门，通过设立自然资源用益物权，普通的民事主体（法人、自然人或者其他社会团体）也可以依法取得开发利用自然资源的权利。在这种情形下，自然资源国家所有权的法律效力就应当衍生到自然资源用益物权之上，从而使自然资源用益物权也具有了排他效力、请求权效力、优先效力和追及效力。而且，这种法律效力的衔接程度较其他普通物权设立的用益物权更为紧密。也有学者主张，取水权、狩猎权、养殖权、采矿权等属于准物权的范畴。[①] 如果把这类权利认定为准物权，那么，这些权利当然也就具有了物权的法律效力。

第三节　自然资源国家所有权的法律构成

自然资源国家所有权的主体是国家，国家是一个抽象的主体，如何理解"国家所有"与"全民所有"之间的关系？谁来代表国家行使自然资源权利？自然资源是不是《物权法》调整的"物"？是不是所有的自然资源都需要法律规制？自然资源国家所有权的权利内容是什么？这些疑问的解开，需要认真分析自然资源国家所有权的法律构成，即自然资源国家所有权的主体、客体与内容。

---

① 参见崔建远主编：《自然资源物权法律制度研究》，法律出版社2012年版，第3页。

一、自然资源国家所有权的权利主体

自然资源是自然天成的资源，它并不是劳动加工的产物，“天赐”的特征使其权属确定变得复杂，自然资源“无主”的原始状态似乎可以推断出：任何人都可以主张对自然资源的所有权，而这必然导致自然资源开发利用秩序的混乱。这就说明自然资源比起其他财产，更需要一个明确的主体制度来规范，自然资源国家所有则是被实践证明最有效的自然资源主体制度，一方面，国家掌握了自然资源开发、利用的主导权，可以从全局上照顾到全体人民的利益，做到资源分配的相对合理与公平；另一方面，对于重要的自然资源，国家作为所有者可以提高利用效率，提升资源的使用价值，从而发挥出资源的最大效用。

（一）“国家所有即全民所有”的蕴含

1. “全民”是一个集合概念，不是具体个体的简单相加

《宪法》第9条明确规定：“国家所有即全民所有。”在这里，“全民”是一个集合概念，这一个集合体并不可分为一个个具体的个体，也不是一个个具体个体的简单相加。第一，“全民”不是指“全体公民”。公民是以是否具有中国国籍为判断标准的，是一个个体概念，全体公民也是由可计量的个体组成的集合体，这一集合体显然无法与“全民”直接画等号。第二，不能把“全民”与“全体人民”直接画等号。有的学者把这二者等同看待，认为“从‘全体人民’到‘国家’，这个概念的置换至少是不严谨的。因为‘国家’一词在法学上无论如何是不可以和‘人民’这个概念互相替代的”。[①] 这一观点的证成预设了一个容易被认为是理所应

---

① 孙宪忠：《“统一唯一国家所有权理论”的悖谬及改革切入点分析》，载《法律科学》2013年第1期。

当的前提条件:“全体人民”=“全民”,因“全体人民所有”和“国家所有”不能置换,所以得出“全民所有”与“国家所有”也不能等同。这种论证思路的问题在于预设的前提条件本身就没有说服力,“全民所有即国家所有”已经是我国《宪法》和法律约定俗成的一种法律表达方式,我们不能随意地将“全民所有”直接表达成“全体人民所有”,当然,更是无须耗费精力去推翻这种法律上的固定表达方式。需要明确的是,自然资源全民所有不能直接推导出全体人民是自然资源的所有者,更不能把“全民所有”等同于“人人都有所有权”。总之,法律上规定的“全民所有”并不表明每一个具体的个体都是自然资源的所有者。

2.“国家所有”与“全民所有”具有内在一致性

自然资源国家所有权不是一个纯粹的法律上的概念,涉及国家基本制度的构建,涉及政治哲学、公共哲学、政治经济学的一些原理,即自然资源应当如何分配,如何处理好国家利益、公共利益与个人利益之间的关系等。这就需要准确理解《宪法》规定的“国家所有即全民所有”的蕴含,找出“国家所有”与“全民所有”的内在一致性。

“按照民法理论的内在逻辑,‘全民所有’只是一个经济或社会意义上的概念,不能成为特定个体权利上的法律概念”。[①] 因此,无论是“全民所有”,还是“国家所有”,都不能成为特定个体权利的法律概念,但不能因此而否定“国家所有”或者“全民所有”作为一个法律概念而存在。“全民所有”并不是概念本身不明确,而是过于抽象,需要由民法确认一个法律上的具体的主体,只有国家才是整个社会的正式代表,因此,从“全民所有”到“国家所有”,就是一个从抽象的社会主体到具体的法律主体的表述上的变化,其实质内容并没有发生改变。这种表述上的改变,其目的是为了从法律上保障全民所有的权利实现。不可否认的是,

① 马俊驹:《国家所有权的基本理论和立法结构探讨》,载《中国法学》2011年第4期。

1982年颁布的《宪法》实施三十多年来,“国家所有”已然成为了一个不可或缺的法律术语,而“全民所有”在法律意义上与“国家所有”并无实质性区别。

(二)国家作为自然资源所有者的意义

国家既是一个政治意义上的概念,同时也是一个法律意义上的概念。中国是社会主义国家,国家既是主权的享有者、政权的承担者,也是国有财产的所有者、归属者。所以,国家这一主体本身是兼具多种身份的,既是国家主权者,又是财产所有者。国家作为主权者,主要是对外防御侵犯国家的自然资源主权,只有当自然资源遭受外敌入侵时,主权者的身份才发生作用,简言之,国家作为自然资源资源的主权者身份,一般是在国与国之间发生自然资源争端时才体现出来的。而在一国的领土内,就自然资源的开发、利用和保护而言,国家所有权应当是指国家是自然资源的财产所有者,是民法上所有权人意义上的权利。[①]国家所有权即使按照《物权法》所秉承的严格的所有权概念,国家也在很早以前就已经成为有史可征的所有权主体。[②] 自然资源国家所有,对构建有效的自然资源开发利用秩序至关重要。

1. 明确了自然资源的归属,起到了定分之争之功效

自然资源归国家所有,可以避免民众主张对自然资源“无主物”的先占取得,甚至引发哄抢自然资源的状况。不少人可能会担心:自然资源归属国家,那么民众是否晒太阳、下河游泳、呼吸空气都要交费? 这

① 习近平总书记关于党的十八届三中全会《决定》的说明中明确指出:“国家对全民所有自然资源资产行使所有权并进行管理和国家对国土范围内自然资源行使监管权是不同的,前者是所有权人意义上的权利,后者是管理者意义上的权力。”可见,自然资源国家所有权是所有权人意义上的权利,即民法意义上的权利,而非公权力。

② 参见徐祥民:《自然资源国家所有权之国家所有制说》,载《法学研究》2013年第4期。

里必须明确的,自然资源国家所有不等于无偿使用,也不必然与有偿使用画等号。自然资源所有权归属国家,不等于任何利用资源的行为都是有偿的,或者都是需要事先审批的,也不等于开发利用自然资源的任何行为都是无偿的。比如,江河归属国家所有,但不等于人江游泳就要审批或缴费,也不等于可以随意从事捕捞作业。因此,对于自然资源的开发利用,如果其是人类生存的基本条件,人们就有了满足自身需要的"合理使用"权利,这种权利可视为《宪法》所保护的"人的基本权利",属于不可剥夺的权利,国家所有权也必须为此让位。但不能因此而否定自然资源国家所有的合理性。因为,这种资源的利用是以"合理"为限度的,不能够破坏生态环境从而影响到他人的生存与发展,不能影响到人类的可持续发展与有序的社会生活,否则,国家就有权不允许滥用自然资源。而此时,国家是自然资源的所有者就是国家防御公民"不合理利用"自然资源的最正当理由。

2. 为设置自然资源开发利用权提供了理论前提

由于其他民事主体不享有自然资源的所有权,设置自然资源开发利用权,应当有一个母权,而自然资源国家所有权在这其中正是充当了母权的角色。对自然资源的利用,应当进行进一步的细分:一种是因生存的本能需要的开发利用,没有这种利用,人的生存和基本人权就会受到制约或者损害,这种以保障基本生存需要的资源开发利用法律不应该有太多的干预和限制,只要这种利用行为没有损害到公共利益,就应当"顺其自然";另一种则是以营利为目的的开发利用,或者以改善生活为目的的开发利用,这种开发利用不能让自然人或法人随意而为,需要完善资源开发利用的法律制度,其中最重要的环节就是要设置好自然资源开发利用权利制度。

3. 有利于发挥私法在自然资源配置中的作用

作为主权者国家,它不能直接参与到资源市场中,只能通过行使立法权或管理权来控制自然资源，这显然还不足以充分发挥国家在自然资源配置中的作用。而作为财产所有者国家，它就可以通过有效的私法机制，使自然资源真正成为社会财富运转起来。自然资源是一个集合概念，自然资源利用的一个特点是无法对自然资源采取“整体性利用”，而必须把它分为一个个具体的自然资源“物”，并最终以自然资源产品的形式出现在市场上，这就需要健全自然资源的私法规制，而自然资源国家所有权制度有利于发挥私法在规制自然资源配置中的作用。

（三）代表国家统一行使自然资源所有权的政府

国家是自然资源国家所有权的权利主体，但由于其本身乃是一个抽象的概念，其权利行使必须通过国家的代表——“政府”。[①] 那么，政府指的是中央人民政府，还是地方人民政府呢？国家所有即全民所有，政府代表国家行使自然资源权利的过程也是代表全民行使自然资源权利的过程，那么，如何保证政府的权利行使能够真正代表全体人民的自然资源利益呢？

1. 各级人民政府是自然资源国家所有权的行使者

《宪法》明确赋予了各级人民政府管理国家和地方事务的权限，是实现国家权力或权利的具体执行机构。各级人民政府履行管理国家事务职能，[②]是《宪法》赋予政府的神圣使命；国家的权力或权利是否能够得到有效的保障，直接取决于各级政府的工作效能高低。因此，在自然资源国家所有权的具体实现上，真正的权利行使者是“各级人民政府”，

① 比如，《土地管理法》第 2 条第 2 款规定：“全民所有，即国家所有土地的所有权由国务院代表国家行使。”

② 《宪法》第 89 条明确规定了国务院在管理国家事务、管理经济和文化事业以及管理社会事务中的职权，《宪法》第 107 条明确规定了地方各级人民政府管理本行政区域内的经济、教育、科学、文化、卫生、体育事业、城乡建设事业和财政、民政、公安、民族事务、司法行政、监察、计划生育等行政工作的职权。

而不是“各级人民代表大会”。

国务院和地方政府在行使自然资源权利过程中是由分工的。根据我国《企业国有资产法》第4条规定:“国务院和地方人民政府依照法律、行政法规的规定,分别代表国家对国家出资企业履行出资人职责,享有出资人权益。国务院确定的关系国民经济命脉和国家安全的大型国家出资企业,重要基础设施和重要自然资源等领域的国家出资企业,由国务院代表国家履行出资人职责。其他的国家出资企业,由地方人民政府代表国家履行出资人职责。”从中可以看出,重要自然资源等领域的国家出资企业,由国务院代表国家履行出资人职责。然而,何为“重要自然资源”?

与此同时,还应当看到中央政府与地方政府在自然资源的开发利用上是存在利益博弈的。《宪法》赋予了各级地方政府管理本区域范围内行政工作的职权,并明确由国务院规定中央和省、自治区、直辖市的国家行政机关的职权的具体划分。但由于我国目前中央财政和地方财政是分开的,这一体制必然导致中央政府和地方政府在自然资源的开发利用上,经常存在管理权限、税收分配、财政收入等争议。因此,在自然资源国家所有权的具体实现上,合理配置中央与地方的权限成为一个至关重要的问题。

2. 防止自然资源国家所有演变成自然资源政府所有

尽管政府在具体行使自然资源国家所有权,但其也必须始终牢记自身的角色——政府只是“代表”国家行使所有权,而不是“代替”国家行使所有权。自然资源是国家所有,而不是政府所有。国家所有即全民所有,而政府所有不必然与全民所有画等号,比如政府机关大院就不是普通百姓能自由出入的。因此,如果自然资源演变成政府所有,那么民众为生存需要使用自然资源的自由就会受到政府的限制,就会出现“晒太阳”也要缴费的闹剧。区分国家所有与政府所有的边界,在新时期显得尤为重要。一方面,政府所有的财产普通民众一般是不可以“用”的,而国家所有的自然资源并不一定民众就不可以“用”,因此界分自然资源的国家所有与政府所有可以打消民众对使用自然资源的不必要担忧;另一方面也要求政府要牢记自身只是“国家代表”的角色和定位,要求政府要真正从人民群众的根本利益出发,积极构建有限政府、法治政府、为民政府。

(四)自然资源国家所有权的统一行使

法律赋予政府代表国家行使自然资源所有权,但具体由政府的哪一个部门行使自然资源国家所有权不明确,中央政府与地方政府在行使自然资源国家所有权中的权限与分工不明确。我国自然资源资产分别为全民所有和集体所有,但没有划清国家所有国家直接行使所有权、国家所有地方政府行使所有权、集体所有集体行使所有权、集体所有个人行使承包权等各种权益的边界。①

把自然资源的所有者与管理者分开,由一个部门统一行使国家的自然资源所有权,是十八届三中全会的战略性部署。党的十八届三中全会通过的《决定》明确提出了“健全国家自然资源资产管理体制,统一行使全民所有自然资源资产所有者职责”的要求。习近平同志在十八届三中全会《决定》说明中指出,国家对全民所有自然资源资产行使所有权并进行管理和国家对国土范围内自然资源行使监管权是不同的,前者是所有权人意义上的权利,后者是管理者意义上的权力。总的思路是按照所有者和管理者分开和一件事由一个部门管理的原则,落实全民所有自然资源资产所有权,建立统一行使全民所有自然资源资产

① 参见杨伟民:《建立系统完整的生态文明制度体系》,载《光明日报》2013年11月23日,第2版。

所有权人职责的体制。当前，关键是要把行使自然资源国家所有权的职能从原先的各个管理部门有效剥离出来，使自然资源所有者与自然资源管理者分开，并从制度上明确自然资源国家所有权统一行使的内容与统一行使的方式。

要建立统一行使全民所有自然资源资产所有权人职责的体制，大力推进自然资源大部制改革是必由之路。当前，生态文明建设面临的体制性障碍尚未得到根本改变，部门职能分散交叉较为突出，基层的环境监管能力薄弱，甚至还存在“小马拉大车”的现象。推进自然资源管理大部制改革，是保护自然资源与生态环境、转变政府职能、提升自然资源配置效率、统一规范自然资源交易市场的需要。自然资源大部制改革，应在机构整合的基础上重点解决权力运行问题。自然资源大部制管理，应当着重解决政出多门、权责不一、效能低下等突出问题，着力构建决策权、执行权、监督权相互制约又相互协调的治理运行机制，赋予国土资源和环保部门更多的决策权和监督权，明确政府在自然资源管理中的具体职能。自然资源管理，要比一般的国企管理难度更大，涉及的政府职能部门、范围等也更广泛。主要表现在不能充分整合各方面资源形成执法合力，相互扯皮现象不断出现，常常是管得着的不知道，知道的管不着，缺位现象、盲点状态还在较大范围存在。

自然资源作为一种特殊的“物”，承载着生态功能，这是自然资源大部制与其他大部制的最大不同。自然资源管理大部制改革应该与环保大部制改革协同推进。加快实现生态环境保护体制从条块分割到有机整合转变，实行大环保管理体制，将生态文明建设的宏观管理权集中到一个或两个部委，实现生态环保立法、行政、监管的有机统一与合理配置，达到权力间的有效制衡和流畅运作。

自然资源管理大部制改革应当稳步推进，不能“一刀切”。不同层级的政府自然资源大部制改革的模式、不同地方的自然资源大部制改革的模式等都不能“一刀切”。省级层面应探索实行执法管理体制的垂直整合,以有效克服地方保护主义。本选题将对自然资源大部制管理的改革路径及其制度完善提出对策与建议,尤其是从中央和地方两个层面对自然资源大部制改革进行研究,这将为政府部门推进自然资源大部制改革提供决策参考。自然资源大部制管理,应当从提升国家治理体系和治理能力现代化的总体要求出发,与建设社会主义生态文明的战略部署相适应,与转变政府职能、建设服务型政府的步调相一致,与市场在资源配置中起决定性作用的规律相吻合,与人民群众的需求愿望相统一。主要目标是将分散的部门执法逐渐统一集中到一个部门,将有关自然资源管理部门整合在一起,行使统一的管理和有效的保护。在执法和监管方面,应努力做到“标准一把尺、执法一帮人、处罚一张纸”。

自然资源管理大部制改革,应当不断完善相关的法律制度。一是要梳理立法思路,尽快启动相关法律法规的修改。主要包括自然资源产权制度与权属统一登记制度,生态红线与自然资源用途管制制度,自然资源市场配置制度,自然资源资产责任审计制度,自然资源大部制权力运行制度等,同时,还要注重相关法律法规和部门规章的整合与清理。二是要根据自然资源的不同属性,有所区别设计制度,比如,公益性自然资源管理与经营性自然资源的管理应当有所区别。三是要从法律制度上保障自然资源大部制改革从中央到地方的有效实施,确保自然资源大部制管理取得实效。

二、自然资源国家所有权的权利客体

根据民法基本理论,“物”是民事权利的客体,不论是生产资料还是生活资料,不论是原始的自然物还是人工加工而成的产品,不论是流通物、限制流通物还是不能流通物,都可以成为物权法调整的客体——

“物”。自然资源作为民事权利客体的适格性,主要涉及三个问题:一是自然资源是否具备物权法上的“物”之特征;二是自然资源是否具有物权法上的“物”之属性;三是需要明确自然资源的“物”之范围。

(一)自然资源的“物”之特征

1. 自然资源的有限性特征

在一定的空间范围内某种或某一类自然资源的总拥有量是一个有限的常量,无论可再生资源还是非可再生资源都不例外。[①] 比如,化石燃料资源属于不可再生资源,资源总储存量有限,随着人类不断的开发与利用,其总量必将也来也少,乃至耗竭;空气、水等尽管可以周而复始、循环再生、源源不断,但是每一周期的循环量也是有限的,如果利用强度超过其再生或自净能力,比如造成空气污染、水流枯竭,可再生资源同样存在资源短缺的危险。从人类开发利用自然资源的历史长河看,自然资源在宇宙范围内是没有极限的,但在生产力发展的某一特定阶段,在有限的科学技术水平条件下,能为人类所开发利用的自然资源是有限的。

2. 自然资源的稀缺性特征

资源的有限性是一种客观存在,而资源的稀缺性则是人为引起的,二者既互相联系,又不能等同。自然资源的稀缺性,反映的是自然资源与人类需求之间的矛盾,只有当人类对某一类别资源的需求超过资源的限度时,资源才表现出稀缺性特征。比如,在农业文明时代,矿产资源等不可再生资源虽然有限,但其稀缺性特征并不明显;至于空气等可再生资源,人们更是从未注意到它的稀缺与否。因此,只有当有限的资源无法满足人类日益增长的资源需求时,资源的稀缺性特征才明显显

---

① 参见谢高地:《自然资源总论》,高等教育出版社 2009 年版,第 53 页。

露出来。随着时间、地点和自然环境的不同,资源的稀缺程度也不同,如在戈壁沙漠上的淡水资源的稀缺性与在平原上淡水资源的稀缺性就不可同日而语。不但储存性资源存在稀缺,流动性资源也存在稀缺,“流动性资源的稀缺和退化很可能是比储存性资源耗竭更为紧迫的问题”。①

3. 自然资源的财产性特征

马克思主义认为,创造社会财富的源泉是土地自然资源和劳动力资源。马克思在《资本论》中引用威廉·配第的话说“劳动是财富之父,土地是财富之母”。② 恩格斯在《自然辩证法》一书中指出:“劳动和自然界一起才是一切财富的源泉,自然界为劳动提供材料,劳动把材料变为财富。”③可见,在马克思主义经典作家看来,自然资源归根到底是一种资财性资源。资源的财产性特征需要进一步明确资源的财产权归属。对于储存性资源,各国领土范围内的自然资源归属领土所属国,这是领土主权的重要特征。对于流动性资源,它的财产权归属则变得复杂。比如,一国在其领土范围内排放的二氧化碳,其影响的可能是全球的气候;鸟类、鱼类的迁徙往往是超越国家主权界限的,各国也已经充分注意到了流动性自然资源的财产性特征,并力图使本国在其中的利益最大化。“尽管每个国家可原则上同意准入限制和产生控制是必要的,但是它们也不可避免地力图把他们自己承担的有关代价降低到最小程度。”④

---

① [英]朱迪·丽丝:《自然资源:分配、经济学与政策》,蔡运龙等译,商务印书馆 2002 年版,第 77 页。

② [德]卡尔·马克思:《资本论》(第 1 卷),中共中央编译局译,人民出版社 2004 年版,第 56、57 页。

③ [德]马克思、恩格斯:《马克思恩格斯选集》(第 3 卷),中共中央编译局译,人民出版社 1995 年版,第 508 页。

④ [英]朱迪·丽丝:《自然资源:分配、经济学与政策》,蔡运龙等译,商务印书馆 2002 年版,第 343 页。

(二)自然资源的"物"之属性

作为物权客体的物,必须是存在于人的身体之外的、能够为人力所支配并且能够满足人类某种需要的物体。自然资源是否具有"物"的属性?依据物权法基本原理,作为物权客体的"物",应当是"特定的""可支配的""稀缺的""独立一体"的物。当前,学界的通说是,作为物权客体的物,主要指有体物。[①]"随着社会的发展,物即使不具有物理上的独立性,也可以根据交易上的观念和法律规定作为标准来确定某物是否具有独立性。"[②]与此同时,大陆学者和台湾学者都注意到物的范围也在不断地扩张。"随着人对自然力的控制能力的不断与时俱进,人们对物的概念已经从罗马法上的有形物扩展到一切固体、液体、气体、热、光、电磁波、能量等自然力以及能够为人力控制并具有价值的特定空间。"[③]应当看到,随着人类认识水平的不断提升和物质需求的日益多样化,财产的形式也来越丰富,这就使得物权的客体也在不断发生变化,范围在不断扩大。随着人类科学技术的不断进步,各国的立法对"物"的概念界定也在与时俱进地发展。[④]当前,学术界已经普遍认识到物权客体已经不再局限于动产和不动产这两种基本类型上,天然力、自然力等纳入物权客体已经成为一种趋势。[⑤]在国外的民法典之中,也有类似的规定,比如,《魁北克民法典》第906条规定:"为人控制和利用的波或能,

① 参见王利明:《物权法研究》(上卷),中国人民大学出版社2007年版,第58页。

② 杨立新:《民法总论》,高等教育出版社2007年版,第140页。

③ 杨立新:《民法总论》,高等教育出版社2007年版,第139页。

④ 《葡萄牙民法典》第202条规定:"任何可成为法律关系标的之事物,均称为物。"参见《葡萄牙民法典》,唐晓晴等译,北京大学出版社2009年版,第38页。《意大利民法典》第810条规定:"可形成权利标的的物为财物。"参见《意大利民法典》,陈国柱译,中国人民大学出版社2010年版,第158页。

⑤ 台湾地区著名民法学者黄右昌、史尚宽、王泽鉴、洪逊欣等均提出了类似观点,参见王泽鉴:《民法总则》,北京大学出版社2009年版,第167、168页。

不论其来源于动产或不动产，均视为有体动产。”①

可见，自然资源具有的有限性、稀缺性和财产性等特征，符合物权法一般理论关于“物”的特征要求，也符合在物权法定主义的框架下物权客体扩大化的发展趋势。总之，将自然资源作为物权客体是合适的，自然资源的物权法规制也是必要的，对构建自然资源的开发利用制度具有重要意义。

（三）自然资源的“物”之范围

物权法定原则是物权法的基本原则之一，其基本要求是物权的创设必须由法律明确规定，当事人之间不得随意创设。我国《物权法》对自然资源的相关规定，正是基于这一基本原则创设了自然资源物权制度。由于自然资源是一个抽象的集合性概念，《物权法》在条文里列举具体的自然资源种类是必要，法条明文规定的具体类型是实践已经证明了的、在现实生活中大量出现的自然资源物权类型，这符合物权法定的基本要求；同时，我们也必须注意到自然资源的种类比条文里明确规定的类型要多得多，有些类型的自然资源随着科学技术的进步和人类开发利用的需求，已经有必要作为一种物权类型加以法律规制。

对自然资源国家所有的客体范围，我国《宪法》《物权法》都作出了相应的规定，二者有一个共同的特点，那就是在列举了部分具体类型的自然资源之后采取了“等自然资源”的表述方式，②由此引发了法条解释上的争议，焦点集中在对“等”字的理解与解释上（自然资源所应该包含的具体资源种类），“等自然资源”应该是“等内”还是“等外”呢？对于

---

① 《魁北克民法典》，孙建江等译，中国人民大学出版社2005年版，第117页。

② 《宪法》第9条规定：“矿藏、水流、森林、山岭、草原、荒地、滩涂等自然资源，都属于国家所有，即全民所有。”作为宪法的下位法，《物权法》第48条规定：“森林、山岭、草原、荒地、滩涂等自然资源，属于国家所有，但法律规定属于集体所有的除外。”

《宪法》《物权法》在列举自然资源的种类时未提及的自然资源，比如风能、太阳能等自然资源，是否属于自然资源国家所有的客体范围呢？“等”字的出现似乎告诉人们：随着人类科学技术水平的不断进步，人类开发利用自然资源的水平和能力也在不断提升，新出现的自然资源类型应该是可以被认定为物权法所调整的自然资源。所有的疑问集中到了一点：法条规定的“等”字到底该如何认定？本文从解释论的视角出发，对国家所有的自然资源的范围问题展开探讨。

从字面意义上理解，“等”字作为助词，既可作为列举后煞尾，也可用于表示列举未尽。一般而言，如果“等”是用于列举之后煞尾的，在“等”字之后一般有一个数量词，[①]而如果“等”是用于表示列举未尽的，其后面没有数量词。[②] 从文义解释上看，《宪法》规定“等自然资源”而不是“等七类自然资源”，表明自然资源的种类不局限于条文所列举的自然资源种类。

在学理解释上，学者也普遍认为“等自然资源”应当包括法律所没有列举的自然资源，自然资源被定义为在一定的技术条件下自然界中对人类有用的或者可以被人类所利用的自然要素。“《宪法》中未列明的其他自然资源，即‘等自然资源’，均应归国家所有。这里所说的‘其他自然资源’，包括人类已发现的和未发现的自然资源，例如无线电频谱资源等”；[③]“从《宪法》的规定可以看出，‘自然资源’是一个概括性极强的概念。《宪法》中自然资源作为国家所有权和集体所有权的客体，不只包括狭义上的自然资源，还包括自然环境，甚至包括人为改造后与

---

① 如《史记·项羽本纪》写道：“与樊哙夏候婴靳强纪信等四人持剑盾步走”，再如“北京、天津、上海、重庆等四个直辖市”，“等”字之后有一个数量词。

② 如《三国志·诸葛亮传》写道：“关羽、张飞等不悦”，再如“中国知名大学有北京大学、清华大学等高等学府”，“等”字之后没有数量词。

③ 参见崔建远主编：《自然资源物权法律制度研究》，法律出版社 2012 年版，第 27 页。

自然相关的因素(如城市的土地)";[1]"自然资源是一个伴随技术经济条件的创新发展而具有动态性的概念";[2]有的学者将气候资源等法律未明确规定的自然资源种类直接纳入自然资源的外延,"自然资源主要是指自然界中资财的来源……如土地、水、矿藏、森林、草原、野生动植物、阳光、空气等"。[3] 概言之,在学界,自然界中对人类有用的或者有价值的物质或能量,只要其可以被人类有效地开发利用并创造价值,就应当认定为自然资源的类型之一,自然资源的外延不限于法律条文所列举的类型。

从法律体系上看,《宪法》第9条第1款明确规定的自然资源种类有7种,[4]《宪法》第9条第2款规定了1种,[5]即《宪法》明确确认的自然资源有8种类型。《民法通则》明确确认的自然资源也是8种类型,[6]比《宪法》多规定了1种自然资源:水面,但对野生动植物资源的权属则没有规定。《物权法》将《宪法》规定的8种自然资源分别规定在第46条、第48条和第49条,并在第46条、第50条等条文对海域、无线电频谱资源等两种自然资源作了规定,即《物权法》规定的自然资源种类比《宪法》多了2种。从《宪法》《民法通则》《物权法》等关于自然资源的规定本身就可以看出,"等自然资源"并没有一个严格的、不可突破的范围,应该要解释为"等外"。

从立法技术上看,立法必须考虑尽量不产生误解,如果"等自然资

① 黄锡生:《自然资源物权法律制度研究》,重庆大学出版社2012年版,第26页。

② 孟庆瑜、刘武朝:《自然资源法基本问题研究》,中国法制出版社2006年版,第5页。

③ 张梓太:《自然资源法学》,北京大学出版社2007年版,第1页。

④ 具体包括:矿藏、水流、森林、山岭、草原、荒地、滩涂。

⑤ 《宪法》第9条第2款规定,"国家保障自然资源的合理利用,保护珍贵的动物和植物",表明珍贵的动物和植物属于自然资源的范畴。

⑥ 《民法通则》第81条第1款的规定是,"国家所有森林、山岭、草原、荒地、滩涂、水面等自然资源",并在《民法通则》第81条第2款和《民法通则》第81条第4款对"矿藏、水流"进行了规定。

源”仅限于法条列举的自然资源种类，那么《宪法》第 9 条完全可以把“等自然资源”几个字去掉，简洁明了，也可就此止争。[①] 历次的宪法修正案并没有对此作出修改，说明了“等”字存在的必要性，即“等”应该是“等外”。法律条文加上了“等自然资源”几个字，而不是“等七种自然资源”的表述，这就说明了立法者所要表述的自然资源的外延不应限于条文所列举的种类。

无论是文义解释、学理解释，还是体系解释，或者从立法技术本身出发，自然资源都不应仅限于法律条文所列举的自然资源具体种类。必须注意的是，“等”字不局限于法律所列举的种类，并不表明所有的自然资源类型都应该认定为属于国家所有的自然资源。[②] 否则，法律条文就不必列举具体的自然资源类型，可以更简洁地规定为“自然资源属于国家所有，即全民所有”。

当然，并不是所有的自然资源都应当归属国家所有。认定自然资源是否属于国家所有的范围，有以下几个基本的判断标准：

第一，对于法律条文明确予以规定的自然资源种类，应当认定为国家所有的范围；行政法规或地方性法规对新出现的自然资源的相关规定，不能视为对《宪法》的立法解释，而应该看作是对已有规定的进一步明确和重申，并不是创设一种新的自然资源种类，更不能把这种明确自然资源范围的行为认定为违宪。[③]

第二，法律以“例外情形”的形式明确排除的，不应当认定为国家所有的范围，比如，法律规定归属于个人的林木，或者归属于集体所有的

---

① 比如，《物权法》第 46 条的规定：“矿藏、水流、海域属于国家所有”，就没有“等”字，规定的非常明确，也不会存在多余的争论。

② 有些自然资源就纯粹是非排他性的公共资源，比如迷人的风景、清新的空气、灿烂的阳光，属于人人可以免费享用的自然资源，从法律上规制这些自然资源的权属毫无意义。

③ 参见巩固：《自然资源国家所有权公权说》，载《法学研究》2013 年第 4 期。

森林、草原、山岭、荒地和滩涂等。法律规定的除外情形，一般是从自然资源的权属或者其所处的地理位置来规定，直接把某种类型的自然资源排除在法律规制范围之外的规范并不存在。

第三，对于未能在法律、法规的条文里找到直接依据的，此时认定是否为自然资源的标准有三个：(1)该类型自然资源是否是保障人类生存的必需品，如果人类离开了某一自然资源就无法生存下去，那这一资源就应当视为非排他性的公共资源，而不能把它视为国家专属的所有权客体。(2)该类型自然资源是否具有"物"的法律属性，即是否具有稀缺性、有限性和财产性等"物"之特征，如果不具备这些基本特征，则不宜认定为国家所有的自然资源。(3)对某一自然资源的开发利用，是为了保障自然生存的需要，还是通过加工成资源产品谋取经济利益？如果是前者，视为对公共资源的利用；如果是后者，就应当纳入国家所有的自然资源的范畴。比如，从河里取水用于满足基本的生活用水，属于对公共水资源的利用；但如果大量抽取河里的水用于开办工厂进行产品生产或用于灌装水买卖，则应视为使用国家所有的水资源，需要取得一定的水资源产品生产资质，并缴纳一定的许可使用费。

三、自然资源国家所有权的权利内容

所有权的内容，就是指所有权的权能，包括积极的权能和消极的权能。积极权能指所有人对财产依法享有的占有、使用、收益和处分的权能，消极权能是指在财产遭受损害时，所有人享有的保护财产所有权的物上请求权。所有人享有的每一种权能，都意味着所有人可以依法实施一类或一系列行为的可能性。[①]

① 参见王利明：《物权法论》(修订本)，中国政法大学出版社2003年版，第258、259页。

(一)自然资源国家所有权的积极权能

国家对自然资源的支配权是自然资源国家所有权的核心。但支配权本身是抽象的权利,它的具体表现就是国家对自然资源的占有、使用、收益和处分四项权能的行使。

1. 占有权能

自然资源的占有权能,指的是国家对其所有的自然资源进行控制和管理的事实。对物的支配权首先需要表现在对物的占有上。马克思曾指出:"私有财产如果没有独占性就不成其为私有财产。"①同样的,自然资源国家所有权,首先应表现为国家对自然资源的占有权能。关于占有是否能作为所有权的一种权能,尽管学术界存在争议,但通说是所有权包含着占有权能。② 我国《民法通则》第71条也将占有明确规定为所有权的权能之一。

那么,如何判断自然资源国家所有权之占有权能的边界呢?国家对自然资源行使占有权能的基本依据,应该是国家的主权领土,包括领地、领海和领空。因此,在一国领土范围之内的自然资源,国家居于领土主权而占有,这种占有表现在国家所有权里,即是行使占有权能的具体表现。这里,需要解决的核心问题是:如何看待自然资源的流失?野生动物迁徙他国,国家失去了对动物的占有,是不是国有资产的流失?长江之水不断流入大海,国家对流出去的水失去占有,是不是国有资产的流失?当然不是!国家对自然资源的占有,其前提和基础是具有领土主权。国家对野生动物自然资源或者水资源的占有是以领土主权前

① [德]马克思、恩格斯:《马克思恩格斯全集》(第3卷),中共中央马克思恩格斯列宁斯大林著作编译局编译,人民出版社1956年版,第425页。

② 参见王利明:《物权法论》(修订本),中国政法大学出版社2003年版,第260页。

提的，是以空间的领域和范围大小作为占有权能存在与否的分界点，而不是以动物数量的多少或者水流的储存量多寡作为是否享有占有权的分界点。如果一个自然资源不在其领土范围内，自然不享有对其占有的权利。因此，只要领土不减少，就不存在国有资产流失。更何况动物迁徙、河水入海，这些都是自然界不可逆转的客观规律，属于非人力所能抗衡的不可抗力。不能因为法律规定了自然资源国家所有权制度，就把这种自然界的正常资源流动与客观循环视为国家自然资源财产的流失。

对自然资源的占有，与对一般有体物的占有是有所不同的。马克思曾指出，"实际的占有，从一开始就不是发生在对这些条件的想象的关系中，而是发生在对这些条件的能动的、现实的关系中"；[①]马克思还指出，"一切生产都是个人在一定社会形式中并借这种社会形式而进行的对自然的占有"。[②] 可见，判断是否"占有"，应当是其能否与生产相结合，成为再生产的条件。对外表现为固体形态的自然资源，对其占有可以适用有体物占有的一般规则，这种占有我们把它称为"实在的占有"。但对于流动性自然资源（如水资源、野生动植物资源），这类自然资源是处在不断的流动之中的，对这类自然资源的占有应当是"观念上的占有"，即这里的占有不是对某些物质的实在占有，而应该是建立一定区域内的"观念上的占有"，比如，由于水是流动的，占有不是针对某部分特定的水，而是特定某区域范围内的水；再如，国家对野生动物资源的占有，也不是对某几只特定野生动物的支配或管控，而是对某一区域内的野生动物总体的支配和管控。如果我们对流动性自然资源的占

① ［德］马克思、恩格斯：《马克思恩格斯全集》（第46卷，上），中共中央马克思恩格斯列宁斯大林著作编译局编译，人民出版社1979年版，第493页。

② ［德］马克思、恩格斯：《马克思恩格斯选集》（第2卷），中共中央马克思恩格斯列宁斯大林著作编译局编译，人民出版社1995年版，第90页。

有采取“观念上的占有”，那么，水流入海、动物迁徙属于国有资产流失的担忧自然也就消除了。

2. 使用权能

国家对自然资源的使用权能，是指国家按照自然资源的性能对其加以开发利用，以满足社会生产或生活的需要；或者利用自然资源本身的特点与属性，以提升人类的生活水平或生活质量。占有权能是使用权能的前提与基础，国家占有自然资源不是其主要目的，占有自然资源的目的是开发、利用自然资源，是推进经济社会的可持续发展，这就是国家对自然资源的使用权。“只要‘生活资料和享受资料’是主要目的，使用价值就起支配作用”。[①] 可见，使用权能对经济社会生活具有重要意义，不论是所有权还是非所有人，其注重的都是物的使用价值。

19 世纪，西方国家普遍确立了所有权绝对保护原则，到了 20 世纪，这一原则陆续被各国修正，虽然各国法律仍然强调对财产权的保护，但对所有权的行使都给予了一定的限制。21 世纪，各国民法都试图在保护所有权与限制所有权行使之间寻找一个平衡点。由于自然资源同时具有维护生态平衡的功能，国家对自然资源的使用权能应当受到限制：一是受到公共利益的限制。对自然资源国家所有权而言，自然资源的“公益性”特征一再被强调，限制自然资源国家所有权成了保障自然资源公益性的必要手段。即国家对自然资源的利用，必须以保障公用（社会公共）自然资源的充足供应为前提，以不能损害到社会的公共利益为底线。二是受到国际条约或国际公约的约束，自然资源的利用具有国际性，一国对自然资源的开发利用可能会影响到他国的生态环境，全球气候变暖就是一个生动的事例，基于此，各国共同制定了保护自然资源

① ［德］马克思、恩格斯：《马克思恩格斯全集》（第 46 卷，下），中共中央马克思恩格斯列宁斯大林著作编译局编译，人民出版社 1980 年版，第 388 页。

或自然环境的公约，对于我国加入的这些国际条约或者公约，自然对国家行使自然资源使用权能时起到了限制作用。三是由于国家这一主体的特殊性，它在使用权能行使过程中也具有一定的特殊性，受到了国家的社会责任等诸方面的限制，使用不当就会造成国有资产的浪费或者流失，甚至会破坏人类赖以生存的生态环境。因此，国家自然资源使用权能的行使不能像行使私人所有权那样随心随欲，应当严格依照法律法规以及规范性文件的要求来使用自然资源。

3. 收益权能

国家对自然资源的收益权能，是指国家利用自然资源获取一定利益的权利。这种利益既指经济上的利益，也指社会效益和生态利益。收益权能在所有权四项权能里居于核心地位，“如果享有所有权对所有人毫无利益，所有人等于一无所有”。[①] 国家对自然资源的使用权能与收益权能有一定的联系，在国家因利用自然资源而获得经济上利益的情形下，使用权是收益权的前提和基础，二者存在因果关系。但这并不表明使用权和收益权就必须同时存在。比如，在国家授权其他法人行使自然资源使用权的情形下，国家自身并不行使自然资源使用权，但它有收益权；同时，国家使用自然资源可能基于生态目的，并非都是为了追求经济目的、获得经济利益，在这种情形下，有使用权，但并不一定存在经济利益，这时收益权表现为生态利益。

当前，对自然资源国家所有权最大的诟病在于其存在“与民争利”的嫌疑。因此，国家对自然资源的收益权，法律上应当有一个合理的规制。一是应当以保障公用自然资源的充足供应为前提，维护社会的公共利益，不损害公民的公共福利；二是收益的所得应当主要用于自然资源的保护和生态环境的改善，主要用于改善人类所生存的环境；三是反对

① 参见佟柔主编：《论国家所有权》，中国政法大学出版社1987年版，第42页。

国家对自然资源收益权的垄断。自然资源归属国家所有,并不代表只有国家对自然资源才有收益权。自然资源最大的特点就在于它的公益性,只要法律法规没有明令禁止,自然人或者其他民事主体就有权使用自然资源并获得收益。当前,不少地方政府试图垄断自然资源的收益,人为地设置一般民事主体利用自然资源获得收益的障碍,这是个别地方政府误解或者故意歪曲自然资源国家所有权的收益权能,往往是出于增加地方财政收入的目的,这才是真正的"与民争利"。对与民争利的行为,应当及时加以纠正和制止,尤其是在资源的有偿使用上应当有明确的约束与限制。但不能因此而对自然资源国家所有权的收益权能予以全盘否定,国家作为自然资源所有者的正当权益同样应当给予足够的重视和法律上的保障;作为普通的民众,不一定要享有自然资源的所有权,但应当保证他们出于维持基本生存需要而对自然资源的收益权能。

4. 处分权能

国家对自然资源的处分权能,是指国家消耗自然资源的行为,或者转让自然资源相关权利的行为。对于消耗性自然资源,其使用的过程也是消耗的过程,在这一过程中,使用权能和处分权能同时出现;对于非消耗性资源,处分权能则表现为自然资源权利的让与。对于非国家专属的自然资源国家所有权,国家可以将该所有权在市场上进行流通,通过拍卖、转让、出让等方式转移所有权;对于专属于国家所有的自然资源,其所有权是不可让渡的,此时,就有了设立自然资源用益物权之必要。由此可见,由于自然资源类型的多样性,国家对国有自然资源的处分权能也就表现出多样化。

处分权是所有权的核心要素,国家享有对自然资源的处分权是国家作为自然资源所有者的重要体现。但国家在处分自然资源的过程中,必须兼顾自然资源的经济效益、社会效益和生态效益。第一,要坚持把生态效益考核作为行使自然资源处分权的首要原则。国家的自然资源权益首先体现为国家的自然资源生态权益,处分自然资源不能以破坏生态环境为代价,在处分自然资源时必须兼顾自然资源的循环利用与可持续利用。第二,要坚持公平原则。比如,在让渡自然资源开发利用权利的过程中,应当平等地对待每一个民事主体,在资质同等的情况下,应当通过自由竞拍等方式,以公平竞争的形式取得开发利用自然资源的权利,而不能暗箱操作或者由政府任意指定,这也是与私人财产处分权最大的不同。第三,要坚持依法、有偿处分原则。行使自然资源处分权必须严格依照法律的授权,法律没有授权的,任何机构或者组织都无权代表国家任意处分国有自然资源。随意将国家所有的自然资源权益无偿地让渡给其他民事主体,是随意处分国有资产的表现,这种行为真正造成了国有资产的流失,应当要坚决予以杜绝。第四,要坚持全程监管的原则。国家始终是自然资源的所有者,让渡出去的只是开发利用的权益,这就要求国家始终以一个所有者的身份关注让渡出去的自然资源,对受让人开发利用自然资源过程中的不当行为予以及时的制止,在必要的时候,依法收回让渡出去的权利。

(二)自然资源国家所有权的消极权能

自然资源国家所有权的消极权能,表现为自然资源的物上请求权,是指自然资源在遭受侵害或者可能遭受侵害的情形下而产生的物权请求权。根据物权法的基本理论,物上请求权主要有三种表现形式:一是排除妨害请求权,对正在发生的侵害自然资源的行为,所有权人有权要求立即停止侵害的行为;并视侵害的程度,国家有权要求加害人承担相应的法律责任。比如,企业将超标污水排入了河流之中,国家有权要求相关企业排除对水资源的妨害,并进行必要的污水治理,赔偿排污造成的损失。当然,这种情形下,还经常伴随着行政处罚。二是返还原物请求权,当国家所有的自然资源被不法侵占时,国家有权要求返还原物,恢复侵害行为发生之前的物的圆满状态。比如,猎人捕获了一野兔,之后意识到是国家保护的野生动物,将野兔放生,就是一个返还原物的行为。但如果原物已经不复存在了,就需要赔偿损失了。自然资源与普通物品不同,如果致使国家所有的自然资源遭受大面积损害,有时损失是无法估量的,比如,针对大量捕杀野生动物的行为,可能致使某一濒危野生动物物种的灭绝;再如,大量的砍伐树木,破坏的不仅仅是树木,还包括了对生态环境的破坏。在这种情形下,物权请求权只是国家保护自然资源的方式之一,加害人不仅仅需要承担民事赔偿责任,还需要承担行政责任,构成犯罪的还需要承担刑事责任。三是妨害防止请求权,当存在发生侵害自然资源的危险,国家有权制止即将发生的侵害。根据危险的程度,这种危险有两种情形:危险已经发生或危险可能发生。危险程度的不同,所采取的应对举措也应有所区别,对正在发生的危险,应当及时加以制止,而对于可能发生的危险,主要以强化防范意识为主。

应当明确,自然资源管理权不属于自然资源国家所有权的消极权能。管理权一开始就是与所有权密切联系在一起的,拥有了自然资源的所有权,自然也就拥有了对自然资源的管理权。只有作为资本的所有者,才能享用对资本的管理权,管理权是由所有权派生出来的。马克思曾一针见血地指出:“一旦从属于资本的劳动成为协作劳动,这种管理、监督和调节的职能就成为资本的职能。这种管理的职能作为资本的特殊职能取得了特殊的性质。”①可见,不能把管理权看作所有权的一项权能,管理权只是所有权的一种行使方式,只是所有权的权利实现方式。正如习近平同志在十八届三中全会《决定》的说明中指出的那样,国家对全民所有自然资源资产行使所有权并进行管理和国家对国土范

① [德]卡尔·马克思:《资本论》(第1卷),中共中央马克思恩格斯列宁斯大林著作编译局编译,人民出版社2004年版,第367、368页。

围内自然资源行使监管权是不同的，前者是所有权人意义上的权利，后者是管理者意义上的权力。

应当明确的是，管理权与所有权的权能不同。“管理权只是所有权的一种形式方式，而并不是所有权的一项权能。”[①]管理的实施步骤一般包括了制订计划、实施计划、检查落实情况、总结经验并在此基础上提出改进的意见。不可否认，管理好自然资源是各级政府的一项重要职能，这种管理一般表现为两种形式：一是各级政府落实法律法规的相关规定，对自然资源开发利用的各类行为依法进行审批，对自然资源滥采滥伐的违法行为进行行政上的处罚与制裁，这是对自然资源的外部管理；二是上级政府对下级政府的授权与监督，以及职能部门之间上级机构的任务下达，其基本要求保障政令畅通，这属于内部管理。无论是对自然资源的内部管理，还是对自然资源的外部管理，其前提在于自然资源国家所有权的存在。没有自然资源国家所有权，就不存在国家对自然资源的决策权、指挥权或监督权，更谈不上政府对自然资源的干预和管理。因此，针对自然资源的管理，其目的在于保障自然资源国家所有权的正常运行，属于自然资源国家所有权的权利运行模式，而不属于自然资源国家所有权本身的权能。

本章小结

在物权制度中，所有权处于中心地位，是其他类型物权的来源和基础。现代民法上的所有权属于私权性质。这种私权性质决定了所有权具备一般私法权利的全面性、整体性、弹力性、恒久性、社会性等特征。

① 参见王利明：《物权法论》（修订本），中国政法大学出版社2003年版，第265页。

民法上的所有权主要规范平等主体之间的财产归属关系,体现了民事主体享有的财产权利,具有明显的私权属性。所有权具体包括了国家所有权和集体所有权、私人所有权这三种类型。

从马克思主义经典作家的一系列论述可以得出这样一个基本结论:作为整个所有权制度核心的国家所有权制度,是一个与国家所有制紧密联系在一起的综合的法律制度,是由一定的社会生产力发展水平和发展要求所决定的,实质上体现了一定的社会生产关系。在公有制条件下,国家所有权则是社会主义公有制的实现形式。在社会主义国家,国家所有权是全民所有制在法律上的表现形式,是国家对国有财产的占有、使用、收益和处分的权利,这种权利与其他所有权一样,同样具有排他性、独占性、全面性和永久性。国家所有权需要民法保护,民法的具体化、可操作性、实效性有效衔接了宪法的宣示性、赋权性,二者紧密配合,完成了国家所有权"宣示—落实"的严密体系。研究自然资源国家所有权的民法保护时,应当注重区分国家主权与国家所有权,国家公产与国家私产,国家财产与公共财产。

自然资源国家所有权是指国家对其所有的自然资源享有的占有、使用、收益和处分的权利。正确认识和看待自然资源国家所有权,不能把其简单地归结为公权力或者私权利。国家所有权的特殊性体现在国家自身存在多重的身份性,从主权国家的视角来看待自然资源国家所有权,它就是一项公权力,用来确保国家对自然资源的主权。从自然资源开发利用权利的取得、行使和救济的途径等方面看,都可以看到公权力的影子:权利的取得需要国家机关的审批或者特许,权利的行使需要接受行政机关的监督,权利的救济也时常需要依赖于行政机关。从权利市场流转的视角来看待自然资源国家所有权,它又是一项私法权利。从权利属性上看,自然资源国家所有权归根结底是一种物权。

自然资源国家所有权的法律特征体现在五个方面。(1)自然资源国家所有权是对世权，表明了自然资源的所有权主体是特定的、唯一的，即国家，而义务主体则是除了国家以外的其他任何的不特定的主体。(2)自然资源国家所有权是一种支配权，表明了国家对自然资源的占有、开发和利用无须其他任何主体的同意或者其他任何行为的介入。(3)自然资源国家所有权是法定权，表明了自然资源国家所有权不能由政府或者政府职能部门自由创设，其权利来源于法律规定。(4)自然资源国家所有权是一种自物权，表明了自然资源国家所有权是可以依法独立存在的。(5)自然资源国家所有权的公共性特征明显，表明了自然资源国家所有权的制度设计要以保障人的基本生存需求、维护社会的公共利益、实现经济社会的可持续发展为前提。

自然资源国家所有权法律效力既有物权法律效力的一般特征，又有其本身的特殊性。自然资源国家所有权法律效力的一般特征表现在排他效力、请求权效力、优先效力、追及效力等方面。自然资源国家所有权法律效力的特殊性则表现在三个方面：一是自然资源国家所有权法律效力与普通物权法律效力的刚性程度；二是不同不同类型自然资源的法律效力不同；三是自然资源国家所有权的法律效力具有一定的衍生性。

政府只是“代表”国家行使所有权，而不是“代替”国家行使所有权，要防止自然资源国家所有演变成自然资源政府所有。自然资源具备有限性、稀缺性和财产性特征，符合成为法律权利客体之“物”的特征。国家对自然资源的支配权是自然资源国家所有权的核心。但支配权本身是抽象的权利，它的具体表现就是国家对自然资源的占有、使用、收益和处分四项权能的行使。自然资源国家所有权的消极权能，表现为自然资源的物上请求权，是指自然资源在遭受侵害或者可能遭受侵害的情形下而产生的物权请求权。对自然资源进行管理的行为，不属于自然资源国家所有权本身的权能。

第七章　国有自然资源权利的运行与保护

习近平总书记在关于党的十八届三中全会《决定》的说明中指出："我国生态环境保护中存在的一些突出问题，一定程度上与体制不健全有关，原因之一是全民所有自然资源资产的所有权人不到位，所有权人权益不落实。"①可见，自然资源国家所有权的所有权人不到位，所有权人权益不落实，是当前保护生态环境、建设生态文明的两个突出问题。因此，从制度上促进自然资源国家所有权的有效运行，保护好国家的自然资源权益，成为当前促进绿色发展过程重中之重的议题之一。

第一节　国家自然资源权益的制度保障

建设生态文明，本质上要促进人与自然的和谐相处；促进人与自然的和谐相处，关键要保护好自然资源；保护好自然资源，健全的法律制度是基本保障。因此，建设社会主义生态文明，首先要用健全的法律制度保护好国家所有的自然资源，保障好国家作为所有者的自然资源权益，从而保护好人类赖以生存和发展的生态环境。

---

① 习近平：《关于〈中共中央关于全面深化改革若干重大问题的决定〉的说明》，载新华网：http://www.zj.xinhuanet.com/newscenter/headlines/2013-11/16/c_118168631.htm，最后访问日期：2017年8月25日。

一、生态文明制度体系建设与国家自然资源权益保障

生态文明制度建设，是生态文明建设的重要组成部分，也是建成生态文明的根本性保障。党的十八届三中全会对生态文明制度建设的重要性给予了充分重视，并规定了生态文明制度建设的具体目标。正如党的十八届三中全会公报指出："建设生态文明，必须建立系统完整的生态文明制度体系，用制度保护生态环境。"①充分保障国家作为自然资源所有者的权益，应当按照党的十八届三中全会关于生态文明制度建设的总体部署，加强与自然资源开发利用相关的生态文明制度建设，尤其是要用健全的制度保障国家作为自然资源所有权人的正当权益。

自然资源所有权属于国家，但国家本身是个抽象的主体，它无法直接行使权利，必须通过政府代表国家行使自然资源所有权。现实中，国家作为自然资源所有者的"虚位"，往往是由于政府对自然资源权利的不当行使、不重视行使或无力行使引起的。比如，西部荒漠化的形成，就与政府不当行使或不重视行使自然资源权利直接相关。与此同时，由于侵害国家自然资源权益的监管机制不完善，加上保护自然资源权益的诉讼机制不完善，致使现实中侵犯自然资源国家所有权的事件频发。当前，滥采乱伐、违规开发、掠夺性开发、粗放式开发的现象仍然比较普遍，出现了一系列功利化的短视行为，比如，片面追求经济效益，忽视了自然资源的保护和资源利用的生态效益；注重自然资源的原始开发，忽视了自然资源的循环利用；重自然资源利用的规模效应，轻自然资源的集约利用。这些与自然资源可持续利用背道而驰的开发利用行

① 《中共中央关于全面深化改革若干重大问题的决定》(2013 年 11 月 12 日中国共产党第十八届中央委员会第三次全体会议通过)，载新华网：http://www.sn.xinhuanet.com/2013－11/16/c_118166672.htm，最后访问日期：2017 年 8 月 25 日。

为虽能在短期带来一定的经济效益,但其代价则是严重损害到国家的自然资源权益。

二、完善国家自然资源权益保障制度的具体思路

(一)合理区分自然资源类型,并采取有区别的保护策略

区分自然资源的类型具有重要意义。第一,不同类型的自然资源,所承担的社会责任不同,其社会影响力必然不同。有的自然资源是社会发展急需的、不可或缺的重要资源,比如关系到国计民生的矿藏资源;而有些自然资源的作用和威力尚不足以作为社会经济发展的根基,比如,风能的开发利用。第二,不同类型的自然资源,与人类的基本生存需求紧密程度不同。缺少了阳光、空气、水等自然资源,人类就无法在地球上生存;而有的自然资源,则与人们的日常生活没有直接联系的,比如野生动植物资源。第三,不同类型的自然资源,开发利用的成本大小不同,获取的难易程度不同,开发利用的负面效应不同,对自然环境的损害大小不同。可见,保护国家的自然资源权益,科学合理的自然资源类型区分是关键,对明确自然资源的保护力度和广度至关重要。

1. 公用自然资源与公有自然资源之区分

认定自然资源的用途,首先必须区分哪些自然资源属于国有财产,哪些自然资源属于公用财产。区分的意义在于,国有财产适用私法规则,而公用财产却是与公共利益紧密相关,因而不适用私法规制。基于此,自然资源应当划分为两类:一类是用于公共利益的自然资源,这类资源是为全体国民服务的公共自然资源或者保障人的基本生存需要的自然资源。对这部分自然资源,应当保障公民自由使用和无偿使用的权利,国家的职能是进行科学的管理和有效的保护,而不能把它视为国家的私产,行使独占、收益或自由处分,在出现法律纠纷时也不应适用

私法规制。另一类则是以营利为目的或者出于产业发展、产品生产需要而开发或利用的自然资源，对这部分自然资源，如果属于国家所有，那么国家就有所有权，可以行使占有、使用、收益、处分等各项权能。这类资源在开发利用之后的产品是可以作为商品在市场上流通的，应当认定其属于物权法规定的国有自然资源。而普通公民或者法人要以营利为目的开发利用自然资源，则需要国家的允许或授权。需要强调的是，开发利用自然资源需要国家的允许与需要向国家缴费并不能直接画等号，"国家允许"应当分为三种情况：第一种是法律明确禁止开发利用的，自然人或法人不得对这类资源进行开发利用，任何机构也不得代表国家随意"允许"开发利用该自然资源；第二种是法律允许但需要办理相关法定手续才能进行开发利用的，对这类自然资源的开发利用一般是有偿的，是需要缴纳一定的费用；第三种是法律没有明确规定的，这种法律上的"不禁止"也应当视为一种允许：允许公众免费开发利用自然资源，即法律上没有明确禁止的或者明确要求国家审批才能开发利用的自然资源，就应当视为"国家允许开发利用"。"物权规定不明的自然资源应推定为国家对社会成员自由利用的默许"。①

2. 土地依附型自然资源与自由活动型自然资源之区分

根据与土地的依附程度不同，可以把自然资源区分为土地依附型自然资源和自由活动型自然资源。与土地紧密相连、唇齿相依的自然资源，视为土地依附型自然资源，传统类型的自然资源大部分与土地紧密相关，这类自然资源的特点是资源的归属、性质、用途与其所依附土地的归属、性质、用途紧密相关，比如，林木所有权与其所依附的林地所有权，林地所有权的归属与权利性质将直接决定着林木所有权的归属和权利性质。还有一类自然资源，与土地并无直接的关联，其归属和利

① 巩固：《自然资源国家所有权公权说》，载《法学研究》2013 年第 4 期。

用也与土地没有直接的联系,比如野生动物资源,常因季节变化而迁徙他乡,不能把野生动物的归属与土地的归属直接对等,也不能把野生动物的迁徙视为国有资产的流失。因此,对这两类完全不同类型的自然资源,法律的调整方法应该有所区别。

3. 可再生自然资源、不可再生自然资源与恒定自然资源之区分

在自然科学领域,根据自然资源是否具有可再生能力,可以分为可再生自然资源、不可再生自然资源和和恒定自然资源。这种划分方法在法律上同样具有意义,因为对不可再生资源,就要在制度设计上严格控制其开发利用,严禁滥采滥伐或掠夺性开发,必须把该自然资源的可持续利用放在头等重要的位置去考虑;而对于可再生资源或者恒定资源,则要采取鼓励性措施,如大力推进太阳能、风能等清洁能源的开发和利用。对可再生自然资源进行法律规制的重点在于构建一个有序的开发利用秩序,而不是对开发利用的行为或者开发利用的数量进行限制。当然,鼓励开发利用不等于无节制、无计划的开发利用,尤其是对恒定资源,在一定的时空范围内其总量也是恒定的,过度的开发利用同样会破坏生态的平衡。

(二)划定并严守生态保护红线,完善生态区域功能规划制度和环境影响评价制度

划定生态保护红线,是保障生态环境安全的内在要求。党的十八届三中全会把划定并严守生态保护红线上升为国家战略,体现了以强制性手段推进自然资源保护的国家意志。就自然资源的开发利用而言,划定生态保护红线就是要科学、合理地确定开发利用自然资源的限线,并用制度来保障开发利用行为不压线、不过限。“自然资源利用上

线应符合经济转型发展的基本需求，与现阶段的环境承载能力相适应”。[①] 确定自然资源开发利用红线，既要保障自然资源的正常需求，又要明确开发利用的合理限度。尤其是对于耗竭性自然资源（如矿藏资源），在制度设计时必须明晰几个基本内容：谁有权对其进行开发使用（开发利用主体的资质），如何开发利用（杜绝粗放式的开发利用），开发利用的限度（杜绝掠夺性的开发利用）以及相应的法律责任问题（不当或违法的开发利用行为需要承担什么样的法律责任）等。这一方面有利于明确自然资源所有人、使用人等权利主体的权利、义务与法律责任，保障了权利人的合法权益；另一方面，有利于有序地开发利用自然资源，避免了因争夺资源开发而破坏生态环境的混乱局面。

从建设生态文明的要求出发，为了避免因过度开发利用自然资源而带来的生态破坏，守住自然资源开发利用的底线，应当配套相应的监管制度，把开发利用自然资源的行为关到制度的笼子里。

第一，完善与自然资源开发利用相关的生态区域功能规划制度。维护生态安全必须充分考量自然资源开发利用的负效应，这就需要对开发利用自然资源的全过程进行有效的监督和制约。生态功能规划制度的目的就在于对自然资源开发利用的限制，对自然资源的开发利用进行统筹的区域规划与设计，明确什么区域的自然资源能开发，什么区域的自然资源暂缓开发，什么区域的自然资源不能开发。同时，制定自然资源生态区域功能规划制度时，应与落实自然资源用途管制制度有机结合起来，避免制度之间的矛盾或出现法律监管的真空，使这两个制度有效衔接起来，相得益彰。

第二，完善与自然资源开发利用相关的环境影响评价制度。环境影响评价制度的核心目标在于控制自然资源开发利用的度，对开发利

---

① 参见高吉喜：《国家生态保护红线体系建设构陷》，载《环境保护》2014 年第 2～3 期。

用过程造成环境污染的，及时地予以通报和警示，并责令加以纠正，限期整改。环境影响评价制度是由一系列子制度组成的制度系统，其中，建立有效的环境信用评价机制是关键的环节之一。如环境保护部会同国家发改委、中国人民银行、银监会联合发布了《企业环境信用评价办法（试行）》，这对于督促企业履行保护资源的法定义务与社会责任，约束和惩戒企业环境失信行为具有重要意义。① 通过建立健全与自然资源开发利用相关的环境影响评价制度，对造成资源浪费、破坏生态安全的行为，第一时间发出警示或警告，及时制止不法行为，并予以必要的制裁和惩罚。同时，定期公布企业的环境信用情况，加强环境影响评价的警示效应。当然，并非所有开发利用自然资源的行为都需要对其进行环境影响的跟踪与评价，比如，对清洁能源的开发利用就应当以鼓励性、扶持性的制度或者政策为主，这同时也节省了不必要的监管成本。

（三）健全环境公益诉讼制度，完善国家自然资源权益的司法救济途径

当公民个人的私有财产受到侵犯时，受害人可以向法院提起侵权之诉，要求法院维护自身合法的财产权益。那么，当国家的自然资源权益受到侵害时，如何通过有效的司法救济来保护国家作为自然资源所有者的合法权益？提起环境公益诉讼，提请司法机关制裁破坏自然资源和不当开发利用自然资源的行为，并从中获得损害赔偿，是保护好国家自然资源权益的有效方式之一。由于与自然资源开发利用相关的公益诉讼制度还不完善，目前我国的环境公益诉讼案件屈指可数，环境公益诉讼制度在保障国家自然资源权益、维护人民群众正当利益等方面

---

① 参见环保部：《我国将实行企业环境信用评价制度》，载《经济日报》2014 年 1 月 3 日，第 6 版。

还没有发挥出其应有的作用。尽管如此,对环境公益诉讼制度的作用也不应全盘地加以否定。2013 年 1 月 1 日起施行的《民事诉讼法》开启了我国自然资源保护与环境侵权公益诉讼的司法之门,随着法律制度的不断完善,自然资源保护与环境侵权的司法救济制度也必将日趋完善。在与自然资源保护相关的公益诉讼中,破坏自然资源的或者违法开发利用自然资源的是被告,这是非常明确的。关键的问题是谁有权提起公益诉讼,抑或在与自然资源开发利用相关的公益诉讼中,谁有资格担任原告?

一是国家提起与保护自然资源相关的公益诉讼。国家是自然资源的所有者,当国家的自然权益受到侵害时,国家完全有理由成为原告。但由于"国家"本身是一个抽象的主体,必须授权一定的政府部门代表国家提起公益诉讼。应当看到,政府通过行政管理的方式对于保护自然资源是更为及时和高效的,因此,只有当行政管理的方式无法有效保护自然资源的情形下,才有必要由国家授权相应的部门作为原告提起公益诉讼。比如,对于在野生动物保护区高速行驶造成野生动物死亡的,由于缺乏相关的行政处罚制度,国家就需要授权一定的政府部门,通过提起公益诉讼的方式来保护自身的权益。比如,高速行驶致使野生动物损害时,相关部门可以代表国家提起公益诉讼,起诉肇事者,要求侵害人承担侵权责任。从我国的制度现状看,目前代表国家提起环境公益诉讼的部门是检察机关。2015 年 7 月全国人大审议通过了相关决定,授权检察机关可以在试点区域提起环境公益诉讼;2017 年 6 月 27 日全国人大常委会通过了关于修改我国《行政诉讼法》和《民事诉讼法》的决定,明确将检察机关提起公益诉讼纳入这两部法律当中,标志着我国以立法形式正式确立了检察机关提起公益诉讼制度。当然,这项制度目前还存在诸多亟待完善的领域,比如,检察机关与社会组织的合理分工问题,[①]检察机关提起诉讼与支持起诉的运用问题,检察机关在环境公益诉讼中的证明责任问题,检察机关提起环境公益诉讼的执行问题等,这些问题有待于相关制度的进一步完善。

二是受害者群体提起与自然资源开发利用相关的环境侵权公益诉讼。开发利用自然资源的过程往往带来了资源污染与环境破坏,致使自然资源企业周边的人居环境受到破坏,甚至影响到企业周边群众的生命健康和财产安全,在这种情形下,由部分人代表受害人群体提起公益诉讼,是维护受害人权益的有效途径之一。当然,环境污染、生态破坏具有时间的长期性、地域的广阔性以及伤害的不确定性,这些因素陡增环境侵权公益诉讼的难度。自然资源开发利用带来的环境污染问题往往具有很高的技术含量,谁有资质来鉴定损失是由哪一个企业的开发利用行为造成的,如何认定开发利用自然资源的行为与受到损害之间的因果关系,如何科学确定行为带来的损失的大小,计算损害赔偿的依据和标准是什么,这些都是在环境侵权诉讼中必须加以解决的难题。比如,同样的水资源污染,不同体质的人受到的损害并不相同,某人的病灶是否与企业的污染直接相关往往很难确定。同时,环境信息与污染数据往往掌握在政府环保部门手里,如何有效地获取相关的资源污染数据,也是公众提起环境侵权公益诉讼的一大难题。当然,由受害者群体提起的环境侵权诉讼从本质上是为了保护受害者自己的利益,应当将其归结为私益诉讼,只不过受害者众多而已。因代表人诉讼保护的并不是“公共利益”,有学者指出这类诉讼是“众益”诉讼,而不属于真

---

① 尽管《民事诉讼法》已经有了原则性的规定,但这些规定要需要制定具体的实施细则。《民事诉讼法》第 55 条第 2 款规定:“人民检察院在履行职责中发现破坏生态环境和资源保护、食品药品安全领域侵害众多消费者合法权益等损害社会公共利益的行为,在没有前款规定的机关和组织或者前款规定的机关和组织不提起诉讼的情况下,可以向人民法院提起诉讼。前款规定的机关或者组织提起诉讼的,人民检察院可以支持起诉。”

正意义上的“公益”诉讼。[①]

三是社会公益组织提起的环境侵权公益诉讼。在《民事诉讼法》赋予了法律规定的机关和有关组织可以提起环境侵权公益诉讼的权利之后,2015 年 1 月 1 日起施行的新《环境保护法》明确赋予了社会组织提起环境公益诉讼的资格,这似乎预示着以环保 NGO 为代表的社会组织将在环境公益诉讼大展身手。《民事诉讼法》第 55 条规定:“对污染环境、侵害众多消费者合法权益等损害社会公共利益的行为,法律规定的机关和有关组织可以向人民法院提起诉讼。”当然,社会公益组织提起环境侵权公益诉讼也存在诸多制度性难题,比如,社会公益组织应当符合哪些条件才可以依法提起诉讼,如何判断社会公益组织是否真正代表受害人的权益,如何有效确定受害人的范围,如何判断损害赔偿的数额是否合理,多个社会公益组织就同一侵害行为在不同法院同时提起诉讼时如何确定法院管辖,如何有效预防社会组织谋取自身的利益,等等。正如学者所言,环保社会组织其自身面临较多内外部困境,主要表现为登记管理手续繁复、激励措施力度不足等,以及其自身独立性欠缺、资金缺乏、人力资源配置不合理等方面;[②]环保社会组织提起环境公益诉讼仍然面临着自身资金、技术、内部管理体系等方面的内忧以及法律规定狭窄、管理模式僵化限制环保社会组织功能的积极发挥等外患;[③]社会组织的主体资格在历史语境、法律适用与立案受理以及区域

① 对相关问题进行探讨的论文有:杨朝霞:《论环境公益诉讼的权利基础和起诉顺位——兼谈自然资源物权和环境权的理论要点》,载《法学论坛》2013 年第 3 期;徐祥民、王丹:《笑迎环境公益诉讼制度——对新〈环境法〉的“积极”解释》,载《中国环境法治》2014 年第 1 期;肖建国:《利益交错中的环境公益诉讼原理》,载《中国人民大学学报》2016 年第 2 期等。

② 参见张锋:《环保社会组织环境公益诉讼起诉资格的“扬”与“抑”》,载《中国人口·资源与环境》2015 年第 3 期。

③ 参见张晓阳:《环保社会组织提起环境公益诉讼的困境与突围》,载《黑龙江省政法管理干部学院学报》2015 年第 5 期。

法院之间存在认定偏差，需要加强社会组织作为环境公益诉讼主体资格认定的实践理性。①

（四）用制度规范国家自然资源权利的行使，促进自然资源的合理利用

自然资源既是保障人类基本生存的生存资料，又是构建生态文明的基本场所，对自然资源的开发利用不能过度，应当要有一个限制权利行使的法律规制，以保障经济社会的可持续发展。对权利行使的限制，往往是出于维护公共利益。基于公共利益，对国家行使自然资源所有权进行适当限制是必要的。但必须关注到三个重要的影响因素：一是公共利益本身就是非常抽象的概念，公共利益的判断标准带有很强的主观性，这种主观性导致公共利益的范围非常宽泛，无法通过列举的方式来给公共利益的外延作一个界定，而且公共利益的内容总是处在不断地变化之中，用得好，会起到调节社会矛盾的作用，但如果用得不好，可能反而成为侵犯国家所有权的借口。二是公共利益总是和一个国家的具体国情、社情、民情紧密联系在一起的，与一国的意识形态、经济发展水平、风俗习惯、生活方式等都是紧密相关的，在一国里的公共利益，在他国未必就是所谓的公共利益；对某个民族而言，某种自然资源可能是公共利益，对于其他民族而言，可能就不是公共利益。三是“公共利益”一词会在不同的层面上被运用，对国家而言，国家主权就是最高的公共利益，对民众而言，安全有序的社会治安、优美清新的自然环境、方便快捷的公共交通等，都算是公共利益的范畴。国家行使自然资源所有权要受到公共利益的限制，同时，对公共利益的范围也应该有一个反限制，应以保障人的基本生存条件为限，而不作扩张性的解释；对自然

---

① 参见孙洪坤、俞翰沁：《社会组织提起环境公益诉讼资格认定偏差的分析——以“腾格里沙漠案”绿发会遭遇起诉尴尬为例》，载《环境保护》2017 年第 Z1 期。

资源领域的公共利益,应当以一个国家内大部分人的认识水平为判断标准,而不能以个别人的主观判断为标准。只有这样,才是真正的公共之利益。我们提出保护"公共利益"的主张,并不是主张取消自然资源国家所有权,其目的是要解决好公共利益与自然资源国家所有权之间的平衡,防止把"公共利益"无限扩张,从而保护好国家作为自然资源所有者的正当权益。

第一,要保障国家的自然资源权利行使到位。权利行使不到位,必然会造成国有资产流失,给国家的权益带来损害。当前,国家所有的自然资源由政府代表行使,政府一般授权国有企业具有经营管理国有自然资源,由此形成了从国家所有到政府代表国家行使权力再到国有企业经营管理国有自然资源的权利行使模式。在这一模式中,国有企业经营管理自然资源是否到位,是否存在乱作为或者不作为的情形,将直接关系到国家行使自然资源所有权是否到位。"从实践来看,在扩大企业自主权以后,不能放弃国家对企业占有的国家资产的监管,以防止国有资产的流失和浪费"。① 因此,建立健全自然资源权利行使的监督制约机制,督促代表国家的相关部门或者企业准确行使自然资源权利,是保障国家作为自然资源所有人之合法权益的关键所在。

第二,要明确国家行使自然资源权利的边界,防止越位行使自然资源权利。国家在行使自然资源所有权时要做到不越位,关键是要处理好国家所有的自然资源与集体所有的自然资源的边界问题。根据我国《宪法》和法律的规定,自然资源并非全部属于国家所有,有一部分自然资源是归属集体所有的,比如,农村和城市郊区的土地,根据《土地管理法》第8条的规定,除了法律有明确规定属于国家所有的土地之外,原则上归村集体所有;再如,根据《物权法》第48条的规定,法律规定属于

① 参见王利明:《物权法论》(修订本),中国政法大学出版社2003年版,第277页。

集体所有的森林、山岭、草原、荒地、滩涂等自然资源不属于国家所有。这就需要国家在行使自然资源所有权时,要做到权利行使不越位,不属于国家所有的自然资源,国家也不能随意侵犯。

第三,要建立自然资源国家所有权的自我限制机制。当自然资源利用权设定之后,取得利用权的公民或者法人就有了利用自然资源的合法权利,而此时作为自然资源所有人的国家,其所有权就受到了一定的限制,即国家行使自然资源所有权不能妨碍其他民事主体自然资源利用权的正当行使。就自然资源的开发利用而言,授予其他民事主体开发利用自然资源的权利,既是国家自然资源权利的部分让渡,又是国家自然资源权利的有效实现途径。通过权利让渡,更多的主体参与资源的开发利用,有利于引入市场竞争机制,降低资源的开发成本,提升资源的使用效益。因此,建立自然资源国家所有权的自我限制机制,不仅满足了人们利用自然资源的愿望,同时又保障了国家作为自然资源所有人的权益。

第二节　自然资源的市场配置及其制度完善

党的十八届三中全会通过的《决定》指出:“要紧紧围绕使市场在资源配置中起决定性作用深化经济体制改革,坚持和完善基本经济制度,加快完善现代市场体系、宏观调控体系、开放型经济体系,加快转变经济发展方式,加快建设创新型国家,推动经济更有效率、更加公平、更可持续发展。”[①]这里的“资源”,包括了我国范围内的物力、财力、人力等

① 《中共中央关于全面深化改革若干重大问题的决定》(2013 年 11 月 12 日中国共产党第十八届中央委员会第三次全体会议通过),载新华网:http://www.sn.xinhuanet.com/2013-11/16/c_118166672.htm,最后访问日期:2017 年 8 月 25 日。

各种物质要素的总和，具体可以分为自然资源和社会资源（包括人力资源、信息资源以及经过劳动创造的各种物质财富）这两大类型。本节主要针对自然资源领域的市场配置展开研究，分析市场配置自然资源的现实困境，界定需要市场配置的自然资源的范围，并就相关的法律制度完善提出建议。

一、市场配置自然资源的现实困境

（一）市场配置自然资源的范围不明确

自然资源包罗万象，根据不同的标准，可以对自然资源进行不同的分类。比如，根据自然资源的可耗竭性、可更新性等自然资源本身固有的属性进行分类，可以分为耗竭性资源（包括可更新资源和不可更新资源）和非耗竭性资源（包括恒定性资源、亚恒定性资源和易误用易污染的资源）；[①]按自然因素在经济部门的地位来划分，可以分为农业自然资源（包括了土地资源、气候资源、生物资源和水资源）和工业自然资源（包括了矿产资源、森林资源、草场资源等）。[②] 林林总总的自然资源，是否都需要市场进行配置？由于我国现行的法律对市场配置自然资源的范围没有作出明确的规定，人们对自然资源市场配置的作用难免存在这样或者那样的误解。比如，晒晒太阳是否需要缴费？长江之水滚滚入海算不算国有资产流失？这些本不是问题的疑惑，来自对市场配置自然资源范围的模糊认识。应当明确，并非所有的自然资源都需要市场进行配置，比如，人人生存都必须需要的自然资源，就不需要市场对其进行配置，当然，也就更谈不上市场如何发挥决定性作用的问题。因

① 参见蔡运龙编著：《自然资源学原理》，科学出版社2007年版，第26页。
② 参见陈永文主编：《自然资源学》，华东师范大学出版社2002年版，第3页。

此,要彻底消除人们的疑虑,应当清晰界定需要市场配置的自然资源的范围。

(二)政府行使自然资源权利不到位

市场在自然资源配置中起决定性作用,核心问题是处理好政府与市场的关系,而这恰恰是当前的薄弱环节。习近平同志在十八届三中全会《决定》的说明中指出,我国生态环境保护中存在的一些突出问题,一定程度上与体制不健全有关,原因之一是全民所有自然资源资产的所有权人不到位,所有权人权益不落实。全民所有自然资源资产的所有权人不到位,具体表现在政府行使自然资源权利上的不到位。一方面,政府还未能从根本上扭转粗放型的自然资源开发利用模式,自然资源利用效率底下、环境破坏严重的现象普遍存在,权力异化或寻租、自然资源利益部门化或地方保护主义的现象时常存在,政出多门、各自为政、盲目投资等问题屡见不鲜。另一方面,在自然资源国家所有权的具体实现上,中央政府与地方政府经常存在利益博弈。在实践中,关系国计民生的重要自然资源都由中央政府控制,中央政府往往采取授权给央企开发利用自然资源的方式,垄断资源的开发和利用,并占有大部分经济收益,取得了较高的利润,地方政府虽然依托资源引进了资金、技术等,却难以或只能分享小部分的收益,与理想的利润相去甚远,这就导致了资源所在地政府与央企在资源配置和利用上的权益博弈。近年来,此类事件屡见不鲜,且有日益升级之趋势。①

① 参见张娜:《能源博弈百态:地方政府不再欢迎央企圈资源》,载中国经济网:http://www.ce.cn/cysc/ny/hgny/201107/06/t20110706_21001399.shtml,最后访问日期:2017 年 8 月 28 日。

（三）自然资源权益流转的市场机制不通畅

党的十八大报告在谈到全面深化经济体制改革时强调，要“建立公共资源出让收益合理共享机制”。自然资源是主要的公共资源之一，理当建立健全出让收益合理共享机制。当前，最核心的任务是要让更多的民事主体能够参与进来，共同开发利用自然资源，共享自然资源的成果。要实现这一目标，最重要的是要让开发利用自然资源的权利在普通民事主体之间流转起来。然而，在我国现有的法律框架内，普通民事主体参与开发利用自然资源的市场机制还很不成熟，如探矿权、采矿权、渔业权等自然资源用益物权的流转都是被限制的，取水权的转让甚至是被某些地方性法规明令禁止的。如《徐州市地下水资源管理条例》第11条明确规定：“取水许可证不得转让。”可见，完善自然资源权益流转制度还有一段很长的路要走。由于一般民事主体在取得开发利用自然资源权利的过程中受到了较多的行政干预，通常还需要比较繁琐的行政审批手续，致使自然资源的流转效率偏低。自然资源用益物权的取得与流转中的制度性障碍，直接影响了人们开发利用自然资源的愿望与积极性。

（四）自然资源企业缺乏经营自主权

新中国成立之后，受到苏联“左”的思想的影响，政府偏好行政干预，我国的政府机构长期大包大揽、越俎代庖，对自然资源的配置管得过细过死，市场的作用没有得到充分发挥，自然资源企业（尤其是国有企业）的经营自主性没有得到充分尊重，使企业的运行与市场经济的运行规律脱轨。以行政干预替代市场机制，必然使企业丧失经营自主权；企业缺乏经营自主权，就无法充分调动企业的生产积极性。随着我国经济体制改革的不断推进，大部分企业包括国有企业获得了独立的法人地位，成为独立的市场主体。我国《公司法》明确承认了国有企业的独立法人地位，正是基于我国还处于社会主义市场经济的背景，赋予了国有企业经济上的相对独立性。尽管如此，在与自然资源相关的国有企业里，仍然存在浓厚的国家行政干预色彩，企业缺乏经营自主权的现象仍然普遍。比如，水价的调整一般都是政府行为，而非企业的市场行为。今后改革的趋势应当是：凡是市场能形成的价格，政府就不应当干预，包括水、石油、电力等自然资源。① 当然，对于水、石油、电力等领域的价格改革，要充分考虑市场的风险和群众的承受能力。

二、市场配置自然资源的范围界定

自然资源是一种普遍存在的财产形态，大部分的自然资源能够创造经济价值，自然资源的开发利用需要市场进行有效的配置。但自然资源包罗万象，类型繁多，并非所有的自然资源都需要市场进行配置。明确市场配置自然资源的范围，是研究相关法律制度完善的前提和基础。界定市场配置自然资源的范围，需要明确两个基本问题：第一，什么是自然资源；第二，哪些自然资源需要市场配置。

什么是自然资源？《辞海》对自然资源所下的定义是："泛指天然存在的并有利用价值的自然物，如土地、矿产、气候、水利、生物、森林、海洋太阳能等资源。生产的原料来源和布局场所。"《大英百科全书》关于自然资源的定义是："人类可以利用的自然生成物，以及作为这些成分之源泉的环境功能。"对自然资源的内涵，不同的学科仁者见仁、智者见智。自然资源学界认为自然资源是从自然界获取的可以满足人类需要

① 参见于祥明：《发改委推进经济体制改革　中央层面审批固投将减6成》，载新浪网：http://finance.sina.com.cn/china/20131126/022317431526.shtml，最后访问日期：2017年9月5日。

或提升人类福利的自然物质。自然资源是人类能够从自然界获取以满足其需要的任何天然生成物及作用于其上的人类活动成果，是人类社会取自自然界的初始投入。[①] 这一定义强调了自然资源包括了天然生产物和作用于其上的人类活动成果，并强调了其“初始投入”的特征，即自然资源刚开始并不一定需要通过一定的技术手段获取，有的自然资源需要通过技术获取，如矿产资源；而有的自然资源并不需要通过什么技术就可以获取的，比如最大的自然资源——土地资源。自然资源不仅是一个自然科学概念，也是一个资源开发与利用的经济学概念。自然资源是指在一定时间条件下，能够产生经济价值以提高人类当前和未来福利的自然环境因素的总称。[②] 这一定义强调了自然资源的经济价值及其可以为人类社会谋福利的特征，其关注的焦点在于人类对自然资源的开发利用，强调了自然资源对人类的有用性。

对自然资源的内涵界定应该把握三个基本要素：一是自然资源的天然性，自然资源是天然存在而非人工加工而成的；二是自然资源的有用性，人类的生存离不开自然资源，自然资源有利用价值，人类需要并能够开发利用，即人类可以开发利用的资源才是自然资源；三是自然资源作用的两面性，利用好可以为人类谋福利，利用不好也可能给人类带来灾难。本书所要研究的“自然资源”，主要是指可以开发利用的并且可以造福于人类的自然界的物质。

并非所有的自然资源都需要市场的配置。第一，人类暂时还无法对其进行开发利用的自然资源，或者虽能进行开发利用但没有实际使用价值的自然资源，不需要市场对其进行配置。第二，对于取之不尽、

① 参见蔡运龙编著：《自然资源学原理》，科学出版社 2007 年版，第 24 页。

② 参见黄民生等主编：《中国自然资源的开发、利用和保护》，科学出版社 2011 年版，第 1 页。

用之不竭的恒定自然资源,虽然其对人类有用,但因其随处可得,不具有交换价值,不需要市场对其进行配置。一种自然物质,之所以被视为一种资源,在于其有限性和稀缺性。当某一自然物质未出现稀缺性或有限性特征时,人们可以自由地获取该物质;相反,当某一自然物质供不应求时,其资源价值得以凸显,此时就需要一个有效的市场机制来合理地分配该资源。第三,对于用于维持人类基本生存需要的自然资源,法律赋予了人人均可无偿使用该自然资源的权利,市场也必须充分尊重此种法定权利。比如,新《水法》和《取水许可实施办法》同时也规定了三种情形的法定取水权:一是少量取水,二是应急取水,三是农民取水。因此,为了基本生活需要的少量取水是一种法定取水权,既不需要政府许可也不需要缴费,也就无须市场进行配置。第四,对于涉及国家安全的战略性物资,比如专用于军事用途的稀有自然资源,不允许私人持有,不能进入自由流通领域,更不能放任由市场来自由配置。即市场对自然资源的配置,必须在维护好国家自然资源安全的前提下进行。可见,需要市场配置的自然资源,是指兼具使用价值和交换价值的"民用自然资源"。

三、市场配置自然资源的制度完善

根据我国的法律规定,自然资源在通常情形下归属国家所有,而普通的自然人或者法人无权享有自然资源的所有权。自然资源国家所有权不可能通过市场机制进行流转,这是自然资源与社会资源最大的不同。但这并不表明,市场机制不能在自然资源配置中发挥作用。自然资源国家所有权制度是市场配置自然资源的制度基础。国家享有自然资源所有权,表明了国家对其所有的自然资源享有的占有、使用、收益和处分的权利。其中,国家对自然资源的收益权和处分权能是市场配置自然资源的源泉,正是由于国家行使了自然资源的收益权和处分权,市场配置自然资源才具有可操作性。完善市场配置自然资源的相关制度,应当从自然资源国家所有权的制度框架出发,完善政府行使自然资源的法律制度、自然资源用益物权流转制度和自然资源权益交易的市场机制。

(一)政府行使自然资源权利的制度完善

市场要在自然资源配置中起决定性作用,核心是要处理好市场与政府的关系。自然资源在通常情形下归属国家所有,国家是自然资源国家所有权的权利主体,但由于其本身乃是一个抽象的概念,法律一般赋予"政府"代表国家行使自然资源权利。比如,《土地管理法》第2条第2款规定:"全民所有,即国家所有土地的所有权由国务院代表国家行使。"《水法》第3条第1款规定:"水资源属于国家所有。水资源的所有权由国务院代表国家行使。"《海域使用管理法》第3条第1款规定:"海域属于国家所有,国务院代表国家行使海域所有权。"可见,国家的自然资源权利是由政府来具体行使的。这就需要完善政府行使自然资源权利的相关制度,明确政府在自然资源配置中的作用。明确了哪些自然资源权利该由政府来行使,哪些自然资源领域该由政府进行管理,也就明确了市场配置自然资源的边界。

自然资源是国家所有,而不是政府所有。尽管政府在具体行使自然资源国家所有权,但其也必须始终牢记自身的角色——政府只是"代表"国家行使所有权,而不是"代替"国家行使所有权。国家所有即全民所有,而政府所有不必然与全民所有画等号。一方面,政府所有的财产普通民众一般是不可以"用"的,而国家所有的自然资源并不一定民众就不可以"用",因此界分自然资源的国家所有与政府所有可以打消民众对使用自然资源的不必要担忧;另一方面,政府要牢记自身只是"国家代表"的角色和定位,要求政府要真正从人民群众的根本利益出发,积极构建有限政府、法治政府、为民政府。

党的十八届三中全会《关于全面深化改革若干重大问题的决定》明确提出了“健全国家自然资源资产管理体制，统一行使全民所有自然资源资产所有者职责”的要求。习近平同志在十八届三中全会《决定》说明中进一步指出：“国家对全民所有自然资源资产行使所有权并进行管理和国家对国土范围内自然资源行使监管权是不同的，前者是所有权人意义上的权利，后者是管理者意义上的权力。总的思路是按照所有者和管理者分开和一件事由一个部门管理的原则，落实全民所有自然资源资产所有权，建立统一行使全民所有自然资源资产所有权人职责的体制。”政府如何处理好作为自然资源所有者代表与自然资源管理者的关系是一个难点问题。为了提高自然资源的利用效率，实现国家的自然资源收益，政府的角色是国家自然资源所有权的代表人，主要通过市场机制开发利用自然资源，并从中获得一定的经济收入。为了保障资源开发利用的秩序和生态安全，政府的角色是自然资源的管理者，通过行政管理的方式对开发利用自然资源的行为进行必要的干预、限制或矫正。专门设立自然资源“国资委”，或者成立综合协调自然资源国家所有权行使的委员会，是可供选择的路径。关键是要把行使自然资源国家所有权的职能从原先的各个管理部门有效剥离出来，使自然资源所有者与自然资源管理者分开，并从制度上明确自然资源国家所有权统一行使的内容与统一行使的方式。要避免政府权力的异化或寻租，“权利”如果被“权力”寻租，那么结果是：分配自然资源的过程变成了国家剥削公民的过程，必然导致资源的不合理配置；民众也可能因机制的混乱而随意使用或者浪费自然资源，从而带来了自然资源利用的灾难。

政府代表国家行使自然资源所有权，应当是积极的、有作为的。与普通公民行使私人财产权的最大不同在于，政府代表国家行使自然资源权利是不能随意放弃的或者行使不到位的，当权利受到侵害时，也不能随意放弃追究侵权人的法律责任。现实中，国家作为自然资源所有者的“虚位”，往往是由于政府对自然资源权利的不当行使、不重视行使或无力行使引起的。比如，西部荒漠化的形成，就与政府不当行使或不重视行使自然资源权利直接相关。一方面，政府要保障国家自然资源的经济安全，从维护国家资源安全的目的出发，管好、用好、保护好关系国计民生和国家经济命脉的重要自然资源。对涉及国家安全的战略性自然资源，政府要积极主动地作为，确保这些重要自然资源的安全。另一方面，政府要充当好自然资源市场体系的组织者、市场竞争规则的出台者和市场争端的裁判者。其基本职能应当是维护自然资源权利流转的市场秩序，保障自然资源权益交易的安全。政府既要维护国家作为自然资源所有权人的权益，又要保证自然资源使用人的正当权益，二者不可偏废。

完善政府行使自然资源权利的制度，还要合理划分中央政府与地方政府在自然资源配置中的职权。应当看到，中央政府与地方政府在自然资源的开发利用上是存在利益博弈的。《宪法》赋予了各级地方政府管理本区域范围内行政工作的职权，并明确由国务院规定中央和省、自治区、直辖市的国家行政机关的职权的具体划分。但由于我国目前中央财政和地方财政是分开的，这一体制必然导致中央政府和地方政府在自然资源的开发利用上，经常存在管理权限、税收分配、财政收入等争议。因此，在自然资源国家所有权的具体实现上，合理配置中央与地方的权限成为一个至关重要的问题。一方面，我们应当坚持国家所有权的统一性，各级政府都只是代表国家行使国家所有权的机构，其本身并不是所有人，所有人只有一个，那就是国家。另一方面，我们也必须充分调动地方发展经济的积极性，承认地方政府对其在自然资源领域投资所得收益的合法性，鼓励地方政府在法律允许的范围内合理开发利用自然资源。

（二）完善自然资源用益物权流转制度

国家所有权只是形成资源利用秩序的前提，资源物权才是建立秩序的关键。[①] 对自然资源而言，由于自然资源归属国家所有，从静态的“定分止争”到动态的“物尽其用”的价值转换，必须有一个制度搭建起从自然资源国家所有到自然资源开发利用的桥梁，这个制度就是自然资源用益物权制度。自然资源用益物权，是指非自然资源所有人依法取得开发利用自然资源并获得收益的权利。构建自然资源用益物权制度，其目的就是要让一般民事主体取得开发利用自然资源的权利；而完善自然资源用益物权流转制度，则可以使自然资源开发利用权利在不同的民事主体之间流转起来。国家专属财产所有权不得进入民事流转，但在某些国家专属财产上可以依法设立民法上的用益物权，用益物权为民事主体所享有，可以进入民事流转。[②] 自然资源用益物权流转制度，就是要在社会主义市场经济体制下，使一般民事主体可以通过市场机制取得开发利用国家所有的自然资源。这打通了国家所有权进入市场的制度性障碍，是市场在自然资源配置中发挥决定性作用的关键一步。

第一，要完善自然资源用益物权的主体资格制度。即具备什么样的资质，才能有开发利用某一自然资源的资格，才能参与某类型自然资源用益物权的流转。有的自然资源对用益物权人并没有太高的技术含量（如土地承包经营权、林权等），可在普通的民事主体之间进行流转；有的自然资源则需要用益物权人具备一定的资质（如探矿权、采矿权），

① 参见巩固：《自然资源国家所有权公权说》，载《法学研究》2013 年第 4 期。

② 参见尹田：《物权法》，北京大学出版社 2013 年版，第 293、294 页。

在这种情形下,要明确规定用益物权人的资质要求,这类自然资源用益物权必须在具备了一定人员队伍、技术水平、硬件设备等条件的主体之间进行流转。只有明确了可以在哪些主体之间进行流转,自然资源用益物权的流转才能有效运行起来。通过自然资源用益物权的有效流转,使技术更优、利用效率更高的企业获得了开发利用该自然资源的权利,提高了资源的使用效益。

第二,要完善自然资源权利取得制度。加快自然资源用益物权的流转效率,就要使自然资源用益物权的取得尽可能去行政化,满足人们便捷、高效地开发利用自然资源的愿望,尽量降低取得自然资源用益物权的经济成本与时间成本。在制度设计时,要尽可能用财产权制度的流转来替代行政许可制度。发达国家在这方面有着成功的经验,比如,在美国,尽管各州的方案有明显不同之处,但用水权一般被认为是一种财产权,即使在行政许可制度下也是如此;①新西兰的海洋水产养殖权是能够再次出租和交易的排他性权利;澳大利亚的《渔业管理法》允许通过财产权利管理渔业。②

第三,要完善自然资源统一登记制度,不断健全自然资源资产产权制度。健全自然资源资产产权制度,是生态文明制度建设的重要内容。党的十八届三中全会《决定》提出:"对水流、森林、山岭、草原、荒地、滩涂等自然生态空间进行统一确权登记,形成归属清晰、权责明确、监管有效的自然资源资产产权制度。"完善的自然资源权属登记制度,既有利于自然资源用益物权流转的安全,也是完善自然资源资产产权制度的关键一步。2015 年 3 月 1 日起施行的《不动产登记暂行条例》将森林

---

① 参见[美]戴维·H. 盖奇斯等:《在水分配和管理决策中综合考虑环境和其他公共价值》,王晓丽译,载王曦主编:《国际环境法与比较环境法评论》,法律出版社 2005 年版,第 367 页。

② 参见崔建远:《论争中的渔业权》,北京大学出版社 2006 年版,第 17 页。

所有权、林木所有权、海域使用权等自然资源权利纳入不动产统一登记的范畴,迈出了自然资源统一登记的重要一步,但只有三种自然资源纳入统一登记的范畴,显然离自然资源统一登记的目标还有不小的差距。完善自然资源权属统一登记制度,应当制定出台《自然资源登记法》,改变登记制度散见于各自然资源单行法、行政法规或部门规章的现状,用一部统一的法律把自然资源登记行为来规范起来。

(三)建立健全自然资源权益交易机制

建立健全自然资源权益交易机制,单凭完善自然资源用益物权流转制度是不够的,还需要明确自然资源权益交易的具体规则,完善资源性产品市场化定价机制,并不断完善与自然资源权益相关的法律制度。只有这样,自然资源权益交易市场才可能不断走向成熟。

第一,要根据不同的情形,制定相应的自然资源权益交易规则。要明确使用哪些资源是有偿的,使用哪些资源则是无偿的。人人均可无偿使用的自然资源,如太阳光、自然风光等,就完全没有必要建立自然资源权益交易的市场机制。而对于耗竭性自然资源,或者稀缺性自然资源,因其资源的有限性,就必须建立一套关于自然资源权益交易的法律制度予以规范。当国有财产进入市场,合同的保护方法和保护机制就应当发挥其应有的作用。比如,合同自由原则、实际履行原则、正确履行原则、公平原则、公序良俗原则等,以此确保自然资源在流通领域不受侵害。党的十八届四中全会《决定》强调:“健全以公平为核心原则的产权保护制度,加强对各种所有制经济组织和自然人财产权的保护,清理有违公平的法律法规条款。”在设计自然资源权益交易制度时,不能一味地追求交易的规模、效率或经济效益,应当在效率与公平之间确定一个平衡点,把促进可持续发展作为重要的价值取向,兼顾自然资源利用的经济效益、社会效益和生态效益。

第二,完善资源性产品市场化定价机制,从制度上保障自然资源企业享有更大的定价自主权。当前,水、天然气、石油等自然资源产品的价格形成机制中行政干预的色彩浓厚,市场化程度较低,与优化资源配置的要求还有一段很长的距离,与市场决定资源配置的要求还不相适应,并直接影响到经济发展方式的转变。[①] 大力推进资源性产品的价格形成机制改革,是发挥市场在资源配置中决定性作用的必然要求。其根本途径是要改变原有的自然资源国家所有权行使方式,赋予企业在经营管理自然资源中更多的自主权,尤其是国有自然资源企业在资源产品定价中的自主权。国有企业作为独立的法人单位,应当从制度上保障其享有必要的占有权、使用权和一定程度的收益权和处分权。实现的根本途径是,要从制度上保障国有企业对其经营管理的自然资源享有独立的法人财产权。

第三,完善自然资源权益交易相关的生态保护法律制度。自然资源的市场配置与自然资源产品的市场配置是不同的,自然资源权益交易常常伴随着生态利益的得失。一是要建立健全与自然资源权益交易相关的环境监管制度,比如,完善自然资源权益交易的环境影响评价制度,对开发利用过程造成环境污染的,及时地予以通报和警示,并责令加以纠正,限期整改。二是要积极试点和推行水权交易、排污权交易、碳排放权交易等以保护生态环境为目的的自然资源权利交易,并逐步完善相应的市场机制。以排污权交易为例,应在各地试点工作的基础上,重点完善公开挂牌交易的市场机制,不断完善交易的流程设计、交易结果的认定程序和相关环保权益保障机制,逐步形成比较成熟的市场定价机制和市场交易机制。这样,既完善了自然资源权利交易的市

① 参见《党的十八届三中全会〈决定〉学习辅导百问》,党建读物出版社 2013 年版,第 45 页。

场体系,又起到了保护生态环境的作用。三是要通过建立健全区域之间的横向生态补偿制度,完善市场化生态补偿机制。健全自然资源产权交易市场,必须依靠合理的产权界定,并辅之以完善的生态补偿等机制,推动自然资源的定价趋于合理。[①] 用市场化的手段协调区域间的自然资源权益,根据各地的特点进行自然资源开发利用的统筹配置,使不同区域之间的自然资源实现资源共享与优势互补。这既可以有效解决跨流域、跨省份之间资源利用的矛盾,也将有效推进国土空间开发格局的优化。

第三节　自然资源民事法律责任制度之完善

根据我国的《宪法》《物权法》以及自然资源单行法的相关规定,[②] 我国境内绝大多数的自然资源归属国家所有。保护好国家作为自然资源所有者的正当权益,是党的十八届三中全会的一大战略部署。[③] 当前的紧迫任务是,当自然资源受到不法侵害时,不法行为必须得到及时有效

① 参见肖翔:《中国的走向 · 生态文明体制改革》,北京时代华文书局 2014 年版,第 18 页。

② 《宪法》第 9 条规定:“矿藏、水流、森林、山岭、草原、荒地、滩涂等自然资源,都属于国家所有,即全民所有。”作为《宪法》的下位法,《物权法》第 45 条至第 50 条对自然资源国家所有权制度进行了具体化的规定,并在用益物权篇规定了自然资源的使用和收益制度。比如,《物权法》第 48 条规定:“森林、山岭、草原、荒地、滩涂等自然资源,属于国家所有,但法律规定属于集体所有的除外。”自然资源单行法同样规定了自然资源的国家所有。比如,《水法》第 3 条规定:“水资源属于国家所有。水资源的所有权由国务院代表国家行使。”《矿产资源法》第 3 条规定:“矿产资源属于国家所有,由国务院行使国家对矿产资源的所有权。地表或者地下的矿产资源的国家所有权,不因其所依附的土地的所有权或者使用权的不同而改变。”《野生动物保护法》第 3 条规定:“野生动物资源属于国家所有。”

③ 习近平总书记在关于党的十八届三中全会《决定》的说明中指出:“我国生态环境保护中存在的一些突出问题,一定程度上与体制不健全有关,原因之一是全民所有自然资源资产的所有权人不到位,所有权人权益不落实。”

的法律制裁,自然资源的所有者及其使用者能够得到应有的损害赔偿;当开发利用自然资源的行为造成他人损害,也必须有明确的法律责任制度,明确加害者应当承担的法律责任,并使受害者得到应有的补偿或者赔偿。笔者从加强生态文明制度建设的要求出发,对完善自然资源民事法律责任及国家作为自然资源所有者的民事法律责任进行探讨。

一、建设生态文明对完善自然资源法律责任制度的要求

(一)建设生态文明要求加强自然资源的法律保护

21 世纪是中国经济快速发展的时期,同时也是自然资源和环境遭受较为严重破坏、生态安全问题较为突出的时期,天灾加上人祸,带给了我们深刻的记忆和惨痛的教训。尽管我国幅员辽阔,自然资源丰富,但近年来我国资源环境约束加剧,生态环境问题日益突出,尤其是 21 世纪以来,我国经历了沙尘暴、SARS 事件、雾霾事件等一系列生态危机,加上对自然资源的粗放式开发利用,给保护自然资源、维护生态环境带来了严峻的挑战。我们必须高度重视这些困难和问题,认真思考解决的方案和对策。保护自然资源,需要依赖于经济、社会、科技等多方面的政策和措施,也需要提升全社会的道德水平、公民的环保节能意识、公众的参与程度与水平,但其中必不可少的是法律制度上的保障。"必须充分重视法治在解决自然资源问题、保证国家资源安全、实现自然资源可持续利用等目标实现过程中的重要地位和作用"。[①]

(二)自然资源法律责任制度是生态文明制度体系的重要组成部分

建设生态文明,是人类文明进程的历史必然。生态文明建设最重

---

① 参见孟庆瑜、刘武朝:《自然资源法基本问题研究》,中国法制出版社 2006 年版,第 25 页。

要的是要处理好人与自然的关系，人类既要有效地利用自然资源，又要很好地保护自然资源，这就需要一个好的制度体系来保障，要求这一制度体系能够实现从自然资源的归属到自然资源的开发利用再到自然资源的保护的有效衔接。生态文明制度体系建设，是建设生态文明的重要内容。[①] 其中，完善的自然资源法律责任制度是关键一环，用完善的自然资源法律责任制度来保护自然资源，是加强生态文明制度体系建设不可或缺的内容。

（三）生态文明背景下完善自然资源民事法律责任制度的基本要求

生态文明背景下完善自然资源法律责任制度，关键是要以健全的自然资源法律责任制度，指引和约束开发利用自然资源的行为，惩罚滥采乱伐等破坏自然资源的行为。一是要在开发利用自然资源与保护自然资源之间找到一个平衡点，自然资源法律责任制度既要有效规范开发利用自然资源的行为，又不能用过于严苛的法律责任一味地限制开发利用自然资源的正常需求。二是要兼顾自然资源开发利用的经济效益、社会效益与生态效益，在完善自然资源民事法律责任的承担方式上，既要有明确侵犯自然资源的经济责任，又要明确侵犯自然资源的社会责任与生态责任。三是要合理界定不同主体所应当承担的民事法律责任。当发生自然资源致人损害时，自然资源的所有者、自然资源的开发利用者应当有所区分，尤其是要明确国家作为自然资源所有者所应当承担的自然资源民事法律责任。明确了国家的自然资源民事法律责任，也就明确了国家需要承担赔偿责任的边界，这同时也是保护国家权益的有效方式。

---

① 党的十八届三中全会通过的《决定》明确要求："建设生态文明，必须建立系统完整的生态文明制度体系……用制度保护生态环境。"

二、我国自然资源法律责任制度的现状

（一）从三起典型事件谈起

1. 旅游开发损害国家所有的野生动物资源

近年来，许多自然保护区为开发旅游项目，在核心区修建公路，致使野生动物经常被过往车辆碾死，严重影响了野生动物的生存环境。根据国家林业局有关专家于2007年4～10月在长白山自然保护区进行的66次统计显示，道路致死野生动物种类共43种，在其中的3条道路上共致死动物达1867只。①

仅半年的不完全统计，就得出了如此惊人的数据。可见，由于道路规划的不科学给生态保护带来的可怕后果。而这种现象之所以存在，就在于没有及时追究相关责任人（道路设计的决策者或者规划者）的法律责任。或者说，法律责任的缺失，导致了侵犯自然资源国家所有权的现象时常发生。

2. 辽宁省政府对沈阳等8个城市开出大气污染罚单

2013年12月初，辽宁省政府根据2012年国家出台的《环境空气质量标准》和辽宁省政府出台的《辽宁省城市环境空气质量考核暂行办法》，对空气质量超标的沈阳等8个城市开出合计5420万元的罚单，罚缴资金全部用于治理大气污染。②

省政府对市政府实施罚款的空气污染法律责任承担方式有些蹩脚，因为市政府用于缴纳罚款的资金要么来自省政府的拨款，要么来自民众缴纳的税费，归根结底还是政府财政在承担政府自己开出的罚单。

① 参见杨恒：《旅游开发与生态保护能否兼顾》，载《中国环境报》2013年12月13日。
② 参见丁冬：《5420万元是怎样罚出来的》，载《中国环境报》2013年12月13日。

尽管如此,其仍然具有重大的进步意义:第一,这至少表明了侵害大气资源是需要承担法律责任的,并且明确了应当承担法律责任的主体——市政府,这种处罚方式表明了市一级政府应当对本行政区域内的空气质量负责;第二,被罚的这笔款项只能用于改善空气质量,而不得挪作他用,这至少保证了治理空气污染的资金渠道;第三,这种处罚方式可以给市政府一种无形的压力,被罚得越多的城市说明政府在空气治理方面做得越差,这可以督促其加大治污工作力度,不断改善空气质量。

3. 关某某、史某某非法向河流排放危险物获刑

2013 年 11 月 19 日,天津市静海县人民法院公开宣判了关某某、史某某非法向厂外水沟排放废酸水一案。关某某、史某某因非法倾倒危险废物达 4 吨以上,构成污染环境罪,关某某被判处有期徒刑 1 年,并处罚金 3 万元,史某某被判处有期徒刑 6 个月,并处罚金 1 万元。[①]

这是一起打击污染水资源犯罪的案例,处以危害人刑事处罚,表明了对破坏环境的犯罪法院动用了最严厉的处罚手段,案件的公开宣判也将对相关的自然资源企业起到一定的警示作用。然而,本案的量刑裁判同样是值得商榷的,法院基于犯罪嫌疑人认错态度好而作出了从轻处罚的判决,4 万元的罚金显然无法治理 4 吨废酸水带来的水资源破坏。比起国家治理污染所要付出的成本,这样的处罚力度显然对治理水污染而言是微不足道的。那么,造成的污染是治理还是不治理?如果需要治理,又是谁为高额的治污成本埋单呢?很显然,最后还是要靠国家财政来承担治理污染的开支。这就造成了这样一个事实:国家承担排污者本来应当承担的法律责任。由国家来补救违法者带来的损害后果,显然不是一种合理的法律责任承担方式。

---

① 参见郭文生等:《天津市首例污染环境案宣判》,载《中国环境报》2013 年 12 月 19 日。

（二）从自然资源法律责任体系看完善自然资源民事责任的必要性

侵害自然资源的行为危及国家的自然资源权益和人民群众的财产安全和生命健康，应当给予严厉打击。[①]“法律责任的目的在于通过适当的救济，使对侵害发生有责任的人承担责任，消除侵害并尽量减少未来发生侵害的可能性”。[②]打击侵犯自然资源权益的行为，最重要的就是明确实施违法行为者应当承担的法律责任。当前，侵犯自然资源权益主要承担的是行政责任，情节严重的需要承担刑事责任，这在现有的法律制度中有着比较明确和具体的规定。即现有法律制度关于侵害自然资源国家所有权的法律责任主要是以行政责任为主，以刑事责任和民事责任为补充。以行政责任为主的自然资源法律责任制度，突出的问题是行政处罚的力度远低于企业的治污成本，更是远低于其对自然资源权益造成的损害。于是，就出现了有的企业宁可不断地上交行政罚款，也不愿意主动进行治污以减轻污染。比如，嘉士伯在甘肃的一家啤酒厂，两年时间没有污水处理设施，当地环保部门唯一的监管就是每年罚款2次，一次5000元人民币，而建一个污水处理厂的成本是390万元，足够企业罚390年。[③]沱江污染的直接经济损失是3亿多元，松花江特大污染造成的损害达到数百亿元，而造成污染的两个企业分别只需要承担100万元的罚款，行政处罚的力度远远低于其造成的损害后

① 李克强总理强调：“对非法偷排、超标排放、逃避监测等‘伤天害人’行为和监管失职渎职重拳打击，对相关企业、单位和责任人严惩不贷。”参见《李克强：对非法偷排等“伤天害人”行为重拳打击》，载新华网：http://news.xinhuanet.com/2014-03/23/c_119901384.htm，最后访问日期：2017年9月5日。

② 沈宗灵主编：《法理学》，北京大学出版社2000年版，第510页。

③ 参见《环保部公布排污黑名单　部分国企成环保钉子户》，载新华网：http://news.xinhuanet.com/fortune/2010-04/03/c_1215582.htm，最后访问日期：2017年9月6日。

果,损失的大部分后果都是国家替企业来承担。[①] 由于行政处罚的力度总体偏弱,[②]使法律的制裁不但没能有效遏制侵犯自然资源权益的行为,反而助长了违法行为的气焰。我国《刑法》第六章第六节规定了"破坏环境资源保护罪",[③]规定对造成后果较为严重的或者后果特别严重的破坏环境资源的行为,需要承担相应的刑事责任。但从我国《刑法》的现有规定看,只有9个条文的规定显然不足于涵盖侵害自然资源权益的所有犯罪行为,对保护自然资源权益的力度和效果也都比较有限。

自然资源法律责任制度在保障自然资源权益中乏力的原因,一方面,是由于对侵犯自然资源权益的行政处罚的力度偏低、侵犯自然资源权益的刑事责任适用范围比较有限;另一方面,则在于侵犯自然资源权益民事法律责任的缺位。2009年12月通过的《侵权责任法》极大地推进了中国民事立法的进程,该法明确了侵害民事权益的法律责任,有效保护了民事主体的合法民事权益。《侵权责任法》第八章专章规定了环境污染责任,明确了污染环境造成损害的侵权责任,对于保护生态环境起到了积极的作用。同时,也应当注意到,对于侵害自然资源之侵权责任,该法并未作出明确的规定,相关的司法解释没有对此问题进行相应的补充规定,加上自然资源单行法的相关规定也不完善,现实生活中的大量自然资源侵权行为没能得到有效的法律制裁,受害者也没能得到及时的赔偿。因此,必须把承担民事责任作为侵犯自然资源权益的法

① 参见汪劲:《环境法治的中国路径:反思与探》,中国环境科学出版社2011年版,第16页。

② 2015年1月1日起施行的《中华人民共和国环境保护法》规定了按日计罚的环境污染行政处罚制度,可以说大大提高了环境污染的违法成本,但"史上最严的环保法"的实施效果仍有待于实践的检验。

③ 具体规定详见我国《刑法》第338~346条的规定。

律责任形式确定下来,并与行政责任、刑事责任相辅相成、互为补充。[①]只有这样,才能真正保护好合法的自然资源权益。

三、完善自然资源民事法律责任制度的具体建议

(一)明确“自然资源权益”的具体内容

法律所要保护的“自然资源权益”具体指什么?弄清这个问题,是认定侵犯自然资源权益法律责任的前提。总体而言,自然资源权益可以分为国家的自然资源权益和普通民事主体的自然资源权益。普通民事主体的自然资源权益具体又包括了自然人的自然资源权益和法人的自然资源权益。

国家的自然资源权益,既包括了对具体的自然资源的所有权,也应当包括国家的整体生态利益。比如,某人砍了10棵国家所有的树木,他的民事赔偿责任不应当仅仅是返还其非法所得,或者是补种上10棵树。原因在于:砍树一方面是毁坏了树木,是对具体事物的破坏,另一方面,由于树木还有净化空气的功能,砍树同时也破坏了生态环境,当非法砍伐的树木达到一定数量时,甚至破坏了原有的生态平衡。

因此,在认定侵犯对国家自然资源权益造成的损失上,一方面,要考虑该行为造成的直接经济损失;另一方面,还要考虑这一侵害行为对整体生态环境造成的损害和破坏。公民的自然资源权益,既包括了公民对自然资源享有的所有权[②]或依法取得的自然资源用益物权,也包括公民享有良好生存环境的权利。比如,对公民享受良好空气质量权益、

① 《侵权责任法》第4条规定:“侵权人因同一行为应当承担行政责任或者刑事责任的,不影响依法承担侵权责任。因同一行为应当承担侵权责任和行政责任、刑事责任,侵权人的财产不足以支付的,先承担侵权责任。”

② 主要是指对房前屋后零星树木的所有权。

享受优质水源权益等权益的损害，也是侵犯公民自然资源权益的行为，应当承担相应的民事责任。在雾霾日趋严重、空气质量日趋堪忧的今天，把公民享受良好空气质量的权利认定为公民的自然资源权益，显得重要而迫切。法人自然资源权益所包含的内容相对单纯，主要表现为法人依法取得自然资源用益物权并对自然资源进行开发利用的权利和依法流转自然资源用益物权并从中获取收益的权利。

国家享有自然资源所有权，一方面要保障国家作为所有者的权益，另一方面也要明确国家在保护自然资源和维护生态安全中所应承担的法律义务与法律责任。其他民事主体在开发利用自然资源的过程中，一方面要保障其开发利用自然资源的正当权益不受干扰和侵害，另一方面，也需要明确其在开发利用自然资源过程中的法律义务和违法开发利用自然资源所应承担的法律责任，尤其是要把保护好自然资源和维护好生态环境作为自然资源开发利用者的强制义务在法律上给予明确下来。

(二)自然资源民事责任制度的归责原则与构成要件

1. 明确侵犯自然资源权益民事责任的归责原则

侵犯自然资源权益民事责任的归责原则，是确定侵权人是否需要承担侵犯自然资源权益损害赔偿责任的一般准则。我国《侵权责任法》第6条和第7条规定的侵权责任原则包括了过错责任原则、过错规定原则和无过错责任原则。[①] 20世纪的环境污染成了严重的社会问题，而适用过错责任原则导致了明显不公平的结果，环境污染行为的高危险性

---

① 《侵权责任法》第6条规定："行为人因过错侵害他人民事权益，应当承担侵权责任。根据法律规定推定行为人有过错，行为人不能证明自己没有过错的，应当承担侵权责任。"《侵权责任法》第7条规定："行为人损害他人民事权益，不论行为人有无过错，法律规定应当承担侵权责任的，依照其规定。"

即是一个否定性评价因素,符合追究行为人责任的理由要求。[①] 这就是说,由于环境污染这种行为本身具备的高危险性是众所周知的常识,因此,当侵害人实施了这种行为,就不需要考察侵权人是否存在主观上的过错,只要它带来了损害后果,就需要承担损害赔偿责任。可见,环境污染等具备高危险性特征的侵害自然资源权益的侵权责任,应当适用无过错责任原则。有的学者认为,应当表述为"危险责任原则"[②]更为恰当。但由于我国《侵权责任法》并没有把危险责任原则作为侵权责任的归责原则,因此,采用"无过错责任原则"的提法相对而言更有直接的法律依据。

当然,侵害自然资源权益的行为适用无过错责任原则也应当有所限制。第一,出于生存需要而实施的行为造成自然资源损失的,不应承担民事赔偿责任,比如,在森林里迷路,需要采摘野生植物充饥,否则就可能无法生存下去。此种情形下,哪怕其误食了国家所有的野生植物资源,也不应让其承担国家珍稀植物的损害赔偿责任。第二,出于正当防卫致使自然资源遭受损害的,不应当承担法律责任,比如,某人出于保护自身或他人的生命安全,进行正当防卫致使珍贵野生动物死亡的,就应当免除法律责任。当然,防卫过当或者故意杀害野生动物的行为,应当依法予以制裁。第三,国家对重点保护和禁止侵犯的自然资源,应当有显眼的警示标志牌,比如,在侵害野生动物资源的案例中,国家可以划出侵害野生动物高发区域加以特殊的保护,标明需要特殊保护的区域,并在划定特定的路段并设立明显的警示牌,如果在该区域内高速行驶致珍稀野生动物死亡的,肇事者就应当承担相应的赔偿责任。如果国家作为自然资源所有者没有尽到本来应当尽到的必要的提醒义

① 参见邹雄等:《环境侵权法疑难问题研究》,厦门大学出版社2010年版,第46页。

② 参见邹雄等:《环境侵权法疑难问题研究》,厦门大学出版社2010年版,第48页。

务,也不能要求没有主观过错的侵害人承担侵权责任。第四,伤害是由于受害者的自身责任或自我故意伤害造成的,可以减轻或免除侵害人的侵权责任,[①]比如,明知到某企业排放的污水含有有毒物质,却故意大量饮用导致中毒的情形。一般而言,受害者的主观过错程度越大,排污企业等加害人承担侵权责任的可能性就越小。[②]

2. 明确侵犯自然资源权益民事责任的构成要件

如果企业的排污行为是合法的,而这一行为又确实导致了某一具体的损害后果,能否要求它承担损害赔偿责任呢?可以肯定的是,排污符合法定标准不是免除自然资源侵权责任的理由。《侵权责任法》第65条的规定[③]表明了在环境污染责任中,即使排污等行为符合法律、法规规定的排污标准,造成他人损害也不能免除责任。因此,环境污染责任的构成要件无须具备一般侵权行为责任的全部要件,它只要具备有环境污染行为、有客观的损害事实和有因果关系这三个要件即可。[④] 不论企业排放污水、废气的行为是否履行了法定的审批程序,只要这一行为带来了侵犯他人合法自然资源权益的损害后果,侵权人同样需要承担相应的损害赔偿责任,而不能以排污行为的合法性主张免除环境污染侵权责任。换句话说,环境污染侵害自然资源权益的行为造成了什么样的损失,就应当承担相应的损害赔偿责任。排污行为合法与否,并不是确定侵犯自然资源权益人是否需要承担侵权责任的构成要件。当

---

① 对此情形,法律有明确的规定。比如,《侵权责任法》第27条规定:“损害是由受害人故意造成的,行为人不承担责任。”再如,2008年修订的《水污染防治法》第85条第3款规定:“水污染损害是由受害人故意造成的,排污方不承担赔偿责任。水污染损害是由受害人重大过失造成的,可以减轻排污方的赔偿责任。”

② 参见王树义等:《环境法基本理论研究》,科学出版社2012年版,第115页。

③ 《侵权责任法》第65条的规定:“因污染环境造成损害的,污染者应当承担侵权责任。”从该规定可以看出,只要有污染,并且造成了损害,就应当对造成的损害承担侵权责任。至于污染者是否存在主观过错、是否违法排污,则不是确定是否承担侵权责任的要件。

④ 参见杨立新:《侵权责任法》,法律出版社2012年版,第471~473页。

然，这并不代表合法排污与非法排污承担同等的法律责任，对于非法排放废弃物的情形，违法者还应当承担相应的环境行政法律责任，情节严重构成犯罪的，还应当承担相应的环境刑事法律责任。

自然资源权益侵权人的行为与发生的损害后果是否存在因果关系，是判断侵权人是否需要承担法律责任的重要环节。有些侵害自然资源权益的行为，与导致的损害后果之间的客观联系一目了然，比如，在未经许可的情形下砍伐树木，可以直接断定砍伐的行为与林木破坏的结果之间存在因果关系；有些侵害自然资源的行为，其带来的损害后果具有一定的隐蔽性，比如，某企业向河流排放污水的行为与下游村庄某人得了癌症的结果是否有客观联系呢？同样的水资源污染，不同体质的人受到的损害并不相同，某人的病灶是否与企业的排污行为直接相关往往很难确定。更为复杂的情形在于，如果在同一区域内，有的企业排放废气，有的企业排放污水，而该区域的人得了癌症，哪个企业的排污行为与该病人的病灶存在因果关系呢？能否认为得了肺癌是由排放废气的企业造成的，而得了胃癌则是由于喝了受污染的水资源？这样认定因果关系显然也不科学。合理的解决方案是，环境污染侵权作为一种特殊侵权形式，实行推定因果关系规则，只要受害人证明了企业已经排放了可能危及人身健康或造成财产损害的物质，而公众的自然资源权益已在排污后受到或者正在受到损害，就可以推定企业的排污行为与发生的这一损害之间存在因果关系，即二者之间存在引起与被引起的客观联系。①

侵犯自然资源的行为与损害结果是否存在因果关系，应当由法院依法认定。但法院作出认定应当是要有充分的事实依据。由于自然资源开发利用带来的环境污染等损害后果往往具有很高的技术含量，

① 参见杨立新：《侵权责任法》，法律出版社2012年版，第473页。

法院无法直接对其损害后果作出直接的判断。谁有资质来鉴定损失的大小，成为环境侵权诉讼中的一个关键问题。本文认为，确定侵权行为带来损害的大小，则应该通过权威的技术鉴定机构来判断和确定，保证对损害后果数据量化的科学性。与此同时，计算环节污染损害赔偿的依据和标准应该由法律作出明确的规定，现行法律对侵犯自然资源的主体的损害赔偿数额，往往规定得比较含糊，亟待进一步的完善。

（三）国家作为自然资源所有者的民事法律责任

1. 国家既是自然资源的所有者，也可能成为侵害自然资源权益的主体

政府、国有企业、一般的企业法人或自然人都可能是侵害自然资源权益的主体。国家有没有可能侵害国家的自然资源呢？完全可能。国有企业侵害国有自然资源就是典型的表现。国有企业侵害国家所有的自然资源，需不需要承担法律责任？当然需要。比如，某一国企的工业生产造成了大气污染，它同样需要获取排污权才有资格向大气排污，如果超标排污了，同样需要承担相应的法律责任。国有企业的排污行为，不论合法与否，只要它造成了实际的损害后果，同样需要承担相应的环境污染侵权责任。并不能因为是国有企业，不承担侵害国家自然资源权益的法律责任，更不能因为是国有企业，就不承担侵害公民自然资源权益的法律责任。

保障和维护人类生存环境是国家的重要职能，当自然资源遭受破坏或者有毁坏的危险时，国家有责任给予保护或者消除危险。国家有两种基本方式来保护自然资源：一是通过公权力的实施来保护自然资源，主要是采取行政管理的手段，比如，对破坏自然资源的行为予以行政处罚；二是基于财产权保护，由于国家拥有自然资源的所有权，所以

国家有权维护自身的财产权利。这两种手段对保护自然资源都会起到一定的作用,基于行政管理具有“快速、高效、有力”的特征,可以有效遏制某一特定的破坏自然资源的事件,但其缺陷也是明显的:一是这种救济途径往往在自然资源已经遭受严重破坏才开始启动,其保护效果不理想。试想,如果树木已经被成片砍伐,就是有再多的罚款,也无济于事。树林不但有经济价值,而且具有生态价值,行政处罚只能挽回经济损失,而生态功能的恢复则需要有一个等待树木逐渐成长的漫长过程。二是行政保护的范围有限,行政机关的人员和力量都是有限的,能发现的破坏自然资源的行为也就极其有限,如果占相当比例的破坏行为没有得到及时有效的处罚,反而会助长掠夺自然资源的风气。三是如果行政机关出于部门利益,疏于事先防范而热衷于事后罚款,不但保护不了自然资源,反而会加剧对自然资源的破坏。尤其是当获取资源所得大于其可能被处罚的罚款时,无论是出于成本计算还是出于人的本能欲望,都将助长了对资源的破坏性掠夺。而采取财产权的保护方式,正好可以有效地避免了这些缺陷,有效地保护自然资源。从这个意义上看,自然资源国家所有权制度正好弥补了通过行政手段来管理或保护自然资源的缺陷。

2. 明确国家承担自然资源侵权法律责任的边界

有的学者曾提出:野生动物资源归属国家所有,如果出现野生动物伤人,会导致以“国务院”为被告的“野生动物”致损害赔偿诉讼的大量涌现。[①] 然而,时至今日,学者所担忧或者侵权损害赔偿的诉讼浪潮并没有出现,也从没有人会认同水流跨界流动、野生动物越境迁徙是国有资产流失。当国家所有的自然资源侵害公民的利益,公民能否要求国

① 参见梁慧星:《不宜规定“野生动物属于国家”》,载《山东大学法律评论》2007 年第 4 期。

家赔偿？对此问题的解答，应视国家是否尽到了作为所有者的管理义务。如果国家尽到了必要的管理义务，其对损害后果就不需要承担法律责任；相反，如果国家疏于管理或没有采取必要的防范措施，由于政府的不作为致使野生动物伤人的，则应当承担相应的法律责任。比如，国家在野生动物聚居的区域予以危险信息警示，如果当事人明知存在受到动物侵害的危险仍进入该区域的，此种情形可以视为进入者自愿承担因此受到侵害的风险，国家不承担赔偿责任；但如果是由于国家的疏于管理和防范，致使国家所有的野生动物进入居民生活区并致人损害的，国家应当对此损害后果应当承担一定的赔偿责任。当然，这种责任不能直接适用法律规定的饲养动物损害责任，①由于国家这一主体的特殊性，其承担责任的范围应当仅限于由于政府部门的过错造成的损害赔偿责任。至于洪水泛滥造成的损失，属于不可抗力的自然现象，国家则完全可以用不可抗力为事由进行抗辩，不需要任何的法律责任。再比如，发生地震了，房屋倒塌了，国家可以用不可抗力进行抗辩，不需要损害承担赔偿责任。同样的道理，由于人类所不可抗力的自然力带来的河水流动、动物迁徙，本来就是年复一年、日复一日的自然界的正常现象，去考虑这些非人力所能左右的自然客观规律是否存在国有资产流失，是否需要相关的部门承担管理国有资产不当的法律责任，反而容易造成人们对法律责任制度的误解。正如华大学林来梵教授所言："纵然此中有部分流失（如注入公海或他国海域），那也属于具有不可抗力的自然现象……国家无须负有责任。"②

① 值得注意的是，我国《侵权责任法》只规定了饲养动物损害责任，并没有规定野生动物致人损害需要国家承担损害责任。

② 参见林来梵：《文人法学》，清华大学出版社2013年版，第64、65页。

本章小结

建设生态文明，要求用健全的制度保障国家作为自然资源所有权人的正当权益。一是要合理区分自然资源类型，并采取有区别的保护策略，既要区分哪些自然资源属于国有财产，哪些自然资源属于公用财产；也要区分哪些自然资源属于土地依附型自然资源，哪些自然资源属于自由活动型自然资源；还要区分可再生自然资源、不可再生自然资源与恒定自然资源。二是要划定并严守生态保护红线，完善生态区域功能规划制度和环境影响评价制度。三是要健全环境公益诉讼制度，完善国家自然资源权益的司法救济途径。四是要用制度规范国家自然资源权利的行使，促进自然资源的合理利用。

明确市场配置自然资源的范围，是研究相关法律制度完善的前提和基础。自然资源包罗万象，类型繁多，并非所有的自然资源都需要市场进行配置。需要市场配置的自然资源，是指兼具使用价值和交换价值的“民用自然资源”。人类暂时还无法对其进行开发利用的自然资源，或者虽能进行开发利用但没有实际使用价值的自然资源，不需要市场对其进行配置；对于取之不尽、用之不竭的恒定自然资源，虽然其对人类有用，但因其随处可得，不具有交换价值，不需要市场对其进行配置；对于用于维持人类基本生存需要的自然资源，法律赋予了人人均可无偿使用该自然资源的权利，市场也必须充分尊重此种法定权利；对于涉及国家安全的战略性物资，不能进入自由流通领域，不能放任由市场来自由配置。完善市场配置自然资源的相关制度，应当从自然资源国家所有权的制度框架出发，完善政府行使自然资源的法律制度、自然资源用益物权流转制度和自然资源权益交易的市场机制。

完善的自然资源法律责任制度是生态文明制度建设的关键一环，用完善的自然资源法律责任制度来保护自然资源，是加强生态文明制度体系建设不可或缺的内容。明确了国家的自然资源民事法律责任，也就明确了国家需要承担赔偿责任的边界，同时也就保护了国家的自然资源权益。自然资源法律责任制度在保障自然资源权益中乏力，一方面，是由于对侵犯自然资源权益的行政处罚的力度偏低、侵犯自然资源权益的刑事责任适用范围比较有限；另一方面，则在于侵犯自然资源权益民事法律责任的缺位。完善自然资源民事法律责任制度，应当明确“自然资源权益”的具体内容，厘清认定自然资源民事责任的归责原则与构成要件。在此基础上，从制度上明确国家作为自然资源所有者的民事法律责任。国家既是自然资源的所有者，也可能成为侵害自然资源权益的主体。保障和维护人类生存环境是国家的重要职能，当自然资源遭受破坏或者有毁坏的危险时，国家有责任给予保护或者消除危险。当然，国家作为自然资源所有者，其承担民事法律责任也是有边界的，不能无限放大国家作为自然资源所有者的民事法律责任。

第八章　新型自然资源的法律属性与权利归属

随着人类科学技术的不断进步,以及人类所面对的资源危机、环境污染等挑战的出现,人类开始积极拓展开发利用自然资源的领域。于是,一些新型的自然资源因为具有财产权意义,开始成为自然资源法律规范的新对象。依现今之通说,物之概念已不限于有体、有形,凡具有法律上排他的支配可能性或管理可能性者,皆得为物。就空间而言,虽异于一般有体物,但由于空间占有位置,如能对位置予以支配,亦可成为物。[①] 有的学者提出,环境容量是环境容量利用权的客体,通过环境容量所依附的物质载体的空间范围、利用环境容量的期限、所利用的环境容量的数量、排放污染物的种类等参数可使环境容量具有确定性。[②] 这些关于权利客体领域的理论创新,无疑将推动自然资源物权客体理论的不断发展。

第一节　气候资源的法律属性与权利归属

《黑龙江省气候资源探测与保护条例》(以下简称《黑龙江气候资源

---

① 参见梁慧星:《民法总论》(第4版),法律出版社2011年版,第153页。

② 参见王社坤:《环境容量利用:法律属性与权利构造》,载《中国人口·资源与环境》2011年第3期。

条例》)于2012年8月1日起正式施行,该条例关于"气候资源归国家所有"的规定引起了民法学界、宪法学界、环境法学界的广泛兴趣,学者们围绕着"气候资源是否可以成为民事权利客体"、"气候资源是否可以归国家所有"以及"这一地方性法规是否违宪"等问题纷纷发表见解,其中,争论的焦点集中在气候资源能否作为民事权利客体,以及气候资源归国家所有是否正当。本节论述了气候资源"公有物"的法律属性,试图回应这两个基本问题。

一、气候资源的内涵界定

(一)气候资源的文义解释

从文义解释上,《辞海》将气候资源解释为:"有利于人类经济活动的气候条件。例如,自然界的热量、光照、水分、风能等。"从自然科学意义上,《气象学词典》对气候资源的定义是:"能为人类合理利用的气候条件,如光能、热量、水分、风能等,可以发掘出其直接利用的一面,这就是气候资源。"中国农业百科全书《农业气象卷》指出:"气候资源是有利于人类经济活动的气候条件,是自然资源的组成部分。"理论界也对气候资源的内涵进行了界定,"气候资源包括光、热、水、风与大气成分,是人类生产和生活必不可少的主要自然资源,在一定的技术和经济条件下为人类提供物质和能量"。[①] 气候资源指的是:"在目前的社会经济技术条件下可以为人们所直接或间接利用、能够形成财富、具有使用价值的气候系统要素或气候现象的总体,通常包括光能、热量、降水、风速、气体等。"[②]"气候资源是气候要素中可以被人类利用的那一部分自然物

① 参见谢高地:《自然资源总论》,高等教育出版社2009年版,第92页。

② 参见葛全胜主编:《中国气候资源与可持续发展》,科学出版社2007年版,第3页。

质和能量，包括光能资源、热量资源、降水资源、风能资源和大气成分资源等”。①

（二）气候资源的法律意义

我国《气象法》对气候资源的综合调查与区划工作、气候资源的开发利用和保护规划、气候可行性论证等做出了规定，但该法并未对气候资源作明确定义。目前，部分省份以地方性法规的形式颁布了气候资源的条例或者管理办法，并在其中对气候资源的概念进行了界定。例如，《黑龙江省气候资源探测和保护条例》第2条：“……能为人类活动所利用的风力风能、太阳能、降水和大气成分等构成气候环境的自然资源。”《西藏自治区气候资源条例》第3条：“……可以被人类生产和生活利用的太阳辐射、热量、云水、风和大气成分等自然物质和能量。”《山西省气候资源开发利用和保护条例》第2条：“可以被人类生产和生活利用的太阳辐射、热量、风、云水和大气成分等能量和自然物质。”《贵州省气候资源开发利用和保护条例》第3条：“……能被人类生产和生活所利用的光照、热量、降水、云水和风能、太阳能以及其他可开发利用的大气资源。”《广西壮族自治区气候资源开发利用和保护管理办法》第2条：“……能为人类生存和活动所利用的光能、热量、风能、云水和其他大气成分等自然资源。”

上述规定对于气候资源的界定既有共识，也有区别。共识在于“能被人类生产和生活所利用的”是认定为气候资源的前提和基础，即人类的科学水平尚未能够利用的或对人类根本毫无利用价值的气候要素，不属于气候资源的范畴。区别在于是否将“气候要素”本身视为“气候资源”，西藏自治区和山西省出台的气候资源条例认为气候物质和能量

① 参见杨惜春：《我国气候资源保护立法现状及问题》，载《气象软科学》2007年第2期。

本身(如太阳辐射、光照等)就是气候资源,而黑龙江省、贵州省、广西壮族自治区等出台的气候资源条例都强调了气候资源的“资源”性特征。而资源即资产的来源,以能否为人类带来财富为判断标准,“自然资源主要是指自然界中资财的来源,主要是指在自然界中可以为人类带来财富的自然条件和自然要素”。

笔者认为,法律意义上的气候资源应当强调其资源属性,其内涵应当是指能够被人类所开发利用并能满足人类生产生活需要的、具有经济价值的自然条件和自然要素。其外延包括风能、太阳能、热能、云水资源等自然资源。具体而言,我们可以从以下几个方面来理解:

第一,气候资源是自然界中重要的自然资源。气候是自然环境的重要组成部分,这在自然科学领域是一个常识。[①] 但是,把气候看作自然资源,则是从20世纪40年代开始,美国著名气候学家兰兹伯格(H. E. Landsberg)曾以“气候是一种自然资源”为题发表文章,列举了多种理由,阐明气候应该是一种重要的自然资源的观点。[②] 自然资源有两个最基本的特征:一是“自然性”,自然资源是天然存在而非人工加工而成的天然物;二是“资源性”,自然资源必须是人类可以开发利用的能给人类带来福祉的。构成气候资源的阳光、空气、风等气候要素均是自然天成的,其“自然性”显而易见;而太阳能发电、风能发电的广泛运用也用事实证明了气候资源的“资源性”特征。可见,气候资源因其完全符合自然资源的基本特征而被归入自然资源的范畴而成为自然科学领域的通说。

---

① 当前,部分学者对此提出质疑,比如,北京大学法学院副院长、北京大学宪法行政法研究中心副主任王锡锌教授则认为,风能和太阳能并非是矿藏、森林等自然生成的资源,需要现代科学技术进行转化,且这类资源具有公共产品属性,不宜轻易划分为自然资源。参见《黑龙江新规引争议 风和阳光归谁所有》,载《新疆人大》(汉文)2012年第8期。

② 参见孙卫国:《气候资源学》,气象出版社2008年版,第14页。

第二，气候资源与气候要素或者气候条件不同。《黑龙江气候资源条例》一颁布，许多学者便对气候资源能否作为自然资源提出质疑，有学者提出："风能和太阳能并非像矿藏、森林等自然生成的资源，需要现代科学技术进行转化，且这类资源具有公共产品属性，不宜轻易划分为自然资源。"[①]气候与气候资源有着本质的区别。对气候资源概念理解得不准确，或者说混淆了气候要素与气候资源之间的界限，都会导致理解上的误区。举个例子，太阳辐射只是一个气候要素，只有在能够满足作物生长热量需求时才转化为热量资源，成为一种气候资源，如果只是纯粹的太阳光，并不是我们所要讨论的气候资源。太阳光尽管是人类生存必不可少的资源，但其无限性决定了其不具有交换价值或经济价值，如果把纯粹的个人晒太阳作为气候资源的研究对象，那将是毫无意义的。正如有的学者提出："完全存在于自然状态的物，就是尚未为民事主体取得的物，比如空气、光线、雨水和水流、野生植物、野生动物、天空、领海水域……不能因此而认为它们是国家所有权的客体。"[②]

第三，气候资源包括风能、太阳能、热能和云水资源。气候资源的法律保护得到了世界各国的重视，并体现在各国的立法实践中，[③]但必须清楚地认识到不是所有的气候要素都需要纳入气候资源的范畴进行法律规制。气候本身是个包罗万千的集合概念，有的属于可开发利用的，有的虽然能够开发利用，但开发成本过大、实际经济效益并不显著，有的已经认识到开发利用前景但由于人类科学技术水平有限未能进行

---

① 北京大学法学院副院长、北京大学宪法行政法研究中心副主任王锡锌教授就是持本观点。参见《黑龙江新规引争议　风和阳光归谁所有》，载《新疆人大》(汉文)2012 年第 8 期。

② 参见孙宪忠：《中国物权法总论》，法律出版社 2009 年版，第 203 页。

③ 以美国为例，1980 年，环境规划理事会在《关于人工改变天气的国家间合作规定》中确认"大气是地球的一种自然资源"。

有效的开发利用。本文所讨论的气候资源,是指气候要素中可以被人类开发利用并且具有交换价值的那一部分自然物质和能量。换言之,具有使用价值但没有交换价值的气候要素,不具有法律规制的必要。鉴于此,气候资源主要包括风能、太阳能、热能和云水资源这四种资源,风能是指因空气流做功而提供给人类的一种可利用的动能;太阳能是由内部氢原子发生聚变释放出巨大核能而产生的能,来自太阳的辐射能量;热能是指热力系处于平衡时以显热和潜热的形式所表现的能量;云水资源是指贮存在云体中通过天然降水或人工降水可利用的水分资源。①

二、气候资源之权利客体属性

(一)对《宪法》及《物权法》相关条文的解释

如前所述,气候资源是自然资源的一种,问题的关键是气候资源是否属于《宪法》和《物权法》所规范的自然资源的范畴。《宪法》第9条规定:“矿藏、水流、森林、山岭、草原、荒地、滩涂等自然资源,都属于国家所有,即全民所有。”作为宪法的下位法,《物权法》第45条至第50条就自然资源物权制度进行了具体化的规定,并在用益物权篇规定了自然资源的使用和收益制度。因此,对于《宪法》《物权法》上述规定中“等自然资源”的理解,成为厘清气候资源法律属性的关键。

如本书第六章所述,无论是文义解释、学理解释,还是体系解释,或者从立法技术本身出发,自然资源都不应仅限于《宪法》第9条所规定的类型,不能因《宪法》第9条没有明确规定气候资源就直接推导出《黑

① 以上界定主要参照百度百科的解释。

龙江气候资源条例》存在违宪,[①]否则,《民法通则》《物权法》也违宪了。“应当认为《宪法》第9条是确立我国自然资源国家所有权的一般性条款,该条之规定意味着,除少数法定特例外,一切自然资源都为国有。而气候资源为自然资源之一种,又不在法定例外情形之列,故当然属于国家所有”。[②]

(二)气候资源作为权利客体的合理性分析

1. 对气候资源权利客体属性的质疑

一部分学者指出,气候资源不宜看做民法上的“物”,反对气候资源作为物权客体。“根据《物权法》,虽然一些无形的自然力(如电力、热能、光线等)可以成为物权的客体,但前提条件是这些自然力必须能为人所控制,如天空中无拘无束的空气,火山口散发出的热能等,由于人类无法控制,不能视为民法上的物”。[③] 这种观点有点以偏概全,人类无法控制火山口爆发的热能,并不等于所有的热能人类都无法控制,人类现在无法控制也不等于永远都无法控制。“气候资源不符合传统的物权客体特性,是动态的集合物,不具有直接支配性”,[④]这种观点则属于偷换概念,气候资源从总体上讲是一个动态的集合物,但就某一具体的气候资源而言,是可直接支配的,正如野生动植物资源也是一个动态的集合概念,但不能应此而否定其作为物权客体的适格性。“为气候资源

① 主张违宪的不在少数,比如杨涛发表在《沈阳日报》(2013年6月19日)的《“风能、太阳能属国家”于法无据》,张玉成发表在《南方周末》(2012年6月21日)的《警惕气候资源立法中的行政权魅影》,马宇发表在《中国经营报》(2012年6月30日)的《气候资源国有的荒谬与危害》等。参见巩固:《自然资源国家所有权公权说》,载《法学研究》2013年第4期。

② 巩固:《自然资源国家所有权公权说》,载《法学研究》2013年第4期。

③ 《黑龙江新规引争议　风和阳光归谁所有》,载《新疆人大》(汉文)2012年第8期。

④ 何书中:《气候资源国家所有的合法性质疑》,载《上海政法学院学报》(法治论丛)2012年第6期。

设定国家所有权,其并没有考虑到风力风能、太阳能、降水和大气成分等自然资源是否满足设定所有权的前提条件,更没有认识到自然资源所有权制度安排的适用局限”。[①] “风力风能、太阳能、大气成分、降水这些气候资源都不是民法意义上的‘物’,在法律技术层面,也无法成为物权、所有权的权利客体”。[②] 这部分学者提出,气候资源不具备设定国家所有权的前提,是因为气候资源不具备物的特定性、独立性、可支配性等特征,因此不能作为物权客体。

2. 对上述质疑的回应

认定气候资源是否适用《宪法》《物权法》关于自然资源的相关规定,关键是看气候资源是否可以成为物权的客体,即是否具有物权法上“物”的属性。依据《物权法》基本原理,作为物权客体的“物”,应当是“特定的”“可支配的”“稀缺的”“独立一体”的物。我们认为,随着人类科学技术的不断进步,应该与时俱进去看待物权客体的这些特征,“随着社会的发展,物即使不具有物理上的独立性,也可以根据交易上的观念和法律规定作为标准来确定某物是否具有独立性”。[③] “只有那些能够为权利人所能支配和控制的物,才能成为物权的客体”。[④] 当前,学界的通说是,作为物权客体的物,主要指有体物。与此同时,大陆学者和台湾学者都注意到物的范围也在不断地扩张。“随着人对自然力的控制能力的不断与时俱进,人们对物的概念已经从罗马法上的有形物扩展到一切固体、液体、气体、热、光、电磁波、能量等自然力以及能够为人力控制并具有价值的特定空间”。[⑤] “物者,指除人之身体外,凡能为人

① 张璐:《气候资源国家所有之辩》,载《法学》2012 年第 7 期。

② 侯佳儒:《气候资源国有化:法律上的“不可能任务”》,载《中国政法大学学报》2012 年第 6 期。

③ 杨立新:《民法总论》,高等教育出版社 2007 年版,第 140 页。

④ 王利明:《物权法研究》(修订版,上卷),中国人民大学出版社 2007 年版,第 58 页。

⑤ 杨立新:《民法总论》,高等教育出版社 2007 年版,第 139 页。

力所支配,独立满足人类社会生活需要的有体物及自然力而言”。[①] 应当看到,随着科学技术的不断进步和人类需求的日益多样化,物权的客体范围也在不断发生的变化,天然力、自然力等纳入物权客体已经成为一种趋势。[②] 气候资源作为一种具有经济价值、可以为人类所开发利用的自然资源,应当纳入物权客体的视野。

(三)气候资源作为权利客体的适格性

本书认为,气候资源具有特定性、可支配性和稀缺性,可以成为物权客体,具备设立国家所有权的前提条件。

1. 气候资源具备特定性,可以成为“独立一体”的物。“特定物是指具有单独的特征,不能以其他物代替的物,如某幅图画、某个建筑物等”。[③] 理解物的特定性,最重要的特征应在于其不可替代性。气候资源虽然是肉眼无法直观感受到的自然资源,但其不可替代的特征确实十分明显的。比如,空气是看不见、摸不着的,但正因为大气资源的不可替代性,碳排放交易才有市场空间。“气候资源尽管年年都可以得到,但在一定的科学技术条件下,人类对它的认识和开发的能力是有限的,不用或用得不好,都会造成资源的流失或部分流失”。[④] 气候资源如果不是“特定的物”,流失或部分流失就无从谈起。“资源性物权客体的特定性可以解释为:其一,有明确的范围,不得以他物替代,在客体的存续上即表现为同一性;其二,可以定量化;其三,可以由特定的地域加以确定或特定的期限加以固定”。[⑤] 气候资源不但具有特定性特征,还是

① 王泽鉴:《民法总则》,北京大学出版社2009年版,第168页。

② 台湾著名民法学者黄右昌、史尚宽、王泽鉴、洪逊欣等均提出了类似观点,参见王泽鉴:《民法总则》,北京大学出版社2009年版,第167～168页。

③ 王利明:《物权法研究》(修订版,上卷),中国人民大学出版社2007年版,第61页。

④ 谢高地:《自然资源总论》,高等教育出版社2009年版,第95页。

⑤ 崔建远:《自然资源物权法律制度研究》,法律出版社2012年版,第231页。

“独立一体”的物。就有体物而言，其外形特征固定，“独立一体”显而易见，但这并不代表某一事物不具有固定的外形特征就不是“独立一体”的物。“气候资源是一种重要的自然资源，能够为人们所认识和控制，并独立存在，因此，能够成为法律关系的客体”。[①] 我们认为，气候资源尽管在实体外形上无法固定，但其在观念上是特定的、可测量的并可数字化利用的，其独立性应该得到承认。比如，对气候资源的利用成效就可以进行量化评价。[②] 唯物辩证法告诉我们，任何事物都在无时无刻地发生着变化，我们不能以物的多变性来否定物的独立性，不能以物的多样性来否定物的一体性。判断是否可以为“独立一体”的标准，应该是我们是否能够通过现有的技术手段对一定时空范围内的气候资源计算出其相对公认的经济价值。事实证明这是可行的，风能交易规则的存在就证明了风能的可测量性。

2. 气候资源的可支配性。随着人类科学技术的不断发展，气候资源已经具备了明显的可支配性特征。“人为措施能在局部范围内调节、改善甚至改造气候资源。例如，通过兴建水库、人工降雨等措施改善局部光、热、水状况”。[③] 气候资源的可支配性，体现在人类可以通过自身的技术，使其更好地人类服务，甚至可以直接作为特殊的生产资料，方便人们的生产和生活，开发气候资源是实际可行，且在某些情况下是可以大大方便人们的生活，比如在孤岛上利用太阳能、风能发电。“太阳能和风能在高山、孤岛、草原等电网不易到达的地方可以就地利用，其在解决偏僻地区能源问题上具有相当大的优势”。[④] 可见，气候资源可

① 曹明德：《论气候资源的属性及其法律保护》，载《中国政法大学学报》2012 年第 6 期。

② 参见葛全胜主编的《中国气候资源与可持续发展》第五章第三节“气候资源的利用成效评价”进行了量化评价，并指出：“与过去相比，气候资源的直接利用现在更为普及，所利用的资源量大为增加。”

③ 黄民生等：《中国自然资源的开发、利用和保护》，科学出版社 2011 年版，第 22 页。

④ 秦大河：《气候资源的开发、利用和保护》，载《求是》2005 年第 3 期。

支配的特征明显，我们不能以气候资源的不具有自储存性、多样性等就断言其不可支配，更不一叶障目，以火山口之热能的不可支配推定所有的气候资源都是不可支配的，这正如不能以无法支配北极川的土地来否认土地资源的可支配性。

3. 气候资源的稀缺性特征。虽然从长期看，气候资源是年复一年不断循环，取之不尽、用之不竭的，但是这并不表明气候资源不具有稀缺性特征。“气候资源也具有稀缺性，尽管风能、太阳能是取之不尽用之不竭的，但其开发利用受到土地、空间的限制，因此，在现有技术条件下可以利用的风能资源、太阳能资源是有限的，具有稀缺性，因而具有民法上的财产意义，属于物的范畴”。[①] “气候资源系统中能量的输送受到太阳辐射的影响和制约，在一定时间内，一个地区得到的光、热、水资源是有一定数量的限制，如每年有一定的积温、降水量和总辐射量。它们的有限性制约着生物的生存和生长。同时在一定的科学技术条件下，人们对气候资源的认识及开发利用能力也是有限的”。[②] 可见，由于受到地域、时间、空间以及人类开发利用技术水平等的限制，气候资源具有明显的稀缺性特征，这将为气候资源作为物权客体提供了充分的理论基础。

三、气候资源所有权归属之立法选择

气候资源是自然资源的重要组成部分，确定气候资源的权属需要先厘清自然资源的权属。“在人们开发利用自然和改造自然的过程中，资源是一种可以在市场经济条件下进行有偿配置转让的物质产品，亦

---

① 曹明德：《论气候资源的属性及其法律保护》，载《中国政法大学学报》2012 年第 6 期。

② 黄民生、何岩、方如康：《中国自然资源的开发、利用和保护》，科学出版社 2011 年版，第 22 页。

即是一种可以用特殊方式进行交换的商品”。[①] 自然资源要成为一种可以用以交换的商品，其权属问题至关重要。在人类发展的相当长的时期内，自然资源被视为是“上天的恩赐”，是一种“无主物”，适用先占原则，但随着人类社会的不断发展与进步，人们逐步认识到财产权制度在自然资源领域的重要作用。[②]

（一）立法应明确规定气候资源的权利归属

自然资源需要确定权利归属，否则，会陷入“无主物”之“公地悲剧”，[③]“自然资源之利用比一般财产更加依赖于明确制度的规范，否则极易陷于混乱，导致低效和不公”。[④] 与此同时，自然资源的权属要合理确定，不能属于多个所有人，否则就会出现“反公地悲剧”。[⑤] 而把自然资源确定为国家所有，则是综合考量各种利弊的最佳选择。国家作为自然资源的所有者，可以充分运用强大的国家机器，实现资源的最佳配置，有效控制资源的开发利用，有效制止破坏资源的行为，从而在最大限度内发挥出自然资源的效益。自然资源归国家所有，是当今世界各

---

① 陈德敏：《资源法原理专论》，法律出版社2011年版，第8页。

② 1960年科斯的《社会成本问题》一文提醒人们：因为交易成本的存在，合理的财产权界定和分配对于实现社会收益最大化而言是非常重要的，在自然资源的开发、利用和保护上同样如此。日本学者原田尚彦《环境法》（1999）一书指出：“要保持良好的环境，将可持续的经济发展维持下去，就要认识大气、水等自然资源的有限性，人为地管理起这些资源。”彼得·S.温茨在《环境正义论》（2007）一书中阐述了自然资源的分配正义，他认为：“尊重财产权对于保障正义是非常必要的，但完全诉诸于私有财产权以处理与环境正义有关的问题，大概无法实现这一目标。”美国学者丹尼尔·H.科尔的专著《污染与财产权——环境保护的所有权制度比较研究》是试图运用财产权体制保护自然环境的代表作之一，该书的主要贡献在于打破人们对于“私有化”的盲目崇拜，指出了私有化并非环境保护的灵丹妙药，对于我们探讨应当建立什么样的财权权体制来遏制环境破坏、保护自然资源具有启发意义。

③ 源于1968年哈丁（Hardin）发表的论文“The Tragedy of the Commons”，之后被广泛运用于解释无主物惨遭破坏的悲剧。

④ 巩固：《自然资源国家所有权公权说》，载《法学研究》2013年第4期。

⑤ 源于1998年海勒（Haller）发表的论文“The Tragedy of the Anticommons：Property in the Transition from Marx to Markets”，之后成为反对设置多个财产权的常用理论模型。

国在设计自然资源权属制度时的普遍选择。“自然资源国家所有权制度既不是中国的专利,也不是计划经济体制或社会主义国家的专利,它是当代国家的普遍选择”。[①] 尽管各国的所有制形式、历史传统、法律制度与体例各不相同,但当代各国的立法或判例已普遍将重要的自然资源规定或确认为国家所有,如矿产资源、水资源、濒危的动植物资源、无线电频谱资源等。“矿产作为特殊资源的稀缺性自工业革命之后日渐突出,许多国家都认识到,国家所有更有利于资源的合理分配与利用。许多国家都以法律形式明确规定矿产资源等为国家所有,很多国家立法确定此种国家所有权”。[②] “无论在大陆法系国家还是在英美法系国家,无论是在社会主义国家还是在资本主义国家,当代自然资源国家所有权制度都呈现出前所未有的活跃局面”。[③]

(二)气候资源所有权归属之应然选择

气候资源是自然资源的重要组成部分,气候资源归属国家所有顺理成章。“自然资源国家所有权制度在世界各国普遍存在。由于气候资源是自然资源的下位概念,所以,各国都是将气候资源国家所有权规定在自然资源国家所有权里”。[④] 对于气候资源这样一种极为重要的自然资源,确认其国家所有,具有重要的理论和现实意义。

第一,确定气候资源国家所有,是人类应对气候变化的必然要求。当前,气候变化问题是摆在世界各国面前的严峻挑战,而应对气候变化是一个综合性的系统工程,合理地开发、利用和保护气候资源就是其中关键的环节之一。气候资源与人类关系极为密切,是人类在地球

---

① 王树义等:《环境法前沿问题研究》,科学出版社 2012 年版,第 62 页。
② 刘俊:《土地所有权国家独占研究》,法律出版社 2008 年版,第 254 页。
③ 邱秋:《中国自然资源国家所有权制度研究》,科学出版社 2010 年版,第 55 页。
④ 庄敬华:《气候资源国家所有权非我国独创》,载《中国政法大学学报》2012 年第 6 期。

上得以存在的决定因素,并提供给人类的重要劳动资料,直接影响着人类的生存、生产和生活。尤其是在全球气候变暖的大背景下,需要寻找一个最佳的气候资源配置方式。确定气候资源国家所有,一方面,明确了所有权归属,避免了无序开发利用所带来的资源浪费或环境破坏;另一方面,国家拥有了气候资源的最终归属权,可以在最大范围内、最有效地规划气候资源的开发和利用,对气候资源的保护也最为有利。

第二,确定气候资源国家所有,是完善自然资源物权制度的需要。宪法上规定的“自然资源归国家所有”,是一个制度性保障的基本权利,其权利的具体内容、实现方式等需要民法、物权法等部门法的具体化规定和进一步的制度落实。也就是说,宪法规定的国家所有权与民法规定的国家所有权应该是相互衔接的,是既有联系又有区别的,之间需要一座桥梁将其有效连接起来,自然资源物权制度应运而生。当前,自然资源物权制度研究如火如荼,①但往往集中在对矿产资源、水资源、野生动植物资源、自然旅游资源、土地资源、海域自然资源等领域,极少有学者关注到气候资源的归属与利用问题。这与自然科学领域对自然资源的研究形成了鲜明的对比,气候资源在自然资源学科的专著里总是作为一种极其重要的自然资源加以专章论述,可以说其地位和重要性不亚于土地资源。出现法学研究与自然科学研究相脱节的根本原因在于气候资源的权属不明确。因此,确定气候资源国家所有,可以有效推进气候资源物权法配置的研究,对于自然资源物权制度的体系完善具有

---

① 在笔者阅读的范围内,近年来出版的专著有桑东莉著《可持续发展与中国自然资源物权制度之变革》,孟庆瑜、刘武朝著《自然资源法基本问题研究》,刘灿等著《我国自然资源产权制度构建研究》,金海统著《资源权论》,邱秋著《中国自然资源国家所有权制度研究》,陈德敏著《资源法原理专论》,崔建远主编的《自然资源物权法律制度研究》,黄锡生著《自然资源物权法律制度研究》,陈家宏等著《自然资源权益交易法律问题研究》。

积极意义。

第三，确定气候资源国家所有，是社会主义国家充分发挥其服务人民职能的重要表现。气候资源界定为国家所有，最主要的原因在于其明显的公共性特征，关系到人的基本生存利益，关系到人类社会的可持续发展，关系到人与自然的和谐相处。国家在社会公共事务管理中的作用是不可替代的，马克思主义经典作家对此有着精辟的阐述："在社会发展某个很早的阶段，产生了这样一种需要：把每天重复着的产品生产、分配和交换用一个共同规制约束起来，设法使个人服从生产和交换的一般条件。这个规则首先表现为习惯，后来便成了法律。随着法律的产生，就必然产生出以维护法律为职责的机关——公共权力，即国家。"[①]这一论述分析了国家的宏观运行机制，阐明国家对社会的集中作用。"国家是整个社会的正式代表，是社会在一个有形的组织中的集中表现"。[②] 国家（也只能是国家）通过掌控关系国计民生的重要资源，通过科学的规划与有效的管理，实现资源利用的最大经济效益和社会效益。对于气候资源这样一种极其重要的社会公共物，只有确定为"国家所有"，才能实现"全民所有"，这也是社会主义国家的职能之所在。

第四，气候资源国家所有，并不会导致"公地悲剧"，相反地，它有效地解决了公地的悲剧。有学者认为，国家所有是导致公地悲剧的根本原因："在自然资源所有权上，我国奉行公有原则。因此，容易发生自然资源的公地悲剧。"[③]其实，这是对"公地模型"的一个误解，这里的"公

---

① ［德］马克思、恩格斯：《马克思恩格斯选集》（第3卷），中共中央马克思恩格斯列宁斯大林著作编译局编译，人民出版社1995年版，第211页。

② ［德］马克思、恩格斯：《马克思恩格斯选集》（第3卷），中共中央马克思恩格斯列宁斯大林著作编译局编译，人民出版社1995年版，第631页。

③ 代杰：《公有制下的自然资源保护法律问题研究》，载《石河子大学学报》（哲学社会科学版）2012年第4期。

地”是指没有确定产权归属的公共场所，其因为没有所有者，所以缺乏有效的管理，使得任何人可以毫不受限地使用这一公共资源，从而使“公地”遭受毁灭性的破坏。气候资源国家所有制度的确立，明确了气候资源的权利归属，不存在发生公地悲剧的理论前提与假设，相反，其很好地避免了公地悲剧的出现。至于有的地方出现自然资源遭受人为破坏的情况，其原因在于政府（国家的代表）的不作为导致资源管理的混乱或者滞后，而不在于自然资源归属国家所有。

第五，气候资源的国家所有制度的确立，澄清了气候资源“社会共有”“总有”“合有”等认识误区。“社会共有”是指全社会成员共同拥有对资源的所有权，这一提法既无制度基础也不切合实际。我国《物权法》第93条规定：“不动产或者动产可以由两个以上单位、个人共有。共有包括按份共有和共同共有。”气候资源包罗万象，范围极广，按份共有绝不可能，共同共有的共有人虽然在共同关系存续期间份额无法认定，但其共有关系最终是可分离的。因此，所谓的气候资源“社会共有”无法适用我国《物权法》规定的共有制度，从而导致真正的公地悲剧。至于“总有”“合有”等相关制度，其更不在当前中国的物权法律体系内。“总有”是存在于日耳曼社会的一种特有现象，总有权形式已经转化为法人的独立财产权，在当代各国民法中，已基本上不存在作为一项独立的财产权的总有权制度。[①]“合有”也是日耳曼法中的制度，其强调要在团体的拘束下对物进行支配，气候资源的开发与利用并不必然要在“团体的约束下”进行，合有制度显然也不适用于确定气候资源的归属，况且这一制度几近销声匿迹。总之，气候资源国家所有，可以有效地避免出现把气候资源认定为“社会共有”“总有”“合有”等的误解。

---

① 参见王利明：《物权法研究》（修订版，上卷），中国人民大学出版社2007年版，第681、682页。

四、结论

气候资源是“特定的”“可支配的”“稀缺的”“独立一体”的物，符合作为物权客体的特征。确认气候资源国家所有，是世界各国的普遍制度选择，是应对气候变化的必然要求，是我国自然资源物权制度体系化，是社会主义国家充分发挥其服务人民职能的重要表现，是解决“公地悲剧”的有效办法。当然，因为《物权法》中的“等自然资源”字也不能无限扩张，认定某一新型自然资源是否应当纳入国家所有的权利客体，最有力的解释就是有法律的明文规定，包括地方性法规的明文规定。在国家层面尚未出台明确规定之前，应当允许地方人大通过制定地方性法规的方式，对“等自然资源”进行适当的类型扩张。

应当澄清气候资源“社会共有”“总有”“合有”等认识误区。气候资源国家所有不等于无偿使用，也不必然与有偿使用画等号。气候资源所有权归属国家，不等于任何利用气候资源的行为都是有偿的，或者都是需要事先审批的，也不等于开发利用气候资源的任何行为无偿的。比如，江河归属国家所有，但不等于入江游泳就要审批或缴费，也不等于可以随意从事捕捞作业。因此，一个社会公共物，如果其是人类生存的基本条件，人们就有了满足自身需要使用权利，这种权利可视为人的基本权利，属于不可剥夺的权利，国家所有权也必须为此让位。但不能因此而否定国家所有的合理性，因为当这种资源使用权是有限度的，那就是不能够破坏生态环境从而影响到他人的生存与发展，不能影响到人类的可持续发展与有序的社会生活，否则，国家就要进行干预。而此时国家干预的最正当理由就是国家是资源的所有者。

第二节　乌木的法律属性与权利归属

一、从彭州乌木案谈起①

基本案情：在2012年2月，四川省彭州市通济镇村民吴高亮在通济镇麻柳河17组河段发现乌木，通济镇政府认为乌木属国家所有，通济镇政府把乌木挖出运走。2012年7月3日，通济镇政府决定，奖励吴高亮7万元。但吴高亮认为乌木应当归自己所有，且乌木的价值约四五百万元，与镇政府的奖励金额差距巨大。2012年7月26日，吴高亮向成都市中级人民法院提起诉讼。2012年11月27日，成都市中级人民法院公开审理此案。一审判决：裁定乌木发掘地不在吴氏姐弟承包地。一审对乌木的发现、发掘者及发掘地点是否决定乌木归属，并未作出判定。吴高亮不服一审判决，向四川省高院提起上诉，四川省高院二审公开开庭宣判。四川省高院认为一审裁定认定事实清楚，适用法律正确、程序合法。因驳回了原告上诉，维持一审判决。

二、乌木的法律属性

乌木，又称阴沉木，兼备木的古雅和石的神韵，有“东方神木”和“植物木乃伊”之称。由地震、洪水、泥石流将地上植物生物等全部埋入古河床等低洼处。埋入淤泥中的部分树木，在缺氧、高压状态下，在细菌等微生物的作用下，经长达成千上万年炭化过程形成乌木，故又称“炭化木”。现代的“乌木”是红木的一种，木材市场上一般所称的“乌木”是指黑色非洲乌木以及东

① 参见《彭州乌木案终审，维持原判》，载四川在线网：http://sichuan.scol.com.cn/cddt/content/2013-06/16/content_5425982.htm? node=965，最后访问日期：2017年12月10日。

非黑黄檀，它们是树木树种的一类别，属于国家红木标准的一种。①

乌木的归属如何适用法律？这在现有的法律中找不到直接的依据。那么，乌木的法律性质是什么？这在学术界存在比较大的争议，众说纷纭。2012 年 10 月 12 日，北京航空航天大学法学院研究生民商法沙龙对“乌木归属法律问题”进行了热烈的探讨，对乌木的几种不同的定性（天然孳息、文物、文物之外的古生物化石、埋藏物）进行了剖析，龙卫球教授、刘保玉教授等学者也提出了各自的观点。② 之后，乌木的归属及其法律适用问题成立法学界探讨的热点话题，迄今已有近百篇公开发表的法学论文就此展开研究，③其中，2013 年和 2014 年的硕士学位论文就有 5 篇。④ 其中，争论的焦点就在于乌木的权利归属问题。

1. 乌木属于天然孳息说。什么是天然孳息呢？梁慧星教授认为，乌木事件应当适用《物权法》第 116 条“天然孳息，由所有权人取得；既有所有权人又有用益物权人的，由用益物权人取得”的规定，理由是吴高亮在河道中发现乌木，河道属于国家所有，那么，乌木就应由河道所有人即国

① 参见百度百科对乌木的介绍。

② 《乌木归属法律问题探讨——北航法学院研究生民商法沙龙纪实》，载北京航空航天大学法学院官网：http://fxy.buaa.edu.cn/dispnews.php?newsid=1640，最后访问日期：2017 年 12 月 10 日。

③ 在笔者的阅读范围内，典型的代表作有：王建平发表在期刊《当代法学》的论文《乌木所有权的归属规则与物权立法的制度缺失——以媒体恶炒发现乌木归个人所有为视角》；谢晓松发表在期刊《研究生法学》的论文《乌木的法律性质与所有权归属刍议——评四川彭州“天价乌木”案》，王永霞发表在期刊《政法论丛》的论文《彭州乌木事件的法解释学思考》，王建平发表在期刊《西南民族大学学报》（人文社会科学版）的论文《埋藏物乌木发现者权益的立法逻辑比较分析》，周辉斌发表在期刊《时代法学》的论文《“天价乌木案”凸显〈物权法〉适用之惑》等。

④ 在笔者的阅读范围内，相关的硕士论文包括：兰州大学张天静的硕士学位论文《四川彭州乌木案中乌木法律属性及归属问题的法律分析》、四川省社会科学院何冬的硕士学位论文《乌木所有权之法律研讨》、中南大学吴亮的硕士学位论文《埋藏物发现制度问题研究——以四川“天价乌木案”为例》、中国社会科学院研究生院王桂芳的硕士学位论文《论乌木的所有权归属》、浙江大学鲍超萍的硕士学位论文《非化石类珍贵植物残遗物的归属与保护——以乌木纠纷为例》。

家取得。[①] 孳息指原物所处之收益;天然孳息,指物依自然而产出的出产物、收获物,如植物的果实,及动物之卵、奶、幼仔。[②] 如果把乌木认定为其所已存土地的天然孳息,那么,根据《物权法》第116条的规定,[③]乌木应当归属土地所有者所有,即国家所有;当存在土地用益物权人时,乌木应当归属土地的用益物权人,即土地的承包经营者。在"彭州乌木案"中,成都市中级法院之所以裁定乌木发掘地不在吴氏姐弟承包地,其目的在于表明高亮亮不拥有乌木的所有权。而最能够支持该法院判决的就是乌木属于天然孳息说。然而,这一学说并没有很强的说服力。乌木与其所依附的土地之间并没有本质的、必然的联系,土地并不必然会产生乌木,在土地上发掘乌木也不具有普遍性,即乌木也并非其所依附的土地"自然而产出的产出物"。因此,乌木与土地的关系不能简单类比于果实与果树的关系,把乌木视为土地的天然孳息并不合适。

2. 乌木属于文物说。文物是人类在历史发展过程中遗留下来的遗物、遗迹。它是人类宝贵的历史文化遗产。文物是指具体的物质遗存,它的基本特征是:第一,必须是由人类创造的,或者是与人类活动有关的;第二,必须是已经成为历史的过去,不可能再重新创造的。[④] 文物的基本特征是历史形成下来的文化资源,[⑤]其形成本身凝聚了人类的智

---

① 参见王建平:《乌木所有权的归属规则与物权立法的制度缺失——以媒体恶炒发现乌木归个人所有为视角》,载《当代法学》2013年第1期。

② 参见梁慧星:《民法总论》,法律出版社2011年版,第157页。

③ 《物权法》第116条规定:"天然孳息,由所有权人取得;既有所有权人又有用益物权人的,由用益物权人取得;但当事人另有约定的除外。"

④ 《文物的定义》,载中国文化遗产网:http://www.cchmi.com/tabid/227/InfoID/655/Default.aspx,最后访问日期:2017年12月12日。

⑤ 《文物认定管理暂行办法》指出:"本办法所称文物认定,是指文物行政部门将具有历史、艺术、科学价值的文化资源确认为文物的行政行为。"文物局《关于贯彻实施〈文物认定管理暂行办法〉的指导意见》指出:"文物认定的对象可以包括中华人民共和国成立以前制作或形成的各类可移动和不可移动的文化资源,以及中华人民共和国成立以后制作或形成的具有重要或代表性的可移动和不可移动的文化资源。"

慧，文物的类型在我国现行法律中有明确的规定，[①]如具有历史、艺术、科学价值的古文化遗址、古墓葬、古建筑、石窟寺和石刻、壁画等。乌木是天然形成的，并非由人类创造的，把乌木定性为文物，是对文物自身内涵和外延的一种曲解。乌木不是人工加工而成的，乌木本身并没有体现出人类的智慧，也没有文化蕴含其中，认定为文物显然也不合适。

3. 乌木属于古生物化石说。古生物化石，指的是人类史前地质历史时期形成并赋存于地层中的生物遗体和活动遗迹，包括植物、无脊椎动物、脊椎动物等化石及其遗迹化石，是研究生物起源和进化等的科学依据。[②] 从外形特征上看，把乌木认定为植物化石，似乎有一定的道理；但乌木是否属于人类史前地质历史时期形成的，则缺乏科学的考证，把乌木认定为古生物化石又难免牵强附会。

4. 乌木属于埋藏物说。埋藏物，谓包藏于他物之中，不易由外部目睹，而其所有人不明之物。[③] 简言之，埋藏物指埋藏于地下的所有人不明的物。埋藏物的权属特征是，它原先的所有权归属是明确的，并非没有所有人，只是当前所有人暂时不明。如果乌木属于埋藏物，则应当适用《物权法》第 114 条的有关规定，即“拾得漂流物、发现埋藏物或者隐藏物的，参照拾得遗失物的有关规定”。《物权法》第 113 条的规定：“遗失物自发布招领公告之日起六个月内无人认领的，归国家所有。”这就是说，确定埋藏物归属也是需要经过发布招领公告这一程序的。招领公告显然不适用于乌木的权属认定，乌木属于埋藏物的说法与《物权法》的规定明显不合拍，认定乌木属于埋藏物也是行不通的。

---

① 详见《文物保护法》第 2 条和《文物认定管理暂行办法》第 2 条的相关规定。

② 参见百度百科的相关解释。

③ 参见史尚宽：《物权法论》，中国政法大学出版社 2000 年版，第 138 页。

无论是把乌木定性为天然孳息、文物、古生物化石,还是把乌木定性为埋藏物,均难谓恰当。而解决这一难题的根本出路则在于,乌木属于自然资源的一种类型,关于自然资源权属认定的相关法律同样适用于乌木。首先,乌木是天然形成的,符合自然资源的天然性特征。其次,乌木在现实生活中被广泛应用,符合自然资源的有用性特征。再次,乌木具有稀缺性,存在需求与供给的不对称,具有交换价值。

三、乌木的权利归属

把乌木认定为一种新型的自然资源,其权属的认定及其相关的利益分配规则可以参照法律关于自然资源的有关规定来确定,[①]彭州乌木案的相关疑难问题自然也就迎刃而解。当然,最好能参照气候资源的地方立法,对乌木的归属在上位法规定不明确的情形之下,先行制定地方性法规,明确规定乌木的权利归属,以达到定分止争的目标。

第三节　其他新型自然资源的法律属性与权利归属

自然界的物质不能直接等同于自然资源,自然资源应当具备提升人类福利这一基本要件。某些自然界物质或者空间,原本对人类而言是没有利用价值的,或者其提升人类福利的作用被人们所普遍忽视了。但是,随着科学技术的不断发展,人类开发利用自然界的能力在不断提升,原本毫无价值的自然界物质变成了炙手可热的资源。这些新型自然资源,可能无法通过肉眼直接识别,但因其具备特定的功能或者价值,属于可以提升人类福利的自然界物质,应当被认定为自然资源,从

① 在前文关于气候资源国家所有的法律适用中已经有过详细的探讨,此处不再赘述。

而成为所有权的客体。比如，在美国，处于地下空间的“孔隙”（Pore Space）因具备碳封存碳捕获功能在美国肯塔基州（Kentucky）的案例中就被视为一种新型的自然资源。① 对自然资源的认识，不能故步自封，不能局限在“物是有体物”的认识之中，而应当采取开放包容的态度。正如学者所言，自然资源不是纯粹的有体物，其中也有一些属于无形财产，《物权法》对此作出规定，对于维护生态和保护资源具有重要的意义。② 本书列举了近年来学界讨论较为热烈的几种新型自然资源，以飨读者。

一、林业碳汇资源

长期以来，人们对于森林资源价值的认识停留在砍伐后林木的利用，却忽视了森林资源自身的生态价值。2011 年 11 月，经国家林业局同意，中国绿色碳汇基金会与华东林业产权交易所先行开展林业碳汇交易试点。③ 自此，林业碳汇成为交易客体正式纳入公众的视野。林业碳汇是指通过造林、再造林、森林管理和森林保护等以吸收空气中的二氧化碳、降低或防止森林中储存的二氧化碳排放到空气中。林业碳汇具有三重功能：适应气候变化、减缓气候变化与促进可持续发展。④ 随着林业碳汇交易的不断推进，林业碳汇及其交易的相关法律开始引起法学界的关注。有学者就构建我国林业碳汇交易法律制度提出了全面而具体的建议，从确定林业碳汇交易法律关系的主体、客体、交易第三

① Mark A. Imbrogno, Pipedream to Pipeline: Ownership of Kentucky's Subterranean Pore Space for Use in Carbon Capture and Sequestration, *Louisville Law Review*, Vol. 49, 2010 – 2011, pp. 291 – 315.

② 参见王利明：《我国民法典重大疑难问题之研究》，法律出版社 2016 年版，第 230 页。

③ 参见张敏敏：《中国启动首个林业碳汇交易试点》，载《中国绿色时报》2011 年 11 月 3 日。

④ 参见李怒云等：《林业碳汇项目的三重功能分析》，载《世界林业研究》2006 年第 3 期。

方，确定林业碳汇交易法律行为的具体生效要件、交易价格、交易的3种履行方式、交易的违约责任承担方式和交易纠纷解决途径，明确各主体之间的利益分配等方面提出了具体的建议。[①] 有的民法学者开始尝试将林业碳汇纳入自然资源权利客体的研究范畴，指出林业碳汇权利化的前提是权利客体及其法律地位的确定，森林资源因具备碳汇功能使得碳减排量符合资源性物权客体的规格与标准。[②] 在学界开展林业碳汇相关研究的同时，部分省份开始出台林业碳汇交易的规范性文件。以福建省为例，2016年11月28日，福建省省发改委、福建省林业厅等部门共同研究起草了《福建省碳排放权抵消管理办法（试行）》，规范福建省行政区内的温室气体减排交易活动。[③]

二、"狗头金"

"狗头金"究竟为何物？"狗头金"是天然产生的，由自然金、石英和其他矿物共生在一起的集合体，通常颗粒粗，且形态不规则，似狗头而得名。[④] 体大、造型好的"狗头金"，与原生金矿中的天然块金一样都是稀世珍宝，不但具有很高的科研价值，而且具有重要的收藏、观赏和科普宣传价值及巨大的经济价值。[⑤] 正是因为"狗头金"具有巨大的经济价值，拥有"狗头金"意味着获得巨大的经济利益，"狗头金"的权利归属引起了学术界的热烈讨论。有学者提出，"狗头金"事件的发生牵涉一

---

① 参见邹丽梅、王跃先：《中国林业碳汇交易法律制度的构建》，载《安徽农业科学》2010年第5期。

② 参见林旭霞：《林业碳汇权利客体研究》，载《中国法学》2013年第2期。

③ 参见《关于印发〈福建省碳排放权抵消管理办法（试行）〉的通知》（闽发改生态〔2016〕848号）。

④ 参见涂怀奎：《中国狗头金分布特征与成因讨论》，载《化工矿产地质》2002年第4期。

⑤ 参见罗献林：《"狗头金"的价值》，载《黄金地质》2001年第2期。

个重要的法律问题,即无主物应归于国家所有还是归于拾得人所有。[①] 有学者建议,"狗头金"究竟是归国家还是个人,法律该给个说法,不能再像之前频繁发生的乌木事件那般含糊其辞了。[②] 有学者提出,"狗头金"并非矿产资源,系土地之孳息,土地上有用益物权的,仅在符合具体用益物权之目的时,"狗头金"方归用益物权人所有。[③] 关于"狗头金"的权利归属,许多学者在讨论这一问题时往往陷入了这样一个逻辑:因为"狗头金"不是矿产资源,所以"狗头金"不属于自然资源的范畴,而是天然孳息或者无主物,应当使用无主物先占的规则。有的学者甚至以保护"狗头金"的发现者利益为由,提出了我国确立无主先占制度的必要性。[④] 先不论我国民法并不承认无主先占规则,但就其论证逻辑而言尚无法自洽。"不属于矿产资源就不是自然资源"的推导无疑是站不住脚的。自然资源的种类繁多,如果以无法归入人们已经予以界定的自然资源类型为由,将新发现的自然界物质一律排除在自然资源的范畴之外,无疑是不妥当的。陨石归应当属于国家所有,是许多知名学者的共识。著名民法学者杨立新认为,陨石可以归入自然资源的范畴,属于国家所有,对发现者可以给予适当的奖励;著名商法学者赵旭东认为,陨石无论被认定为"矿藏"还是"埋藏物",其所有权都应该归属国家。[⑤] 陨石如此,"狗头金"亦是如此。

---

① 参见付子豪:《浅议法经济学视角下我国无主先占制度的设置——以狗头金事件为例》,载《河南财政税务高等专科学校学报》2016年第1期。

② 参见刘武俊:《"狗头金"归属之争折射法律短板》,载《文汇报》2015年2月12日,第5版。

③ 参见金可可:论《"狗头金"、野生植物及陨石之所有权归属——再论自然资源国家所有权及其限度》,载《东方法学》2015年第4期。

④ 参见雷亮亮:《"狗头金"事件与无主物先占制度》,载《福建法学》2016年第1期。

⑤ 《天外飞石坠入法律"漏洞"》,载《法制日报》2017年10月31日,第10版。

三、旅游吸引物

何为旅游吸引物？有学者认为，旅游资源和旅游吸引物分别是汉语界和英语界经常使用的重要概念，它们总体上被用来指称旅游活动的对象，“旅游资源”一词容易引发诸多理解歧义，而“旅游吸引物”一词在含义上更为清晰、准确。[①] 有的学者进一步区分了旅游吸引物与旅游资源这两个概念。旅游吸引物一般是指与客源地的自然、经济、社会、文化、政治、技术具有显著差异，且能对客源地潜在游客产生旅游吸引力的目的地事物或现象；旅游资源是旅游目的地的自然和社会中凡能对客源地产生强烈的旅游吸引力，吸引到的游客规模能达到旅游业门槛人口，可产生经济效益、社会效益和环境效益的各种事物或现象。[②] 近年来，关于旅游吸引物的法律属性引起了学术界的兴趣，有的学者提出了相关的立法建议。旅游吸引物因其具备物权客体特征而应当受到物权法的法律规制。[③] 旅游吸引物属无体物，在可管理的范围内，也可成为物权的客体，将旅游吸引物物权化不仅可赋予所有权人应有的法律主体地位，还将使我国旅游发展更加标准化和规范化。[④] 当然，有的学者也提出了反对意见，认为旅游吸引物在旅游学上属于一个集合概念，设立旅游吸引物权、为之统一立法的不合理性和不可行性。[⑤] 尽管争论还在继续，但旅游吸引物作为与旅游资源紧密相关的一个概念已

---

① 参见徐菊凤、任心慧：《旅游资源与旅游吸引物：含义、关系及适用性分析》，载《旅游学刊》2014 年第 7 期。

② 参见吴晋峰：《旅游吸引物、旅游资源、旅游产品和旅游体验概念辨析》，载《经济管理》2014 年第 8 期。

③ 参见保继刚、左冰：《为旅游吸引物立法》，载《旅游学刊》2012 年第 7 期。

④ 参见左冰、保继刚：《旅游吸引物权再考察》，载《旅游学刊》2016 年第 7 期。

⑤ 参见张琼、张德淼：《旅游吸引物权不可统一立法之辨析》，载《旅游学刊》2013 年 12 期。

经引起了学界的普遍关注,则是值得肯定的。但无论如何,关于旅游吸引物法律属性的界定,是未来立法无法回避的课题。

本章小结

自然资源类型的不断丰富,是人类社会不断向前发展的必然结果。法律所规范的自然资源,其外延不应当局限于现有的认知水平。法律不能故步自封,也不可作茧自缚,不能因“法律没有明文的规定”就简单粗暴地将新出现的自然资源拒之门外。从解释论的角度,应当对气候资源、乌木等新型自然资源的出现采取包容和接纳的态度。这一观点之所以能够成立,其根本原因在于其符合事物发展的客观规律,并符合提升人类社会福利的基本特征。我国《宪法》《物权法》关于自然资源的规定虽未明确把气候资源、乌木资源等新型自然资源作为自然资源的具体种类加以规定,但其开放性的表述表明了自然资源的种类不限于法律所列举的类型。气候资源是一种关系国计民生的重要自然资源,应当受到宪法与法律的保护。从“彭州乌木案”同样可以看出,把乌木认定为一种新型的自然资源,这一众说纷纭的疑难案件即可迎刃而解。当然,随着新型自然资源的不断出现,法律也应当不断地加以完善。当法律对这些新型自然资源的身份予以明文认可时,或许说明我们的法律本身也往前发展。

结　语　绿色发展法律制度建设之展望

党的十八届五中全会正式把“绿色发展”作为破解中国发展难题的五大理念之一，这充分表明了促进绿色发展已经成为关系中国发展全局的国家战略。实现绿色发展非一日之功，既需要有科学的顶层设计和周密的实施策略，也需要建构完备的法律制度体系来加以保障。然而，通过梳理中国现行与绿色发展相关的法律制度，制度繁多且内容庞杂是其一大特点，其根本原因则在于绿色发展法律制度不成体系。为促进绿色发展理念的有效落实，应当在梳理现有法律制度的基础之上，找出现有制度中与促进绿色发展存在的差距，并明确构建绿色发展法律制度的基本准则、立法路线图和具体的制度体系建设方案。

在中国的成文法中，尚无明确使用“绿色发展”这一词汇的相关法律条文，只有极少数法律条文中使用了“绿色”一词，且与绿色发展法律制度的关联性并不强。比如，《大气污染防治法》第83条规定：“国家鼓励和倡导文明、绿色祭祀。”《农业法》第56条规定：“国家采取措施鼓励农民采用先进的农业技术，支持农民举办各种科技组织，开展农业实用技术培训、农民绿色证书培训和其他就业培训，提高农民的文化技术素质。”那么，这是否表明中国没有与绿色发展相关的法律制度呢？其实不然。在“绿色发展”尚未成为法律词汇的情形之下，中国的立法者长期以来是运用“可持续发展”来表述促进“绿色发展”的旨趣。从法律部门上看,促进可持续发展的法律主要分布在宪法、行政法和经济法领域;从法律内容上看,规定促进可持续发展的法律分布广泛,并不仅限于环境资源领域的法律,其散见于国家安全法、国家情报法、环境保护法、自然资源法、能源法、非物质文化遗产法、科学技术法、循环经济促进法等领域。可见,中国并不缺乏与促进可持续发展相关的绿色发展法律制度。

然而,这并未表明绿色发展法律制度已经形成了结构合理、内容完备的自恰体系。目前的最大难题是,如何从庞杂的制度体系中理出一条符合绿色发展法律制度休系化建设的主线,并以此构建具有中国特殊的绿色发展法律制度。这是需要学界共同努力并不断探索的。当前,学界对绿色发展法律制度的研究投入了极大的热情,相关的研究呈现出遍地开花的繁荣景象。比如,绿色金融法律制度研究,绿色信贷法律制度研究,绿色消费法律制度研究,绿色采购法律制度研究,绿色物流法律制度研究,绿色专利法律制度研究,绿色企业法律制度研究,有的学者还提出了绿色法律责任的概念。这些研究,无疑为绿色发展法律制度的建设与发展起到了积极而又重要的推动作用。

目前,关于绿色发展法律制度的研究方兴未艾,学界的研究已经初显成效,但距离理想的目标仍然还有不小的距离。本著作所提出的若干拙见,也只能期许为设计中国绿色发展法律制度的蓝图提供一些参考,与中国绿色发展法律制度体系这座大厦相比,其仿如尘埃。即便如此,笔者也尝试着总结三条建议,以期对构建具有中国特色绿色发展法律制度有所助力。第一,应当明确绿色发展法律制度建设的总体思路。建构绿色发展法律制度体系应当以促进人与自然的和谐相处为基本指引,以节约资源和保护环境作为内容主线,以环境资源的公平利用作为基本准则,以促进经济社会可持续发展为根本目标。第二,应当加快绿色发展法律制度的体系化进程。要将政策性文件的要求及时上升为法律制度,在中央立法层面加快环境资源法典化进程,在地方立法层面加强地方环境资源立法的协同性。第三,加快相关重点领域的法律制度建设。应当以解决现实的环境资源问题为导向,加快问题突出领域的法律制度建设步伐。尤其是要强化预防环境风险的法律制度建设、环境污染综合治理的法律制度建设、促进绿色生活方式的法律制度建设、自然资源合理化利用的法律制度建设等。建设具有中国特色的绿色发展法律制度建设,任重而道远,非寥寥数语所能描述。但无论如何,在可预见的未来,这一具有重大意义的历史任务必将完成!

参 考 文 献

一、经典作家著作与文献类

1. [德]马克思、恩格斯:《马克思恩格斯选集》(第 1 ~4 卷),中共中央马克思恩格斯列宁斯大林著作编译局编译,人民出版社 1995 年版。

2. [德]卡尔·马克思:《资本论》(第 1 ~3 卷),中共中央马克思恩格斯列宁斯大林著作编译局编译,人民出版社 2004 年版。

3. 胡锦涛:《坚定不移沿着中国特色社会主义道路前进　为全面建成小康社会而奋斗——在中国共产党第十八次全国代表大会上的报告》,载人民网—中国共产党新闻网:http://cpc.people.com.cn/18/n/2012/1109/c350821-19529916.html。

4.《中共中央关于全面深化改革若干重大问题的决定》(2013 年 11 月 12 日中国共产党第十八届中央委员会第三次全体会议通过),载新华网:http://www.sn.xinhuanet.com/2013-11/16/c_118166672.htm。

5. 习近平:《关于〈中共中央关于全面深化改革若干重大问题的决定〉的说明》,载新华网:http://www.zj.xinhuanet.com/newscenter/headlines/2013-11/16/c_118168631.htm。

6.《中共中央关于全面推进依法治国若干重大问题的决定》(2014 年 10 月 23 日中国共产党第十八届中央委员会第四次全体会议通过),

载新华网：http://news. xinhuanet. com/2014 - 10/28/c _1113015330. htm。

7.《习近平谈生态文明》，载人民网—中国共产党新闻网：http://cpc. people. com. cn/n/2014/0829/c164113 - 25567379. html。

8.《中共中央　国务院关于加快推进生态文明建设的意见》(2015年4月25日)，载新华网：http://www. xinhuanet. com/politics/2015 - 05/05/c_1115187518. htm。

9.中共中央、国务院《生态文明体制改革总体方案》(2015年9月)，载中央政府门户网站：http://www. gov. cn/guowuyuan/2015 - 09/21/content_2936327. htm。

10.《中共中央关于制定国民经济和社会发展第十三个五年规划的建议》(2015年10月29日中国共产党第十八届中央委员会第五次全体会议通过)，载央广网：http://news. cnr. cn/native/gd/20151103/t20151103_520379989. shtml。

11.国务院办公厅印发《编制自然资源资产负债表试点方案》，载新华网：http://news. xinhuanet. com/2015 - 11/17/c_1117168120. htm。

12.《关于2016年深化经济体制改革重点工作的意见》，载中央政府门户网站：http://www. gov. cn/zhengce/content/2016 - 03/31/content_5060062. htm。

13.《国务院关于全民所有自然资源资产有偿使用制度改革的指导意见》(国发〔2016〕82号)，载中央政府门户网站：http://www. gov. cn/zhengce/content/2017 - 01/16/content_5160287. htm。

14.习近平：《决胜全面建成小康社会　夺取新时代中国特色社会主义伟大胜利——在中国共产党第十九次全国代表大会上的报告》，载新华网：http://www. xinhuanet. com/politics/2017 - 10/27/c _1121867529. htm。

15. 习近平:《习近平谈治国理政》,外文出版社 2018 年版。

16.《国务院机构改革方案》,载中央政府门户网站:http://www.gov.cn/xinwen/2018-03/17/content_5275116.htm。

二、中文著作类

1. 王文革:《自然资源法——理论·实务·案例》,法律出版社 2016 年版。

2. 刘卫先:《自然资源权体系及实施机制研究:基于生态整体主义视角》,法律出版社 2016 年版。

3. 孙宪忠:《国家所有权的行使与保护研究》,中国社会科学出版社 2015 年版。

4. 王希扬、吴珊:《环境侵权:索赔技巧和赔偿计算标准》,法律出版社 2015 年版。

5. 潘家华:《中国的环境治理与生态建设》,中国社会科学出版社 2015 年版。

6. 吕薇等:《绿色发展:体制机制与政策》,中国发展出版社 2015 年版。

7. 汪劲:《环境法学》(第 3 版),北京大学出版社 2014 年版。

8. 郜永昌:《土地用途管制法律制度研究:以土地用途管制权为中心》,厦门大学出版社 2010 年版。

9. 王雨濛:《土地用途管制与耕地保护及其补偿机制研究》,中国农业出版社 2013 年版。

10. 佟柔主编:《论国家所有权》,中国政法大学出版社 1987 年版。

11. 王利明:《国家所有权研究》,中国人民大学出版社 1991 年版。

12. 崔建远主编:《自然资源物权法律制度研究》,法律出版社 2012 年版。

13. 蔡守秋:《基于生态文明的法理学》,中国法制出版社 2014

年版。

14. 黄锡生:《自然资源物权法律制度研究》,重庆大学出版社2012年版。

15. 王树义等:《环境法基本理论研究》,科学出版社2012年版。

16. 王树义等:《环境法前沿问题研究》,科学出版社2012年版。

17. 陈家宏等:《自然资源权益交易法律问题研究》,西安交通大学出版社2012年版。

18. 佟柔主编:《民法原理·修订本》,法律出版社1986年版。

19. 程淑娟:《国家所有权民法保护论》,法律出版社2013年版。

20. 柯坚:《环境法的生态实践理性原理》,中国社会科学出版社2012年版。

21. 吕忠梅:《生态文明法律制度研究》湖北人民出版社2014年版。

22. 陶蕾:《论生态制度文明建设的路径:以近40年中国环境法治发展的回顾与反思为基点》,南京大学出版社2014年版。

23. 叶知年:《生态文明构建与物权制度变革》,知识产权出版社2010年版。

24. 严耕、杨志华:《生态文明的理论与系统建构》,中央编译出版社2009年版。

25. 王宏斌:《生态文明与社会主义》,中央编译出版社2011年版。

26. 杜秀娟:《马克思主义生态哲学思想历史发展研究》,北京师范大学出版社2011年版。

27. 林可济:《"天人合一"与"主客二分"——中西哲学比较的重要视角》,社会科学文献出版社2010年版。

28. 赵载光:《天人合一的文化智慧》,文化艺术出版社2006年版。

29. 薛伦倬主编:《马克思主义法学新探》,重庆出版社1992年版。

30. 黎国智主编:《马克思主义法学论著选读》,中国政法大学出版社1993年版。

31.郁建兴:《马克思国家理论与现时代》,东方出版社2007年版。

32.黄宜亮主编:《马克思主义国家理论与当代中国》,河南人民出版社2011年版。

33.黄和新:《马克思所有权思想研究》,南京师范大学出版社2005年版。

34.张波:《马克思主义法律思想中国化路径研究》,人民出版社2011年版。

35.侯廷智、郃丽华主编:《马克思主义法学思想理论及其现实意义》,首都经济贸易大学出版社2011年版。

36.杨立新:《物权法》(第4版),中国人民大学出版社2013年版。

37.王泽鉴:《民法物权》(第2版),北京大学出版社2010年版。

38.王利明:《物权法研究》(修订版,上、下卷),中国人民大学出版社2007年版。

39.马俊驹、余延满:《民法原论》,法律出版社2010年版。

40.尹田:《物权法》,北京大学出版社2013年版。

41.杨淦等:《国有企业改革与国有资产管理》,中国言实出版社2003年版。

42.崔建远:《论争中的渔业权》,北京大学出版社2006年版。

43.史尚宽:《物权法论》,中国政法大学出版社2000年版。

44.陈华彬:《民法物权论》,中国法制出版社2010年版。

45.刘湘溶:《我国生态文明发展战略研究》,人民出版社2013年版。

46.贾卫列、杨永刚、朱明双等:《生态文明建设概论》,中央编译出版社2013年版。

47.李欣广:《生态文明与马克思主义经济理论创新》,中国环境科学出版社 2011 年版。

48. 程伟礼、马庆等:《中国一号问题:当代中国生态文明问题研究》,学林出版社 2012 年版。

49. 高德明:《生态文明与可持续发展》,中国致公出版社 2011 年版。

50. 姜春云主编:《偿还生态欠债——人与自然和谐探索》,新华出版社 2007 年版。

51. 张敏:《论生态文明及其当代价值》,中国致公出版社 2011 年版。

52. 廖福霖等:《生态文明学》,中国林业出版社 2012 年版。

53. 徐祥民等:《生态文明建设与环境公益诉讼》,知识产权出版社 2011 年版。

54. 张锋:《通往自然之路——人与自然关系和谐化的法律规制》,中国环境科学出版社 2010 年版。

55. 全国干部培训教材编审指导委员会:《生态文明建设与可持续发展——科学发展主题案例》,人民出版社 2011 年版。

56. 杨志:《中国特色社会主义生态文明制度研究》,经济科学出版社 2014 年版。

57. 靳利华:《生态文明视域下的制度路径研究》,社会科学文献出版社 2014 年版。

58. 郭兆辉:《生态文明体制改革初论》,新华出版社 2014 年版。

59. 林红主编:《生态文明建设案例教程》,中共中央党校出版社 2013 年版。

60. 杜群:《生态保护法论:综合生态管理和生态补偿法律研究》,高等教育出版社 2012 年版。

61. 李建平等主编:《全球环境竞争力报告》,社会科学文献出版社

2013 年版。

62. 吴宣恭:《吴宣恭文集(上)——产权·价值·分配》,经济科学出版社 2010 年版。

63. 吴宣恭:《吴宣恭文集(下)——改革·发展·理论》,经济科学出版社 2010 年版。

64. 吴易风、关雪凌等:《产权理论与实践》,中国人民大学出版社 2010 年版。

65. 黄少安:《产权理论比较与中国产权制度变革》,经济科学出版社 2012 年版。

66. 何爱国主编:《当代中国生态文明之路》,科学出版社 2012 年版。

67. 肖翔:《中国的走向　生态文明体制改革》,北京时代华文书局 2014 年版。

68. 李崇富等主编:《生态文明研究与"两型社会"建设》,中国社会科学出版社 2011 年版。

69. 洪大用、马国栋等:《生态现代化与文明转型》,中国人民大学出版社 2014 年版。

70. 傅治平:《第四文明——天人合一的时代交响》,红旗出版社 2007 年版。

71. 王春益:《生态文明与美丽中国梦》,社会科学文献出版社 2014 年版。

72. 张梓太:《自然资源法学》,北京大学出版社 2007 年版。

73. 谢高地:《自然资源总论》,高等教育出版社 2009 年版。

74. 蔡运龙编著:《自然资源学原理》,科学出版社 2007 年版。

75. 张丽萍编著:《自然资源学基本原理》,科学出版社 2009 年版。

76. 陈永文主编:《自然资源学》,华东师范大学出版社 2002 年版。

77. 黄民生等主编:《中国自然资源的开发、利用和保护》,科学出版社 2011 年版。

78. 金海统:《资源权论》,法律出版社 2010 年版。

79. 邱秋:《中国自然资源国家所有权制度研究》,科学出版社 2010 年版。

80. 陈德敏:《资源法原理专论》,法律出版社 2011 年版。

81. 何志鹏:《权利基本理论:反思与构建》,北京大学出版社 2012 年版。

82. 王效贤、刘海亮等编:《物权法总则与所有权制度》,知识产权出版社 2005 年版。

83. 林旭霞等:《民法视野下的集体林权改革问题研究》,法律出版社 2014 年版。

84. 黄锡生:《水权制度研究》,科学出版社 2005 年版。

85. 李永军主编:《海域使用权研究》,中国政法大学出版社 2006 年版。

86. 刘灿等:《我国自然资源产权制度构建研究》,西南财经大学出版社 2009 年版。

87. 周鑫:《西方生态现代化理论与当代中国生态文明建设》,光明日报出版社 2012 年版。

88. 桑东莉:《可持续发展与中国自然资源物权制度之变革》,科学出版社 2006 年版。

89. 徐祥明主编:《中国环境法学评论》(2011 年卷),科学出版社 2011 年版。

90. 徐向东:《全球正义》,浙江大学出版社 2011 年版。

91. 沈晓阳:《正义论经纬》,人民出版社 2007 年版。

92. 刘雪斌:《代际正义研究》,科学出版社 2010 年版。

93. 王广:《正义之后——马克思恩格斯正义观研究》,江苏人民出版社 2010 年版。

94. 曾建平:《环境正义——发展中国家环境伦理问题探究》,山东人民出版社 2007 年版。

95. 梁剑琴:《环境正义的法律表达》,科学出版社 2011 年版。

96. 陈鹤:《气候危机与中国应对——全球暖化背景下的中国气候软战略》,人民出版社 2010 年版。

97. 张乾红:《拯救地球:气候变化适应制度研究——维护受害者利益》,上海社会科学出版社 2012 年版。

98. 曹明德主编:《环境与资源保护法》,中国人民大学出版社 2008 年版。

99. 吕忠梅等编著:《环境资源法学》,科学出版社 2004 年版。

100. 汪劲:《环境法治的中国路径:反思与探索》,中国环境科学出版社 2011 年版。

101. 杨立新:《侵权责任法》,法律出版社 2012 年版。

102. 邹雄等:《环境侵权法疑难问题研究》,厦门大学出版社 2010 年版。

103. 刘年夫等主编:《正义与平衡——环境公益诉讼的深度探索》,中山大学出版社 2011 年版。

104. 廖华:《从环境法整体思维看环境利益的刑法保护》,中国社会科学出版社 2010 年版。

105. 孙洪烈主编:《中国生态问题与对策》,科学出版社 2011 年版。

106. 刘海江:《马克思哲学视域中的物权问题》,人民出版社 2013 年版。

107. 张震:《作为基本权利的环境权研究》,法律出版社 2010 年版。

108. 吕忠梅:《环境损害赔偿法的理论与实践》,中国政法大学出版社 2013 年版。

109. 李挚萍:《环境基本法比较研究》,中国政法大学出版社 2013 年版。

110. 林来梵:《文人法学》,清华大学出版社 2013 年版。

111. 全永波:《海岛资源开发利用法律问题研究》,海洋出版社 2016 年版。

112. 于波涛:《生态服务及森林碳汇市场化研究》,科学出版社 2014 年版。

113. 周其仁:《产权与制度变迁:中国改革的经验研究》,北京大学出版社 2004 年版。

114. 黄河亮:《林地资源市场化配置研究》,中国林业出版社 2006 年版。

115. 王新程:《水资源有计划市场配置理论》,中国环境科学出版 2005 年版。

116. 杨林、陈书全:《海域资源市场化配置方式选择与制度推进》,经济科学出版社 2013 年版。

117. 董景山:《农村集体土地所有权行使模式研究》,法律出版社 2012 年版。

118. 张建文:《转型时期的国家所有权问题研究:面向公共所有权的思考》,法律出版社 2008 年版。

119. 王舒:《生态文明建设概论》,清华大学出版社 2014 年版。

120. 王明初、杨英姿:《社会主义生态文明建设的理论与实践》,人民出版社 2011 年版。

121. 孟庆瑜、刘武朝:《自然资源法基本问题研究》,中国法制出版社 2006 年版。

122. 葛全胜主编:《中国气候资源与可持续发展》,科学出版社 2007

年版。

123. 孙宪忠:《中国物权法总论》,法律出版社 2009 年版。

124. 王利明:《物权法论》(修订本),中国政法大学出版社 2003 年版。

125. 刘俊:《土地所有权国家独占研究》,法律出版社 2008 年版。

126. 张晋藩主编:《中国民法通史》,福建人民出版社 2003 年版。

127. 陈金全主编:《新中国法律思想史》,人民出版社 2011 年版,第 308 页。

128. 信春鹰:《中华人民共和国环境保护法释义》,法律出版社 2014 年版

129. 李国强:《相对所有权的私法逻辑》,社会科学文献出版社 2013 年版。

130. 冀诚:《论所有权概念对中国私法制度的影响》,中国政法大学出版社 2010 年版。

131. 沈守愚、孙佑海:《生态法学与生态德学》,中国林业出版社 2010 年版。

132. 吕江:《英国新能源法律与政策研究》,武汉大学出版社 2012 年版。

133. 乔刚:《生态文明视野下的循环经济立法研究》,浙江大学出版社 2011 年版。

134. 严国海:《中国古代国家所有制思想研究》,世界图书出版公司 2011 年版。

135. 周子良:《近代中国所有权制度的形成》,法律出版社 2012 年版。

三、译著、外文著作、外文论文类

1.《荷兰民法典》(第3、5、6编),王卫国主译,中国政法大学出版社2006年版。

2.《意大利民法典》,陈国柱译,中国人民大学出版社2010年版。

3.《俄罗斯联邦民法典》,黄道秀译,北京大学出版社2007年版。

4.《奥地利普通民法典》,周友军、杨垠红译,清华大学出版社2013年版。

5.《魁北克民法典》,孙建江等译,中国人民大学出版社2005年版。

6.《韩国民法典》,金玉珍译,北京大学出版社2009年版。

7.《瑞士民法典》,殷根生、王燕译,中国政法大学出版社1999年版。

8.《最新阿根廷共和国民法典》,徐涤宇译,法律出版社2007年版。

9.《日本民法典》,王书江译,中国法制出版社2000年版。

10.《葡萄牙民法典》,唐晓晴等译,北京大学出版社2009年版。

11.[英]约瑟夫·绍卡尔:《法国环境政策的形成》,韩宇等译,中国环境科学出版社2012年版。

12.[捷]奥塔·锡克:《经济—利益—政治》,王福民等译,中国社会科学出版社1984年版。

13.[南]伊万·马克西莫维奇:《公有制的理论基础(关于自治占有关系的研究)》,陈长源译,中国社会科学出版社1982年版。

14.[美]约翰·罗尔斯:《正义论》,何怀宏、何包钢、廖申白译,中国社会科学出版社1988年版。

15.[美]约翰·罗尔斯:《作为公平的正义——正义新论》,姚大志译,中国社会科学出版社2011年版。

16.[德]维尔福莱德·亨氏:《被证明的不平等:社会正义的原则》,

倪道钧译,中国社会科学出版社 2008 年版。

17. [美]涛慕思·博格:《康德、罗尔斯与全球正义》,刘莘、徐向东译,上海译文出版社 2010 年版。

18. [美]索尼亚·拉巴特、罗德尼·R. 怀特:《碳金融》,王震、王宇译,石油工业出版社 2010 年版。

19. [日]原田尚彦:《诉的利益》,石龙谭译,中国政法大学出版社 2014 年版。

20. [英]朱迪·丽丝:《自然资源:分配、经济学与政策》,蔡运龙等译,商务印书馆 2002 年版。

21. [澳]罗宾·艾克斯利:《绿色国家:重思民主与主权》,郇庆治译,山东大学出版社 2012 年版。

22. [澳]迈克尔·黑德:《叶夫根尼·帕舒卡尼斯:一个批判性的再评价》,刘蔚铭译,法律出版社 2012 年版。

23. [英]F. W. 梅特兰:《国家、信托与法人》,樊安译,北京大学出版社 2008 年版。

24. [日]加藤雅信:《"所有权"的诞生》,郑芙蓉译,法律出版社 2012 年版。

25. [英]休·柯林斯:《马克思主义与法律》,邱昭继译,法律出版社 2012 年版。

26. [苏]帕舒卡尼斯:《法的一般理论与马克思主义》,杨昂、张玲玉译,中国法制出版社 2008 年版。

27. [俄]M. H. 马尔琴科:《国家与法的理论》,徐晓晴译,中国政法大学出版社 2010 年版。

28. [日]日本律师协会:《日本环境诉讼典型案例与评析》,皇甫景山译,中国政法大学出版社 2011 年版。

29. [英]戴维·佩珀:《生态社会主义:从深生态学到社会正义》,刘颖译,山东大学出版社2006年版。

30.[美]约翰·贝拉米·福斯特:《生态危机与资本主义》,耿建新等译,上海译文出版社2006年版,第96页。

31.[美]埃里克·波斯纳、戴维·韦斯巴赫:《气候变化的正义》,李智、张键译,社会科学文献出版社2011年版。

32.[英]奈杰尔·劳森:《呼唤理性:全球变暖的冷思考》,戴黍、李振亮译,社会科学文献出版社2011年版。

33.[美]安德鲁·德斯勒、爱德华·A.帕尔森:《气候变化:科学还是政治?》,李淑琴等译,中国环境科学出版社2012年版。

34.[美]彼得·S.温茨:《环境正义论》,朱丹琼、宋玉波译,上海人民出版社2007年版。

35.[澳]大卫·希尔曼、约瑟夫·韦恩·史密斯:《气候变化的挑战与民主的失灵》,武锡申、李楠译,社会科学文献出版社2009年版。

36.[英]威廉·詹姆斯·伯勒斯:《气候变化——多学科方法 》,李宁主译,高等教育出版社2010年版。

37.[英]艾琳·麦克哈格等:《能源与自然资源中的财产和法律》,胡德胜编译,北京大学出版社2014年版。

38.[美]丹尼尔·H.科尔:《污染与财产权——环境保护的所有权制度比较研究》,严厚福、王社坤译,北京大学出版社2009年版。

39.[美]汤姆·蒂坦伯格、琳恩·刘易斯:《环境与自然资源经济学》,王晓霞、杨鹂、石磊译,中国人民大学出版社2011年版。

40.[美]罗纳德·H.科斯:《财产权利与制度变迁》,刘守英等译,上海人民出版社2014年版。

41.[美]约拉姆·巴泽尔:《国家理论——经济权利、法律权利与国家范围》,钱勇、曾咏梅译,上海财经大学出版社2006年版。

42.[波]W.布鲁斯:《社会主义的所有制与政治体制》,郑秉、乔仁毅、王宏民译，华夏出版社 1989 年版。

43. Coby van der Linde, *The State and the International Oil Market: Competition and the Changing Ownership of Crude Oil Assets*, Kluwer Academic Publishers, 2000.

44. United States Post Office, *Government Ownership of Electrical Means of Communication*, Nabu Press, 2010.

45. Lada V. Kochtcheeva, *Comparative Environmental Regulation in the United States and Russia*, State University of New York Press, 2010.

46. David Hodgkinson, *Global Climate Change: Australian Law and Policy*, Butterworths, 2008.

47. Eugene C. Hargrove, *The Animal Rights/Environmental Ethics Debate: The Environmental Perspective*, State University of New York Press, 1992.

48. Carl Wellman, *Real Rights*, Oxford University Press Inc., 1995.

49. James K. Boyce, Barry G. Shelly, Barry G. Shelley, *Natural Assets: Democratizing Ownership of Nature*, Island Press, 2003.

50. Henry Jarrett, *Comparisons in Resource Management: Six Notable Programs in Other Countries and Their Possible U. S. Application*, Resources for the Future Press, 2011.

51. Barry Barton, Alastair R. Lucas, Lila Barrera-Hernandez, Anita Ronne, *Regulating Energy and Natural Resources*, Oxford University Press, 2006.

52. Alison Clarke, Paul Kohler, *Property Law: Commentary and Materials*, Cambridge University Press, 2005.

53. Edward E. Chase, *Property Law: Cases, Materials and Questions* (*Second Edition*), LexisNexis US, 2010.

54. Amnon Lehavi, Community And Property: How Porperty Can Create, Maintain, or Destroy Community, *Theoretical Inquiries In Law*, January 2009.

55. IC R. Claeys, Takings, Regulations, and Natural Property Rights, *Cornell Law Review*, September 2003.

56. Steven A. Kennett, Arlene i. Kwasniak And Alastair R. Lucas, Property Rights and the Legal Framework for Carbon Sequestration on Agricultural Land, *Ottawa Law Review*, Vol. 37, 2005 – 2006.

57. Organization for Economic Co-operation and Development, More Comprehensive Pollution Insurance, *Environmentai Policy and Law*, Vol. 21, 1991.

58. Chris Norton, Special Interest No Longer? Public Interest Standing in Australia Takes a New Turn, *Asia Pacific Journal of Environmental Law*, Vol. 6, 2001.

59. Mark A. Imbrogno, Pipedream to Pipeline: Ownership of Kentucky's Subterranean Pore Space for Use in Carbon Capture and Sequestration, *Louisville Law Review*, Vol. 49, 2010 – 2011.

60. Sara C. Bronin, Solar Rights, *Boston University Law Review*, Vol. 89, 2009.

61. Christopher J. Miller, Carbon Capture and Sequestration in Texas: Navigating the Legal Challenges Related to Pore Space Ownership, *Tex. J. Oil Gas & Energy Law*, Vol. 6, 2010 – 2011.

62. Joseph William Singer, *Property Law: Rules, Policies and Practices* (*5th Edition*), Aspen Publishers, 2010.

63. Powers E C . Fracking and Federalism: Support for an Adaptive Approach that Avoids the Tragedy of the Regulatory Commons, *Journal of*

Law and Policy,2011,19(2).

64. Ingelson A. Sustainable Development and the Regulation of the Coal Bed Methane Industry in the United States, *Journal of Natural Resources and Environmental Law*,2006,20(1) .

65. Beberman J A . Conservation and Natural Resources Water Resources: Extend Maximum Duration of Water Use Permits; Provide for Water Development and Conservation Plans; Preserve the Department of Natural Resources' Right to Appeal Decisions of Administrative Law Judges,*Georgia State University Law Review*,1995,12(1) .

66. Segerson K. Government Regulation and Compensation: Implications for Environmental Quality and Natural Resource Use, *Contemporary Economic Policy*,1997,15(4).

67. Perryman M E, Schramski J R. Evaluating the Relationship Between Natural Resource Management and Agriculture Using Embodied Energy and Eco-exergy Analyses: a Comparative Study of Nine Countries, *Ecological Complexity*,2015,22(1).

68. Sutton-Grier A E, Moore A K, Wiley P C, et al. Incorporating Ecosystem Services into the Implementation of Existing U. S. Natural Resource Management Regulations: Operationalizing Carbon Sequestration and Storage,*Marine Policy*,2014,43(1).

69. Weinstein M. Hydraulic Fracturing in the United States and the European Union:Rethinking Regulation to Ensure the Protection of Water Resources,*Wisconsin International Law Journal*,2013,30(4).

70. Wiseman H. Untested Waters: the Rise of Hydraulic Fracturing in Oil and Gas Production and the Need to Revisit Regulation, *Fordham Environmental Law Review*,2009,20 (1).

71. Scott A. The Evolution of Resource Property Rights, *Oxford University Press*,2008.

72. Scott A Z. Feds and Fossils: Meaningful State Participation in the Development of Liquefied Natural Gas, *Ecology Law Quarterly*, 2006, 33(3).

73. Kang Hajin, A Study on the Operational and Legal Issues of the Environmental Information Disclosure in Korean Legal System, *HUFS Law Review*,2015,39.

74. Shin Yeon-Jae, Environmental Issues and the International Status of NGOs, *The Journal of International Relations*,2009,12.

75. Viktor Glied, Roles of NGOs in environmental Protection Issues in the Southern-Transdanubia Region, *Civil Szemle*,2009,6.

76. Kang Hajin, A Study on the Operational and Legal Issues of the Environmental Information Disclosure in Korean Legal System, *HUFS Law Review*,2015,39.

四、中文期刊论文类

1. 王克稳:《论自然资源国家所有权权能》,载《苏州大学学报》(哲学社会科学版)2018 年第 1 期。

2. 邹爱华、储贻燕:《论自然资源国家所有权和自然资源国家管理权》,载《湖北大学学报》(哲学社会科学版)2017 年第 4 期。

3. 巩固:《自然资源国家所有权"非公权说"检视》,载《中国法律评论》2017 年第 4 期。

4. 叶榅平:《自然资源国家所有权主体的理论诠释与制度建构》,载《法学评论》2017 年第 5 期。

5. 叶榅平:《自然资源国家所有权的双重权能结构》,载《法学研究》

2016 年第 3 期。

6. 巩固:《自然资源国家所有权公权说再论载》,载《法学研究》2015 年第 2 期。

7. 孙宪忠:《“统一唯一国家所有权理论”的悖谬及改革切入点分析》,载《法律科学》2013 年第 1 期。

8. 税兵:《自然资源国家所有权双阶构造说》,载《法学研究》2013 年第 4 期。

9. 涂永前:《碳金融的法律再造》,载《中国社会科学》2012 年第 3 期。

10. 巩固:《自然资源国家所有权公权说》,载《法学研究》2013 年第 4 期。

11. 徐祥民:《自然资源国家所有权之国家所有制说》,载《法学研究》2013 年第 4 期。

12. 王涌:《自然资源国家所有权三层结构说》,载《法学研究》2013 年第 4 期。

13. 张翔:《国家所有权的具体内容有待立法形成》,载《法学研究》2013 年第 4 期。

14. 林来梵:《宪法规定的所有权需要制度性保障》,载《法学研究》2013 年第 4 期。

15. 崔建远:《自然资源国家所有权的定位及完善》,载《法学研究》2013 年第 4 期。

16. 薛军:《自然资源国家所有权的中国语境与制度传统》,载《法学研究》2013 年第 4 期。

17. 马俊驹:《借鉴大陆法系传统法律框架构建自然资源法律制度》,载《法学研究》2013 年第 4 期。

18. 彭成信:《自然资源上的权利层次》,载《法学研究》2013 年第 4 期。

19. 彭诚信、单平基:《水资源国家所有权理论之证成》,载《清华法学》2011 年第 1 期。

20. 李昌庚:《国家所有权理论拷辨》,载《政治与法律》2011 年第 12 期。

21. 陈仪:《保护野生动物抑或保护国家所有权——从私割鲸肉应否处罚谈开去》,载《法学》2012 年第 6 期。

22. 张力:《社会转型期俄罗斯的公共所有权制度——兼论公共所有权与私人所有权的制度关系》,载《法律科学》2009 年第 2 期。

23. 国土资源部信息中心课题组:《国外自然资源管理的基本特点和主要内容》,载《中国机构改革与管理》2016 年第 5 期。

24. 周进生:《国外自然资源管理模式及选择动因分析》,载《国土资源情报》2005 年第 2 期。

25. 唐京春、王峰:《国外自然资源公共服务及对我国的启示》,载《中国国土资源经济》2015 年第 1 期。

26. 田旭、杨朝晖、霍炜洁:《三江源地区流域生态补偿机制探讨》,载《人民长江》2017 年第 8 期。

27. 邹巅、廖小平:《绿色发展概念认知的再认知——兼谈习近平的绿色发展思想》,载《湖南社会科学》2017 年第 2 期。

28. 黄志斌、姚灿、王新:《绿色发展理论基本概念及其相互关系辨析》,载《自然辩证法研究》2015 年第 8 期。

29. 葛庆敏:《论可持续发展观与自然资源物权立法的基本理念》,载《社会科学辑刊》2010 年第 1 期。

30. 孔成思、孙道进:《环境伦理与可持续发展观》,载《山西师大学报》(社会科学版)2013 年第 2 期。

31. 李启家、唐忠辉:《论财产权的环境保护功能》,载《河海大学学报》(哲学社会科学版)2007 年第 2 期。

32. 林旭霞:《林业碳汇权利客体研究》,载《中国法学》2013 年第 2 期。

33. 黄萍:《自然资源视角下的传统物权客体理论之反思》,载《江西社会科学》2012 年第 7 期。

34. 唐忠辉:《论财产权制度的资源保护功能》,载《成都行政学院学报》2007 年第 3 期。

35. 张璐:《自然资源作为物权客体面临的困境与出路》,载《河南师范大学学报》(哲学社会科学版)2012 年第 1 期。

36. 吴世彬:《法律障碍及其消解:排污权的物权法释理》,载《社会科学家》2011 年第 10 期。

37. 杨潮声:《自海域使用权的性质辨析》,载《长春工业大学学报》(社会科学版)2010 年第 4 期。

38. 吴世彬:《大气资源产权制度的理论构建》,载《学术交流》2012 年第 10 期。

39. 张璐:《气候资源国家所有之辩》,载《法学》2012 年第 7 期。

40. 代杰:《公有制下的自然资源保护法律问题研究》,载《石河子大学学报》(哲学社会科学版)2012 年第 4 期。

41. 吴昱:《美国自然资源产权体系与中国自然资源物权体系的比较分析》,载《西南民族大学学报》(人文社会科学版)2012 年第 9 期。

42. 李爱年、胡春冬:《财产法与环境保护——普通法的一个视角》,载《重庆大学学报》(社会科学版)2007 年第 2 期。

43. 陈永森、蔡华杰:《资本主义世界生态问题的马克思主义视角——佩珀生态学的马克思主义论析》,载《马克思主义与现实》2008 年第 5 期。

44. 朱涛、唐志容:《国家的物权法主体地位——从国家所有权性质探析》,载《南京审计学院学报》2007 年第 1 期。

45. 程淑娟:《国家所有权民法保护的方法论反思与制度建构》,载《甘肃理论学刊》2010 年第 5 期。

46. 张千帆:《城市土地“国家所有”的困惑与消解》,载《中国法学》2012 年第 3 期。

47. 张纯:《我国国家所有权形态:“公有”的法理探源》,载《求索》2007 年第 11 期。

48. 单平基:《自然资源国家所有权性质界定》,载《求索》2010 年第 12 期。

49. 刘超:《国家所有权客体范围之依据的证成与考辨》,载《广西大学学报》(哲学社会科学版)2013 年第 2 期。

50. 崔建远:《再论界定准物权客体的思维模式及方法》,载《法学研究》2011 年第 5 期。

51. 吕忠梅:《关于物权法的“绿色”思考》,载《中国法学》2000 年第 5 期。

52. 高利红:《物权法的环境保护功能:理念与模式》,载《法学》2003 年第 9 期。

53. 于文轩:《自然资源物权:政策倾向与调整手段》,载《山东科技大学学报》(社会科学版)2012 年第 1 期。

54. 孙佑海:《物权法与环境保护》,载《环境保护》2007 年第 5 期。

55. 徐以祥:《环境规制与财产权保障的冲突和协调》,载《公安研究》2009 第 9 期。

56. 唐忠辉、余燕海:《财产权的环境污染防治功能》,载《成都大学学报》(社会科学版)2007 年第 2 期。

57. 潘皞宇:《试论建立和完善我国自然资源物权体系的必要性》,载《法治与社会》2012 年第 6 期。

58. 孙为群:《试论自然资源的物权规制》,载《重庆与世界》2012 年第3期。

59. 文岚:《论自然资源物权的属性——准用益物权》,载《时代经贸》2011年第16期。

60. 谭柏平:《论海域物权制度——以自然资源权属制度为视角》,载《中国海商法年刊》2011年第2期。

61. 程元圆:《我国自然资源权利物权化法律思考》,载《现代商贸工业》2011年第11期。

62. 蒲俊丞、张新民:《循环经济理念下自然资源物权的发展》,载《学术交流》2010年第4期。

63. 刘永鑫、刘晓静:《自然资源利用权的双重物权属性及环境保护价值》,载《中国环境管理干部学院学报》2009年第2期。

64. 石佳友:《物权法中环境保护之考量》,载《法学》2008年第3期。

65. 庄敬华:《气候资源国家所有权非我国独创》,载《中国政法大学学报》2012年第6期。

66. 曹明德:《论气候资源的属性及其法律保护》,载《中国政法大学学报》2012年第6期。

67. 张成福等:《建立有机统一的政府:大部制问题研究》,载《探索》2008年第4期。

68. 周志忍:《大部制溯源:英国改革历程的观察与思考》,载《行政论坛》2008年第2期。

69. 石亚军等:《探索推行大部制改革的几点思考》,载《中国行政管理》2008年第2期。

70. 傅广宛:《大部制改革后的完善路径探析》,载《北京行政学院学报》2010年第3期。

71. 石亚军:《推进实现三个根本转变的内涵式大部制改革》,载《中国行政管理》2013 年第 1 期。

72. 龚常等:《大部制改革的重点与难点》,载《中国行政管理》2013 年第 1 期。

73. 竺乾威:《大部制刍议》,载《中国行政管理》2008 年第 3 期。

74. 竺乾威:《大部制改革与权力三分》,载《行政论坛》2014 年第 5 期。

75. 刘刚:《国外以社区为基础的自然资源管理进展》,载《广东农业科学》2011 年第 1 期。

76. 吴贤静:《论大部制改革的行政生态与建构路径》,载《广西社会科学》2014 年第 4 期。

77. 李文钊、蔡长昆:《整合机制的权变模型:一个大部制改革的组织分析——以广东省环境大部制改革为例》,载《公共行政评论》2014 年第 2 期。

78. 马维辉:《环保大部制时机成熟》,载《华夏时报》2014 年 3 月 17 日。

79. 秦天宝、王金鹏:《生态大部制的范例——我国台湾地区"环境资源部"改革述评》,载《环境保护》2014 年第 8 期。

80. 刘志勇:《大部制视域下中国环境管理体制分析》,载《阅江学刊》2014 年第 2 期。

81. 杜桂荣等:《国外水资源管理模式研究》,载《人民黄河》2012 年第 4 期。

82. 杨伟民:《中国将建立管理自然资源的"国资委"》,载《中国总会计师》2014 年第 9 期。

83. 黄海燕:《完善自然资源产权制度和管理体制》,载《宏观经济管理》2014 年第 8 期。

84. 谭浩俊:《找到自然资源管理的平衡点才是要害所在》,载《上海证券报》2014 年 9 月 23 日。

85. 陈享淳、陈有真:《我国自然资源资产化管理进程中面临的问题与对策》,载“Proceedings of 2014 4th International Conference on Applied Social Science(ICASS 2014) Volume 53”2014 年 3 月 20 日,国际会议。

86. 丁全利:《老专家建言:自然资源管理格局,当定位大资源大体制》,载《中国国土资源报》2013 年 12 月 21 日。

87. 章建文、王睿:《国外水资源管理模式对湘江水资源统一管理与调配的借鉴》,载《中南林业科技大学学报》(社会科学版)2010 年第 6 期。

88. 叶榅平:《自然资源物权化与自然资源管理制度改革导论》,载《管理世界》2012 年第 9 期。

89. 李显冬等:《完善准物权理论以健全自然资源资产产权制度》,载《中国国土资源经济》2014 年第 2 期。

90. 张文会:《大部制改革研究述评——基于 CNKI 数据库(2008 ~ 2013 年)文献》,载《学理论》2014 年第 6 期。

91. 成金华:《自然资源管理:建设生态文明的基本任务》,载《光明日报》2011 年 8 月 20 日。

92. 刘振国:《自然资源管理体制机制改革框架形成》,载《中国国土资源报》2014 年 11 月 29 日。

93. 李颖等:《自然资源管理与生态文明建设》,载《理论学习与探索》2013 年第 5 期。

94. 王克稳:《论自然资源国家所有权的法律创设》,载《苏州大学学报》(法学版)2014 年第 3 期。

95. 张千帆:《城市土地“国家所有”的困惑与消解》,载《中国法学》2012 年第 3 期。

96. 朱冰:《论自然资源物权构造的理论困境——基于中美比较的

视角》,载《同济大学学报》(社会科学版)2014年第3期。

97. 王社坤:《自然资源利用权利的类型重构》,载《中国地质大学学报》(社会科学版)2014年第2期。

98. 刘超:《自然资源国家所有权的制度省思与权能重构》,载《中国地质大学学报》(社会科学版)2014年第2期。

99. 徐军:《负外部性视野下的自然资源国家所有权》,载《河海大学学报》(哲学社会科学版)2014年第2期。

100. 龚向前:《发展权视角下自然资源永久主权原则新探》,载《中国地质大学学报》(社会科学版)2014年第2期。

101. 刘卫先:《论环境保护视野下自然资源行政许可的法律本质》,载《内蒙古社会科学》(汉文版)2014年第2期。

102. 刘纬华:《自然资源管理体制改革的动力机制和路径选择——以无线电频谱资源为例》,载《经济体制改革》2014年第2期。

103. 卢小丽:《公众参与自然资源管理的实践模式——基于国内外典型案例的对比研究》,载《中国人口·资源与环境》2012年第7期。

104. 孙蕾:《自然资源行政许可的法律本质探析》,载《河海大学学报》(哲学社会科学版)2014年第5期。

105. 许耀桐:《大部制:再造政府权力结构的契机》,载《改革内参》2008年第6期。

106. 刘家亮:《马克思主义实践与劳动范畴关系辨析》,载《烟台大学学报》(哲学社会科学版)2002年第3期。

107. 张雯婷:《论莱易斯的生态主义幸福观及其当代启示》,载《中共贵州省委党校学报》2010年第5期。

108. 唐正东:《基于生态维度的社会改造理论——利比兹、奥康纳、福斯特的比较研究》,载《马克思主义研究》2009年第1期。

109. 高凌云、吴东华:《毛泽东生态文明思想探析》,载《人民论坛》

2012 年第 5 期。

110. 闵绪国:《周恩来的生态文明思想及其特点》,载《中共宁波市委党校学报》2008 年第 4 期。

111. 赵智娅:《毛泽东生态文明建设思想及启示》,载《中共铜仁市委党校学报》2013 年第 2 期。

112. 李崇富:《马克思主义生态观及其现实意义》,载《湖南社会科学》2011 年第 1 期。

113. 葛云松:《物权法的扯淡与认真:评〈物权法草案〉第四、五章》,载《中外法学》2006 第 1 期。

114. 张高丽:《大力推进生态文明　努力建设美丽中国》,载《环境保护》2014 年第 2 ~ 3 期。

115. 周生贤:《走向生态文明新时代——学习习近平同志关于生态文明建设的重要论述》,载《环境保护》2013 年第 19 期。

116. 周生贤:《提高生态文明水平》,载《求是》2011 年第 7 期。

117. 史方倩:《马克思主义生态观及其现代价值》,载《理论月刊》2011 年第 1 期。

118. 雷结斌、胡伯项:《论马克思主义生态观对我国生态文明建设的启示》,载《求实》2013 年第 5 期。

119.《黑龙江新规引争议　风和阳光归谁所有》,载《新疆人大》(汉文)2012 年第 8 期。

120. 王建平:《乌木所有权的归属规则与物权立法的制度缺失——以媒体恶炒发现乌木归个人所有为视角》,载《当代法学》2013 年第 1 期。

121. 蔡守秋:《论公众共用物的法律保护》,载《河北法学》2012 年第 4 期。

122. 孙宪忠:《我国物权法中所有权体系的应然结构》,载《法商研究》2002 年第 5 期。

123. 肖泽晟:《社会公共财产与国家私产的分野——对我国“自然资源国有”的一种解释》,载《浙江学刊》2007 年第 6 期。

124. 张娜:《能源博弈百态:地方政府不再欢迎央企圈资源》,载《中国新能源》2011 年第 8 期。

125. 杜群:《可持续发展与中国环境法创新——环境法概念的复元和范畴的重界》,载《北京师范大学学报》(人文社会科学版)2001 年第 3 期,第 116 页。

126. 林进平:《面向事实本身——反思“马克思与正义”问题的研究方法》,载《马克思主义与现实》2013 年第 5 期。

127. 高吉喜:《国家生态保护红线体系建设构陷》,载《环境保护》2014 年第 2 ~ 3 期。

128. 杨朝霞:《论环境公益诉讼的权利基础和起诉顺位——兼谈自然资源物权和环境权的理论要点》,载《法学论坛》2013 年第 3 期。

129. 徐祥民、王丹:《笑迎环境公益诉讼制度——对新〈环境法〉的“积极”解释》,载《中国环境法治》2014 年第 1 期。

130. 肖建国:《利益交错中的环境公益诉讼原理》,载《中国人民大学学报》2016 年第 2 期。

131. 张锋:《环保社会组织环境公益诉讼起诉资格的“扬”与“抑”》,载《中国人口 · 资源与环境》2015 年第 3 期。

132. 张晓阳:《环保社会组织提起环境公益诉讼的困境与突围》,载《黑龙江省政法管理干部学院学报》2015 年第 5 期。

133. 孙洪坤、俞翰沁:《社会组织提起环境公益诉讼资格认定偏差的分析——以“腾格里沙漠案”绿发会遭遇起诉尴尬为例》,载《环境保护》2017 年第 Z1 期。

134. 郑国诜、廖福霖:《生态文明经济的发展特征》,载《内蒙古社会科学》2012年第3期。

135. 王洪新:《论马克思自然观视野中的生态意识》,载《学术交流》2013年第2期。

136. 宁茜:《马克思人与自然和解思想的当代价值》,载《安阳工学院学报》2013年第1期。

137. 张炜、岳太青:《马克思主义人与自然观对我国生态建设的理论指导意义——读〈1844年经济学一哲学手稿〉的启示》,载《林业经济》2012年第11期。

138. 李龙强、李桂丽:《马克思主义实践观与生态文明建设——〈关于费尔巴哈的提纲〉中人与自然关系的当代解读》,载《甘肃理论学刊》2012年第2期。

139. 俞田荣、郑艳:《人的"自然性"与自然的"属人性"——马克思、恩格斯人与自然关系探析》,载《大庆师范学院学报》2012年第4期。

140. 王晓红:《马克思〈1844年经济学哲学手稿〉中的"人与自然"和谐思想研究》,载《求实》2013年第2期。

141. 吴易风:《马克思的产权理论与国有企业产权改革》,载《中国社会科学》1995年第1期。

142. 邱秋、张晓京:《当代自然资源国家所有权制度发展的新趋势》,载《湖北经济学院学报》2011年第5期。

143. 常健:《国家所有权制度改革的阶段性特征:分析与前瞻》,载《社会主义研究》2008年第3期。

144. 张平胜、郝举:《国家自然资源所有权重构》,载《资源与产业》2011年第2期。

145. 马俊驹:《国家所有权的基本理论和立法结构探讨》,载《中国法学》2011年第4期。

146. 吕薇:《绿色发展的关键》,载《海南人大》2017 年第 11 期。

147. 沈满洪:《“绿色发展”及相关概念辨析》,载《文汇报》2017 年 6 月 9 日。

148. 马强:《依托资源循环特征 推进循环经济内涵式发展》,载《宏观经济管理》2006 年第 6 期。

149. 谢方:《将低碳发展纳入地方顶层设计》,载《中国社会科学报》2013 年 1 月 11 日。

150. 雷德雨:《走人与自然共生共荣的包容性绿色发展道路》,载《贵州日报》2018 年 2 月 13 日。

151. 黄俊明、王雨:《守住底线 走生态宜居绿色发展之路》,载《贵州日报》2018 年 2 月 10 日。

五、学位论文类

1. 张首先:《生态文明研究》,西南交通大学 2011 年博士学位论文。

2. 严耕:《生态危机与生态文明转向研究》,北京林业大学 2009 年博士学位论文。

3. 刘爱军:《生态文明视野下的环境立法研究》,中国海洋大学 2006 年博士学位论文。

4. 黄萍:《自然资源使用权制度研究》,复旦大学 2012 年博士学位论文。

5. 曹可亮:《论水资源财产权》,武汉大学 2009 年博士学位论文。

6. 蔡永民:《论物权法视野下的水资源法律保护》,对外经济贸易大学 2007 年博士学位论文。

7. 王智斌:《行政特许的私法分析》,西南政法大学 2007 年博士学位论文。

8. 张建文:《转型时期的国家所有权问题研究》,西南政法大学 2006

年博士学位论文。

9. 黄军:《国家所有权行使论》,武汉大学2005年博士学位论文。

10. 林刚:《中国他物权制度研究》,西南政法大学2005年博士学位论文。

11. 王军:《国家所有权的神话——解析中国国有企业的公司制实践》,中国政法大学2003年博士学位论文。

12. 王利明:《国家所有权问题研究》,中国人民大学1990年博士学位论文。

13. 陈永正:《所有权构造论》,四川大学2002年博士学位论文。

14. 陈晓敏:《大陆法系所有权模式的历史变迁》,吉林大学2011年博士学位论文。

15. 吕瑞云:《公法法人财产所有权问题研究》,中国社会科学院2011年博士学位论文。

16. 张杰:《公共用公物权研究》,武汉大学2011年博士学位论文。

17. 王彦:《自然资源财产权的制度构建》,西南财经大学2016年博士学位论文。

18. 莫静:《宪法上国家财产所有权的行使机制研究》,东南大学2017年博士学位论文。

附录一　与本书相关的前期研究成果

一、期刊论文

1.《自然资源用途管制的有效实施及其制度保障——美国经验与中国策略》，载《中国软科学》(CSSCI)2017 年第 9 期。

2.《自然资源用途的整体性管制及其制度设计》，载《中国特色社会主义研究》(CSSCI)2017 年第 1 期。

3.《互联网时代突发环境事件信息公开的主体制度创新——以环保 NGO 的参与为突破口》，载《法学评论》(CSSCI)2017 年第 3 期。

4.《环境标准的现实困境及其制度完善》，载《中国特色社会主义研究》(CSSCI)2016 年第 1 期。

5.《环境标准的法律属性与制度构成——对新〈环境保护法〉相关规定的解读与展开》，载《重庆大学学报》2016 年第 1 期。

6.《自然资源的市场配置及其制度完善——基于生态文明制度建设视角》，载《中国特色社会主义研究》(CSSCI)2015 年第 2 期。

7.《生态文明背景下自然资源民事法律责任制度之完善》，载《福建师范大学学报》(哲学社会科学版)(CSSCI)2015 年第 2 期。

8.《论自然资源国家所有权的法律构成》，载《理论月刊》(CSSCI 扩展版)2015 年第 2 期。

9.《生态文明背景下国家自然资源权益的制度保障》，载《福建论坛》(人文社会科学版)2015 年第 2 期。

10.《论气候资源之法律属性与权利归属》,载《福建师范大学学报》(哲学社会科学版)(CSSCI)2014 年第 4 期。

二、专著

《生态文明背景下的自然资源国家所有权研究》,法律出版社 2015 年版。

三、报刊文章

1.《加快生态环境保护领域的地方立法》,载《福建日报》2018 年 3 月 12 日。

2.《区域协作促进绿色发展》,载《中国社会科学报》2016 年 11 月 1 日。

3.《推进自然资源管理大部制改革》,载《中国社会科学报》2015 年 7 月 7 日。

4.《在新常态下加强生态文明制度建设》,载《中国社会科学报》2015 年 3 月 20 日。

5.《以三大理念支撑新环保法》,载《中国社会科学报》2015 年 2 月 13 日。

6.《新环保法:进一步完善环境标准体系》,载《中国社会科学报》2015 年 1 月 19 日。

四、网络文章

《绿色发展:新时期生态文明制度建设的指针》,2015 年 11 月 6 日首发于中国社会科学网,随后被新华网、人民网、光明网、环球网等网站转载。

特别说明:以上成果所依托的课题信息,以初次在期刊公开发表时标注的信息为准,在本专著中不再重复标明。

附录二　中华人民共和国环境保护法(2014 年修订)

(1989 年 12 月 26 日第七届全国人民代表大会常务委员会第十一次会议通过 2014 年 4 月 24 日第十二届全国人民代表大会常务委员会第八次会议修订)

第一章　总　　则

第一条　为保护和改善环境,防治污染和其他公害,保障公众健康,推进生态文明建设,促进经济社会可持续发展,制定本法。

第二条　本法所称环境,是指影响人类生存和发展的各种天然的和经过人工改造的自然因素的总体,包括大气、水、海洋、土地、矿藏、森林、草原、湿地、野生生物、自然遗迹、人文遗迹、自然保护区、风景名胜区、城市和乡村等。

第三条　本法适用于中华人民共和国领域和中华人民共和国管辖的其他海域。

第四条　保护环境是国家的基本国策。

国家采取有利于节约和循环利用资源、保护和改善环境、促进人与自然和谐的经济、技术政策和措施,使经济社会发展与环境保护相协调。

第五条　环境保护坚持保护优先、预防为主、综合治理、公众参与、损害担责的原则。

第六条　一切单位和个人都有保护环境的义务。

地方各级人民政府应当对本行政区域的环境质量负责。

企业事业单位和其他生产经营者应当防止、减少环境污染和生态破坏,对所造成的损害依法承担责任。

公民应当增强环境保护意识,采取低碳、节俭的生活方式,自觉履行环境保护义务。

第七条　国家支持环境保护科学技术研究、开发和应用,鼓励环境保护产业发展,促进环境保护信息化建设,提高环境保护科学技术水平。

第八条　各级人民政府应当加大保护和改善环境、防治污染和其他公害的财政投入,提高财政资金的使用效益。

第九条　各级人民政府应当加强环境保护宣传和普及工作,鼓励基层群众性自治组织、社会组织、环境保护志愿者开展环境保护法律法规和环境保护知识的宣传,营造保护环境的良好风气。

教育行政部门、学校应当将环境保护知识纳入学校教育内容,培养学生的环境保护意识。

新闻媒体应当开展环境保护法律法规和环境保护知识的宣传,对环境违法行为进行舆论监督。

第十条　国务院环境保护主管部门,对全国环境保护工作实施统一监督管理;县级以上地方人民政府环境保护主管部门,对本行政区域环境保护工作实施统一监督管理。

县级以上人民政府有关部门和军队环境保护部门,依照有关法律的规定对资源保护和污染防治等环境保护工作实施监督管理。

第十一条　对保护和改善环境有显著成绩的单位和个人,由人民政府给予奖励。

第十二条　每年 6 月 5 日为环境日。

第二章 监督管理

第十三条 县级以上人民政府应当将环境保护工作纳入国民经济和社会发展规划。

国务院环境保护主管部门会同有关部门,根据国民经济和社会发展规划编制国家环境保护规划,报国务院批准并公布实施。

县级以上地方人民政府环境保护主管部门会同有关部门,根据国家环境保护规划的要求,编制本行政区域的环境保护规划,报同级人民政府批准并公布实施。

环境保护规划的内容应当包括生态保护和污染防治的目标、任务、保障措施等,并与主体功能区规划、土地利用总体规划和城乡规划等相衔接。

第十四条 国务院有关部门和省、自治区、直辖市人民政府组织制定经济、技术政策,应当充分考虑对环境的影响,听取有关方面和专家的意见。

第十五条 国务院环境保护主管部门制定国家环境质量标准。

省、自治区、直辖市人民政府对国家环境质量标准中未作规定的项目,可以制定地方环境质量标准;对国家环境质量标准中已作规定的项目,可以制定严于国家环境质量标准的地方环境质量标准。地方环境质量标准应当报国务院环境保护主管部门备案。

国家鼓励开展环境基准研究。

第十六条 国务院环境保护主管部门根据国家环境质量标准和国家经济、技术条件,制定国家污染物排放标准。

省、自治区、直辖市人民政府对国家污染物排放标准中未作规定的项目,可以制定地方污染物排放标准;对国家污染物排放标准中已作规定的项目,可以制定严于国家污染物排放标准的地方污染物排放标准。

地方污染物排放标准应当报国务院环境保护主管部门备案。

第十七条　国家建立、健全环境监测制度。国务院环境保护主管部门制定监测规范,会同有关部门组织监测网络,统一规划国家环境质量监测站(点)的设置,建立监测数据共享机制,加强对环境监测的管理。

有关行业、专业等各类环境质量监测站(点)的设置应当符合法律法规规定和监测规范的要求。

监测机构应当使用符合国家标准的监测设备,遵守监测规范。监测机构及其负责人对监测数据的真实性和准确性负责。

第十八条　省级以上人民政府应当组织有关部门或者委托专业机构,对环境状况进行调查、评价,建立环境资源承载能力监测预警机制。

第十九条　编制有关开发利用规划,建设对环境有影响的项目,应当依法进行环境影响评价。

未依法进行环境影响评价的开发利用规划,不得组织实施;未依法进行环境影响评价的建设项目,不得开工建设。

第二十条　国家建立跨行政区域的重点区域、流域环境污染和生态破坏联合防治协调机制,实行统一规划、统一标准、统一监测、统一的防治措施。

前款规定以外的跨行政区域的环境污染和生态破坏的防治,由上级人民政府协调解决,或者由有关地方人民政府协商解决。

第二十一条　国家采取财政、税收、价格、政府采购等方面的政策和措施,鼓励和支持环境保护技术装备、资源综合利用和环境服务等环境保护产业的发展。

第二十二条　企业事业单位和其他生产经营者,在污染物排放符合法定要求的基础上,进一步减少污染物排放的,人民政府应当依法采取财政、税收、价格、政府采购等方面的政策和措施予以鼓励和支持。

第二十三条 企业事业单位和其他生产经营者,为改善环境,依照有关规定转产、搬迁、关闭的,人民政府应当予以支持。

第二十四条 县级以上人民政府环境保护主管部门及其委托的环境监察机构和其他负有环境保护监督管理职责的部门,有权对排放污染物的企业事业单位和其他生产经营者进行现场检查。被检查者应当如实反映情况,提供必要的资料。实施现场检查的部门、机构及其工作人员应当为被检查者保守商业秘密。

第二十五条 企业事业单位和其他生产经营者违反法律法规规定排放污染物,造成或者可能造成严重污染的,县级以上人民政府环境保护主管部门和其他负有环境保护监督管理职责的部门,可以查封、扣押造成污染物排放的设施、设备。

第二十六条 国家实行环境保护目标责任制和考核评价制度。县级以上人民政府应当将环境保护目标完成情况纳入对本级人民政府负有环境保护监督管理职责的部门及其负责人和下级人民政府及其负责人的考核内容,作为对其考核评价的重要依据。考核结果应当向社会公开。

第二十七条 县级以上人民政府应当每年向本级人民代表大会或者人民代表大会常务委员会报告环境状况和环境保护目标完成情况,对发生的重大环境事件应当及时向本级人民代表大会常务委员会报告,依法接受监督。

第三章 保护和改善环境

第二十八条 地方各级人民政府应当根据环境保护目标和治理任务,采取有效措施,改善环境质量。

未达到国家环境质量标准的重点区域、流域的有关地方人民政府,应当制定限期达标规划,并采取措施按期达标。

第二十九条　国家在重点生态功能区、生态环境敏感区和脆弱区等区域划定生态保护红线,实行严格保护。

各级人民政府对具有代表性的各种类型的自然生态系统区域,珍稀、濒危的野生动植物自然分布区域,重要的水源涵养区域,具有重大科学文化价值的地质构造、著名溶洞和化石分布区、冰川、火山、温泉等自然遗迹,以及人文遗迹、古树名木,应当采取措施予以保护,严禁破坏。

第三十条　开发利用自然资源,应当合理开发,保护生物多样性,保障生态安全,依法制定有关生态保护和恢复治理方案并予以实施。

引进外来物种以及研究、开发和利用生物技术,应当采取措施,防止对生物多样性的破坏。

第三十一条　国家建立、健全生态保护补偿制度。

国家加大对生态保护地区的财政转移支付力度。有关地方人民政府应当落实生态保护补偿资金,确保其用于生态保护补偿。

国家指导受益地区和生态保护地区人民政府通过协商或者按照市场规则进行生态保护补偿。

第三十二条　国家加强对大气、水、土壤等的保护,建立和完善相应的调查、监测、评估和修复制度。

第三十三条　各级人民政府应当加强对农业环境的保护,促进农业环境保护新技术的使用,加强对农业污染源的监测预警,统筹有关部门采取措施,防治土壤污染和土地沙化、盐渍化、贫瘠化、石漠化、地面沉降以及防治植被破坏、水土流失、水体富营养化、水源枯竭、种源灭绝等生态失调现象,推广植物病虫害的综合防治。

县级、乡级人民政府应当提高农村环境保护公共服务水平,推动农村环境综合整治。

第三十四条　国务院和沿海地方各级人民政府应当加强对海洋环

境的保护。向海洋排放污染物、倾倒废弃物,进行海岸工程和海洋工程建设,应当符合法律法规规定和有关标准,防止和减少对海洋环境的污染损害。

第三十五条 城乡建设应当结合当地自然环境的特点,保护植被、水域和自然景观,加强城市园林、绿地和风景名胜区的建设与管理。

第三十六条 国家鼓励和引导公民、法人和其他组织使用有利于保护环境的产品和再生产品,减少废弃物的产生。

国家机关和使用财政资金的其他组织应当优先采购和使用节能、节水、节材等有利于保护环境的产品、设备和设施。

第三十七条 地方各级人民政府应当采取措施,组织对生活废弃物的分类处置、回收利用。

第三十八条 公民应当遵守环境保护法律法规,配合实施环境保护措施,按照规定对生活废弃物进行分类放置,减少日常生活对环境造成的损害。

第三十九条 国家建立、健全环境与健康监测、调查和风险评估制度;鼓励和组织开展环境质量对公众健康影响的研究,采取措施预防和控制与环境污染有关的疾病。

第四章 防治污染和其他公害

第四十条 国家促进清洁生产和资源循环利用。

国务院有关部门和地方各级人民政府应当采取措施,推广清洁能源的生产和使用。

企业应当优先使用清洁能源,采用资源利用率高、污染物排放量少的工艺、设备以及废弃物综合利用技术和污染物无害化处理技术,减少污染物的产生。

第四十一条 建设项目中防治污染的设施,应当与主体工程同时设计、同时施工、同时投产使用。防治污染的设施应当符合经批准的环境影响评价文件的要求,不得擅自拆除或者闲置。

第四十二条　排放污染物的企业事业单位和其他生产经营者,应当采取措施,防治在生产建设或者其他活动中产生的废气、废水、废渣、医疗废物、粉尘、恶臭气体、放射性物质以及噪声、振动、光辐射、电磁辐射等对环境的污染和危害。

排放污染物的企业事业单位,应当建立环境保护责任制度,明确单位负责人和相关人员的责任。

重点排污单位应当按照国家有关规定和监测规范安装使用监测设备,保证监测设备正常运行,保存原始监测记录。

严禁通过暗管、渗井、渗坑、灌注或者篡改、伪造监测数据,或者不正常运行防治污染设施等逃避监管的方式违法排放污染物。

第四十三条　排放污染物的企业事业单位和其他生产经营者,应当按照国家有关规定缴纳排污费。排污费应当全部专项用于环境污染防治,任何单位和个人不得截留、挤占或者挪作他用。

依照法律规定征收环境保护税的,不再征收排污费。

第四十四条　国家实行重点污染物排放总量控制制度。重点污染物排放总量控制指标由国务院下达,省、自治区、直辖市人民政府分解落实。企业事业单位在执行国家和地方污染物排放标准的同时,应当遵守分解落实到本单位的重点污染物排放总量控制指标。

对超过国家重点污染物排放总量控制指标或者未完成国家确定的环境质量目标的地区,省级以上人民政府环境保护主管部门应当暂停审批其新增重点污染物排放总量的建设项目环境影响评价文件。

第四十五条　国家依照法律规定实行排污许可管理制度。

实行排污许可管理的企业事业单位和其他生产经营者应当按照排污许可证的要求排放污染物;未取得排污许可证的,不得排放污染物。

第四十六条 国家对严重污染环境的工艺、设备和产品实行淘汰制度。任何单位和个人不得生产、销售或者转移、使用严重污染环境的工艺、设备和产品。

禁止引进不符合我国环境保护规定的技术、设备、材料和产品。

第四十七条 各级人民政府及其有关部门和企业事业单位,应当依照《中华人民共和国突发事件应对法》的规定,做好突发环境事件的风险控制、应急准备、应急处置和事后恢复等工作。

县级以上人民政府应当建立环境污染公共监测预警机制,组织制定预警方案;环境受到污染,可能影响公众健康和环境安全时,依法及时公布预警信息,启动应急措施。

企业事业单位应当按照国家有关规定制定突发环境事件应急预案,报环境保护主管部门和有关部门备案。在发生或者可能发生突发环境事件时,企业事业单位应当立即采取措施处理,及时通报可能受到危害的单位和居民,并向环境保护主管部门和有关部门报告。

突发环境事件应急处置工作结束后,有关人民政府应当立即组织评估事件造成的环境影响和损失,并及时将评估结果向社会公布。

第四十八条 生产、储存、运输、销售、使用、处置化学物品和含有放射性物质的物品,应当遵守国家有关规定,防止污染环境。

第四十九条 各级人民政府及其农业等有关部门和机构应当指导农业生产经营者科学种植和养殖,科学合理施用农药、化肥等农业投入品,科学处置农用薄膜、农作物秸秆等农业废弃物,防止农业面源污染。

禁止将不符合农用标准和环境保护标准的固体废物、废水施入农田。施用农药、化肥等农业投入品及进行灌溉,应当采取措施,防止重金属和其他有毒有害物质污染环境。

畜禽养殖场、养殖小区、定点屠宰企业等的选址、建设和管理应当符合有关法律法规规定。从事畜禽养殖和屠宰的单位和个人应当采取措施,对畜禽粪便、尸体和污水等废弃物进行科学处置,防止污染环境。

县级人民政府负责组织农村生活废弃物的处置工作。

第五十条　各级人民政府应当在财政预算中安排资金,支持农村饮用水水源地保护、生活污水和其他废弃物处理、畜禽养殖和屠宰污染防治、土壤污染防治和农村工矿污染治理等环境保护工作。

第五十一条　各级人民政府应当统筹城乡建设污水处理设施及配套管网,固体废物的收集、运输和处置等环境卫生设施,危险废物集中处置设施、场所以及其他环境保护公共设施,并保障其正常运行。

第五十二条　国家鼓励投保环境污染责任保险。

第五章　信息公开和公众参与

第五十三条　公民、法人和其他组织依法享有获取环境信息、参与和监督环境保护的权利。

各级人民政府环境保护主管部门和其他负有环境保护监督管理职责的部门,应当依法公开环境信息、完善公众参与程序,为公民、法人和其他组织参与和监督环境保护提供便利。

第五十四条　国务院环境保护主管部门统一发布国家环境质量、重点污染源监测信息及其他重大环境信息。省级以上人民政府环境保护主管部门定期发布环境状况公报。

县级以上人民政府环境保护主管部门和其他负有环境保护监督管理职责的部门,应当依法公开环境质量、环境监测、突发环境事件以及环境行政许可、行政处罚、排污费的征收和使用情况等信息。

县级以上地方人民政府环境保护主管部门和其他负有环境保护监督管理职责的部门,应当将企业事业单位和其他生产经营者的环境违法信息记入社会诚信档案,及时向社会公布违法者名单。

第五十五条　重点排污单位应当如实向社会公开其主要污染物的

名称、排放方式、排放浓度和总量、超标排放情况,以及防治污染设施的建设和运行情况,接受社会监督。

第五十六条 对依法应当编制环境影响报告书的建设项目,建设单位应当在编制时向可能受影响的公众说明情况,充分征求意见。

负责审批建设项目环境影响评价文件的部门在收到建设项目环境影响报告书后,除涉及国家秘密和商业秘密的事项外,应当全文公开;发现建设项目未充分征求公众意见的,应当责成建设单位征求公众意见。

第五十七条 公民、法人和其他组织发现任何单位和个人有污染环境和破坏生态行为的,有权向环境保护主管部门或者其他负有环境保护监督管理职责的部门举报。

公民、法人和其他组织发现地方各级人民政府、县级以上人民政府环境保护主管部门和其他负有环境保护监督管理职责的部门不依法履行职责的,有权向其上级机关或者监察机关举报。

接受举报的机关应当对举报人的相关信息予以保密,保护举报人的合法权益。

第五十八条 对污染环境、破坏生态,损害社会公共利益的行为,符合下列条件的社会组织可以向人民法院提起诉讼:

(一)依法在设区的市级以上人民政府民政部门登记;

(二)专门从事环境保护公益活动连续五年以上且无违法记录。

符合前款规定的社会组织向人民法院提起诉讼,人民法院应当依法受理。

提起诉讼的社会组织不得通过诉讼牟取经济利益。

第六章 法律责任

第五十九条 企业事业单位和其他生产经营者违法排放污染物,

受到罚款处罚,被责令改正,拒不改正的,依法作出处罚决定的行政机关可以自责令改正之日的次日起,按照原处罚数额按日连续处罚。

前款规定的罚款处罚,依照有关法律法规按照防治污染设施的运行成本、违法行为造成的直接损失或者违法所得等因素确定的规定执行。

地方性法规可以根据环境保护的实际需要,增加第一款规定的按日连续处罚的违法行为的种类。

第六十条　企业事业单位和其他生产经营者超过污染物排放标准或者超过重点污染物排放总量控制指标排放污染物的,县级以上人民政府环境保护主管部门可以责令其采取限制生产、停产整治等措施;情节严重的,报经有批准权的人民政府批准,责令停业、关闭。

第六十一条　建设单位未依法提交建设项目环境影响评价文件或者环境影响评价文件未经批准,擅自开工建设的,由负有环境保护监督管理职责的部门责令停止建设,处以罚款,并可以责令恢复原状。

第六十二条　违反本法规定,重点排污单位不公开或者不如实公开环境信息的,由县级以上地方人民政府环境保护主管部门责令公开,处以罚款,并予以公告。

第六十三条　企业事业单位和其他生产经营者有下列行为之一,尚不构成犯罪的,除依照有关法律法规规定予以处罚外,由县级以上人民政府环境保护主管部门或者其他有关部门将案件移送公安机关,对其直接负责的主管人员和其他直接责任人员,处十日以上十五日以下拘留;情节较轻的,处五日以上十日以下拘留:

(一)建设项目未依法进行环境影响评价,被责令停止建设,拒不执行的;

(二)违反法律规定,未取得排污许可证排放污染物,被责令停止排污,拒不执行的;

(三)通过暗管、渗井、渗坑、灌注或者篡改、伪造监测数据,或者不正常运行防治污染设施等逃避监管的方式违法排放污染物的;

(四)生产、使用国家明令禁止生产、使用的农药,被责令改正,拒不改正的。

第六十四条 因污染环境和破坏生态造成损害的,应当依照《中华人民共和国侵权责任法》的有关规定承担侵权责任。

第六十五条 环境影响评价机构、环境监测机构以及从事环境监测设备和防治污染设施维护、运营的机构,在有关环境服务活动中弄虚作假,对造成的环境污染和生态破坏负有责任的,除依照有关法律法规规定予以处罚外,还应当与造成环境污染和生态破坏的其他责任者承担连带责任。

第六十六条 提起环境损害赔偿诉讼的时效期间为三年,从当事人知道或者应当知道其受到损害时起计算。

第六十七条 上级人民政府及其环境保护主管部门应当加强对下级人民政府及其有关部门环境保护工作的监督。发现有关工作人员有违法行为,依法应当给予处分的,应当向其任免机关或者监察机关提出处分建议。

依法应当给予行政处罚,而有关环境保护主管部门不给予行政处罚的,上级人民政府环境保护主管部门可以直接作出行政处罚的决定。

第六十八条 地方各级人民政府、县级以上人民政府环境保护主管部门和其他负有环境保护监督管理职责的部门有下列行为之一的,对直接负责的主管人员和其他直接责任人员给予记过、记大过或者降级处分;造成严重后果的,给予撤职或者开除处分,其主要负责人应当引咎辞职:

(一)不符合行政许可条件准予行政许可的;

(二)对环境违法行为进行包庇的;

（三）依法应当作出责令停业、关闭的决定而未作出的；

（四）对超标排放污染物、采用逃避监管的方式排放污染物、造成环境事故以及不落实生态保护措施造成生态破坏等行为，发现或者接到举报未及时查处的；

（五）违反本法规定，查封、扣押企业事业单位和其他生产经营者的设施、设备的；

（六）篡改、伪造或者指使篡改、伪造监测数据的；

（七）应当依法公开环境信息而未公开的；

（八）将征收的排污费截留、挤占或者挪作他用的；

（九）法律法规规定的其他违法行为。

第六十九条　违反本法规定，构成犯罪的，依法追究刑事责任。

第七章　附　　则

第七十条　本法自 2015 年 1 月 1 日起施行。

附录三　决胜全面建成小康社会夺取新时代中国特色社会主义伟大胜利

——在中国共产党第十九次全国代表大会上的报告(节选)

(2017 年 10 月 18 日)

习近平

九、加快生态文明体制改革,建设美丽中国

人与自然是生命共同体,人类必须尊重自然、顺应自然、保护自然。人类只有遵循自然规律才能有效防止在开发利用自然上走弯路,人类对大自然的伤害最终会伤及人类自身,这是无法抗拒的规律。

我们要建设的现代化是人与自然和谐共生的现代化,既要创造更多物质财富和精神财富以满足人民日益增长的美好生活需要,也要提供更多优质生态产品以满足人民日益增长的优美生态环境需要。必须坚持节约优先、保护优先、自然恢复为主的方针,形成节约资源和保护环境的空间格局、产业结构、生产方式、生活方式,还自然以宁静、和谐、美丽。

(一)推进绿色发展。加快建立绿色生产和消费的法律制度和政策导向,建立健全绿色低碳循环发展的经济体系。构建市场导向的绿色技术创新体系,发展绿色金融,壮大节能环保产业、清洁生产产业、清洁能源产业。推进能源生产和消费革命,构建清洁低碳、安全高效的能源体系。推进资源全面节约和循环利用,实施国家节水行动,降低能耗、物耗,实现生产系统和生活系统循环链接。倡导简约适度、绿色低碳的生活方式,反对奢侈浪费和不合理消费,开展创建节约型机关、绿色家庭、绿色学校、绿色社区和绿色出行等行动。

(二)着力解决突出环境问题。坚持全民共治、源头防治,持续实施大气污染防治行动,打赢蓝天保卫战。加快水污染防治,实施流域环境和近岸海域综合治理。强化土壤污染管控和修复,加强农业面源污染防治,开展农村人居环境整治行动。加强固体废弃物和垃圾处置。提高污染排放标准,强化排污者责任,健全环保信用评价、信息强制性披露、严惩重罚等制度。构建政府为主导、企业为主体、社会组织和公众共同参与的环境治理体系。积极参与全球环境治理,落实减排承诺。

(三)加大生态系统保护力度。实施重要生态系统保护和修复重大工程,优化生态安全屏障体系,构建生态廊道和生物多样性保护网络,提升生态系统质量和稳定性。完成生态保护红线、永久基本农田、城镇开发边界三条控制线划定工作。开展国土绿化行动,推进荒漠化、石漠化、水土流失综合治理,强化湿地保护和恢复,加强地质灾害防治。完善天然林保护制度,扩大退耕还林还草。严格保护耕地,扩大轮作休耕试点,健全耕地草原森林河流湖泊休养生息制度,建立市场化、多元化生态补偿机制。

(四)改革生态环境监管体制。加强对生态文明建设的总体设计和组织领导,设立国有自然资源资产管理和自然生态监管机构,完善生态环境管理制度,统一行使全民所有自然资源资产所有者职责,统一行使所有国土空间用途管制和生态保护修复职责,统一行使监管城乡各类污染排放和行政执法职责。构建国土空间开发保护制度,完善主体功能区配套政策,建立以国家公园为主体的自然保护地体系。坚决制止和惩处破坏生态环境行为。

同志们！生态文明建设功在当代、利在千秋。我们要牢固树立社会主义生态文明观，推动形成人与自然和谐发展现代化建设新格局，为保护生态环境作出我们这代人的努力！

后　　记

2017年,我参与组建的绿色发展法律制度创新团队被福建师范大学确立为校级创新团队,出版绿色发展法律制度系列专著是团队的主要科研任务之一。借此契机,我对自己近年来发表的成果进行了系统的总结,并进一步充实、凝练和提升,形成了《绿色发展与环境资源法律制度创新》一书。在专著即将付梓之际,我最想表达的是感恩之情。

感谢我的博士后合作导师黄锡生教授。2014年博士毕业之后,法学院安排我从事环境资源法学的教学科研任务,这让之前一直研习民法学的我顿感压力倍增。我开始思考如何尽快融入环境资源法学这个全新的研究领域。巧得机缘,我很快找到了学术引路人。2014年12月起,我进入重庆大学法学博士后流动站,跟随黄锡生教授研习环境资源法学。黄老师宽厚待人的处事之道、精深独到的学术见解,令我受益终身。老师既教给我从事环境法学研究的方法,更教给了我为人处世的道理。老师每一次的谆谆教诲,都是一次思想和方法的盛宴,让我终身受益;老师每一次醍醐灌顶的指导,都是一张学术指引图,让我尽快明确每一阶段研究的方向和重点。黄老师在听说我的这本著作即将出版时,欣然为本书作序,顿时使本书增色不少!

感谢我的博士生导师杨立新教授和林旭霞教授。虽然已经博士毕业多年,但两位导师仍然一如既往地关心着我的学术成长。两位老师对我从事环境资源法学与民法学的学科交叉研究都给予了巨大的支持和无私的鼓励。当我遇到学术难题向老师请教时,他们总能给予我思想和智慧的启迪。博士期间的研习为本专著的撰写奠定了扎实的理论基础,本专著的部分章节也选取了我博士论文部分章节的内容。如果说本书有一些创新之处的话,那与两位导师的指导是分不开的。

《绿色发展与环境资源法律制度创新》一书的顺利出版,得益于福建师范大学法学院和绿色发展法律制度创新团队的鼎力资助。衷心感谢法学院各位领导与同事的关心、支持和帮助。同时,我还要感谢绿色发展法律制度团队的伙伴们,你们的鼓励与支持是我完成这本专著的动力源泉。

感谢我的家人。家庭永远都是我最温暖的港湾。没有家人默默的支持,我就不能腾出大量的时间来完成本书的撰写。尤其要感谢我的爱人林立峰女士,在承担养育子女重担的同时,还帮助我搜集、整理了大量的英文资料,为这本书的出版做了大量的辅助性工作。

本书的顺利出版,得益于法律出版社的大力支持,感谢出版社的高山编辑和汤子君编辑的辛勤工作!我的研究生曹书瑞、蔡鹏航、纪圣驹、江云等同学参与了本书的校对,在此一并表示感谢。

施志源

2018年3月23日

图书在版编目(CIP)数据

绿色发展与环境资源法律制度创新 / 施志源著. --
北京 : 法律出版社, 2018
ISBN 978-7-5197-2534-1

Ⅰ. ①绿… Ⅱ. ①施… Ⅲ. ①环境保护法–研究–中国②自然资源保护法–研究–中国 Ⅳ. ①D922.680.4 ②D922.604

中国版本图书馆 CIP 数据核字(2018)第172850号

绿色发展与环境资源法律制度创新
LÜSE FAZHAN YU HUANJING ZIYUAN FALÜ ZHIDU CHUANGXIN

施志源 著

策划编辑 高 山
责任编辑 邓颖君
装帧设计 李 瞻

出版 法律出版社
总发行 中国法律图书有限公司
经销 新华书店
印刷 北京虎彩文化传播有限公司
责任校对 王沁陶
责任印制 陶 松

编辑统筹 学术·对外出版分社
开本 A5
印张 13.125
字数 400千
版本 2018年7月第1版
印次 2018年7月第1次印刷

法律出版社/北京市丰台区莲花池西里7号(100073)
网址/www.lawpress.com.cn
投稿邮箱/info@lawpress.com.cn
举报维权邮箱/jbwq@lawpress.com.cn
销售热线/010-63939792
咨询电话/010-63939796

中国法律图书有限公司/北京市丰台区莲花池西里7号(100073)
全国各地中法图分、子公司销售电话:
统一销售客服/400-660-6393
第一法律书店/010-63939781/9782
西安分公司/029-85330678
重庆分公司/023-67453036
上海分公司/021-62071639/1636
深圳分公司/0755-83072995

书号:ISBN 978-7-5197-2534-1　**定价**:65.00元
(如有缺页或倒装,中国法律图书有限公司负责退换)